植物线虫学

段玉玺　主编

科学出版社

北　京

内 容 简 介

本书系统地介绍了植物线虫学的基本知识，包括植物线虫学相关的基本概念和基本理论、各器官系统的形态解剖、生理生化及分类鉴定、线虫病害研究技术和诊断防治方法，以及重要植物线虫引起病害如何控制的原理和方法等。

本书既可作为高等农林院校植物保护专业的病原学基础教材，也可作为农林相关专业的教学科研参考用书。

图书在版编目(CIP)数据

植物线虫学/段玉玺主编．—北京：科学出版社，2011．6

ISBN 978-7-03-031535-9

Ⅰ．①植… Ⅱ．①段… Ⅲ．①线虫感染-植物病害-高等学校-教材 Ⅳ．①S432．4

中国版本图书馆 CIP 数据核字(2011)第 113477 号

责任编辑：张静秋 / 责任校对：宋玲玲
责任印制：赵 博 / 封面设计：北京华路天然图文设计工作室

科学出版社出版
北京东黄城根北街 16 号
邮政编码：100717
http://www.sciencep.com
北京凌奇印刷有限责任公司印刷
科学出版社发行 各地新华书店经销
*
2011 年 6 月第 一 版 开本：787×1092 1/16
2025 年 6 月第六次印刷 印张：15
字数：375 000

定价：78.00 元

(如有印装质量问题，我社负责调换)

《植物线虫学》编写委员会

主　编　段玉玺

副主编　陈立杰　刘国坤

　　　　　李洪连　王新荣

编　委（以姓氏笔画为序）

王　扬（云南农业大学）

王　雪（吉林农业大学）

王　惠（沈阳农业大学）

王　暄（南京农业大学）

王媛媛（沈阳农业大学）

王新荣（华南农业大学）

朱晓峰（沈阳农业大学）

刘大伟（东北农业大学）

刘国坤（福建农林大学）

李洪连（河南农业大学）

李海燕（黑龙江八一农垦大学）

吴海燕（山东农业大学）

陈立杰（沈阳农业大学）

武　侠（青岛农业大学）

孟凡立（东北农业大学）

郑雅楠（沈阳农业大学）

赵洪海（青岛农业大学）

段玉玺（沈阳农业大学）

主　审　刘维志（沈阳农业大学）

　　　　　张绍升（福建农林大学）

前　　言

植物线虫学是重要的植物保护分支学科。1743 年人们首次发现线虫可以引起小麦穗部病害，但植物线虫对农作物的为害直到 20 世纪初才逐渐被人们认识。以俄罗斯、美国为代表的欧美国家的科研机构及大学的科研人员陆续开始系统研究植物线虫病害。进入 20 世纪中叶，各国的植物线虫学研究发展较快。

通过对植物线虫学的深入研究，人们已经认识了植物线虫可以引起重大的植物病害。例如，松材线虫作为世界大多数国家的出入境检疫对象，可以通过针叶木质包装进行远距离线虫传带，对世界各国所有涉及木质的包装产业都有很大影响，该线虫的蔓延和传播还直接影响了世界针叶林的分布及重要景区的自然景观。根结线虫在世界热带、亚热带和温带的迅速传播和为害，对世界的蔬菜和水果供应产生了巨大的影响。胞囊类线虫对世界的大豆、小麦和马铃薯生产影响较大。

植物线虫的为害多数发生在植物的根部，人们由于缺乏线虫学知识，通常误以为病害是缺素或真菌、细菌侵染造成的。这类病原物是我国很多农民和植物保护工作者所不熟悉的，这种隐蔽的为害也很容易被忽视。

我国的植物线虫学发展较晚，直到 20 世纪 80 年代以后，我国才开始在部分农林高等院校为研究生和本科生开设植物线虫学课程，并派出专家到国外学习进修，培养了部分专业技术人员。

沈阳农业大学是我国较早开展植物线虫研究的单位，1965 年由沈阳农业大学的毕志树教授和李进教授主编了我国第一部《植物线虫学》（中国农业出版社）教材。另外，2001 年冯志新教授也主编了一部《植物线虫学》。近年来，由于学科发展迅速，线虫病害日趋严重，新知识更新很快，很多高校开设了“植物线虫学”课程，急需编写一部适应最新教学要求的教材，以满足各高校本科生学习植物线虫学的需要。经过与科学出版社共同调研，决定由沈阳农业大学与相关农业类高等院校联合编写本教材《植物线虫学》。

本书系统介绍了植物线虫学学科的基本框架和基本理论，为了便于读者掌握，每章之后附有小结、思考题和主要参考文献。全书成稿后，聘请植物线虫学资深专家刘维志教授和张绍升教授审阅全文。

由于编者水平有限，加之时间仓促，书中的不妥和缺漏之处在所难免，恳请广大读者批评指正。

编　者

2011 年 2 月于沈阳

目　　录

第一章 绪　论

线虫（nematode）是一类低等的无脊椎动物，这类生物在世界的陆地、海洋和湖泊分布广泛，据保守估计，全世界的线虫种类要超过50万种。目前多数分类学家的分类学观点认为，线虫在动物界Animalia的分类地位隶属于线虫门Nematoda。线虫为线形动物，不具有行动的足和独立的呼吸系统，除大型动物寄生线虫之外通常体型较小，多数长度小于1mm。由于线虫移动主要靠蠕动，因此，这类生物运动必须依赖水或物体上的水膜。当不具备这样的条件时，某些种类的线虫具有很强的抗逆性，可以失水生存。线虫按取食习性可分为腐生线虫、真菌寄生线虫、植物寄生线虫（也称植物线虫）、捕食性线虫和动物寄生线虫。

植物线虫是线虫群体中的一小部分，大约占10%。有许多线虫不仅寄生在植物体内，而且为害植物，造成产量损失或植物产品的质量变劣，引起植物病害，人们将这类以植物为食、具有口针的线虫统称为植物病原线虫或植物线虫。这类线虫中有些种类除寄生植物之外，还可以取食真菌，在科学研究中可利用真菌繁殖这类线虫。

某些种类的植物线虫病害已成为农林生产上的重要问题，世界范围内为害植物较为严重的线虫，包括根结线虫、胞囊线虫、滑刃线虫、茎线虫、粒线虫及短体（根腐）线虫等。

第一节　植物线虫的经济重要性

植物线虫寄生植物后对寄主的损害主要包括两个方面，一方面是由于线虫口针的穿刺和线虫侵入寄主过程对植物细胞的机械损伤；另一方面是由于植物线虫的食道腺分泌物对植物组织的伤害。其中机械损伤较小，而食道腺分泌物对植物的影响较大，植物线虫对植物的为害症状是萎蔫、畸形、黄化、褐化或坏死、腐烂等，与植物病害的症状相似，为害的过程是缓慢发生的，因此一般称为病害，而不称为虫害。

植物线虫寄生植物后可引起植物线虫病害。植物线虫可寄生在植物的根系、幼芽、茎秆、叶片、花、种子和果实，引起这些部位发生病变。植物线虫其生活史的某个阶段或全部可在土壤中生活，在遇有合适寄主的条件下在植物表面取食寄生植物或侵入寄主植物。几乎世界上所有的植物根部都有植物线虫的寄生。

植物线虫为害不仅会降低农作物的产量，还会降低农产品的品质。降低作物产量是对农业生产的直接损失。据2005年统计，植物线虫对全世界的所有谷物、豆类、香蕉、木薯，椰子、马铃薯、甜菜、甘蔗、甘薯和薯蓣损失大约为12%，对其他经济作物（蔬菜、水果和非食用作物）损失大约为14%，全世界每年因线虫危害，在21种作物上所造成的损失就达777亿美元，每年总损失在800亿美元以上。我国线虫病害所造成的损失缺少精确的统计，目前，我国各类蔬菜种植面积已超过1.65亿亩，蔬菜受根结线虫为害一般可减产30%以上，每年蔬菜因根结线虫病造成的损失超过5亿美元。我国大豆胞囊线虫病可造成大豆减产5%～10%，严重发生地块减产30%以上，甚至颗粒无收。我国主要大豆产区黑龙江省受害面积在1000万亩以上，一般减产20%～30%，严重的可达70%～80%，并且每年出现许多大面积绝产地块。我国大豆生产因大豆胞囊线虫病所造成的损失就达1亿美元以上。保守估计，我国各种作物因线虫病害所造成的损失将超过 10 亿美元。植物线虫侵染作物后还可以导致农产品的质量下降。甜菜胞囊线虫为害可以使甜菜的含糖量显著降低，大豆胞囊线虫为害可以降低种子的含油量，松材线虫寄生松树可以降低木材的材质。

第二节 农业生产与植物线虫病害

由于植物线虫病害的防治相对困难，目前在农业生产上，特别是对于设施农业生产，防治植物线虫病害非常重要。受进出口贸易和追求高产种植模式的影响，植物线虫病害越来越重，几乎所有的种植业都与植物线虫病的防治相关。植物线虫病害已经成为影响我国农业生产的重要因素。

植物线虫种类较多，其中根结线虫、胞囊线虫、滑刃线虫、茎线虫、短体线虫和伞滑刃线虫对农作物的影响较大，主要侵染危害植物的根部（图 1-1）。

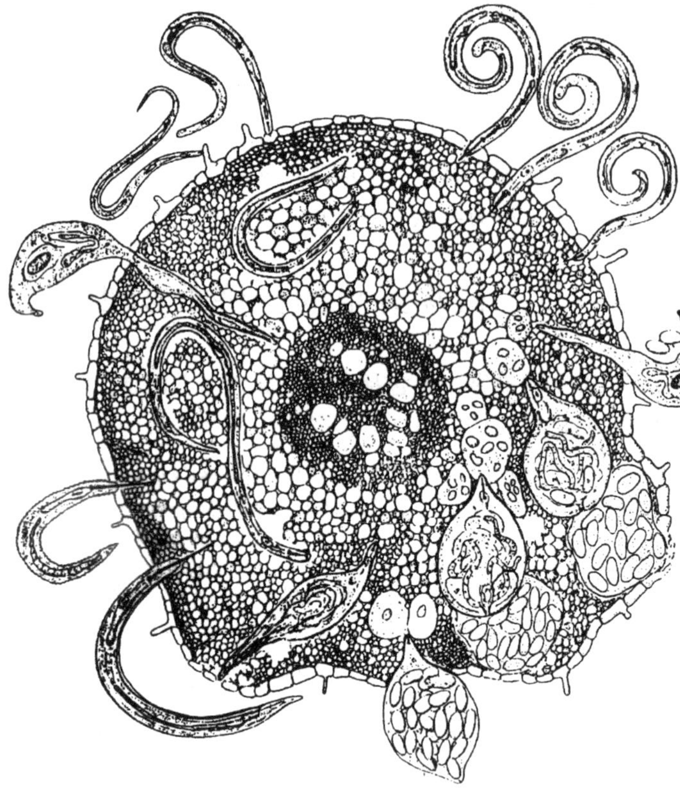

图 1-1 植物线虫在根部寄生的剖面图（仿 Luc et al.，1990）

根结线虫为害植物的根部，形成根结，造成根系发育受阻和腐烂，植株地上部分衰弱和枯死。全世界已报道受害植物 80 余种，我国报道大约 20 种，根结线虫寄主范围广，受害严重的植物有茄科（番茄、烟草等）、葫芦科（瓜类）、花生等多种植物。根结线虫病害主要发生在温暖地区，在我国主要在南方各省和华北地区为害严重。根结线虫 *Meloidogyne* sp. 是温暖地区普遍发生为害的最重要的线虫，在我国的为害范围从 20 世纪 40 年代的长江以南地区逐渐向北蔓延，80 年代在华中地区和山东半岛造成了严重损失，大面积的蔬菜保护地难以再种植蔬菜。近年已在辽宁的沈阳和吉林的吉安地区大面积发生，温室作物发生可向北蔓延至黑龙江的大庆地区，生产上主要危害茄科、葫芦科和十字花科等双子叶植物，造成作物大量死苗和植株枯死，产生重大损失。

胞囊线虫是另一类为害严重的植物线虫。例如，大豆胞囊线虫 *Heterodera glycines*、甜菜胞囊线虫 *H. schachtii*、马铃薯金线虫 *Globodera rostochiensis*、马铃薯白胞囊线虫 *G. pallida*、燕麦胞囊线虫 *H. avenae* 等。这类线虫主要为害根系，造成根系衰弱，发育不良，甚至腐烂，致使地上部分生长衰弱，矮化，叶片变色，开花少，甚至全株枯死。胞囊线虫多数分布在温暖和冷凉地区。在胞囊类线虫中，在我国为害最严重的是大豆胞囊线虫，特别是东北和黄淮海大豆产区为害严重，大约70%的播种面积发生病害，通常减产10%～20%，严重发生地块减产50%以上，甚至颗粒不收。

茎线虫对植物的为害也很严重，包括起绒草茎线虫 *Ditylenchus dipsaci*（也称鳞球茎线虫、主要为害花卉种球、马铃薯、甘薯等），马铃薯茎线虫 *D. destructor*（为害马铃薯、甘薯等）和水稻茎线虫 *D. angustus* 等。在我国马铃薯茎线虫主要为害甘薯和洋葱。茎线虫一般为害植物的地下部分，如块茎、块根、鳞茎，造成畸形或腐烂，也可以为害植物地上部分，地上部分的症状通常为局部畸形。起绒草茎线虫在国外某些地区是毁灭性的病原线虫，一直被列入我国的对外检疫名单。在我国主要是马铃薯茎线虫为害甘薯块根，造成糠心、腐烂，损失严重，目前在我国的山东、河北、山西和辽宁等省发生普遍。

滑刃类线虫对植物的为害也很严重，包括水稻干尖线虫 *Aphelenchoides besseyi*、菊花叶线虫 *A. ritzemabosi*、草莓滑刃线虫 *A. fragariae*、松材线虫 *Bursaphelenchus xylophilus* 和椰子红环腐线虫 *Rhadinaphelenchus cocophilus* 等。这些线虫通常为害植物的地上部分，可为害幼芽、叶片、茎、树干和种子等部位，可造成幼芽扭曲、畸形、变色，侵染叶片造成枯斑和叶尖干枯，为害树干造成整株迅速枯死。在我国为害严重的滑刃线虫是水稻干尖线虫、草莓滑刃线虫和松材线虫。

第三节　植物线虫病害的研究历史

线虫寄生人和动物的历史较早。我国最早于公元前2700年就有线虫寄生人的记载，在公元前4500年的古埃及就有动物寄生线虫的记载。植物线虫被发现是在18世纪末期，直到20世纪中叶，世界各国才对植物线虫研究普遍重视。

一、早期的观察和研究

早在1743年英国的科学家Needham发现在小麦的瘿病粒里有小的蠕虫，这就是小麦粒线虫，然而，他当时并没有证明或提出线虫就是瘿粒小麦的病原（图1-2）。在1855年英国的伯克利（Berkeley）报道温室里的黄瓜根部有根结，并发现根结里有小的线虫，即根结线虫（图1-3）。1857年德国的库恩（Kuh）报道在起绒草 *Dipsacus fullonum* 上发现茎线虫，当时定名为 *Anguillula dipsaci*，即现在的起绒草茎线虫。在19世纪中叶，欧洲的甜菜根部受到严重为害并在甜菜根部发现线虫，这种线虫几乎毁灭了当时欧洲的甜菜生产和制糖工业，引起人们的高度重视，1859年德国的沙赫特（Schacht）首次报道了甜菜发生根线虫病，并进行了比较详细的研究。1871年施密特（Schmidt）用沙赫特的名字“Schacht”将这种线虫定名为甜菜根线虫（即甜菜胞囊线虫）。1871年库恩首次利用二硫化碳熏蒸防治甜菜根线虫，很多线虫学家对甜菜胞囊线虫的系统研究，有力地推动线虫学科的发展。1865年Bastian撰写了Anguillulidae方面的专著，描述了100个新种，这部专著可以算作是线虫科学的开端。1880

年捷·曼（J. G. de Man）撰写了关于土壤、植物、淡水线虫的专著，他的模式标本至今保存在阿姆斯特丹的博物馆内，他提出的用于线虫形态分类的捷·曼（de Man）公式至今还被人们广泛应用。

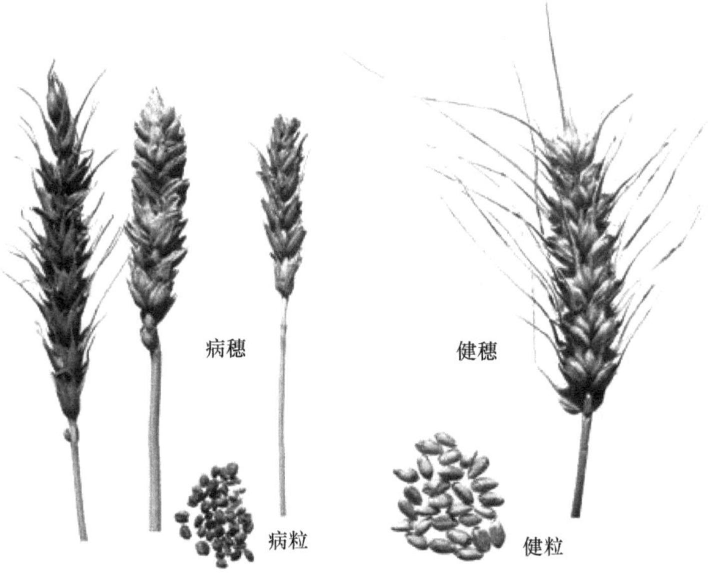

图 1-2　小麦粒线虫病

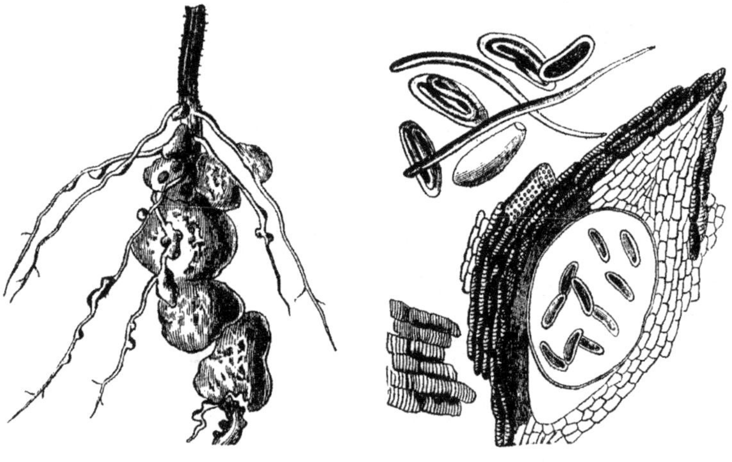

图 1-3　黄瓜根结线虫为害状和根结内的线虫

二、传统的线虫学

进入 20 世纪，植物线虫学发展较快。著名线虫学家科布（N. A. Cobb）担任美国农业部线虫学实验室主任，他在线虫学方面做了大量细致的研究工作，于 1893 年撰写了介绍澳大利亚和斐济线虫的专著，1913 年、1920 年又撰写了植物线虫方面的专著，由于科布这些杰出的工作，他被称为北美线虫学之父（图 1-4）。在他的倡导下美国农业部于 1918 年在犹他州盐湖城建立起第一个线虫学实验室，索恩（G. Thorne）也在犹他州盐湖城开始了甜菜胞囊线虫的防治和线虫分类研究。1922 年斯坦纳（G. Steiner）和克里斯蒂（J. R. Christie）都来到科布的实验室，在科布之后成为实验室的领导者，主要从事分类工作。美国另一位著名学者奇特伍德（B. G. Chitwood）先是在长岛研究茎线虫，后来研究马铃薯金线虫，他的最重要贡献是于1950年撰写植物线虫学的经典著作 *Introduction to Plant Nematology*（《植物线虫学导论》），在这部书里奇特伍德提出了自己的线虫分类系统，这是一部关于线虫形态学和分类学的最重要的参考书。艾伦（M. W. Allen）于1948年在加利福尼亚大学伯克利分校首先开设线虫学的正式课程，艾伦在索恩的指导下学习线虫学，美国早期的线虫学工作者大都是科布、索恩和奇特伍德培养的，到了50年代才陆续培养正式的研究生。1961年美国线虫学会（Society of Nematologists，SON）成立，1969年正式创办了美国《线虫学杂志》（*Journal of Nematology*）。

图 1-4 北美线虫学之父——科布
（Nathan Augustus Cobb，1859～1932）
科布于1889年在德国 Jena 大学获得博士学位，1907年在美国 USDA 工作，担任线虫学实验室主任。他是美国研究和训练第一代线虫学家的负责人，是北美线虫学之父。他的贡献在于对1000多种线虫的解剖学和形态学研究，1910年从日本向美国运送的樱树苗中发现根结线虫，1912年与他人合作共同起草了植物检疫法规，1913年发表了线虫取样分离技术和显微学方法

俄罗斯的线虫学发展较晚，直到19世纪最后10年才有人报道根结线虫和胞囊线虫的为害，这些线虫病害的描述都是凭肉眼的直观观察。俄罗斯和前苏联线虫学的发展是与两位伟大的线虫学家的贡献分不开的，即菲利普耶夫（I. N. Filipjev，1889～1940）和帕拉莫诺夫（A. A. Paramonov，1891～1970）。菲利普耶夫在线虫学方面做了大量的研究工作，他的第一篇论文发表于1918年，第二篇是有关海水自由线虫的，于1921年发表，描述100个新种，在那个时代是极为宝贵的，至今仍被认为是经典之作。在植物线虫学方面他做了大量的工作，1934年撰写了《农业有害和有益的线虫》专著，这部专著成为俄罗斯和其他国家的线虫学教科书。1941年他的著作由斯胡尔曼斯·斯捷霍文（Schuurmans Stekhove）整理扩充再版。菲利普耶夫根据生物之间的关系和大量的科学资料，建立了线虫的形态学基础。在菲利普耶夫之后，帕拉莫诺夫对苏联线虫学的发展作出了重大贡献，1937年他成为季米里亚捷夫农学院的达尔文主义教授，1941年成为动物学教授，1952年起成为苏联科学院蠕虫学实验室植物蠕虫学领导人，他和他的小组重点研究植物线虫学，他的第一部生态学经典著作于1952年出版。

进入20世纪，欧洲的线虫学得到普遍发展，主要是在英国、德国和荷兰发展较好，英国人主要研究马铃薯胞囊线虫和燕麦胞囊线虫，德国人在甜菜胞囊线虫研究方面，荷兰人在分类研究方面做了大量的工作，涌现出一批线虫学专家。比较突出的是英国的古迪（T. Goodey，1885～1953），他曾担任英国洛桑试验站线虫系主任，从事线虫学研究30余年，开展了大量的线虫学研究工作，发表了许多有价值的研究论文，撰写了《植物线虫及其所致病害》（*Plant Parasitic Nematodes and the Diseases They Cause*，1933）和《土壤和淡水线虫》（*Soil and Freshwater Nematodes*，1951）两部著作。英国当时还有几位有影响的线虫学家，如富兰克林（M. T. Franklin）、芬威克（D. W. Fenwick）等。

图 1-5 朱凤美教授（1895～1970）

朱凤美教授为中国植物病理学奠基人之一。1937年，国民政府农林部中央农业实验所的朱凤美教授在贵州工作，了解到当地小麦线虫病严重，对小麦线虫病开展了比较系统的研究。在明确线虫病的分布及为害规律的基础上，绘制了小麦线虫病的全国分布图，为当时制订防治策略，设计防治措施提供了依据。为适应处理大量麦种的需要，他联合机械专家，根据凹孔、分离形状相异的麦瘿的原理，首创线虫汰除器。中华人民共和国成立后，他继续研究改进汰除器，由木质改为铁质，每小时可汰除麦种250～500kg，汰除虫瘿率达99.9%以上，且可汰除大部分发育不良麦粒以及杂草种子，发挥大粒麦种生产的潜力，仅大粒种子即较一般种子增产10.5%。线虫汰除器的创制，为我国创造了全面防治小麦线虫病的简易技术设备，受到国内外专家重视。他写成论文在美国《植物病理学报》上发表

第二次世界大战期间，各国线虫学的发展普遍受到影响，战争结束后各国陆续开始恢复线虫研究，1955年建立了欧洲线虫学会，1956年在荷兰创办了《线虫学》（*Nematologica*）杂志。

我国线虫学发展较晚，1916年章祖纯发表报告，报道北京地区发生小麦粒线虫病。方伯谦和刘介然自1931年开始进行小麦粒线虫的抗性试验，鉴定出3个抗病品系。1932年涂治报道我国南方番茄发生根结线虫病，而且危害较重。沈宗翰等于1934年报道对小麦粒线虫较抗的Kanred品种颖尖很长，高度感病品种颖尖很短。1935年李来荣在广东首次研究了柑橘根线虫病。1938年李来荣和李德铨发表了“广东经济植物及杂草根上的线虫”的报告。当时国民政府农林部中央农业实验所的朱凤美教授自1937年起开始研究小麦粒线虫（图1-5），1940年与蹇先达等人合作，研制出小麦粒线虫虫瘿汰除器，汰除率达99%以上。朱凤美1945年发表有关小麦粒线虫病的分布及防治方面的论文，总结10余年的研究成果，用大量的调查研究资料系统全面地论述小麦粒线虫病的病名、症状、病原、并发病主要传染途径、轮作、田间卫生、种子处理及抗病品种选育等，是我国线虫学方面的系统研究成果。

张绍钫和侯同文在1937年曾指出华北地区发生的小麦密穗病与小麦粒线虫有一定关系。周家炽于1946年通过接种试验证实小麦密穗病细菌是随小麦粒线虫侵入的，这一发现对防治小麦密穗病有重要指导意义。

新中国成立后，我国植物线虫的研究和防治工作得到很大发展，华北和东北的农科院所或试验场自1949年起分别研究小麦粒线虫病问题，自1951年起，在山东、河北、河南、黑龙江和甘肃等省试验一系列种子处理的方法，在控制小麦粒线虫病方面均取得较好效果。1951年起华北地区广泛开展花生根结线虫病的研究，系统地观察了线虫的形态、生物学特性和生态，研究了线虫与寄主植物的相互关系，以及药剂防治和农业技术措施综合防治等。自1956年起，天津地区对水稻干尖线虫进行研究，提出变温浸种是有效和实用可行的防治措施，在生产上大面积推广。陈善铭等从1954年起在华北地区研究粟线虫病，确定病原线虫为贝西拟滑刃线虫 *Aphelenchoides besseyi*，研究其寄生方式、传播途径、发病环境条件等，并研究了以种子处理为主的综合防治措施，取得了良好的防治效果。1961年张岳等在青岛研究甘薯根结线虫的形态、生活史、为害习性以及综合防治。1965年沈阳农学院毕志树、李进编写的《植物线虫学》（中国农业出版社），对我国线虫

学的发展起到了很好的推动作用。

1966年以前我国的线虫学发展比较缓慢，缺少系统的基础研究。1966～1976年十年“文化大革命”，像其他学科一样，线虫学科的发展受到影响，除了少数重要的线虫病害的防治研究工作外，其他深入的研究工作无法开展。1979年以后，有些省市开始重建线虫学科的工作，立项研究，有些大学开设线虫学课程，培养研究生。农业部植物检疫总所委托华南农业大学主办全国性的线虫普查工作，不仅鉴定线虫种类，同时也培训一批专业人员。20世纪80年代初开始选派人员出国进修。1987年11月在广西桂林召开了全国第一届线虫学学术研讨会，1992年11月在广东江门市召开第二届研讨会，成立线虫学专业委员会筹备小组，1994年10月在安徽黄山召开第三届研讨会，正式成立线虫学专业委员会，主任委员为华南农业大学的冯志新教授。自1978年以来我国线虫学发展比较迅速，在线虫分类、生理、生化、生态、寄主抗性筛选、抗病遗传和育种、抗性机制、杀线剂的药效测定等方面都做了许多系统的研究工作。近年来，在生物防治、分子生物学技术等方面也进行了一些有益的探讨。1999年张绍升编著的《植物线虫病害诊断与治理》由福建科学技术出版社出版。1999年在昆明的第五届全国植物线虫学学术研讨会上增补刘维志为副主任委员。2000年，刘维志主编的《植物病原线虫学》由中国农业出版社出版。2000年，谢辉主编的《植物线虫分类学》由安徽科技出版社出版。2001年，冯志新教授主编的《植物线虫学》教材由中国农业出版社出版。2001年8月，在沈阳农业大学召开了第六届全国植物线虫学学术研讨会。2004年刘维志主编了《植物线虫志》（中国农业出版社），2004年刘维志主编了《中国检疫性植物线虫》（中国农业科学技术出版社）。2004年8月在青岛市莱阳农学院举办了第七届全国植物线虫学学术研讨会，进行了植物线虫学专业委员会换届，选举了由廖金铃担任主任委员，段玉玺、彭德良担任副主任委员的新一届线虫专业委员会。2006年8月在杭州市浙江大学举办了第八届全国植物线虫学学术研讨会，并组织编写了《中国植物线虫学研究》第一卷。2008年和2010年分别在广州和北京举办了第九届和第十届全国植物线虫学学术研讨会，并分别组织编写了《中国植物线虫学研究》第二卷和第三卷论文集。2007年和2009年根结线虫病害和胞囊线虫病害研究分别获得了农业部行业公益性项目的支持，我国的线虫学研究队伍进一步加强，线虫学研究处于高速发展期。2007年农业部开始启动现代农业产业技术体系工作，线虫学研究领域的部分专家进入了该体系。国家自然科学基金、行业项目、产业技术体系等多元化的研究经费支持推动了我国的植物线虫学研究的蓬勃发展。

亚洲国家以日本的线虫学研究起步较早，在分类、生理生态等领域研究成果较多，在大豆胞囊线虫、根结线虫、松材线虫等方面研究较为深入，横尾多美男于1959年撰写了《土壤线虫：生态与防除》一书。印度和巴基斯坦近年来线虫学发展较快，主要在分类学方面做了大量系统工作，都成立了线虫学会，1970年日本创办了《日本线虫学杂志》（*Japanese Journal of Nematology*），印度创办了《印度线虫学杂志》（*Indian Journal of Nematology*），1983年巴基斯坦创办了《巴基斯坦线虫学杂志》（*Pakistan Journal of Nematology*）。非洲国家的线虫学发展较慢，发展不平衡，南非和尼日利亚等国发展较好，许多国家植物线虫学研究仍是一片空白。澳大利亚和新西兰的线虫学发展较好一些，早期美国的科布等曾在那个地区工作多年，现在研究人员较多，研究水平较高。南美洲地区各国线虫学发展较晚，水平不一。1975年美国国家发展总署拨款给北卡罗来纳州立大学的萨塞（J. N. Sasser）博士，由他主持发展中国家的根结线虫的调查工作，许多亚非拉国家的年轻线虫学工作者参加这一工作，培训了一批人才，1985年撰写两部根结线虫专著。

三、现代线虫学发展阶段

自 20 世纪 70 年代初开始，线虫学的发展进入现代线虫学发展阶段，哈蒙（R. A. Hammon）于 1969 年发表应用扫描电子显微镜观察线虫的制样技术之后，线虫学工作者普遍采用这一技术对线虫的细微结构进行观察，极大地推动了线虫的分类鉴定工作。1970 年赫西（R. S. Hussey）和克鲁斯伯格（L. R. Krusberg）应用聚丙烯酰胺凝胶电泳技术分析了两种茎线虫（*D. dipsaci* 和 *D. triformis*）的可溶性蛋白的差异。1971 年迪克森（D. W. Dickson）等对根结线虫属 *Meloidogyne*、茎线虫属 *Ditylenchus*、胞囊线虫属 *Heterodera* 和拟滑刃线虫属 *Aphelenchoides* 的线虫进行了脱氢酶、酸性磷酸酶及酯酶的同工酶研究，结果证明同工酶技术在线虫分类方面用于近缘种的鉴定和较高阶元的分类等方面具有广泛的应用前景。20 世纪 80 年代关于线虫 DNA 图谱分析开始在线虫分类领域使用。20 世纪末由于秀丽新杆线虫 *Caenorhabditis elegans* 基因全序列的解读，植物线虫的分子生物学研究成为新的研究热点。这些分子生物学技术的广泛应用，各国线虫学家在植物线虫研究方面向分子领域发展，21 世纪初，由于科学技术的飞速发展线虫学工作者必将更深入地揭示线虫的起源进化，完善分类系统，寄主抗性基因的识别和抗性基因的克隆等研究工作都在积极开展。

第四节　植物线虫学展望

植物线虫学是一门新兴的学科，经过 100 多年的发展，人们对植物线虫的认识越来越深入。过去认为线虫的群体具有同样的代谢方式，在杀线虫剂筛选领域中试图使用易于繁殖的秀丽新杆线虫替代植物线虫，实际上植物线虫与腐生线虫具有较大的差别，影响了植物杀线虫剂的开发进程，也因此付出了沉重的代价。

近年来全球性的线虫病害逐渐成为植物保护领域中的重要病害。其中的重要原因是：①设施农业的发展，拓宽了寄主植物种植的空间和时间，在温带及寒带打破了寄主植物每年冬季休耕期，使这种专性寄生的植物线虫很容易越冬；②对于植物线虫病害缺乏在植物生长期使用的高效低毒的杀线虫剂；③商品交流日益频繁，特别是各国国内的花卉贸易中种苗调运检疫非常困难，大量传带危险性线虫；④植物线虫的为害具有隐蔽性，常常被误诊为生理病害。

鉴于目前农业生产的新形势和植物线虫病害发生的特点，我国植物线虫学学科必须发挥其应有的作用。加强植物线虫学专门人才的储备和培养，形成一支植物线虫学基础知识扎实、思路清晰、肯吃苦、组织协调能力强、富有创新精神的植物线虫学研究队伍。在植物线虫的生物学、流行规律方面加强研究，开展各种植物的抗线虫种质资源研究，开发出优良、多抗的作物品种。筛选分离优良的微生物资源和化合物资源，开发出环境友好、高效低毒的生物或化学杀线虫剂。探索植物线虫群体与环境生态的关系，有效利用环境适应性的原理和生态学原理，加强国际间的科研合作和联合攻关，创造新型的防控线虫的综合治理方法，提高植物线虫病害的防治水平。

本章小结

线虫是一类分布广泛的低等无脊椎动物。线虫隶属于动物界线虫门。线虫为线形动物，不具有行动的足和独立的呼吸系统，除大型动物寄生线虫之外通常体型较小，多数长度小于1mm。由于线虫移动主要靠蠕动，因此，这类生物运动必须依赖水或物体上的水膜，当不具备这样的条件时，某些种类的线虫有很强的抗逆性，可以失水生存。线虫按取食习性可分为腐生线虫、真菌寄生线虫、植物线虫、捕食性线虫和动物寄生线虫。

植物线虫是线虫群体中的一小部分，大约占10%。有许多线虫不仅寄生在植物体内，而且为害植物，造成产量损失或植物产品的质量变劣，引起植物病害，人们将这类以植物为食、具有口针的线虫统称为植物病原线虫或植物线虫。几乎世界上所有的植物根部都有植物线虫的寄生。

植物线虫寄生植物后对寄主的损害主要包括两个方面：一方面是由于线虫口针的穿刺和线虫侵入寄主过程对植物细胞的机械损伤；另一方面是由于植物线虫的食道腺分泌物对植物组织的伤害。其中机械损伤较小，而食道腺分泌物对植物的影响较大。植物线虫可以寄生在植物的根系、幼芽、茎秆、叶片、花、种子和果实，对植物为害的症状是畸形、黄化、褐化或坏死、腐烂，与植物病害的症状相似，为害的过程是缓慢发生的，因此一般称为病害，而不称为虫害。植物线虫为害不仅会降低农作物的产量，还会降低农产品的品质。降低作物产量是对农业生产的直接损失。

植物线虫种类较多，其中根结线虫、胞囊线虫、滑刃线虫、茎线虫、短体线虫和伞滑刃线虫对农作物的影响较大。

由于分子生物学技术的广泛应用，各国线虫学家在植物线虫研究向分子领域发展。必将更深入地揭示线虫的起源进化，完善分类系统。现在，寄主抗性基因的识别和克隆等研究工作都在积极开展。

思 考 题

1. 什么是植物线虫？
2. 为什么植物受线虫寄生称为病害而不称为虫害？
3. 植物线虫的经济重要性如何？

主要参考文献

刘维志. 2000. 植物病原线虫学. 北京：中国农业出版社：438

王明祖. 1998. 中国植物线虫学研究. 武汉：湖北科学技术出版社：362

张绍升. 1999. 植物线虫病害诊断与治理. 福州：福建科学技术出版社：316

朱凤美. 1945. The prevalence of the wheat nematode in China and its control. Phytopathology，35：288-295

Agrios G N. 2005. Plant Pathology. Burlington，MA：Elsevier Academic Press：922

Luc M，Sikora R A，Bridge J. 1990. Plant Parasitic Nematodes in Subtropical and Tropical Agriculture. CAB International，UK Aberystwyth：Cambrian Printers

Zhou J Z. 1946. A note on the relation of nematode (Tylenchus tritici) to the development of the bacterial disease of wheat caused by Bacterium tritici. Ann. Appl. Biol.，33：446-449

第二章　植物线虫的形态

线虫作为地球上的一个庞大的生物群体，具有其独特的形态、结构和相应功能。线虫的形态学和解剖学是现代线虫学研究的基础。物种的形态特征是反映生物进化及种群亲缘关系的重要依据，只有充分掌握线虫的形态解剖学知识，才能进一步进行线虫的分类学和其他生物学研究。线虫是一类异养的多细胞生物，具有多种不同形态和功能的细胞，功能相近的细胞形成组织，不同的组织形成器官和系统，虫体两侧对称，口起源于胚孔，主神经索位于虫体的背腹两侧，体腔为假体腔，排泄系统是一个退化了的原肾系统，排泄孔总是位于腹面，卵内孵化出的幼虫与成虫相似，体壁透明。线虫缺乏独立的呼吸系统，通常采用渗透的方式获取代谢中需要的氧气。

虫体外部和内部的形态特征是植物线虫重要的分类依据。外部形态特征主要包括线虫的形状、大小、体壁构造、头部和尾部特征。内部形态特征主要包括消化系统、生殖系统、神经系统和排泄系统。

第一节　线虫的形态

一、线虫的形状、大小

线虫是一类线形两侧对称的低等生物，大多数植物线虫的体形为雌雄同型，即雌虫和雄虫都为线形；有些线虫的体形为雌雄异型，在虫体发育到一定阶段，雌虫体会发生膨大变为球形、柠檬形、肾形、雪茄形、腊肠状或纺锤形。线虫的发育分为三个发育阶段，即卵、幼虫和成虫。卵通常为椭圆形或梭形，不同种类表面具有不同的纹饰或附属物，多数卵壳透明，有些种类为暗色，较为坚韧。幼虫和成虫阶段至少有一个时期虫体为线形。线形的虫体头端一般平钝，尾端为鞭状、钝圆或棒状，变化较大。线虫大小的差异很大，海水中生活的线虫一般比土壤线虫大，而鱼类和哺乳动物的寄生线虫就更大。蛔虫（Ascaris）是猪和人的一种肠道寄生虫，体长可达 200～250mm，直径约 5mm。植物线虫和土壤中的自由生活的线虫大多数是小型的，一般长为 0.3～1mm，宽为 0.015～0.035mm，少数种类线虫体型较大，有的长达 4mm 左右，绝大多数线虫用肉眼是看不见的或几乎看不见的（图 2-1）。

二、线虫的外部形态

1. 体壁构造

线虫的体壁也称线虫的外骨骼，是线虫抵御外界不良环境条件和感受虫体内部微细化学变化的重要结构，从组成上可分为两层：即表皮层和下皮层。表皮层是多层的，由皮下组织分泌的以蛋白质为主的结构。表皮的蛋白质是一种胶原，与人肌腱中的蛋白质属同一类型，最外层是由非常薄的脂质构成的。在电子显微镜下观察线虫的表皮层，可以看到表皮层的组成并不是均一的。通常将表皮层分为 9 层：即①外表皮层（external cortical layer）；②内表皮层

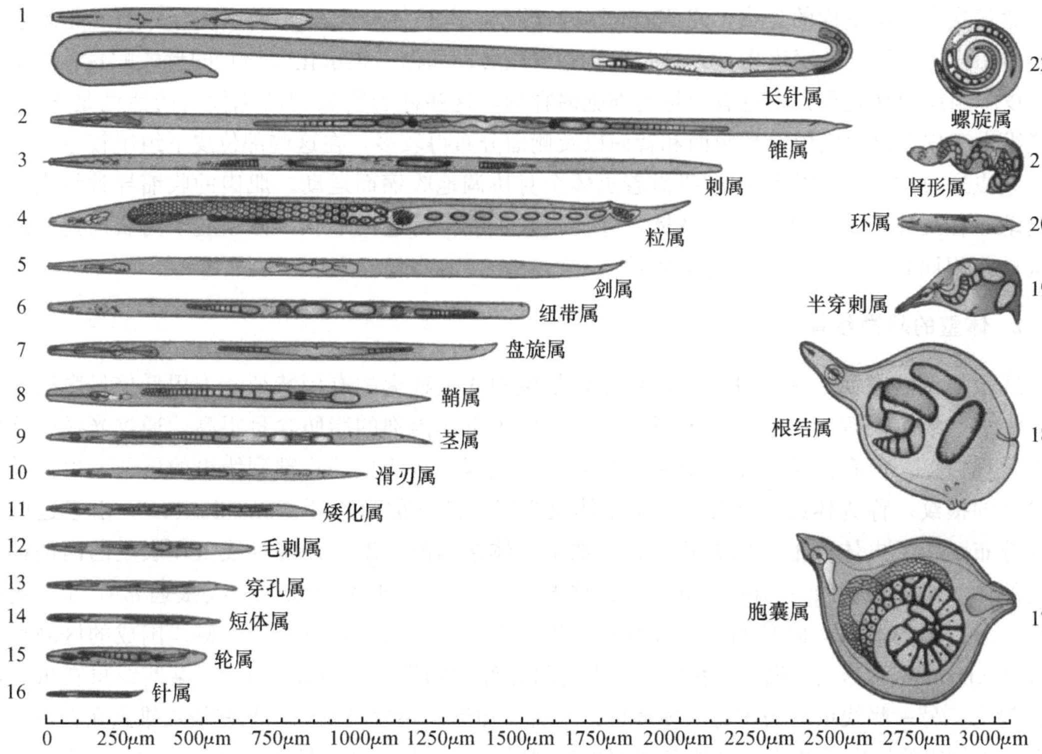

图 2-1 部分重要植物线虫的形态和大小（仿 Agrios，2004）

(internal cortical layer)；③丝状层（fibrillar layer)；④基质层（matrix layer，homogeneous layer)；⑤边界层（boundary layer)；⑥外纤维层（external fiber layer)；⑦中纤维层（middle fiber layer)；⑧内纤维层（internal fiber layer）和⑨基底膜（basal lamella）（图 2-2)。采用不同的染色技术可能观察到的结果有所不同，不同的研究者对表皮层的划分也有所不同，在不同的线虫分类单元中和线虫的不同发育时期表皮层的结构都有差异。在线虫的表皮层中一层蛋白纤维与另一层蛋白纤维相交叉，使得整个表皮结构十分坚韧。

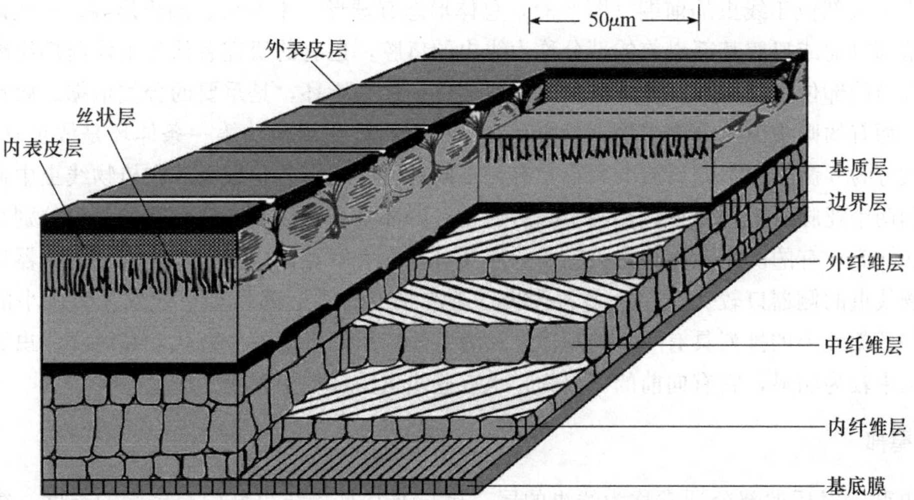

图 2-2 线虫体壁结构

紧接在表皮层下面的是皮下组织（hypodermis），它是体壁上的一层组织，体壁完整地包围着虫体，皮下组织能分泌表皮，并且是以类脂（脂肪）和糖（碳水化合物）的形式贮藏食物的仓库，皮下组织的细胞很大，且有大量的细胞内容物，这些内容物表明新陈代谢的活性是很高的。神经纵走于皮下组织之中，在腹面和背面以及侧面分布得较多，在这些部位皮下组织较厚。

线虫通过皮下组织内层的纵肌沿着虫体全身协调地收缩而运动，肌肉的收缩导致线虫呈蛇形运动。在虫体内部以高压充满液体，才使得线虫能保持它的形状，体壁起了为肌肉提供阻抗的机械作用同时又保持了虫体的柔软性。

2. 体壁的超微结构

线虫体壁的表面是有纹理的，表面纹理是鉴别线虫种类的有用特征。当用低倍显微镜观察时，大多数线虫表现为具有无色光滑的表皮，由于虫体内部的脂肪含量很高，通过光线的反射虫体呈现白色。但在高倍镜下就能观察到表皮的纹理。从线虫的头部到线虫的尾部，虫体具有许多细的横纹，称为体纹（striae），两条体纹之间的部分称为体环（annulation）。由于这些体纹的分布赋予了虫体以很大的柔软性并增加了虫体结构的强度。许多种线虫在表皮的两侧都有纵向的体纹，称为侧线（lateral line），这些侧线是表皮上凹入的纵沟。线虫通常在每一侧面都有一条以上的侧线，而且两侧侧线数目相等，在虫体侧面最外侧的两条侧线围成的区域称为侧区（lateral field），相邻的两条侧线围成的部分称为侧带（lateral band）。某些线虫在虫体前端有刺毛，另一些线虫的表皮每一体环可以向后延伸形成鳞片或倒刺，某些线虫雄虫在虫体后部有由表皮构成的侧向延伸物，这些延伸物称为尾翼（caudal alae），即交合伞（copulatory bursa）。

3. 体腔

线虫的体腔无体腔膜，为假体腔（图 2-3）。体腔内有消化系统、生殖系统、神经系统等器官。

线虫的体壁几乎是透明的，所以能看到它的内部结构。体腔是很原始的，其中充满了一种液体，即体腔液。体腔液湿润各个器官，并供给所需要的营养物质和氧，可算是一种原始的血液，起着呼吸和循环系统的作用。线虫缺乏真正的呼吸系统和循环系统。

4. 头部

线虫的头部位于线虫的前端（图 2-3），总体形态有球形、半圆形、圆锥形等。一般认为在线虫口针基部以前或口腔基部以前的部分称为线虫的口腔，也有的研究者认为虫体前部缢缩以前或头骨架以前的部位称为头部。在头部缢缩以前的体环称为唇环，是重要的分类依据。唇环有的表面光滑，而有的则被纵纹分为多块，呈覆瓦状。在头部口孔周围的第一条体环是线虫真正的唇，唇通常被分为 6 瓣，而不同唇瓣的大小和有无不同种类的线虫差别很大。在植物线虫中通常两个亚背唇和两个亚腹唇融合在一起，两个侧唇退化，唇部呈哑铃形。在两侧唇的外侧分别具有一个侧器（amphid，有的研究者称其为头感器）的开口，称为侧器口。不同种类线虫的侧器口形态不同，植物线虫的侧器口较为简单，多为孔状。通常线虫的唇上都具有一个或几个微小的感觉乳突，这些感觉乳突的排列具有一定的规律。还有些线虫唇的形态发生特化，在海洋线虫和部分捕食型线虫中较为明显，它有向前的突出物，也有些线虫头部周围长满了刺毛。

5. 尾部

线虫肛门以后的部分通常称为线虫的尾。尾长通常是指线虫肛门至尾端的长度。线虫尾部末端的形态变化较大，有的尖锐、钝圆或平圆，有些种类尾端上有附着的结构，如尾突（尾末

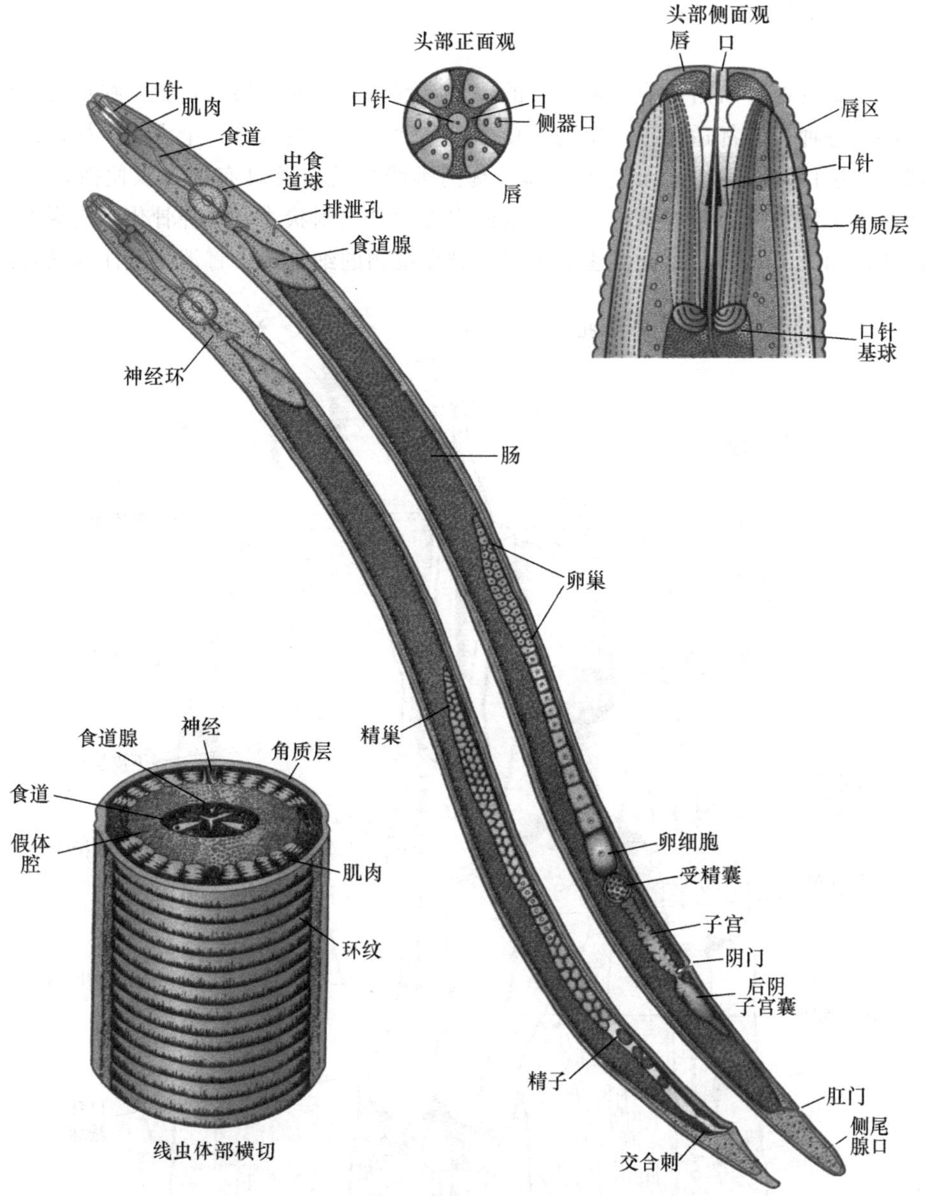

图 2-3　线虫虫体各部位的模式图（仿 Agrios，2004）

端的突起）和尾尖突（尾突上很细的突起），其形态和数量是辅助的鉴定特征。尾部透明区是线虫尾部内不含内含物的透明区域，它的长度是一些种类的重要鉴定特征。

第二节　线虫的内部器官系统

一、消化系统

线虫的消化系统非常发达，是从口孔开始一直连到肛门的直通管道，线虫的消化系统是维持线虫生命活动的重要组成部分，它分为四个大部分，即原口道（stomodaeum）、肠（intestine）、直肠（rectum）和肛门（anus），其中原口道和直肠与虫体表皮相连，在每一次蜕皮时都会更新。原口道包括口（mouth）、食道（esophagus）和贲门（cardia）。

1. 口

线虫的口是食道开口后由表皮覆盖着的一个腔室，其功能是摄取食物。线虫已演化出各种各样的口腔，每种口腔都适应于一定的采食方式。食细菌的线虫有一个大的圆柱形或漏斗形的口腔，线虫通过口腔吸取含有食物的液体；食肉类线虫的口腔具有壁齿以便抓住或戳穿其猎物；植物的寄生线虫的口腔中具有一个中空或实心的骨化刺状物，这种骨化结构通常称为口针（stylet）（图 2-3～图 2-5）。植物线虫通过口针刺穿植物的细胞壁，将消化液注入植物细胞，消

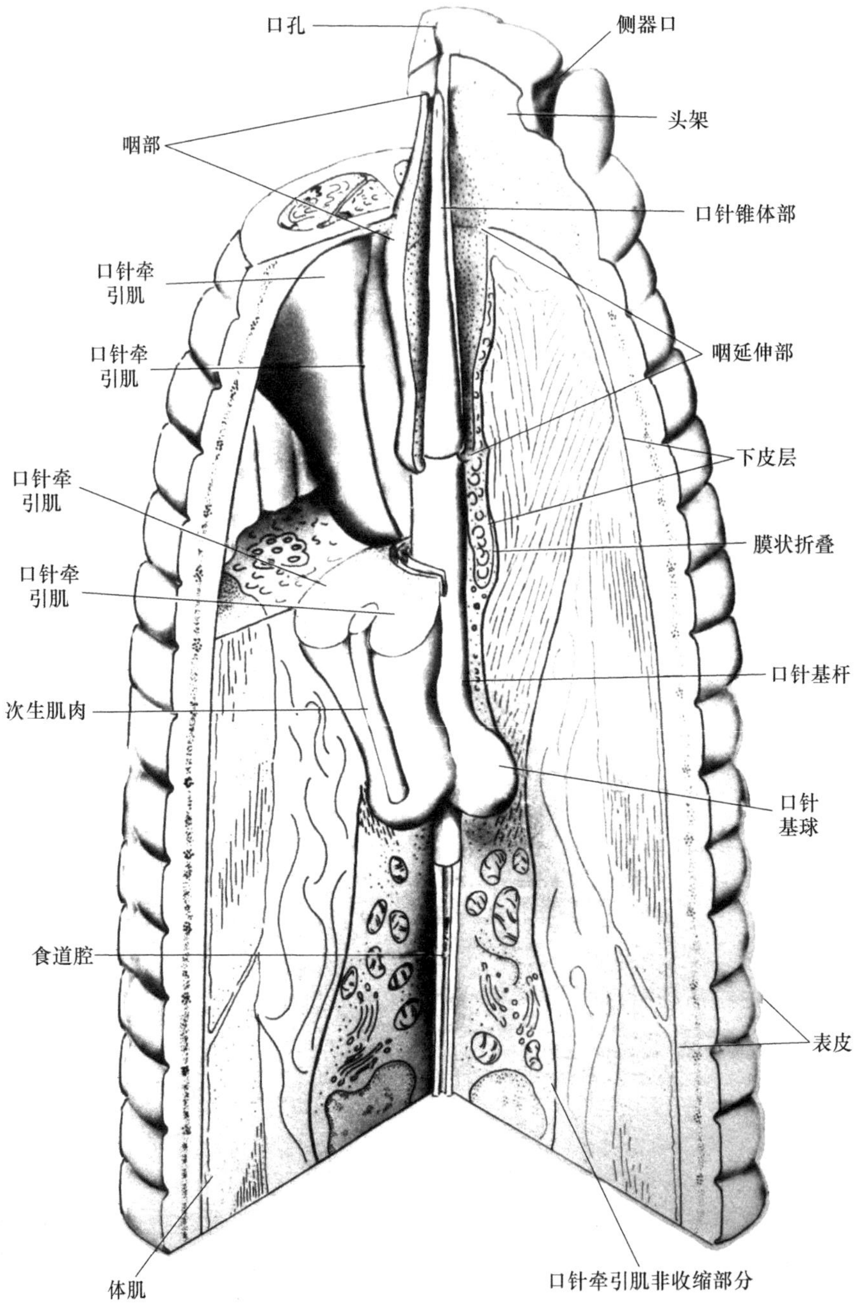

图 2-4　南方根结线虫头部立体模式图（仿 Baldwin and Hirschmann，1976）

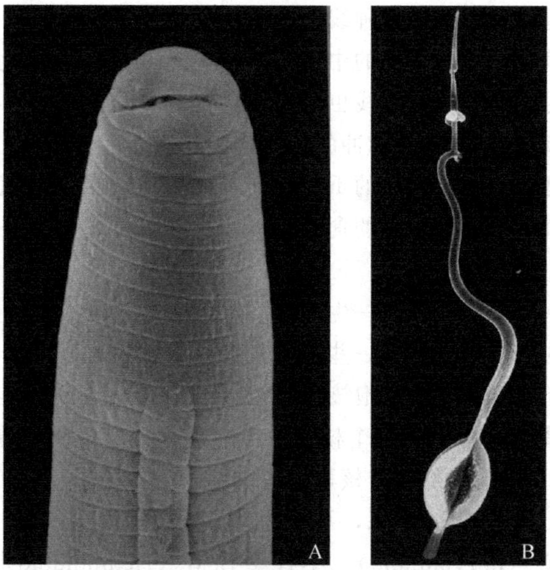

图 2-5　南方根结线虫雄虫前部

A. 头部扫描电镜图；B. 内部口针、食管、中食道球及口针与中食道球（仿 Eisenback et al.，1980）

解植物组织后再从细胞中吸取胞质成分。人们认为某些口针是从口的延伸物演化而来的，另一些口针是从口中壁齿的延伸物演化而来的。典型的植物线虫的口针分三部分：锥体（cone）、基杆（shaft）和基球（basal knobs），口针是中空的，电子显微镜研究显示口针前端开口位于锥体顶部的侧面。口针的大小和形状对于某种线虫来说是较为稳定的，因此口针的粗细、锥体部与杆部的比例、基球部是否发达及其形态是十分有用的分类学特征。

2. 食道

口的后面即是食道，是指口腔的后端到贲门这段管道。食道是一条肌肉质的、含腺体的管道，在横截面上其管腔通常呈三分叉辐射状，管腔内壁为角质层，外壁为辐射状的肌肉，肌肉的收缩牵引食道壁，因而产生一种吸力。食道的主要功能是分泌消化液，吸取食物。食道类型及结构在高阶的分类单元上非常重要。通常线虫的食道分为三部分，即食道前体部、食道中部和食道后体部。食道的结构和形态在遗传上较为稳定，是重要的分类依据。

食道前体部：指线虫口腔（或口针基球）的后端到中食道球的前端或食道膨大部前端的部分，多数种类的线虫这部分通常较细。

食道中部：在食道的前体部和峡部之间的膨大部分，紧接在前体部的后面，有的线虫没有这部分结构。多数植物线虫的这部分食道的内壁骨化形成瓣门，食道壁较厚，肌肉发达，膨大呈球形被称为中食道球（median bulb）。食道在这部分也具有开口，有的种类有两个开口，有的有一个开口，这些开口均是与食道腺相连的。

食道后体部：是指食道的中部至贲门为止这段食道。这部分食道变化很大，有的类群仅是一条厚壁的管状物，有的种类具有较发达的腺体，称为食道腺（oesophageal gland）。

植物线虫具有很发达的食道腺，一些观察者用显微摄影记录了标准剑线虫 *Xiphinema index* 的食道腺分泌液的运动。这种线虫从它的背食道腺中产生大量的“唾液”，当它在实生苗根部摄食细胞时，分泌液从腺体向前通到口针的基部，通过口针达到植物细胞，在电子显微镜下可以看到这个腺体是由类似于高等动物腺体细胞的细胞组成的。食道腺的部分通常有三个以上的细胞通过导管与食道相连，在许多种线虫中，导管从背食道腺向前延伸到口针基部后方泄入食道腔，两个亚腹食道腺开口于食道的中部，而有些线虫所有的食道腺导管都开口于食道的中部。在绵羊、牛和狗的一些肠道寄生线虫中，线虫食道腺的分泌物含有一种酶（乙酰胆碱酯酶），这种酶能破坏高等动物传导神经脉冲的一种化学物质。

食道腺开口的位置是植物线虫分类的重要特征，滑刃目线虫背食道腺开口位于中食道球，垫刃目线虫背食道腺开口于中针基球后的食道前体部，这两类线虫的两个亚腹食道腺开口位于中食道球。

线虫食道的肌肉细胞的数目在线虫一生中是固定不变的，但由于早期的研究者主要是根据细胞核染色技术来确定的，当时未考虑一些细胞是多核的，因此，在数目上出现一些偏差。原始的线虫类群的食道具有 36 个肌肉细胞核；矛线目线虫在食道前部具有 24 个核，后部具有 12 个核；小杆类线虫在食道前体部有 6 个核，食道中部有 6 个核和食道后体部有 12 个核；垫刃目线虫仅有 12 个核，食道前体部 6 个核，食道中部 6 个核。

根据线虫食道的基本结构和形态，可以将线虫的食道分为七种类型：圆柱型食道（mononchoid），矛型食道（dorylaimoid），小杆型食道（rhabhdidoid），双胃型食道（diplogasteroid），头叶型食道（cephaloid），垫刃型食道（tylenchoid）和滑刃型食道（aphelenchoid）（图 2-6）。

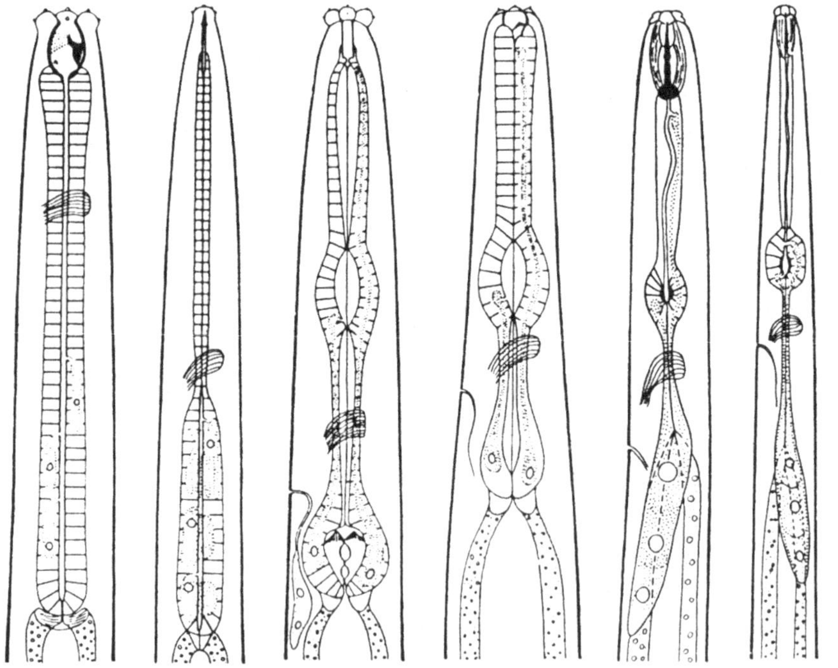

图 2-6 线虫食道类型（仿萨塞，1992）

圆柱型食道：食道为一条厚壁的管状物，无中食道球，食道前体部和食道后体部之间分界不明显，多为动物寄生线虫和捕食线虫所具有的食道。

矛型食道：是矛线目 Dorylaimida 线虫所特有的食道，食道分为两部分，即食道前体部和食道后体部，食道前体部较细长，食道后体部粗短，呈瓶形。一部分植物线虫是这种类型的食道。

小杆型食道：食道明显分为三部分即食道前体部、食道中部和食道后体部。食道中部近圆形，内壁未骨化，是一个假食道球。食道前体部和食道后体部之间明显变细，称为峡部（isthmus）。食道后体部膨大呈球形，内壁骨化形成明显的瓣门。这种类型的食道是小杆目 Rhabditida 线虫所具有的食道。

双胃型食道：食道结构与小杆型食道相似，但食道中部的内壁骨化，是一真正的食道球，是双胃目 Diplogasterida 线虫所特有的食道。

头叶型食道：食道分两部分，食道前体部和食道后体部，食道中部不膨大，食道后体部内壁骨化，与小杆型食道相同。

垫刃型食道：食道分为三部分，食道前体部、食道中部和食道后体部，背食道腺开口位于口针基部球附近，亚腹食道腺的开口位于中食道球内，食道后体部为腺质，食道无内壁骨化的瓣门。这种类型的食道是垫刃亚目 Tylenchina 线虫所具有的食道，大多数属于植物线虫。这种类型的食道变化较大，食道中部无内壁骨化的瓣门的类型称为拟茎型食道（Noetylenchoid）；食道前体部粗短，食道后体部退化的称为环型食道。

滑刃型食道：与垫刃型食道相似，食道分为三部分，食道前体部、食道中部和食道后体部，背食道腺和亚腹食道腺的开口均位于中食道球内，食道后体部为腺质，食道无内壁骨化的瓣门。这种类型的食道是滑刃亚目 Aphelenchina 线虫所具有的食道，大多数属于植物线虫。

3. 贲门

贲门是食道和肠之间由一组细胞构成的起阻止食物倒流作用的器官。

4. 肠和直肠

肠是指线虫从贲门到直肠这段管道。从肠到肛门这一区域称为直肠。线虫肠吸收从食道送来的营养物质，将其分解为三部分：线虫所急需的化合物，备用的食物，废物。因而它兼备了哺乳动物肠和肝两者的功能。肠细胞通常是大的立方形的细胞，在肠腔表面有大量的指状突起——微绒毛（microvilli）。当虫体得到充足的食物时，肠细胞会形成大量的蛋白、脂肪颗粒以及糖原，或许还有其他贮藏的物质；在没有食物时，肠的贮藏物质被利用，肠细胞变清晰。

5. 肛门

线虫直肠与体外相通的孔口为肛门，通常肛门处体宽作为一般的描述特征。雄虫的肛门又是生殖孔称为泄殖腔口，有些泄殖腔口延伸形成交合刺管。

二、生殖系统

植物线虫通常都具有发达的生殖系统，并且其为分类上的重要性状，大多数线虫是雌雄异体的，通常雌虫比雄虫大些，而且雌雄成虫具有易于区别的形态学差异。

雌虫的生殖系统是由生殖管、阴道和阴门组成，生殖管为一条或两条细长的管道。有的线虫的生殖管由于卷曲或回转可能比线虫的体长还长。生殖管壁是单层的扁平细胞，形成一条分为几个具有不同功能的区段，在管的末端是卵巢（ovary），即细胞分裂和卵母细胞形成的部位。细胞分裂的区域又称形成区（germimal zone）有许多小细胞，称为卵母细胞（oocytes），这些细胞变大并进入生长区（growth zone），在那里积聚，为形成胚胎做好细胞学的组织准备。其后是输卵管（oviduct），是生殖管中的狭窄部位，而且生殖管的被覆细胞也有改变。输卵管把卵巢与子宫连接起来，子宫是生殖管中膨大的一段，在输卵管和子宫之间可能有一个囊状的特殊构造，即受精囊（spermatotheca），是贮存精子的部位，子宫贮藏充分发育的卵。一些线虫在产卵前这些卵已开始它们的胚胎发育，而另一些线虫，它们的卵处在单细胞阶段时便产出。从子宫通过一条短的肌肉质的阴道（vigina），生殖管在虫体腹面的开口称为阴门（vulva）（图 2-7）。

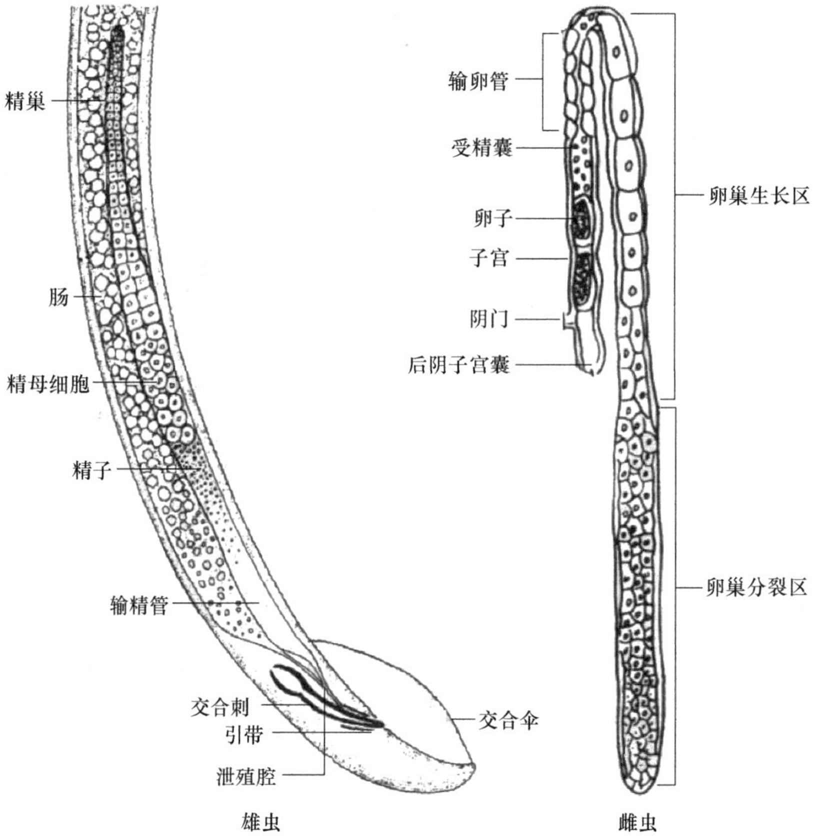

图 2-7 线虫的生殖系统

雌虫典型的生殖管通常是两条，对生。有的类群后部的生殖管退化，形成一个袋状的腔室，称为后阴子宫囊。雌虫生殖系统的形态特征是很稳定的，种间的差别明显，如后阴子宫囊的有无、卵巢直伸或转折、卵母细胞是单行或多行排列、受精囊的有无和阴门的位置等都是鉴别线虫种类的重要特征。

雄虫的生殖系统由生殖管、交合刺（spicule）、引带（gubernaculum）和交合伞组成。精巢（testis）在雄虫的生殖管末端，也有一个形成区和一个生长区，精子在这里产生并长大；贮精囊（seminal receptacle）是一个膨大的部分，精子在这里积聚，接着贮精囊的是一段导管，即输精管（vas deferens），通常是肌质的而且含有腺体。在生殖系统的后部是和消化道共同的一个腔室，称为泄殖腔（cloaca）。雄虫生殖系统和消化系统具有一个共同的开口，在生殖系统的末端是一对骨化的刺状结构，称为交合刺（图 2-7），它位于肛门的内侧，交配时交合刺插入雌虫的阴道，它们共同形成精子的通道。在交合刺囊中交合刺是在一个骨化的槽中运动的，这个骨化的槽状物称为引带。附属的腺体、肌肉、感觉器官和神经都与交合刺相连，某些线虫的雄虫在尾部侧面具有表皮的延伸物——尾翼，即交合伞。

虽然大多数线虫是雌雄异体的，但有一些线虫没有雄虫也能进行生殖。这些线虫有的是雌雄同体，一个生殖腺产生精子，同时另一个生殖腺产生卵；还有一些种类的线虫只有雌虫，这些雌虫产卵，卵没有经过受精就能发育。在一些种类中既有无雄虫的孤雌生殖，也有两性生殖发生。总之，在线虫进化过程中产生了许多生殖系统变异的类型。

线虫的单个受精卵只有很少的机会发育成能生殖的成虫。环境的因素，如干旱、捕食动物、有毒的化合物、疾病都可引起线虫的死亡，植物线虫还必须依赖寄主植物才能生长发育，寄主植物的营养能否适应线虫的发育，对于线虫的存活至关重要，否则可能在线虫的性成熟之前由于某些原因而过早地死亡。许多寄生线虫有高度发育的生殖系统以保证这些线虫种类能够繁衍生息。例如，雌性根结线虫一生中可以产 1000 多个卵，而胞囊线虫的成熟雌虫的子宫里充满了卵，当成熟的线虫死亡后，其体壁变褐鞣化，形成坚硬的保护层，在虫体内保留着大量的虫卵可以耐受不良的环境。

三、神经系统

植物线虫有高度发达的神经系统，主要的神经和感觉器官有神经环（nerve ring)、半月体（hemizonid）和半月小体（hemizonion)、乳突（papilla)、侧器（amphid）和侧尾腺（phasmid)，线虫的神经系统由几百个细胞和少数感觉器官组成，大约由 10 个神经体组成，互相联系，并同感觉器官以及全身的肌肉联系。最明显的神经构造是神经环，即神经细胞之间联系的中枢。在植物线虫中神经环在紧靠着中食道球后方环绕着食道，神经环的两侧，从神经环中的神经细胞发出神经突起向前伸展到头，向后伸展到虫体其他部分。从神经环发出的纵行神经索沿皮下组织穿行，其中最大的是腹神经索和背神经索。另一群神经细胞位于虫体的中后部，雄虫环绕肛门和交合刺，雌体则环绕肛门、阴门、阴道和子宫。在靠近中食道球的前方也有分散的神经细胞。半月体位于排泄孔附近，是一个重要的侧腹神经受体，显微镜下观察呈透明状。半月小体位于半月体稍后。在口腔开口的周围环绕着一圈微小的乳突（papilla)，一个乳突就是一个感觉器，是在神经纤维的末端处由表皮构成的一个小隆起，一根神经纤维穿过体壁进入一个乳突终止于表皮之下。沿着雄虫后部的腹侧面有一套乳突，称为生殖乳突，其中也有类似的神经末梢，雄虫的这些神经末梢也可能是与腺体相联系的。除了这些简单的感觉器官之外，还有两个特化的构造——侧器，位于线虫头部的侧面，这两个囊状的器官是神经末梢与腺细胞的联合体。这种囊状体在靠近线虫的唇区侧面有一开孔（图 2-3），称为侧器口，其形态有一定的变化。侧器的神经直接伸到食道两侧的神经环外侧的神经节细胞。根据神经细胞的大小和分化程度来判断，侧器看来是十分重要的感觉器官。侧器的腺体部分的功能尚未证实，但分泌液从这两个结构排出是无疑的。在钩虫中，有一点儿这种分泌液就能阻碍宿主血液的凝固。植物线虫和动物寄生线虫在侧器中都含有一种酶，就是乙酰胆碱酯酶，它在神经生理学上是重要的神经脉冲的传导物质。很多种类线虫在虫体的后部侧面靠近肛门处还有另一对类似的构造，称为侧尾腺。这类器官也有腺体部分和神经部分。侧尾腺的开口称为侧尾腺口。

线虫的运动是由神经支配的。线虫能表现出几种运动方式：它们能向前向后蠕动，能够左右两侧摆动，能从下层土壤中钻出并扬起虫体的前部。它们能对温度、触碰及化学物质起反应，寻找异性并进行交配；它们能被食物的来源所吸引，通过伸出口针或活动口腔进行摄食；它们有一套食道运动程序以吞下食物并使食物沿着消化道移动；最后将废物排出体外。雄虫在交配时伸出交接刺，雌虫产卵。线虫也能排出各种腺体的分泌物。以上这些行为都是在神经的支配下完成的。

四、排泄系统

植物线虫的排泄器官多为管型，其末端开口为排泄孔（excretory pore）（图 2-3），位于虫体前端的腹面。溶于体腔液中的代谢产物，通过虫体侧部上皮进入排泄管再排出体外。

本章小结

本章主要介绍了植物线虫的外部和内部的形态特征，外部形态特征主要包括线虫的形状、大小、体壁构造、头部和尾部特征。内部形态特征主要包括消化系统、生殖系统、神经系统和排泄系统。植物线虫和土壤中的自由生活的线虫除少数种类以外体型大多数是线形，体长一般小于 1mm，体壁几乎是透明的，在显微镜下能清楚地看到线虫主要的器官是消化系统和生殖系统，在植物线虫头部最前端可以看到有口针，可用来刺穿植物细胞取食，口针后面即是食道，线虫的食道类型大体可以分为七种。植物线虫的食道主要有垫刃型食道、滑刃型食道和矛型食道等 3 种类型，植物线虫通常都具有发达的生殖系统，雌虫的生殖系统是由生殖管、阴道和阴门组成，雄虫的生殖系统由生殖管、交合刺、引带和交合伞组成。植物线虫有高度发达的神经系统，主要的神经和感觉器官有神经环、半月体和半月小体、乳突、侧器和侧尾器。植物线虫的排泄器官多为管型，排泄孔在显微镜下很容易观察到。线虫没有呼吸系统，氧气大多是通过其体壁吸收并扩散到体内各组织中。线虫形状、大小和各部分形态特征的差异，成为线虫分类的重要依据。

思考题

1. 如何通过形态鉴别植物线虫与土壤腐生线虫？这两类线虫在外部形态特征上有何不同？
2. 线虫的消化系统由哪几部分组成？各部分有何功能？
3. 线虫的雄虫和雌虫生殖系统分别由哪几部分组成？

主要参考文献

段玉玺，吴刚. 2002. 植物线虫病害防治. 北京：中国农业科学技术出版社

冯志新. 2001. 植物线虫学. 北京：中国农业出版社

刘维志. 2000. 植物病原线虫学. 北京：中国农业出版社

萨塞. 1985. 线虫学基础与进展——植物寄生性和土壤型线虫. 毕志树，陈品三译. 北京：农业出版社

萨塞. 1992. 植物线虫——农业隐蔽的敌害. 陈森玉译. 北京：科学普及出版社

谢辉. 2001. 植物线虫分类学. 北京：高等教育出版社

谢辉. 2005. 植物线虫分类学. 2 版. 北京：高等教育出版社

Agrios G N. 2004. Plant Pathology. Burlington，MA：Elsevier Academic Press

Baldwin J G，Hirschmann H. 1976. Comparative fine structure of the stomatal region of males of *Meloidogyne incognita* and *Heterodera glycines*. Journal of Nematology，8：1-17

Eisenback J D，Hirschmann H H，Triantaphyllou A C. 1980. Morphological comparison of *Meloidogyne* female head structures，perineal patterns，and stylets. Journal of Nematology，12：300-313

Eisenback J D，Triantaphyllou H H. 1991. Root-knot nematodes：*Meloidogyne* species and races. *In*：Nickle W R. Manual of Agricultural Nematology. New York：Marcell Dekker：191-274

第三章　植物线虫分类

线虫分类是植物线虫研究的基础。只有明确线虫的种类，才能进行深入的线虫生物学研究，才能有效控制植物线虫的为害。线虫是生物界中的一个庞大的分类单元，种类繁多。线虫在土壤、苔藓、地衣、真菌、植物根茎及叶的周围，甚至浸在水中的水生植物上均可广泛存在。植物根系内部及根附近的土壤是植物线虫重要的栖息地。不同生态环境影响各类线虫的分布，形成了各具特色、取食结构差异很大的线虫类群。

第一节　植物线虫的分类演变

植物线虫是一类低等的无脊椎动物，长管形两侧对称，原体腔，虫体小且透明，需在潮湿的土壤颗粒表面活动并以活细胞为食，其取食习性与食道类型密切相关，且广泛存在于地球的各种生境中，种类非常繁多。据一些专家的保守估计，地球上有50万～100万种线虫存在，仅次于昆虫。Poinar（1983）估计线虫约50万种，已知15 000种；Andrássy（1992）统计自由线虫1380属11 050种；1999年统计1940属，其中项圈亚纲Torquentia 650属，侧尾腺亚纲Secernentia 570属，穿刺亚纲Penetrantia 705属；其中植物线虫仅占线虫总数的10%左右，目前已报道描述的植物线虫有200余属5000余种。随着线虫学科的迅速发展，发现线虫的种类越来越多，数量不断增加，关于线虫的分类也从原始的简单形态描述发展到现在的分子辅助鉴定，经历了一个多世纪的演变，发生着较大的变化，线虫的分类体系也处于变动完善之中。

一、线虫的分类体系

线虫是一庞大的生物类群，以前一直将线虫列为线形动物门——线虫纲Nematoda。早在1919年著名线虫学家科布就曾建议将线虫单独成立一个门，1934年苏联著名线虫学家菲利普耶夫也建议将线虫单独成立一个门，但是直到20世纪70年代后，多数线虫学家才逐渐同意成立线虫门Nemata。

目前，比较通用的高阶元分类体系是美国加利福尼亚大学戴维斯分校的Maggenti于1991年提出的，是对国际线虫分类学家小组（Luc等）于1987年、1988年提出的分类系统的概括。该系统在线虫门下设立2纲、5亚纲、2总目、18目、38总科、196科。下面介绍的线虫门高阶元分类系统基本上参照Maggenti（1991）系统，只是根据Hunt和Coomans等的分类观点，将滑刃亚目上升为滑刃目，把膜皮亚目移到三矛目中（陈立杰等，2006）。

不同的分类系统名后加上不同的后缀简列如下：

Class	-ea	纲
Subclass	-ia	亚纲
Order	-ida	目
Infraoder	-omorpha	下目

Suborder	-ina	亚目
Superfamily	-oidea	总科
Family	-idea	科
Subfamily	-inae	亚科
Tribe	-ini	族

为明确植物线虫在线虫分类学中的地位，本处先列出 Maggentti（1991）等提出的线虫目水平的高阶元分类体系供读者参考。由于线虫的食道具有遗传稳定性，故成为重要的分类依据，因此根据线虫食道的基本结构和形态，可以将线虫的食道分为 7 种类型：圆柱型食道，矛型食道，小杆型食道，双胃型食道，头叶型食道，垫刃型食道和滑刃型食道。土壤线虫是混合的群体，包含多种分类单元，因此对于单个个体的分类要先根据线虫食道类型鉴定到目和科属的水平。

线虫门 Nemata（Maggenti，1991）

Ⅰ 侧尾腺纲 Secernentea
- 小杆亚纲 Rhabditia
  - 小杆目 Rhabditida
  - 圆线虫目 Strongylida
- 旋尾亚纲 Spiruria
  - 蛔虫目 Ascaridida
  - 旋尾目 Spirurida
- 双胃亚纲 Diplogasteria
  - 双胃目 Diplogasterida
  - 垫刃目 Tylenchida
  - 滑刃目 Aphelenchida

Ⅱ 无侧尾腺纲 Adenophorea
- 嘴刺亚纲 Enoplia
  - 海栖嘴刺总目 Marenoplica
    - 嘴刺目 Enoplida
    - 钩咽目 Oncholaimida
    - 三孔目 Tripylida
  - 陆栖嘴刺总目 Terrenoplica
    - 等咽目 Isolaimida inquirenda
    - 单齿目 Mononchida
    - 矛线目 Dorylaimida
    - 三矛目 Triplonchida
    - 食管目 Stichosomida
- 色矛亚纲 Chromadoria
  - 色矛目 Chromadorida
  - 带线虫目 Desmoscolecida
  - 带矛目 Desmodorida

单宫目 Monhysterida

柱咽目 Araeolaimida

随着分子系统分类学的发展，线虫的分类系统日臻完善。De Ley 和 Blaxter（2002）根据经典系统分类结合分子系统发育分类结果把线虫高阶元分类汇总起来以进化树的形式展示（图 3-1）。但这一观点与传统的分类系统差距较大，其正确与否还需要线虫分类学进一步发展而加以验证，本书仅列出供读者参考。

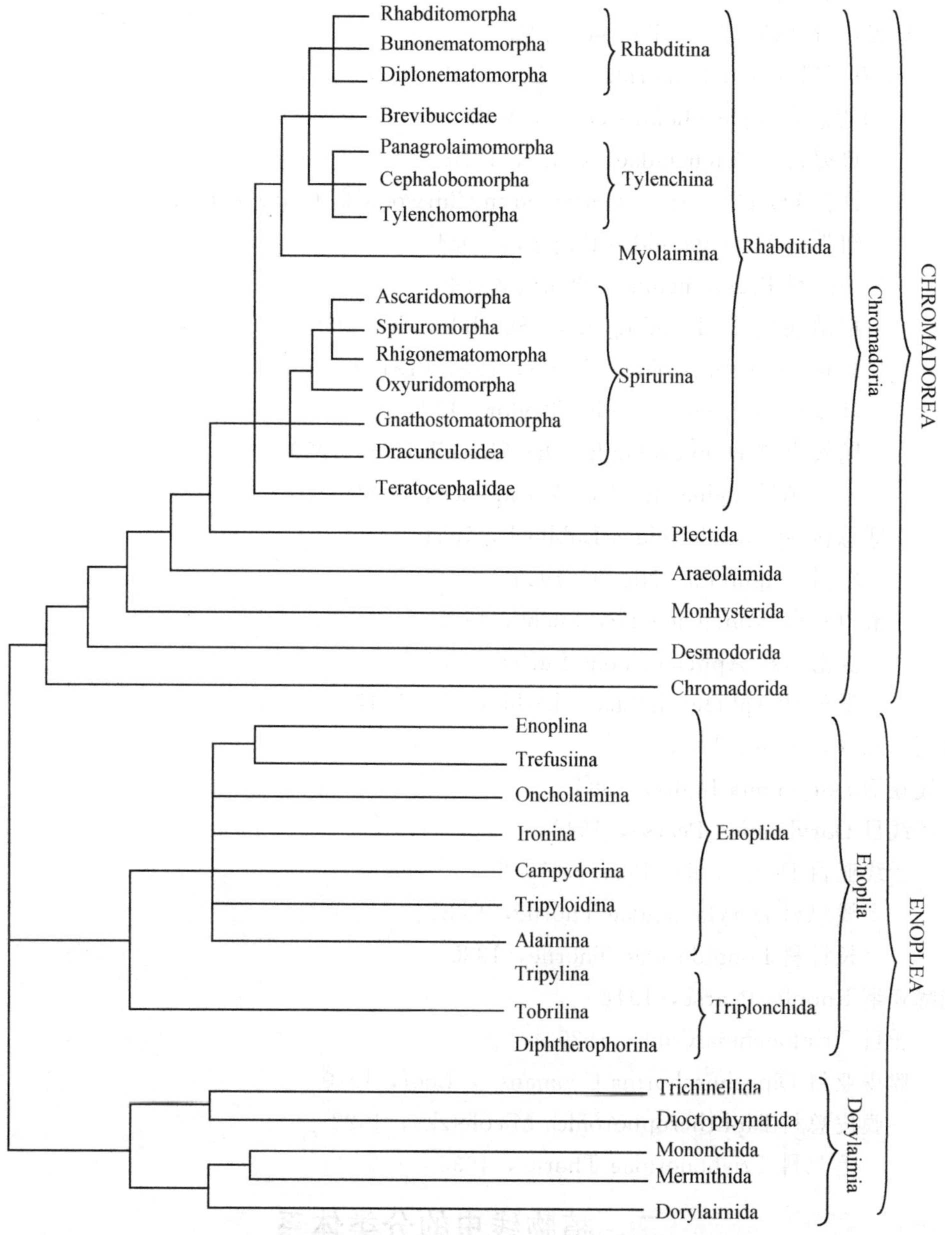

图 3-1　基于 SSU rDNA 数据库的线虫系统发育进化图（De Ley and Blaxter，2004）

对于植物线虫的分类地位，近代的分类系统是 Siddiqi 在 2000 年确立的垫刃目 Tylenchida 和 Hunt 在 1993 年确立的滑刃目 Aphenlenchida 和长针科 Longidoridae，以毛刺科 Trichodoridae。De Ley 和 Blaxter（2004）同时对 Siddiqi（2000）和 Hunt（1993）的分类系统在亚科和属的水平上给予了简化与继承，从而提出了新的植物线虫的分类系统。下面列出的植物线虫科以上水平的分类系统源自 *Plant Nematology*（Perry & Moens，2006），供读者参考。

线虫门 Nemata Pott，1932
　色矛纲 Chromadorea Inglis，1983
　　色矛亚纲 Chromadoria Pearse，1942
　　　小杆目 Rhabditida Chitwood，1933
　　　　垫刃亚目 Tylenchina Thorne，1949
　　　　　垫刃下目 Tylenchomorpha De Ley & Blaxter，2004
　　　　　　垫刃总科 Tylenchoidea Orley，1880
　　　　　　　垫刃科（Tylenchidae）Orley，1880
　　　　　　　锥科 Dolichodoridae Chitwood in Chitwood & Chitwood，1950
　　　　　　　纽带科 Hoplolaimidae Filipjev，1934
　　　　　　　短体科 Pratylenchidae Thorne，1949
　　　　　　　根结线虫科 Meloidogynidae Skarbilovich，1959
　　　　　　环总科 Circonematoidea Taylor，1936（1914）
　　　　　　　环线虫科 Circonematidae Taylor，1936
　　　　　　　鞘线虫科 Hemicycliophoridae Skarbilovich，1959
　　　　　　　半穿刺科 Tylenchulidae Skarbilovich，1947
　　　　　　球总科 Sphaerularioidea Lubbock，1861
　　　　　　　粒科 Anguinidae Nicoll，1935
　　　　　　滑刃总科 Aphelenchoidea Fuchs，1937
　　　　　　　真滑刃科 Aphelenchidae Fuchs，1937
　　　　　　　滑刃科 Aphelenchoidiae Skarbilovich，1947
　刺嘴纲 enoplea inglis，1983
　　矛线亚纲 Dorylaimia Inglis，1983
　　　矛线目 Dorylaimida Pearse，1942
　　　　矛线亚目 Dorylaimina Pearse，1942
　　　　　矛线总科 Dorylaimoidae Thorne，1935
　　　　　　长针科 Longidoridae Thorne，1935
　　刺嘴亚纲 Enoplia Pearse，1942
　　　三矛目 Triplonchida Cobb，1920
　　　　膜皮亚目 Diphtherohorina Coomans & Loof，1970
　　　　　膜皮总科 Diphtherophoroidea Micoletzky，1922
　　　　　　毛刺科 Trichodoridae Thorne，1935

二、植物线虫的分类体系

所有的植物线虫都属于线虫门，绝大多数寄生性强的重要植物病原线虫都隶属于垫刃目，少数属于滑刃目和矛线目。根据近 20 年来植物线虫分类的发展变化，本节主要以 Maggenti 等在 1991 年提出的分类系统为主体对垫刃目线虫进行科属水平的划分，参照和综合了 Hunt 和

Coomans 等的分类观点，将滑刃亚目上升为滑刃目，把膜皮亚目移到三矛目中（陈立杰等，2006）。目前世界上已记载的植物线虫约有 200 多属 5000 多种，下面的分类体系仅列出已知的可导致植物病害的相关线虫属，其他多数属没有列出。矛线目和三矛目线虫中的某些种类因为易引起植物病毒病害的传播而被称之为传毒线虫，在本章中也作为重要的植物线虫加以阐述。

线虫门 Nemata

Ⅰ　侧尾腺纲 Secernentea

垫刃目 Tylenchida

垫刃亚目 Tylenchina

垫刃总科 Tylenchoidea

垫刃科 Tylenchidae

垫刃线虫属 *Tylenchus*

粒科 Anguinidae

粒线虫属 *Anguina*

茎线虫属 *Ditylenchus*

锥科 Dolichodoridae

锥属 *Dolichodorus*

刺科 Belonolaimidae

刺线虫属 *Belonolaimus*

矮化线虫属 *Tylenchorhynchus*

短体科 Pratylenchidae

短体线虫属 *Pratylenchus*

潜根线虫属 *Hirschmanniella*

穿孔线虫属 *Radopholus*

假根结线虫属 *Nacobbus*

纽带科 Hoplolaimidae

纽带线虫属 *Hoplolaimus*

盘旋线虫属 *Rotylenchus*

螺旋线虫属 *Heliocotylenchus*

肾状线虫属 *Rotylenchulus*

盾线虫属 *Scutellonema*

异皮科 Heteroderidae

球胞囊线虫属 *Globodera*

异皮线虫属 *Heterodera*

根结线虫属 *Meloidogyne*

刻点胞囊线虫属 *Punctodera*

仙人掌胞囊线虫属 *Cactodera*

环总科 Criconematoidea

环科 Criconematidae

小环线虫属 *Criconemella*

环线虫属 *Criconema*

拟鞘线虫属 *Hemicriconemoides*
鞘线虫属 *Hemicycliophora*
半穿刺科 Tylenchulidae
针线虫属 *Paratylenchus*
半穿刺线虫属 *Tylenchulus*
滑刃目 Aphelenchida
滑刃科 Aphelenchoididae
拟滑刃线虫属 *Aphelenchoides*
伞滑刃线虫属 *Bursaphelenchus*
细杆滑刃线虫属 *Rhadinaphelenchus*
真滑刃科 Aphelenchidae
真滑刃线虫属 *Aphelenchus*
拟滑刃科 Paraphelenchidae
长尾科 Seinuridae
内滑刃科 Entaphelenchidae
Ⅱ 无侧尾腺纲 Adenophorea
矛线目 Dorylaimida
矛线总科 Dorylaimoidea
长针科 Longidoridae
长针线虫属 *Longidorus*
剑线虫属 *Xiphinema*
三矛目 Triplonchida
毛刺总科 Trichodoroidea
毛刺科 Trichodoridae
毛刺属 *Trichodorus*
拟毛刺属 *Paratrichodorus*

为了方便查阅不同历史时期的文献，同时也为了比较当前不同的分类体系，在此根据刘维志的《植物病原线虫学》(2000) 将不同历史时期的线虫高阶元分类系统加以简介。

1. Chitwood (1950) 的分类体系

B. G. Chitwood 和 M. B. Chitwood 于 1950 年提出一个分类系统，是对 B. G. Chitwood 1937 年所提出的分类系统的进一步完善，因此这一系统影响面较广、持续时间也较长。特别是在我国由于毕志树和李进编写的《植物线虫学》一书出版，20 世纪 80 年代以前各地基本采用这一系统。

Chitwood (1950) 的系统是将线虫作为一个纲，下设两个亚纲：

线虫纲 Nematoda
侧尾腺口亚纲 Phasmidia (Secernentea)
Ⅰ 小杆目 Rhabditida
小杆科 Rhabditidae
双胃科 Diplogasteridae

头叶科 Cephalobidae

Ⅱ　垫刃目 Tylenchida

（Ⅰ）垫刃总科 Tylenchoidea

垫刃科 Tylenchoidae

异皮科 Heteroderidae

拟茎科 Neotylenchidae

环科 Criconematidae

半穿刺科 Tylenchulidae

（Ⅱ）滑刃总科 Aphelenchoidea

真滑刃科 Aphelenchidae

滑刃科 Aphelenchoididae

拟滑刃科 Paraphelenchidae

无侧尾腺口亚纲 Aphasmidia（Adennophorea）

嘴刺目 Enoplida

矛线总科 Dorylaimoidea

矛线科 Dorylaimidae

膜皮科 Diphtherophoridae

2. Golden（1971）的垫刃目分类系统和 Ferris（1971）的矛线目分类系统

植物线虫的大部分属于垫刃目，因此关于垫刃目的分类一直受到人们的重视。1967 年美国的 Allen 和 Sher 提出一个垫刃目分类系统；1971 年美国农业部线虫学实验室的 Golden 提出的垫刃目分类系统和 Ferris 于 1971 年提出的矛线目分类系统发表在线虫学专著和一些教科书中，有相当广泛的影响。他们都是把线虫作为一个门，下设两个纲：侧尾腺口纲和无侧尾腺口纲。

Golden（1971）的垫刃目分类系统特点：①由于将线虫单独成立一个门，将原来 Chitwood 系统的分类阶元均相应提升一个等级，如亚纲提升为纲等；②垫刃亚目下设五个总科：非垫刃总科 Atylenchoidea、垫刃总科 Tylenchoidea、拟茎总科 Neotylenchoiea、环总科 Criconematoidea 和异皮总科 Heteroderidea，他建立的非垫刃总科因人们没有接受而放在垫刃总科 Tylenchoidea 内；③在异皮总科 Heteroderidea 内设两个科：异皮科 Heteroderidae 和珍珠科 Naccobbidae，而在环总科 Criconematoidea 内设立环科 Criconematidae、针科 Paratylenchidae 和半穿刺科 Tylenchulidae。

Ferris 把 Chitwood 系统的嘴刺目 Enoplida 称为矛线目 Dorylaimida，下设一个矛线总科 Dorylaimoidea，两个科，即长针科 Longidoridae 和膜皮科 Diphtherophoridae（刘维志，2000）。

3. Maggenti 等的分类系统

美国加利福尼亚大学戴维斯分校的 A. R. Maggenti 执笔于 1991 年提出一个线虫分类体系，是对国际线虫分类学家小组（Fortuner R.，Geraert E.，Luc M.，Maggenti A. R.，Raski D. J. 等）于 1987 年、1988 年提出的分类系统的概括，他们明确反对英籍印度裔线虫分类学家 Siddiqi 于 1986 年提出的繁杂的线虫分类系统。因 Maggenti 等提出的这一分类系统较为简单而且集合了多数分类学家的观点，所以被多数人所接受，目前我国也多采用这一系统对植物线虫进行分类鉴定研究。

另外，Siddiqi（1986，2000）的分类系统是主分派的代表，他对于垫刃目线虫的详细分类研究具有独到的见解，但由于他所提出的分类系统过于庞杂不适宜初学者接受，因此，如果有兴趣致力于植物线虫分类学的研究者可以自学他所编写的巨著 *Tylenchida: Parasites of Plants and Insects*，1986 年出第一版，2000 年出第二版。

以下为方便初学者对植物线虫的认识，列出简单的检索表对线虫的大体形态加以区别，分清非植物线虫类和植物线虫大体分科依据。

植物线虫与其他常见土壤线虫的鉴别检索表

1. 口腔无口针 …… 非植物线虫类
   口腔有口针 …… 2
2. 食道分为 2 部分 …… 3
   食道分为 4 部分 …… 5
3. 口针向腹面弯、细短，称为瘤针；虫体有明显的排泄孔 …… 毛刺科
   口针不弯，粗短或长，称为齿针，虫体无明显的排泄孔 …… 4
4. 齿针长，由较细的齿针尖和较粗的齿托两个明显的部分组成 …… 长针科
   齿针粗短，顶部倾斜似注射器针头，基部无明显齿托 …… 矛线科
5. 背食道腺开口位于口针基球附近，中食道球一般卵圆形、小于体宽的 3/4 …… 垫刃目
   背食道腺开口位于中食道球、不明显，中食道球多方圆形、大于体宽的 3/4 …… 滑刃目

第二节 农林业生产上重要的植物线虫属

农林业生产上危害严重的植物线虫种类多数分布在垫刃目、滑刃目和矛线目，其中绝大多数分布在垫刃目中。Sasser（1989）估计世界上几种重要的粮食作物如水稻、小麦、番茄等由于垫刃目线虫造成的危害产量损失达到 10%～12%，即每年有上百亿美元的损失。危害最为严重的线虫病害有根结线虫病害、胞囊线虫病害、茎线虫病害、松材线虫病等，下面重点介绍重要植物病原线虫的分类地位和鉴别特征。

一、垫刃目 Tylenchida

I. 垫刃亚目 Tylenchina

（一）垫刃总科 Tylenchoidea

垫刃总科线虫特征：背食道腺开口位于口针基球附近，食道前体部较细、柱状，与中食道球分界清楚，峡部细长，其后为膨大成球形或梨形的食道腺，与肠平截或长叶状覆盖肠。雌虫单或双生殖腺，雄虫多有交合伞。侧尾腺位于肛门附近、尾部或其他部位。

模式科属：垫刃科、垫刃属。垫刃科约有 30 多属，在田中经常发现的约有 15 属：包括垫刃属、丝尾垫刃属、米卡垫刃属、野外垫刃属、具脊垫刃属、平滑垫刃属、杆垫刃属、叉针垫刃属、巴兹尔属、新平滑垫刃属和头垫刃属等。

1. 垫刃线虫属 *Tylenchus* Bastian，1865

分类地位：垫刃科 Tylenchidae Örley，1880

形态特征：本属为垫刃类线虫的模式属，掌握这个属的形态特征对于鉴定其他线虫非常有用。本属线虫属于雌雄异体，均为细长蠕虫形，角质膜上有环纹。侧带上有 4 条侧线；口针长 6～21μm，口针基部球明显，典型的垫刃型食道，中食道球卵圆形，肌肉质、具瓣，峡部长而细，下接梨形的后食道腺、内部含有 3 个食道腺核，与肠平截，食道与肠间有贲门。尾细长丝状，直或向腹面弯曲成弓状、钩状。雌虫阴门在虫体中后部，单卵巢前伸，后阴子宫囊短而退化，卵母细胞常成单行排列，受精囊圆或卵圆形、缢缩。雄虫形态与雌虫大体相似，交合伞短、靠近肛门，偶尔无明显交合伞，交合刺弯向腹面成弓状、长 13～25μm，引带细、泄殖腔唇微突。

模式种：戴维恩垫刃线虫 *Tylenchus davainei* Bastian，1865（图 3-2）

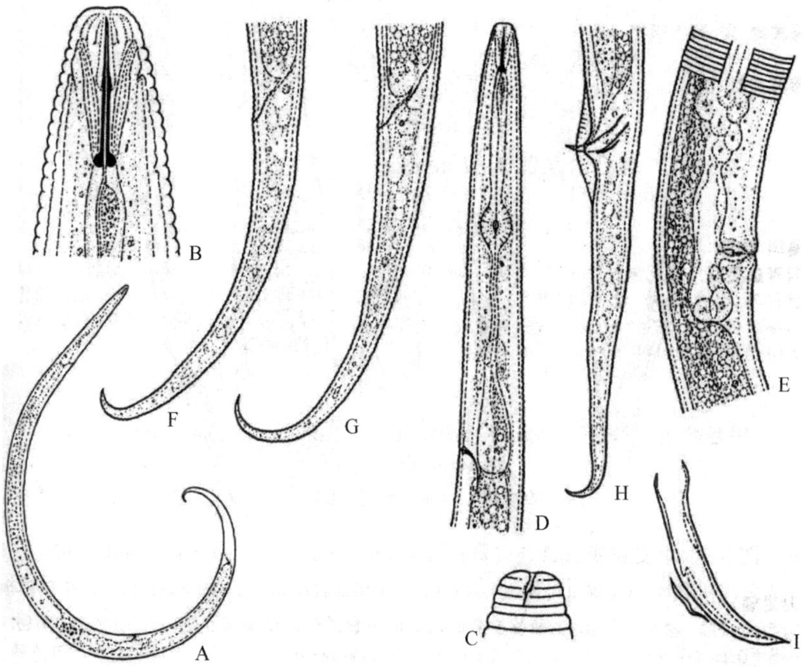

图 3-2　戴维恩垫刃线虫 *Tylenchus davainei* Bastian，1865

A. 雌成虫；B. 头部；C. 头区；D. 食道前体部；E. 阴门区；F，G. 雌虫尾部；H. 雄虫尾部；I. 交合刺

这类线虫通常分布于多种植物根际的土壤中，有些也生存于苔藓根际，其寄生性尚不清楚。但某些垫刃线虫对植物具有危害性，如头垫刃属线虫是迁徙性外寄生线虫，取食寄主植物根部表皮细胞，危害严重时可阻碍根部细胞的生长发育，但不造成根部坏死或其他症状。

2. 粒线虫属 *Anguina* Scopoli，1777

分类地位：粒科 Anguinidae Nicoll，1935

形态特征：虫体较大，雌雄异体，两性生殖。成熟雌虫肥大，呈螺旋形，体长大于 1mm，有时可达 4mm。垫刃型食道，中食道球有或无瓣门，后食道腺膨大呈耳朵状，与峡部之间缢缩，一般覆盖肠，偶尔不覆盖肠。雌虫阴门靠后，单卵巢，卵巢向前伸展并转折一次或二次，卵母细胞以多行排列（围绕一个中心呈轴状排列），子宫柱状。雄虫体细长，精巢转折而精母细胞呈轴状对称排列，交合伞几乎包到尾端但不伸到尾端，有引带。

模式种：小麦粒线虫 *Anguina tritici*（Steinbuch，1799）Chitwood，1935（图 3-3）

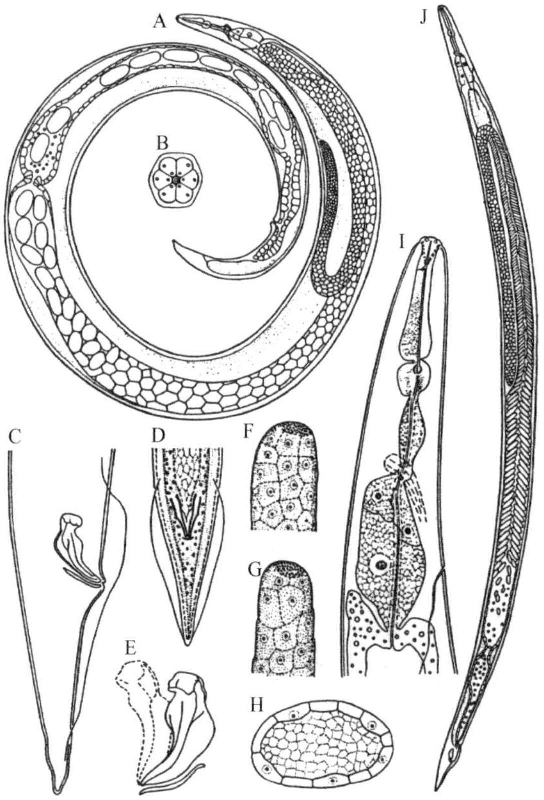

图 3-3 小麦粒线虫 *Anguina tritici*（Steinbuch，1799）Chitwood，1935

A. 雌成虫；B. 唇区；C. 雄虫尾部侧面观；D. 雄虫尾部腹面观；E. 交合刺；F，G. 生殖腺顶端；H. 生殖腺横截面；I. 雌虫食道部；J. 雄成虫

该属线虫一般在植物地上部位，在种子、叶上或花里形成虫瘿，成熟雌雄虫在虫瘿内交配产卵，卵孵化出成千上万条幼虫以休眠状态在虫瘿中可存活多年。在一些国家，小麦粒线虫使小麦严重减产，小麦粒线虫还能够携带细菌并发小麦密穗病。1916 年章祖纯报告北京地区发生小麦粒线虫，朱凤美等老一辈专家对该病害进行了卓有成效的研究。迄今，小麦粒线虫病害在我国很少流行。在一些国家剪股颖粒线虫 *A. agrostis* 危害严重，我国已将其列为进境检疫性线虫。

3. 茎线虫属 *Ditylenchus* Filipjev，1936

分类地位：粒科 Anguinidae Nicoll，1935

形态特征：本属线虫虫体较大，有的可达 2mm，表皮有很细的环纹，唇区无环纹，侧区有 4～6 侧线。口针细小多为 7～11μm；后食道腺短或长，不覆盖或覆盖肠，雌虫单生殖腺、前伸卵母细胞 1～2 行排列，后阴子宫囊有或无。雄虫精巢不转折，精细胞大（3～5μm），交合伞延伸至尾长的 1/4 至 3/4 处，尾长圆锥形，偶有丝状，交合刺窄细，基部宽大，其上具特殊的突起，可作为某些种的分类特征。4 龄幼虫对干燥有很强抵抗力。

模式种：起绒草茎线虫 *Ditylenchus dipsaci*（Kühn，1857）Filipjev，1936（图 3-4）

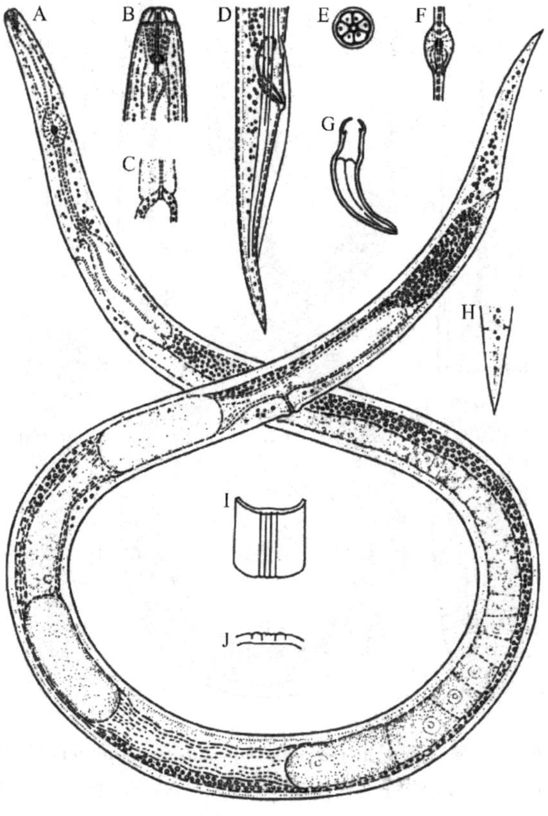

图 3-4　起绒草茎线虫 *Ditylenchus dipsaci*（Kühn，1857）Filipjev，1936

A. 雌成虫；B. 头部；C. 食道腺与肠连接处；D. 雄虫尾部；E. 唇区；F. 中食道球；G. 交合刺；H. 尾尖；I. 侧区与侧线；J. 侧区横截面

茎线虫属已报道近百种，其中有几种寄生植物地上和地下部位，在经济上很重要。模式种起绒草茎线虫 *D. dipsaci*，中文又称鳞球茎茎线虫，引起许多寄主如苜蓿、燕麦、玉米、红三叶草、黑麦和水仙等严重生长畸形，种内存在生理小种，是我国进境检疫性线虫，属对外检疫性线虫。其他危害严重的种类还有水稻茎线虫 *D. angustus*、腐烂茎线虫 *D. destructor*、洋葱茎线虫 *D. allii* 和噬菌丝茎线虫 *D. myceliophagus*。水稻茎线虫引起水稻一种严重的病害，在孟加拉国和南亚次大陆叫作“ufra”病，对水稻生产具有毁灭性危害，在我国还未见报道，被列为我国进境检疫性线虫。腐烂茎线虫可引起马铃薯、甘薯的糠心腐烂病，它也感染其他球茎花卉类寄主植物，近年在我国华北、华东地区严重为害甘薯、马铃薯的块根块茎，而且在吉林省西洋参根际也分离到该种线虫。洋葱茎线虫可引起洋葱的“肿胀”病。噬菌丝茎线虫是蘑菇生产的病原线虫，以取食菌丝体为食，从而破坏蘑菇子实体的形成。本属已描述的种中大约 1/3 可栖居在甲虫钻蛀的木质隧道中，多数种类能够以菌丝为食。

4. 刺线虫属 *Belonolaimus* Steiner，1949（图 3-5）

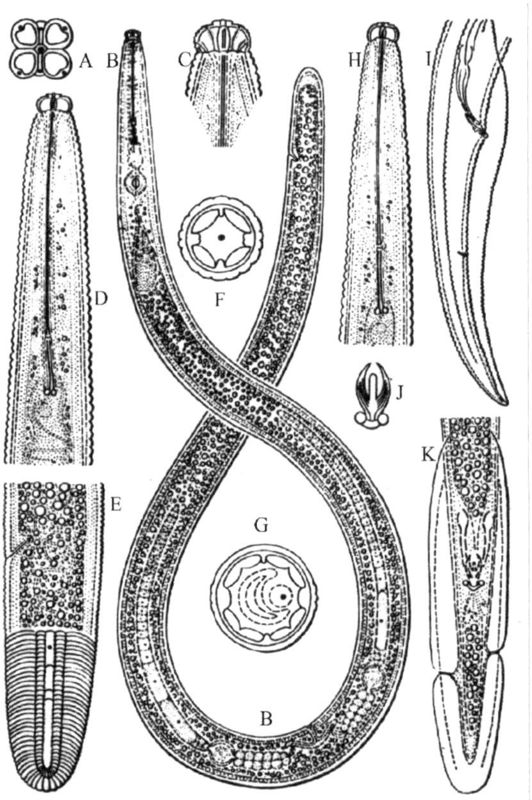

图 3-5　侧线刺线虫 *Belonolaimus lineatus* Steiner，1949

A. 唇区；B. 雌成虫；C. 头部；D. 食道前体部；E. 雌虫尾部；F. 食道部横截面；G. 肠部横截面；H. 雄虫食道部；I. 雄虫尾部侧面观；J. 交合刺横截面；K. 雄虫尾部正面观

分类地位：刺科 Belonolaimidae，刺亚科 Belonolaiminae

形态特征：线虫虫体大而细长，头部突出并由几条纵沟纹分成 4 叶，口针长超过 100μm，口针锥体是口针长的 70%～80%，食道前体部粗而盘绕，中食道球发达，后食道腺覆盖肠前端。雌虫双卵巢、尾圆柱形、末端宽圆，尾长等于阴门处体宽的 3 倍。雄虫交合伞大、延伸至尾端，交合刺有缘膜。

模式种：细刺线虫 *Belonolaimus gracilis* Steiner，1949

该属线虫多在植物根外迁徙性寄生，某些种类也可以侵入寄主根内，严重破坏棉花、玉米、草坪草和牧草的根部，还可引致莴苣等刺线虫病，特别在沙土上对植物破坏更为严重，在美国东南部曾造成严重危害，在严重感染的土壤中整片植物可以死亡。其中长尾刺线虫 *B. longicaudatus* 寄主范围和地理分布较广，是一种重要的植物病原线虫。

5. 矮化线虫属 *Tylenchorhynchus* Cobb，1913

分类地位：刺科 Belonolaimidae，端垫刃亚科 Telotylenchinae

形态特征：虫体中等大小，长度 0.5～1.7mm，头部连续到略缢缩，头架骨化弱到中等。

侧区有4～6条侧线，有时侧区有网格，虫体有时有纵脊。口针长度16～27μm，基球较大，食道腺体梨形或长梨形，食道腺体以一个明显贲门与肠相连通。侧尾腺口小但明显，位于尾部中央。阴门位于体中部附近，阴门裂常下陷，两个卵巢对生向前、后伸展，雌虫尾部稍变细，末端钝圆。雄虫的交合伞包到尾尖。

模式种：柱形矮化线虫 *Tylenchorhynchus cylindricus* Cobb，1913（图3-6）

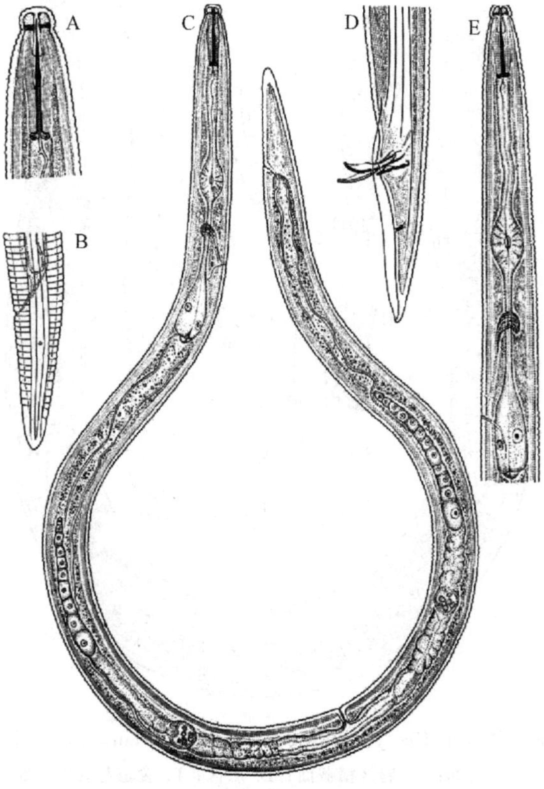

图3-6　柱形矮化线虫 *Tylenchorhynchus cylindricus* Cobb，1913
A. 头部；B. 尾部；C. 雌成虫；D. 雄虫尾部；E. 食道前体部

矮化线虫属已报道近150个种，有几个种能引起草坪草、烟草、牧草、玉米、杜鹃花的矮化甚至严重破坏植物根系的生长，使株梢停止生长，植株矮化。因此，本属的种类由于引起病株生长不良而叫做"矮化线虫"。从玉米、高粱、谷子、向日葵、菊、桃和扶桑等的根际土壤中陆续分离到几种该属线虫，但其造成的危害和经济损失在我国却知之甚少。

6. 短体线虫属 *Pratylenchus* Filipjev，1936

分类地位：短体科 Pratylenchidae，短体亚科 Pratylenchinae Thorne，1949

形态特征：本属线虫虫体粗短，其长度为0.3～0.8mm，不太活跃。雌虫虫体圆柱形，尾端钝圆。头部扁平，连续到略缢缩，头架骨化明显，唇区有环纹。侧区具有侧线，侧线从中食道球处的体侧延伸到尾部。口针粗短（<20μm），基球发达，食道腺覆盖肠腹面。中食道球卵圆形，略大于体宽的一半。阴门在虫体后部，卵巢向前伸展，具有后阴子宫囊。尾长通常为肛门处虫体直径的2～3倍。雄虫的交合伞包到尾端，引带不伸出泄殖腔。

模式种：草地短体线虫 *Pratylenchus pratensis*（de Man，1880）Filipjev，1936（图 3-7）

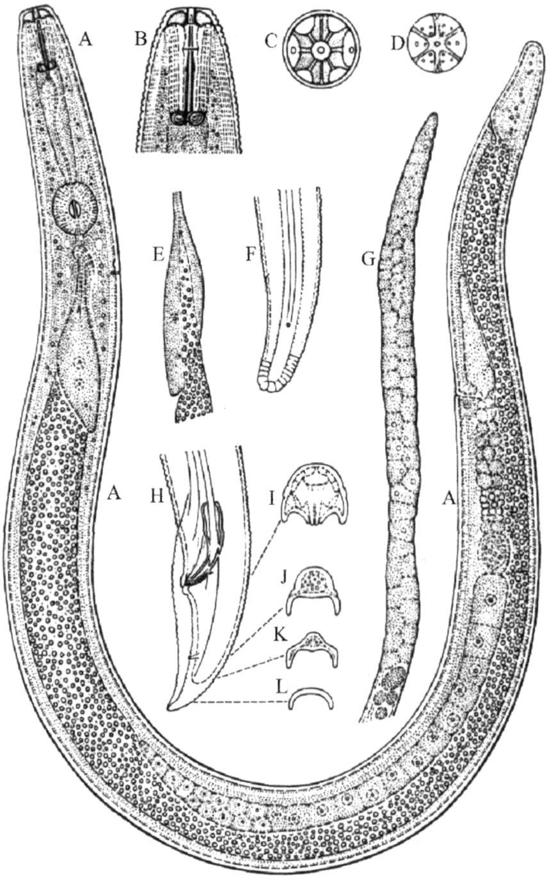

图 3-7 草地短体线虫 *Pratylenchus pratensis*（de Man，1880）Filipjev，1936

A. 雌成虫；B. 头部；C. 唇区横截面；D. 唇区；E. 食道与肠连接处；F. 尾部；
G. 生殖腺；H. 雄虫尾部；I～L. 雄虫尾部不同部位的横截面

短体线虫属已报道 80 余种，本属线虫的各个龄期都能在根内和根与土壤之间自由运动，破坏根皮层的细胞引起局部损伤，往往由于并发微生物感染而引起更严重的根部损伤。因此被称为根腐线虫（lesion nematode）。伤残短体线虫 *P. vulnus* 是一些果树根部的严重病原线虫，穿刺短体线虫 *P. penetrans*、咖啡短体线虫 *P. coffeae* 和卢斯短体线虫 *P. loosi* 等种类破坏多种农作物包括玉米、大豆、小麦、草莓和咖啡，发生较普遍并且危害较大，被列为我国进出境检疫性线虫。

7. 潜根线虫属 *Hirschmanniella* Luc & Goodey，1964

分类地位：短体科 Pratylenchidae，短体亚科 Pratylenchinae Thorne，1949

形态特征：本属线虫的虫体细长，长度为 0.9～4.2mm，头部低平或较高呈半球形，头骨架均很发达，头一般不突出、连续，有环纹。口针强壮，口针基球大而圆。中食道球发达，食道腺细长叶形，并从腹面长覆盖肠。侧区有 4 条侧线，通常侧区形成网格。雌虫双卵巢、对伸。侧尾腺口位于尾部的后 1/3 处。雌、雄虫的尾部都是长圆锥形的，长度为肛门处体宽的 3 倍以上，尾端尖，常具有一尾尖突。雄虫交合伞常伸到尾部的 2/3 处，引带不伸出泄殖腔。

模式种：刺尾潜根线虫 *Hirschmanniella spinicaudata*（Schuurmans & Stekhoven，1944）Luc & Goodey，1964（图 3-8）

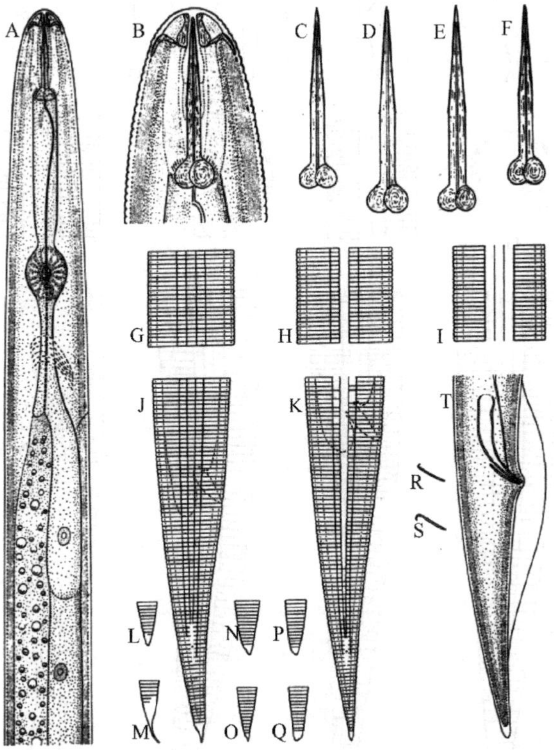

图 3-8 刺尾潜根线虫 *Hirschmanniella spinicaudata*（Schuurmans & Stekhoven，1944）Luc & Goodey，1964

A. 食道前体部；B. 头部；C～F. 口针；G～I. 侧区与侧线；J，K. 雌虫尾部；L～Q. 尾尖；R，S. 引带；T. 雄虫尾部

潜根线虫属 *Hirschmanniella* 的命名是以美国北卡罗来纳州立大学女线虫分类学家 Hirschman 的名字命名的。潜根线虫属已报道 30 多种，是植物根部迁徙性寄生线虫，主要寄生水生植物，其中约有 2/3 的种类可寄生水稻，是稻田中常见的线虫。水稻潜根线虫 *H. oryzae*（水稻切根线虫）的幼虫和成虫都能侵害水稻的根系，引起皮层广泛的破坏。雌虫在根内产卵，从卵里孵出幼虫。生活史为 5 周左右。在我国稻区广泛发生，在南方稻区为害较重。在某些情况下防治这种线虫会明显增加水稻产量。

8. 穿孔线虫属 *Radopholus* Thorne，1949

分类地位：短体科 Pratylenchidae，短体亚科 Pratylenchinae Thorne，1949

形态特征：本属线虫的长度通常短于 1mm。雌虫的头扁平连续，头部骨化明显，口针粗短（14～23μm），有发达的基球。中食道球发达、瓣门明显，食道腺长叶状从背部覆盖肠，阴门位于虫体中部，双卵巢对伸，或后生殖腺退化成短囊。雌、雄虫尾部都呈长圆锥形，尾端呈不规则的钝圆到近尖。雄虫头部高、显著缢缩呈球状，头架骨化不明显，口针和食道退化，交合伞伸到近尾端，精子通常呈杆状，引带略伸出泄殖腔。雌、雄虫侧区有 3～6 条侧线。

模式种：相似穿孔线虫 *Radopholus similis*（Cobb，1893）Thorne，1949（图 3-9）

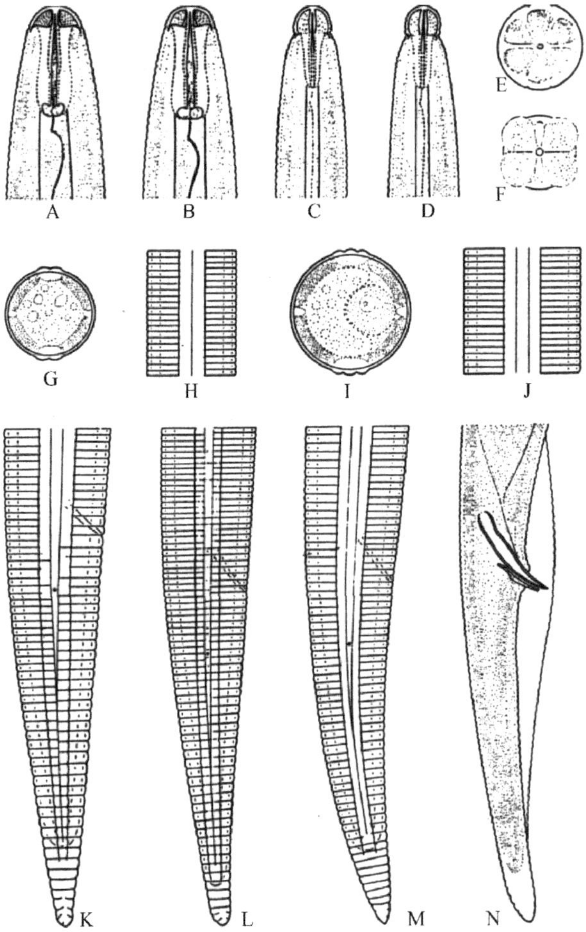

图 3-9　相似穿孔线虫 *Radopholus similis*（Cobb，1893）Thorne，1949

A，B. 雌虫头部；C，D. 雄虫头部；E. 雌虫唇区；F. 雄虫唇区；G. 虫体尾部横截面；H. 尾部侧区；I. 虫体中部横截面；J. 虫体中部侧区；K～M. 雌虫尾部；N. 雄虫尾部

穿孔线虫属已报道 30 多种，其中相似穿孔线虫（香蕉穿孔线虫）严重破坏柑橘、香蕉、胡椒和许多观赏植物，线虫进入根内并在附近运动，破坏组织，沿着移行的途径产卵，在根内从卵里发育出幼虫，幼虫继续破坏组织并扩大在皮层和中柱发生的病变，被感染的根系破坏严重，而且这类线虫极易随香蕉、柑橘以及观赏植物的地下部分和所黏附的土壤携带传播。已被列入我国进出境检疫性线虫名单。

9. 假根结线虫属 *Nacobbus* Thorne & Allen，1944

分类地位：短体科 Pratylenchidae，假根结亚科 Nacobbinae

形态特征：本属线虫雌雄异形，成熟的雌虫呈纺锤形或囊形，1～1.5mm 长，雌成虫固着寄生与植物根内形成根瘿，头的位置朝向虫瘿的中央，而尾部朝向外面。未成熟的雌虫、幼虫和雄虫均呈蠕虫形，在土壤和根中活动，食道腺都是宽的长叶状从背面覆盖肠，口针强壮，头架发达、骨化明显，头部圆不缢缩。雌虫单卵巢，卵产在胶质的卵囊中，卵囊在虫瘿的表面。雄虫细长，口针粗大，交合伞可达虫体尾端。雌、雄虫的头部都有硬化的头架（胞囊线虫属 *Heterodera* 和根结线虫属 *Meloidogyne* 的雌虫无头架）。

模式种：背假根结线虫 *Nacobbus dorsalis* Thorne & Allen，1944（图 3-10）

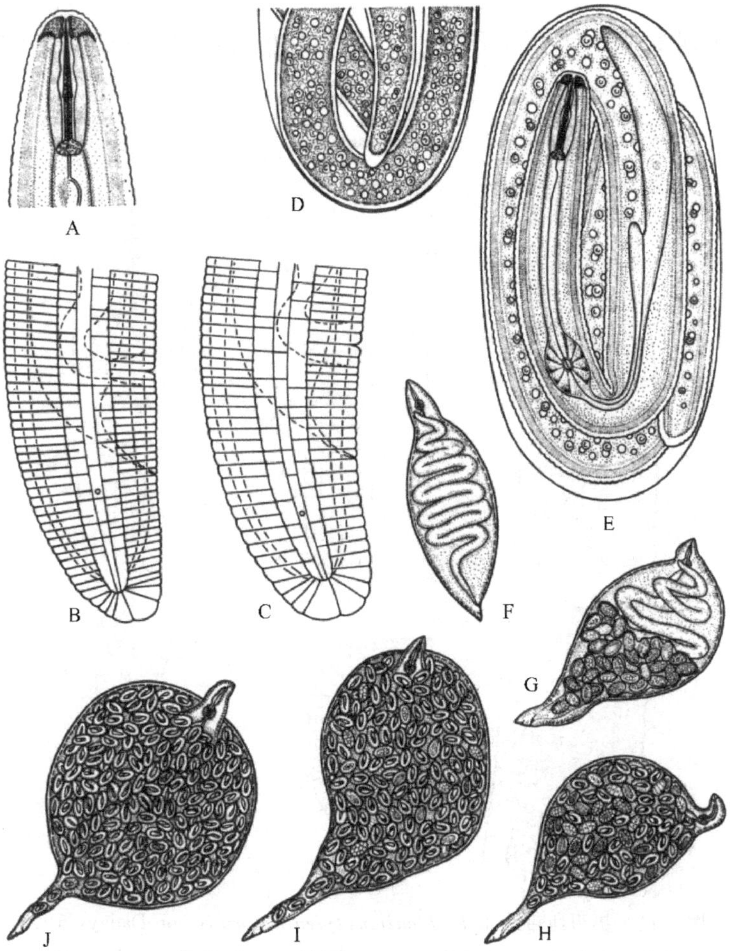

图 3-10　背假根结线虫 *Nacobbus dorsalis* Thorne & Allen，1944

A. 头部；B，C. 尾部；D，E. 卵中发育的一龄幼虫；F. 年青雌虫；G～J. 逐渐发育成熟的孕卵雌成虫

假根结线虫属又称为珍珠线虫属，英文俗名 false root knot nematode，可引起一些植物根部形成瘿瘤，类似根结线虫造成的危害。本属目前只报道 2 个种，模式种仅分布于美国的加利福尼亚，另外一种异常假根结线虫 *N. aberrans* 寄主范围较广，主要分布于北美和南美，在荷兰和英国的温室中也有发生。该属线虫可侵染包括甜菜、番茄、甘蓝和其他蔬菜，在植物根部形成瘿瘤。在我国还未见报道。

10. 纽带线虫属 *Hoplolaimus* Daday，1905

分类地位：纽带科 Hoplolaimidae，纽带亚科 Hoplolaiminae

形态特征：本属的种类虫体经温和热处理后呈轻微弯曲的形状，很少呈螺旋形。头部突出，显著缢缩，头环显著具有横纹和纵纹，呈覆瓦状。头架发达粗大，通常呈浅黄色。口针强壮、口针基球发达呈郁金香形或锚形。背食道腺的开口接近口针基球的基部（离口针基球的距离为 1/4 口针长或不到 1/4），食道腺从背面和侧面覆盖肠的前端。雌虫双卵巢对伸；尾部圆，短于肛门处的体宽。侧尾腺口很大，呈盾状，彼此不相对，一个在阴门前，另一个在肛门后，这是该属的重要特征。侧区侧线不超过 4 条，有时有网格。雄虫尾短、呈圆锥形，交合伞包到尾端。

模式种：垫刃纽带线虫 *Hoplolaimus tylenchiformis* von Daday，1905（图 3-11）

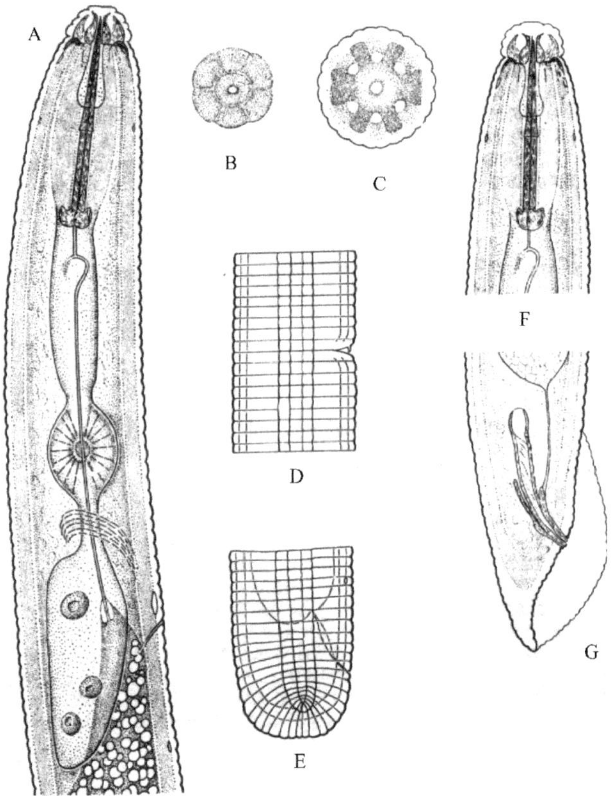

图 3-11 垫刃纽带线虫 *Hoploaimus tylenchiformis* von Daday，1905

A. 食道前体部；B. 唇区；C. 头部横截面；D. 阴门侧区；E. 尾部；F. 头部；G. 雄虫尾部

纽带线虫属已报道 20 余种，大多数寄生于植物根部，一些种类如果虫口密度高时，就能引起牧草和草皮草的损害。从生长不良的许多植物根系周围采集的土壤样品往往含有纽带线虫，在已报道受破坏的寄主中主要有玉米、棉花、松树（在苗圃里）、栎树、小麦、香蕉和甘蔗。

11. 盘旋线虫属 *Rotylenchus* Filipjev，1936

分类地位：纽带科 Hoplolaimidae，纽带亚科 Hoplolaiminae

形态特征：本属线虫经热杀死后虫体通常呈螺旋形或“C”形，头部缢缩或连续，前端圆或平，唇区一般有环纹，有的头基环具有纵纹。口针基球圆或前缘呈齿状，背食道腺开口接近口针基球的基部（离口针基球的距离为 1/4 口针长或不到 1/4），食道腺主要从背面和腹面覆盖肠，侧区有 4 条侧线。雌虫双卵巢对伸，尾端半球形，通常背面更凸一些，有时在腹面有小的圆形的突起（腹端突）。侧尾腺口小、孔状，位于肛门附近。雄虫交合伞伸到尾端、不呈叶状。

模式种：强壮盘旋线虫 *Rotylenchus robustus*（de Man，1876）Filipjev，1936（图 3-12）

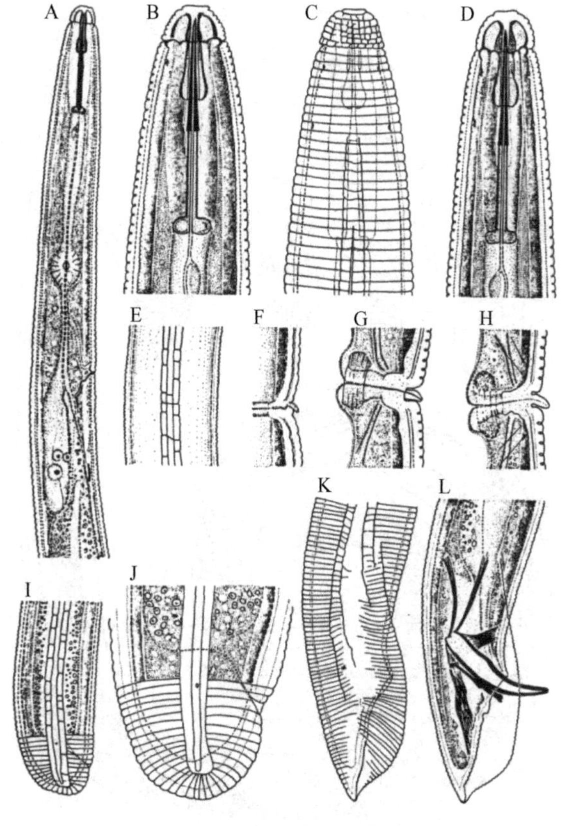

图 3-12　强壮盘旋线虫 *Rotylenchus robustus*（de Man，1875）Filipjev，1936

A. 食道前体部；B. 头部；C. 头部体环；D. 头部；E. 侧区；F，G. 阴门区；I，J. 尾部；K，L. 雄虫尾部

盘旋线虫属已报道 80 多种，是根部外寄生线虫，偶尔也可侵入根内，严重危害时可导致寄主根系坏死或腐烂，地上部生长受阻。盘旋线虫主要为害豌豆、百合、胡萝卜、莴苣和其他蔬菜作物的根系，以及许多观赏的灌木和苗圃里的树，特别是黄杨树。这些线虫一般不完全进入根里，它们仅以头部侵入根里在皮层组织取食并引起局部损伤。严重的感染引起根生长不良和地上部分发育受阻，有时伴发失绿病（chlorosis）。

12. 螺旋线虫属 *Heliocotylenchus* Steiner，1945

分类地位：纽带科 Hoplolaimidae，纽带亚科 Hoplolaiminae

形态特征：本属线虫形态与盘旋线虫属相似，经热杀死后虫体通常呈螺旋形或“C”形，因此被称为“螺旋形线虫”（spiral nematode）。头部连续到略缢缩，头端圆或平、具有环纹，无纵纹。本属的特点在于其背食道腺管开口距口针基部球的距离等于口针长度的 1/4 或更长，食道腺从背面、腹面和侧面覆盖肠，而在腹面长覆盖。侧尾腺口小，位于肛门附近。雌虫尾部通常向腹面弯曲，尾端呈半球形、背弧大，有或无末端腹突，尾短、最长不超过肛门处体宽的 2.5 倍。某些种类未发现雄虫，孤雌生殖，有些种类通过雄虫和雌虫交配进行繁殖。雄虫交合伞伸到尾端。

模式种：双宫螺旋线虫 *Helicotylenchus dihystera*（Cobb，1893）Sher，1961（图 3-13）

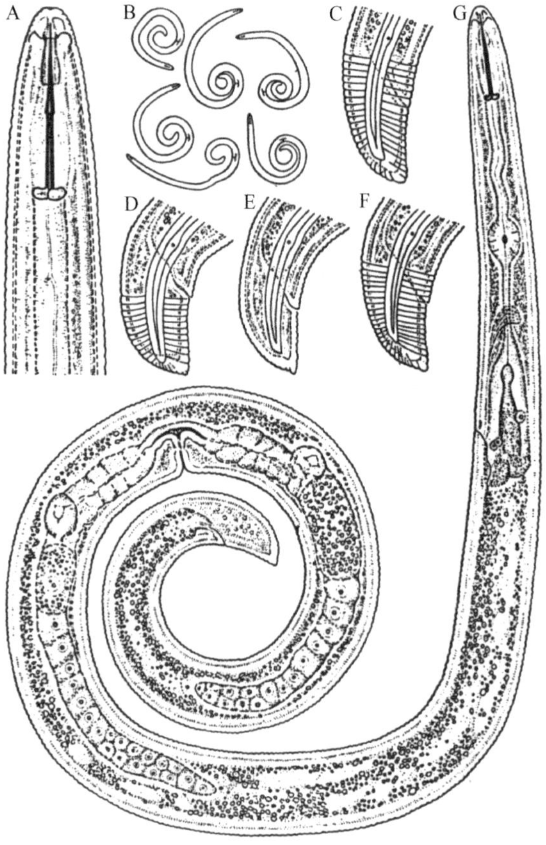

图 3-13　双宫螺旋线虫 *Helicotylenchus dihystera*（Cobb，1893）Sher，1961

A. 头部；B. 雌虫虫体形态；C～F. 尾部形态；G. 雌成虫

本属线虫发生普遍，已报道 190 余种。它们能取食极为广泛的植物种类，通常是根外寄生，但偶尔也能完全进入根的皮层组织。它们是许多热带地区香蕉的重要病原线虫，而且也是气候温和地区草坪草的重要病原物，引起植物螺旋线虫病。一般在侵染点造成小的局部损伤，在根和土壤中有很高的虫口密度，对根引起的损坏使寄主植物生长衰弱。我国大多数地区已发现多种植物根部有大量螺旋线虫，是大豆农田和果园的优势植物线虫类群。

13. 盾线虫属 *Scutellonema* Andrássy，1958

分类地位：纽带科 Hoplolaimidae，纽带亚科 Hoplolaiminae

形态特征：本属线虫大约 1mm 长，虫体形态与盘旋线虫属相似，区别在于其巨大的侧尾腺开口呈盾状，两侧对称位于尾部或肛门附近。头部前端平到圆，有环纹，头架粗大，侧区有 4 条侧线。口针基球大，背食道腺的开口接近口针基球的基部（离口针基球的距离为 1/4 口针长或短于 1/4），食道腺从背面和侧面覆盖肠。雌虫尾部短、圆，短于肛门处的体宽。雄虫的交合伞包到尾端，尾圆锥形。

模式种：缓慢盾线虫 *Scutellonema bradys*（Steiner & Le Hew，1933）Andrássy，1958（图 3-14）

盾状线虫属已报道近 40 种，某些盾状线虫引起植物地下的肉质器官如薯蓣的块茎和百合鳞茎等细胞的破坏。在热带，这类线虫是贮藏薯蓣的严重病原线虫，引起薯类干腐病。它们侵

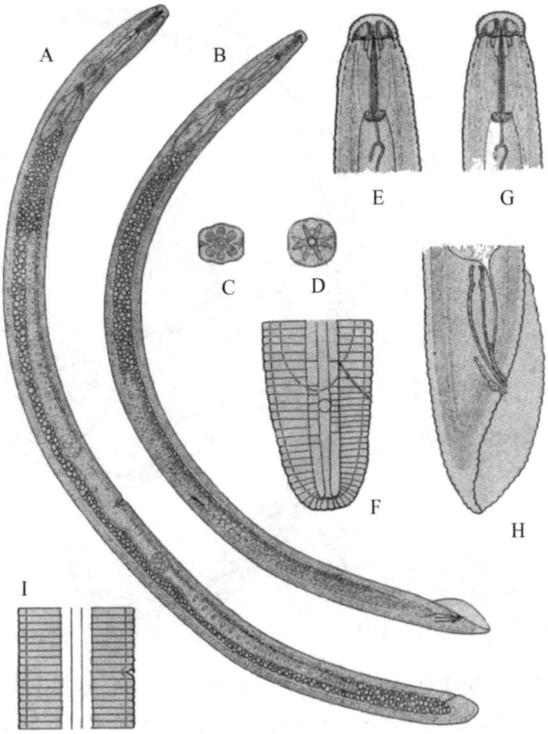

图 3-14 缓慢盾线虫 *Scutellonema bradys* (Steiner & Le Hew, 1933) Andrássy, 1958

A. 雌成虫; B. 雄成虫; C, D. 唇区横截面; E. 雌虫头部; F. 尾部; G. 雄虫头部; H. 雄虫尾部; I. 侧区

染植物根部，常常也像其他外寄生线虫一样取食，个别种类整个虫体可侵入寄主根部。有些种类在土壤中往往达到很高的虫口密度。

14. 肾状线虫属 *Rotylenchulus* Linford & Oliveira, 1940

分类地位：纽带科 Hoplolaimidae，肾状亚科 Rotylenchulinae

形态特征：本属线虫雌、雄异形，成熟的雌虫膨大成具短尾的肾形，背食道腺开口于口针基部后面半个口针稍长处，双卵巢，阴门位于虫体中后部，卵产在胶质卵囊中。年轻雌虫热杀死后虫体呈“C”形或螺旋形，侧区 4 条侧线，无网格，头部低圆或高平，头架和口针强壮，食道腺长侧覆盖肠，双卵巢对伸转折，尾长圆锥形，有尾部透明区。雄虫蠕虫形，食道退化，口针纤细退化，尾形似年轻雌虫，交合伞不显著，不伸至尾端。

模式种：肾形肾状线虫 *Rotylenchulus reniformis* Linford & Oliveira, 1940（图 3-15）

肾形线虫属目前已报道 14 个种，在植物根部半内固着营寄生生活。研究较多的是模式种肾形肾状线虫，在我国南方主要为害双子叶植物蔬菜的根部。卵在土中孵化，且在不取食的情况下就能发育到年轻雌虫和雄虫阶段，年轻雌虫为侵染虫态，其体前部侵入根的外部组织取食，体后部在根外逐渐膨大呈囊状，发育为成熟雌虫。发育成熟的雌虫与自由活动的雄虫交配并产卵，整个生活史为 3～4 周。雌虫在取食过程中导致根部肿大，皮层细胞离析，使根皮组织脱落、坏死和腐烂，严重影响植株生长和发育。在世界范围内引起棉花、茶、番茄等肾形线虫病。

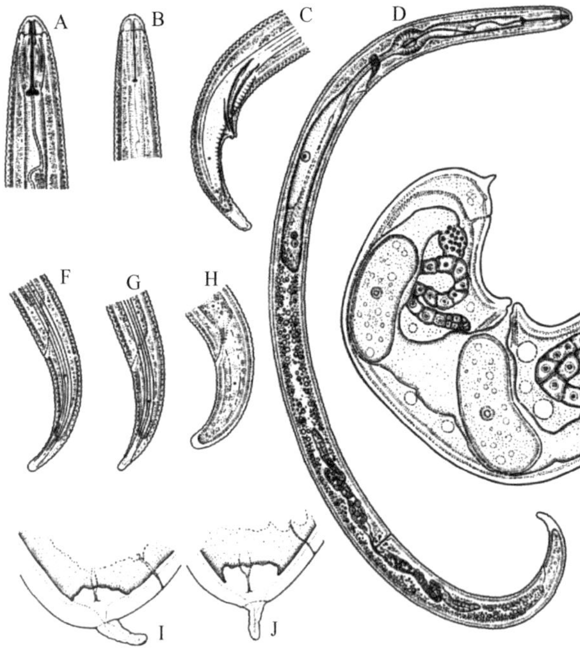

图 3-15 肾形肾状线虫 *Rotylenchulus reniformis* Linford & Oliveira，1940

A. 年轻雌虫头部；B. 雄虫头部；C. 雄虫尾部；D. 年轻雌虫；E. 雌成虫；F～H. 年轻尾部；I，J. 雌成虫尾端

15. 球形胞囊线虫属 *Globodera* Skarbilovich，1959

分类地位：异皮科 Heteroderidae，异皮亚科 Heteroderinae

形态特征：

成熟雌虫：虫体球形，有短颈，无阴门锥，角质膜厚、表面有网状花纹。阴门位于虫体末端，阴门区有环膜孔，无肛门膜孔，阴门附近表面小瘤排成新月形，阴门下桥和泡状突很少出现，卵都保留在胞囊中。

雄虫：蠕虫形，侧区具 4 条侧线，体弯，尾短、呈半球形，交合刺长于 30μm、远末端尖，无泄殖腔管。

二龄幼虫（J2）：蠕虫形，侧区具 4 条侧线，口针粗壮，中食道球和食道腺发达，尾部透明区长是尾长的 1/2；侧尾腺口刻点状。

模式种：马铃薯金线虫 *Globodera rostochiensis*（Wollenweber，1923）Behrens，1975（图 3-16）

本属过去一直划在异皮属内，现已建立单独的属，目前该属已报道 10 多个种。其中马铃薯金线虫和马铃薯白线虫 *G. pallida* 均为马铃薯的严重病原线虫，在我国尚未见发生危害的正式报道，一直是我国禁止进境的检疫性线虫，也是国际性的检疫危险性线虫。

16. 异皮线虫属（胞囊线虫属）*Heterodera* Schmidt，1871

分类地位：异皮科 Heteroderidae，异皮亚科 Heteroderinae

形态特征：雌、雄异形，成熟雌虫的虫体膨大呈梨形或柠檬形，刚形成的雌成虫白色或淡黄色表皮很厚，食道为垫刃型，双卵巢，当雌虫死去时其表皮变成褐色而坚韧，并有锯齿状的或点状的鉴别性的表面网状花纹，卵存留在母体内，有些种类也将卵产在虫体外面的胶质卵囊

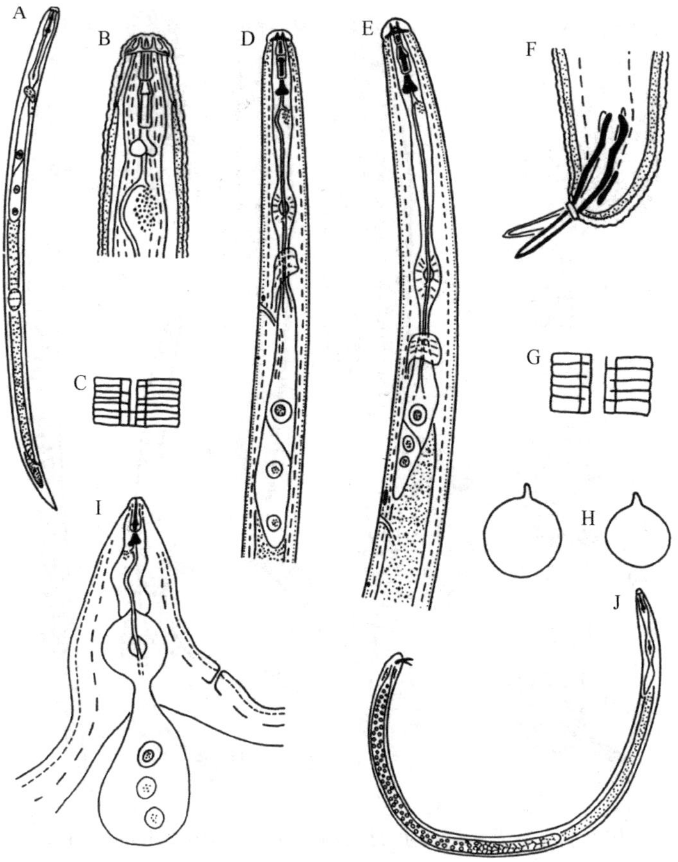

图 3-16　马铃薯金线虫 *Globodera rostochiensis*（Wollenweber，1923）Behrens，1975

A. 二龄幼虫；B. 头部；C. 二龄幼虫侧区；D. 二龄幼虫食道前体部；E. 雄虫食道前体部；F. 雄虫尾部；G. 雄虫侧区；H. 雌虫虫体态；I. 雌成虫头部；J. 雄虫

中。成熟雌虫有短颈和阴门锥（阴门位于虫体末端的锥体上），阴门区双半膜孔或双膜孔，无肛区膜孔，一般有下桥，泡状突有或无。胞囊属的雌虫死亡后表皮变厚变褐色，连同其所含的具胚的卵共称为“胞囊”（cyst）。因这类线虫雌雄异形且形成胞囊而被称为异皮线虫（Heterodera）或胞囊线虫（cyst-forming nematode）。胞囊有大量的卵（200～600 个），可以在没有寄主的情况下 5～10 年以后的休耕土壤中一直存活。

雄虫：虫体蠕虫形、弯曲，体长 1～2mm，运动缓慢，侧线 4 条；交合刺长于 30μm，远末端尖或呈叉状，无交合伞；尾部很短、圆。

二龄幼虫：蠕虫形，长度约为 0.5mm，口针粗壮，具发达的中食道球和食道腺，侧区具有 4 条侧线，尾圆锥形、末端尖，尾部有透明区，长约为尾长的 1/2；侧尾腺口刻点状。

模式种：甜菜胞囊线虫 *Heterodera schachtii* Schmidt，1871（图 3-17）

本属已报道近 60 个种，其中的模式种在欧洲历史上对甜菜生产和制糖工业曾造成巨大损失，引起人们重视，也推动了植物线虫学的发展，甜菜胞囊线虫在我国尚未发现，列为我国禁止进境检疫性线虫。在我国，大豆胞囊线虫是发生为害最为严重的国家之一，在我国东北大豆主产区常发面积约有 100 万 hm^2，是大豆重茬障碍的主要病因之一。燕麦胞囊线虫于 1987 年在湖北省天门首先发现，近年来在河北、河南、江苏、山西、安徽等省麦田陆续发现，已造成严重的经济损失。

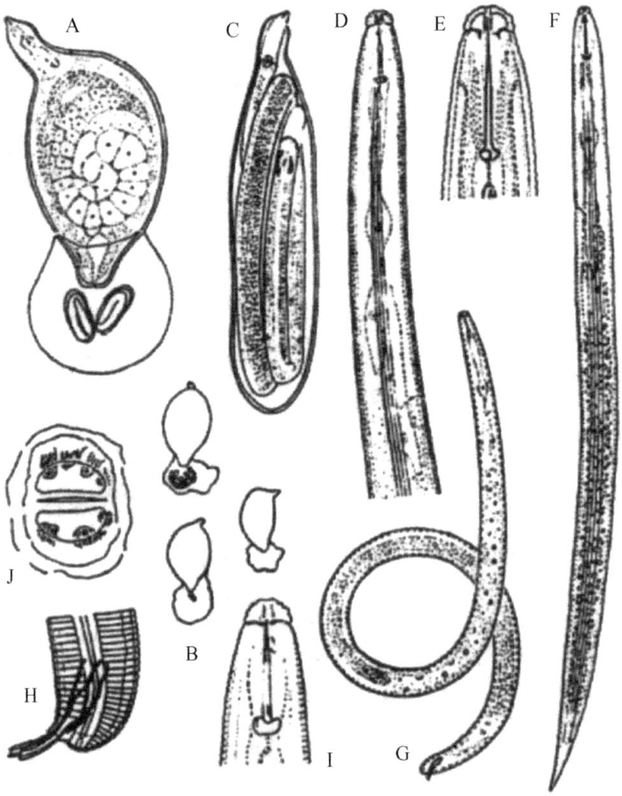

图 3-17 甜菜胞囊线虫 *Heterodera schachtii* Schmidt，1871

A. 雌成虫带卵囊；B. 雌成虫虫体形态；C. 四龄雄虫虫态；D. 食道前体部；E. 头部；F. 二龄幼虫虫体；G. 雄虫；H. 雄虫尾部；I. 雄虫头部；J. 阴门锥

词源：Heterodera，希腊文 heteros＝异或其他之意（相当于英文的 other），希腊文 deras＝皮（相当于英文的 skin）。1871 年 Schmidt 改成拉丁文 Heterodera，表示雌虫和胞囊的表皮与一般线虫不同的意思。我国有的译成“异皮线虫”，有的译成“胞囊线虫”（英语 cyst-forming nematode），或“孢囊线虫”。

胞囊类线虫的分类鉴定，除了观察一般线虫的雌、雄虫形态学鉴定特征外，还要观察胞囊表皮花纹、颜色，雌虫阴门锥的构造，二龄幼虫的形态等。

17. 仙人掌胞囊线虫属 *Cactodera* Krall & Krall，1978

分类地位：异皮科 Heteroderidae，异皮亚科 Heteroderinae

形态特征：

雌虫：形成胞囊；成熟雌虫虫体球形至柠檬形，有短颈和小的阴门锥，角质膜具不规则的横脊，角质层有 4 层；阴门位于虫体末端，在胞囊上环绕阴门形成圆形环膜孔（circum fenestrae），无肛门膜孔，无下桥、会阴乳突和泡状突。所有卵都贮藏在胞囊内。

雄虫：蠕虫形、体弯；侧区具 4 条侧线；口针短于 30μm，交合刺长于 30μm、末端分叉；尾短、半球形。

二龄幼虫：蠕虫形，侧区具 4 条侧线，口针粗壮短于 30μm，中食道球和食道腺发达，尾圆锥形、后半部有透明区。

模式种：仙人掌胞囊线虫 *Cactodera cacti*（Filipjev & Schuurmans，Stekhoven，1941）Krall & Krall，1978（图 3-18）

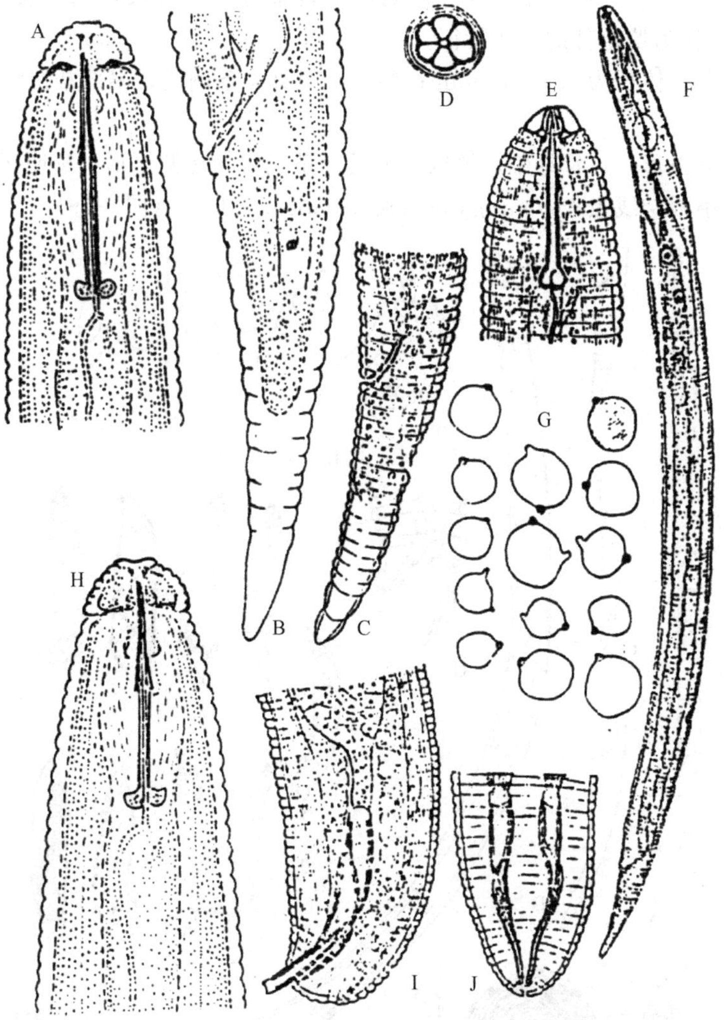

图 3-18　仙人掌胞囊线虫 *Cactodera cacti*（Filipjev & Schuurmas，Stekhoven，1941）Krall & Krall，1978

A. 头部；B. 尾部；C. 尾端；D. 唇区；E. 头部；F. 二龄幼虫；G. 雌成虫虫态；H. 雄虫头部；I. 雄虫尾部；J. 雄虫尾部腹面观

该属过去一直划在异皮属，因其特殊的胞囊形态而建立单独的属，目前该属已报道 10 个种。模式种首先在荷兰的仙人掌根系上发现。该属线虫可寄生仙人掌科和大戟科植物，导致植物长势弱，根组织腐烂。在我国福建省，潘沧桑等在仙人掌根上发现该种线虫。刘维志等在沈阳的槭树根部发现该属线虫。

18. 根结线虫属 *Meloidogyne* Goeldi，1892

分类地位：异皮科 Heteroderidae，根结亚科 Meloidogyninae

形态特征：本属线虫通常引起寄主根部形成瘿瘤或根结，因此称为根结线虫。

雌、雄异形。根瘿中含有白色雌虫，雌成虫膨大呈球形，具突出的颈；头架弱，口针细，中食道球和食道腺发达；阴门位于虫体末端，双卵巢，多重卷曲，卵通常产出在尾末端外边的胶质卵囊内，卵囊往往变成褐色并且可能含有数百个卵，常常突出到根结（虫瘿）外；在雌虫尾末端的中央表皮上有一个环绕着肛门和阴门的特征性表皮花纹，叫作会阴花纹（perineal pattern），被用来作为鉴定种的重要特征。

雄虫：蠕虫形，体长为0.7～1.9mm；侧区一般具4条侧线，尾部常扭曲90°以上，尾短、端圆，无交合伞。

二龄幼虫：蠕虫形，口针纤细，侧区一般具4条侧线，尾圆锥形、透明区短或不显著。

模式种：短小根结线虫 *Meloidogyne exigua* Goeldi，1892（图3-19）

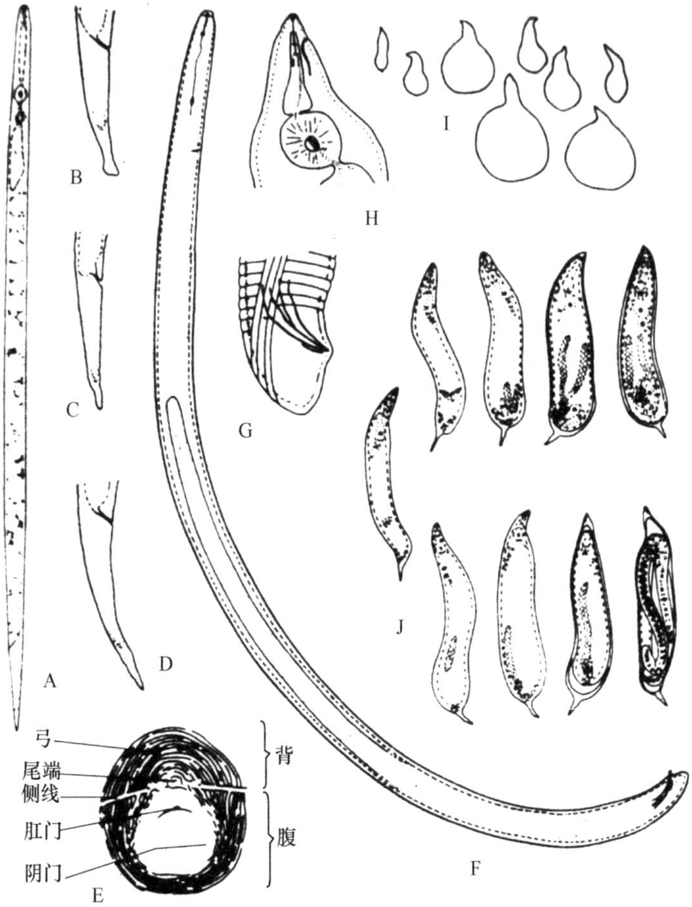

图3-19 根结线虫 *Meloidogyne* Goeldi，1892

A. 二龄幼虫；B-D. 尾部；E. 会阴花纹；F. 雄虫；G. 雄虫尾部；H. 雌成虫头部；I. 雌虫虫态；J. 不同龄期生殖腺的发育

与胞囊线虫不同，根结线虫在雌虫死亡后表皮不改变颜色，卵全部产在胶质卵囊中，卵的孵化不需要根的渗出物诱导，无阴门锥而有会阴花纹，在寄主植物根系上形成根结。二龄幼虫在根尖或靠近根尖的地方侵入根部，并转移到正在分化的维管组织的部位。刺激围绕着线虫头部的根组织发育成几个巨细胞，才能继续取食和发育。完成生活史需3周或3周以上，取决于寄主和温度。

根结线虫属已报道80余种，我国报道发现44种，其中新种12个；常见的分布最广的种类有南方根结线虫 *M. incognita*，北方根结线虫 *M. hapla*，爪哇根结线虫 *M. javanica* 和花生

根结线虫 *M. arenaria* 4 种。根结线虫能感染非常多的寄主植物，尤其热带地区根结线虫往往成为限制农作物生产的重要病原，而且根结线虫病害近年来由于温室大棚蔬菜产业的发展而逐渐北移至辽宁省，成为保护地蔬菜生产中的重要病害之一。由不同种类根结线虫引起的虫瘿大小和形状变化很大，被感染的植株矮化、容易枯萎，根通常腐烂并且易受其他根部病原如病原真菌等的复合侵害。该属（非中国种）被列为我国进出境检疫性线虫。

词源：Meloidogyne，希腊文 melon＝苹果或水果；eidos＝形，样；gyne＝雌性。但在实际应用时，学者们按该线虫为害植物的症状产生根结而称作根结线虫，即英文的 root knot nematodes。

根结线虫种的鉴定：根结线虫是植物最重要的病原线虫之一，过去人们一直把根结线虫划在异皮线虫属内，1949 年，Chitwood 重新建立根结线虫属，目前全世界报道该属线虫已有 80 余种。鉴定根结线虫的种，主要也是根据形态学特征，观察雌、雄虫的各项鉴别特征，值得注意的是，根结线虫是雌雄异形，雌虫膨大呈梨形或柠檬形，阴门位于虫体末端。在根结线虫种的鉴定中，特别强调雌虫会阴花纹的变异，此外，二龄幼虫的形态差异也是重要分类特征。在具体鉴定种时必须查阅该属所有已报道种的文献，核对形态特征，必要时还要接种测定寄主范围和形成根结特点，才能确定种的地位。

（二）环总科 Criconematoidea 环型食道

环总科线虫具有典型的环型食道，其特点是：中食道球发达、瓣门明显，后食道腺退化呈球形与肠平截，属典型的环型食道；雌虫体环粗大，虫体短粗；雄虫食道与口针退化。

19. 环线虫属 *Criconema* Hofmanner & Menzel，1914

分类地位：环科 Criconematidae，环亚科 Criconematinae

形态特征：雌虫虫体由小至大（0.24～0.74mm），体环 24～134 条，圆形或向后翻，边缘光滑或钝齿形，若有棘状突起物，则仅在体后部；头环 2 个、光滑，唇区隆起，有 6 片假唇，亚中叶发育不良或缺乏，口针 40～132μm 长，阴门闭合，裂缝状或完全由悬垂的前阴门唇掩闭，阴门至尾端 3～21 条体环，VL/VB（阴门至头端距离/阴门处体宽）＝0.5～3，尾尖锥形，尾末端尖或圆形。雄虫侧区 3～4 条侧线，交合刺长而弯，有小的交合伞或无。幼虫有 8～18 纵列棘，每个棘尖端带一尖刺。

模式种：甘地环线虫 *Criconema giardi*（Certes，1889）Micoletzky，1925（图 3-20）

在桃树、葡萄、多年生观赏植物和牧草的根际土壤中，这类环线虫往往达到很高的虫口密度。它们是外寄生线虫，通常用长口针刺入根中很深的根组织，所引起的局部损伤是其他病原继发性侵入的位置。该属线虫广泛分布于世界各地，在欧洲、美洲、亚洲和非洲都有记载，主要是从禾本科杂草、羊齿植物和各种树木的根围土中收集到该属线虫。该属在我国主要采集于柑橘和梨等果树根围土，美国有研究表明，本属可引起木本植物的线虫病。

20. 小环线虫属 *Criconemella* De Grisse & Loof，1965（图 3-21）

分类地位：环科 Criconematidae，环亚科 Criconematinae

雌虫：体长变化大（0.20～1.00mm），体环 42～200 环，体环后缘光滑或细小钝齿状，亚中叶发育良好或缺乏；亚中叶以不同的方式分离或连接；第一环可能被亚中叶压缩或分隔成板块状。阴门闭合或张开，前阴门唇可能被修饰。口针强壮，偶尔也有口针细小且灵活的种

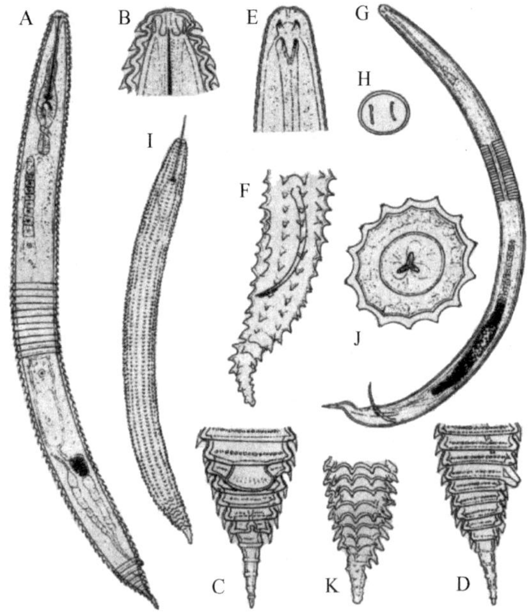

图 3-20　甘地环线虫 *Criconema giardi*（Certes，1889）Micoletzky，1925

A. 雌成虫；B. 头部；C，D. 尾部；E. 雄虫头部；F. 雄虫尾部；G. 雄虫；H. 雄虫头部横截面；I. 幼虫；J. 幼虫虫体横截面；K. 雄虫尾部

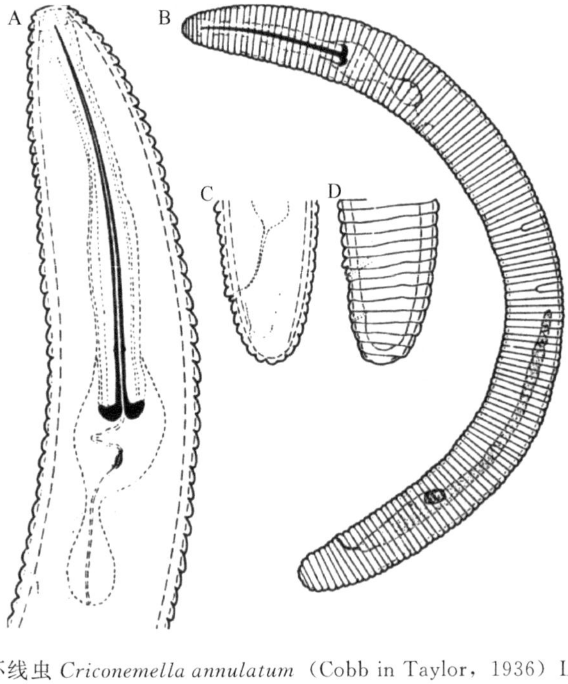

图 3-21　饰环小环线虫 *Criconemella annulatum*（Cobb in Taylor，1936）Luc & Raski，1981

A. 食道前体部；B. 雌成虫头部；C，D. 尾部

类。雄虫头末端圆至圆锥形，一般有 4 条侧线；交合伞明显，偶有缺乏。幼虫体环光滑至钝齿形，无成排的棘。

模式种：微细小环线虫 *Criconemella parva*（Raski，1952）De Grisse & Loof，1965

本属与环线虫属 *Criconema* 区别在于体环上缺乏棘、刺或其他附属物，腹部和背部的 4 个亚中叶沿唇盘合并，雄虫有交合伞和 4 条侧线。

该属线虫广泛分布于世界各地，寄主范围也很广泛，模式种微细小环线虫采集于美国内华达州的蒿属植物根围土，其他种类采集于草地和沼泽地的湿土、羊齿植物等低等植物的根围土；或柑橘、苹果、印度扁桃和梨等果树的根围土；或松树、栎树、锦熟黄杨、加州桂、龙须海棠、万寿菊等园林植物的根围土；以及玉米、大豆、高粱等大田作物的根围土。对环线虫的致病性研究表明受环线虫侵染的梨树根上有许多坏死斑痕，并且在梨树根围有大量的小环线虫存在，小环线虫是梨树早衰病的可能因素之一，但并未肯定。Boyle 和 Machmer 也观察到环线虫与花生黄矮病有联系。Lucas 发现小环线虫在草坪中有很高的虫口密度（6800 条/500cm^3）。Barker 以及其他一些科研工作者经过温室盆栽试验及室外试验最终证实薄叶小环线虫 *C. xenoplax* 是梨树早衰病的主要原因之一（陈立杰等，2000）。小环线虫强大有力的口针对寄主根系进行不断的穿刺从而造成创伤，这为其他病原微生物如真菌、细菌等的侵染创造了条件，从而引起寄主根系复合病害的发生，使根系发育不良、影响水分和其他元素的吸收与运输，致使桃树或梨树地上部过早衰退死亡。我国普查结果显示小环线虫可寄生于茶、水稻、麻、烟草、枣、龙眼、柑橘、芭蕉、菠萝、香蕉、咖啡等多种植物，但关于经济损失方面还少有报道，因此很难引起人们的足够重视。

21. 拟鞘属（半轮属）*Hemicriconemoides* Chitwood & Birchfield，1957（图 3-22）

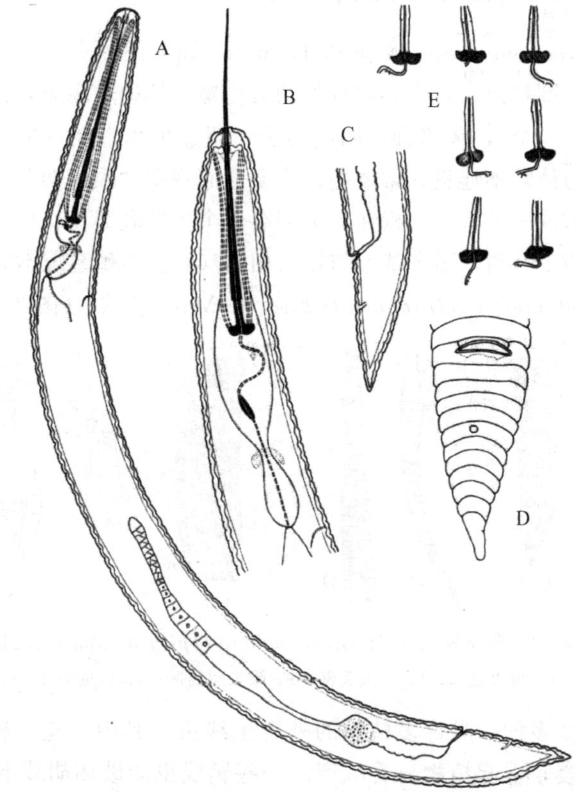

图 3-22　变环拟鞘线虫 *Hemicriconemoides varionodus* Choi & Geraert，1972

A. 雌成虫；B. 食道前体部；C. 尾部；D. 尾部腹面观；E. 口针基球

分类地位：环科 Criconematidae，环亚科 Criconematinae

形态特征：雌虫虫体长圆柱形，直或略弯向腹面；有双层表皮，外层似鞘状，与内层接触较紧密，仅在尾尖与虫体分离较明显；体环圆形或扁平，不后翻，无棘、刺或其他附属物，体环 50～158，侧区不明显；头环 2 个，少数有 3 个，头环与体环连续或不连续；假唇不清、无亚中叶。口针长，基球呈杯状，前倾，看似锚状（少有球状）。阴门闭合，有或无阴门盖，尾部钝圆至尖形。雄虫侧区常有 4 条侧线，头部圆形或圆柱形，若有交合伞也较低，位于尾部的亚末端或末端，交合刺刚毛状、弓形，引带简单、小。幼虫有单一表皮，具光滑、锯齿形或尖形的棘，常交替纵行排列或无规则排列，口针基球锚状。

模式种：韦氏拟鞘线虫 *Hemicriconemoides wessoni* Chitoood & Birchfield，1957

拟鞘属的分布也遍布了 5 个大洲，包括南北美洲、亚洲、大洋洲、非洲和欧洲。模式种采自美国佛罗里达州的杨梅 *Myrica cerifera* 根围土。此外还在露兜树、栎树、可可树、咖啡、甜菜、芒果、凤梨、葡萄、加州桂和一些灌木的根围土中采集到该属的线虫。该属的某些种类可以为害许多热带的经济作物，尤其是芒果、人心果和罗望子等热带和亚热带果树，如芒果拟鞘线虫 *Hemicriconemoides mangiferae* 对芒果等有较强的致病力，若每毫升土壤中仅有 6 条线虫就能引起病害，它对荔枝也有很重的危害，危害严重时可造成 40%的果树死亡。我国福建等省的芒果拟鞘线虫对芒果、龙眼和荔枝的危害很严重。Tarjan 发现卡纳拟鞘线虫 *H. kanayaensis* 是日本重要的茶树病原线虫之一，一般侵染茶树苗的根部，使地上部叶色变黄、逐渐脱落，巨大的线虫群体数量可以导致茶树的绝产（陈立杰等，2000）。

22. 鞘线虫属 *Hemicycliophora* de Man，1921

分类地位：环科 Criconematidae，鞘亚科 Hemicycliophorinae

形态特征：雌虫虫体圆柱形，具有多层额外的表皮鞘，体鞘非膜质且彼此很松弛，体环圆形不后翻。头环 2 个（偶有 3 个），无修饰，阴门横裂，超过虫体直径一半长。阴道直或弯曲但不是 S 形。雄虫头区明显与体环不连贯，常缢缩，头架侧面观似“眼镜架”；交合刺弓形、半环形、U 形或钩形，泄殖腔唇形成一笔管状结构在其尖端有一个生殖乳突；交合伞延至尾部的 1/3 处或略短；尾比雌虫的长。幼虫有鞘，形态基本与雌虫相同（除了生殖系统不同），4 龄雄虫无口针。

模式种：典型鞘线虫 *Hemicycliophora typica* de Man，1921（图 3-23）

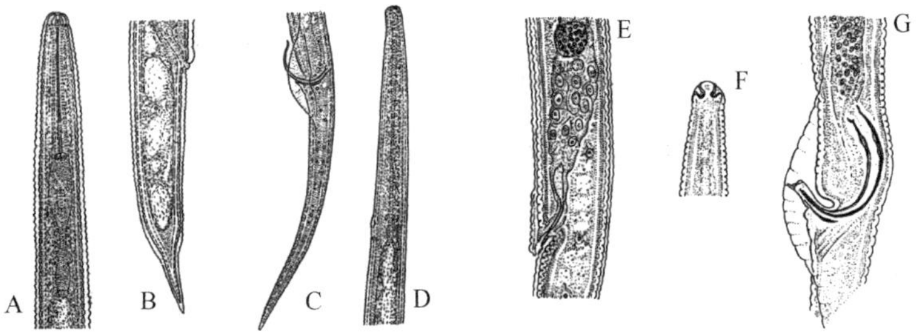

图 3-23　典型鞘线虫 *Hemicycliophora typica* de Man，1921

A. 食道前体部；B. 尾部；C. 雄虫尾部；D. 雄虫头部；E. 雌虫阴门区；F. 雄虫头部；G. 雄虫交合刺与交合伞

鞘线虫属已报道 100 多种，是许多植物的外寄生线虫。其中，花生鞘线虫 *H. arenaria* 能引起寄主植物根形成虫瘿，引起植物显著减产。一些鞘线虫能破坏胡萝卜、番茄、柑橘和松树苗。目前人们对这一类线虫的全部重要性尚未充分估量。

鞘属线虫在欧洲、亚洲、澳洲和美洲均有分布。模式种是 de Man 于 1917 年从荷兰的混合堆肥中分离获得的，其他种类有的采集于印度尼西亚的水稻和玉米地，有的采集于澳大利亚的无芒虎尾草或是德国的湿土地以及柑橘、柠檬、松树和糖槭等树木根围土。鞘线虫的致病过程早已被人们观察，如在美国的佛罗里达州，Tarjan 证明蚤缀鞘线虫 *Hemicycliophoria arenaria* 可以侵染柠檬幼苗、番茄和其他的栽培或非栽培的植物。Colbran、Van Gundy 和 Mcelroy 等都证明鞘线虫还可以侵染柑橘，造成柑橘的根尖肿大或形成虫瘿，类似根结，也可造成丛根或植株矮缩。由于鞘线虫是外寄生线虫，所形成的虫瘿与根结线虫的不同，这类虫瘿位于须根的尖端，且内部无线虫存在，根结线虫形成的根结则位于根系中间，两者较易区分开。Roman 指出裸鞘线虫（*H. nudata*）可使澳大利亚的柠檬苗的根系形成瘿瘤。鞘线虫能引起寄主植物根尖生瘿并导致植物显著减产，它能破坏胡萝卜、番茄、柑橘、枳等树苗的生长发育。这一类线虫喜居沙土地，适宜的土壤温度为 28～32℃，它们对植物所造成经济损失尚未充分估量（陈立杰等，2000）。

半穿刺科 Tylenchulidae

环型食道，虫体细小，体表环纹不明显；雌虫蠕虫形、热杀死后弯向腹面呈“C”形，或者膨大或呈球形；头架弱，口针细弱、基球圆到向后倾斜。雄虫口针和食道退化，无交合伞。幼虫蠕虫形、体表环纹不明显，有口针。

23. 针线虫属 *Paratylenchus* Micoletxky，1922

分类地位：半穿刺科 Tylenchulidae，针亚科 Paratylenchinae

形态特征：雌虫虫体小于 0.5mm，线形弯向腹面，常呈“C”形，纤细或略肥胖，头架轻微骨化。口针小至中等（12～40μm），不灵活。排泄孔位于神经环或食道基球附近，体环细小光滑，侧区常有 2～4 条侧线。幼虫与雌虫相似，口针发育较差甚至缺乏或退化，即使 4 龄幼虫口针发育也很差。雄虫食道退化，口针发育较差或是缺乏，交合刺略弯，无交合伞。

模式种：布科文针线虫 *Paratylenchus bukowinemsis* Micoletzky，1922（图 3-24）

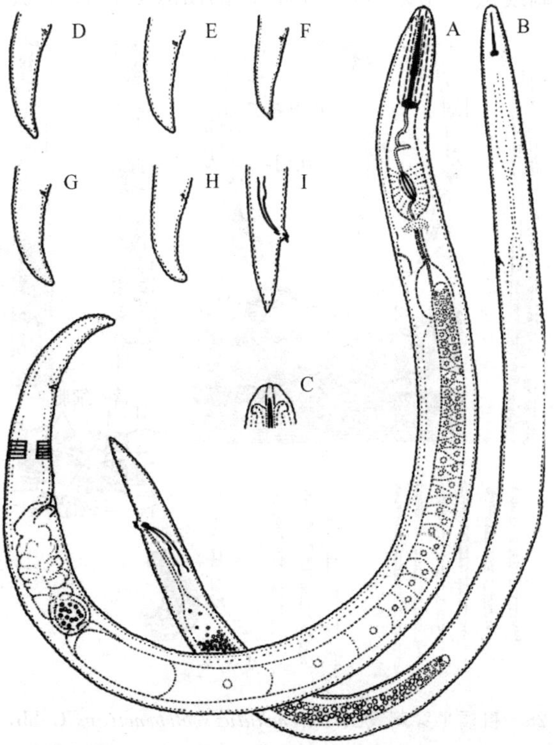

图 3-24　布科文针线虫 *Paratylenchus bukowinemsis* Micoletzky，1922

A. 雌成虫；B. 雄虫；C. 头端；D～H. 雌虫尾部；I. 雄虫尾部

针线虫属（Paratylenchus）已报道 80 多种，在沈阳郊区的黄瓜根部分离到一个种，群体数量较大。本属的种类许多为外寄生线虫，大多数种类常存在于茶树、苹果树和梨树的根际土壤中，但是这些植物显然能耐受线虫，因此没有表现出严重受危害的症状。该属线虫有几个种是芹菜、欧芹和薄荷的重要病原线虫。

针线虫（针属和细针属的统称）广泛分布于世界各地，遍布欧亚大陆、美洲大陆和非洲、大洋洲。在环总科线虫中，针线虫的危害是比较显著的。针线虫在各种植物根部出现比例都比较大，不仅为害玉米、大豆、高粱、甜菜等大田作物，还为害蔬菜以及梨、核桃、樱桃等各类果树和其他木本植物。Raski 等认为针线虫不但可为害卷心菜、胡桃，而且还可以严重为害加州桂、橄榄等。Luc 等认为，虽然有许多文献报道观察到针线虫的取食过程，但却没有充分的证据证明针线虫对寄主有无致病的影响。有些研究表明，许多植物有时能忍耐针线虫的侵染，一般不造成明显的症状，如葡萄对针线虫的忍耐力很强，高密度的线虫群体往往发生在生长好而产量高的地块，这种情况多数是线虫的致病力弱而植物的耐病力强。

24. 半穿刺线虫属 *Tylenchulus* Cobb，1913

分类地位：半穿刺科 Tylenchulidae：半穿刺亚科 Tylenchulinae

形态特征：雌成虫很小，约 0.4mm，颈细长突出，体后部膨大，尾短圆锥形末端钝圆。通常虫体前部分嵌入寄主的根内。排泄孔位于虫体中后部（68%～85%），位于阴门前 12～19μm 处，卵产在从排泄孔分泌出来的胶质囊中。口针发育较好，有明显的基球。未成熟雌虫蠕虫形，迁徙性，角质层环纹明显，肛门不清，尾端圆。雄虫口针和食道退化，侧区 2～4 条侧线，无交合伞，尾长圆锥形；2 龄幼虫蠕虫形，虫体细、直或略弯，尾长圆锥形。

模式种：柑橘半穿刺线虫 *Tylenchulus semipenetrans* Cobb，1913（图 3-25）

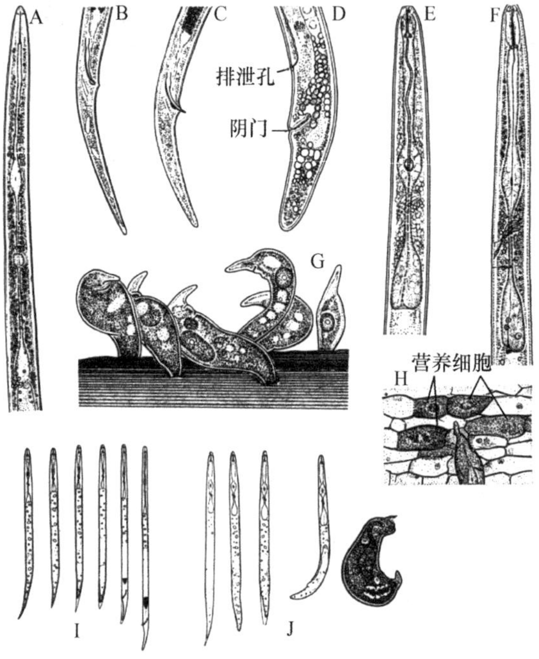

图 3-25 柑橘半穿刺线虫 *Tylenchulus semipenetrans* Cobb，1913

A. 雄虫食道前体部；B，C. 雄虫尾部；D. 年轻雌虫尾部；E，F. 食道前体部；G. 雌虫寄生状态；H. 头部周围的营养细胞；I，J. 生殖腺的不同发育形式该属已报道 5 个种，模式种引起柑橘的“慢衰病”，可寄生柑橘、葡萄和橄榄。在我国四川、福建、广州、湖南等地为害柑橘根部。幼虫外寄生，以外层根组织为食，但雌成虫钻得较深，体后部留在根的外边。从卵到下一代卵生活史为 6～8 周。这种线虫虫口密度高时会造成柑橘树根系的严重破坏，从而使柑橘树势衰退。

II　滑刃亚目 Aphelenchina

25. 真滑刃线虫属 *Aphelenchus* Bastian，1865

分类地位：真滑刃总科 Aphelenchoidea，真滑刃科 Aphelenchidae

形态特征：虫体蠕虫形，表皮角质膜有横纹，侧区有 10～12 条侧线，头帽状，由 6 条放射形的骨架所支持。口针较细，无口针基部球但基部略膨大。滑刃型食道，食道前体部圆筒形，近中食道球处变细，中食道球大、卵圆形具瓣门，食道腺叶状从背面覆盖肠。雌虫单卵巢前伸，后阴子宫囊超过肛阴距的 1/2；尾短、圆柱形钝圆。雄虫精巢单生，前端折叠。交合刺成对，稍细，弓形；有简单引带，交合伞包到尾尖，并由 4 对肋骨（rib）支持，一对在肛门前，三对在肛门后近尾尖处。雄虫稀少。

模式种：燕麦真滑刃线虫 *Aphelenchus avenae* Bastian，1865（图 3-26）

该属目前发现的种类约有 30 种，分布较广，多为半寄生性的线虫或取食真菌的线虫，有的食性不清。较常见的为燕麦真滑刃线虫，多存在于腐烂的球茎、根茎、叶鞘和根部内外，据推测可能是该类线虫位于此腐烂处取食真菌菌丝所致。在我国分离的大多数植物的根际土壤中都能分离到。

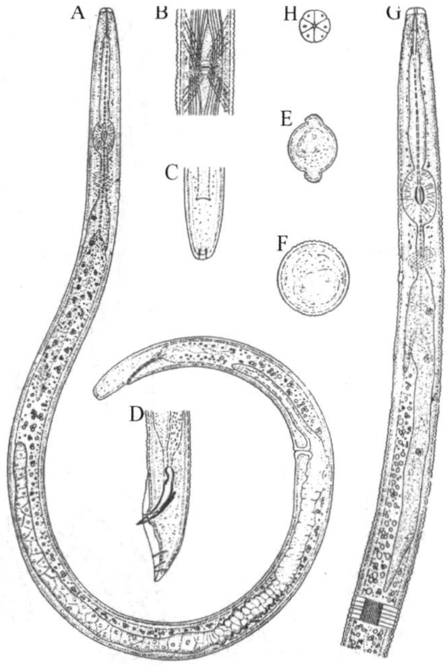

图 3-26　燕麦真滑刃线虫 *Aphelenchus avenae* Bastian，1865

A. 雌成虫；B. 阴门区；C. 尾部；D. 雄虫尾部；E，F. 虫体横截面；G. 雌成虫食道前体部；H. 唇区

26. 滑刃线虫属 *Aphelenchoides* Fuscher，1894

分类地位：滑刃总科 Aphelenchoidoidea，滑刃科 Aphelenchoididae，滑刃亚科 Aphelenchoidinae

词源：Aphelenchoides，希腊文 aphel 平滑的，choids 拟，似。

形态特征：虫体细长，头部略缢缩，头架骨化弱，口针较细，口针基球较小，长度为 10～12μm，滑刃型食道中食道球方圆形，后食道腺发达、叶状，从背面覆盖肠。尾部钝圆或尖、指状或有分叉。雌虫单卵巢，阴门在虫体后部，后阴子宫囊通常存在，偶尔缺乏；雄虫尾部向腹面弯成钩状，整个虫体呈“J”形，无交合伞，具有特有的玫瑰刺形的交合刺。许多种类在尾上有尖刺，称为“尾尖突”。侧区通常有 4 条侧线。

模式种：库恩滑刃线虫 *Aphelenchoides kuehnii* Fischer，1894

滑刃线虫属已报道 190 多种，多数属于自由生活的，只有少数几个种类是重要的植物病原线虫，在植物芽和叶组织取食，造成严重为害。例如，菊叶芽线虫 *A. ritzemabosi* 感染菊花的叶片，贝西滑刃线虫 *A. besseyi* 引起水稻的干尖线虫病和谷子的不捻线虫病（图 3-27），草莓

滑刃线虫 *A. fragariae* 为害草莓叶芽，在我国草莓产区造成较严重危害。

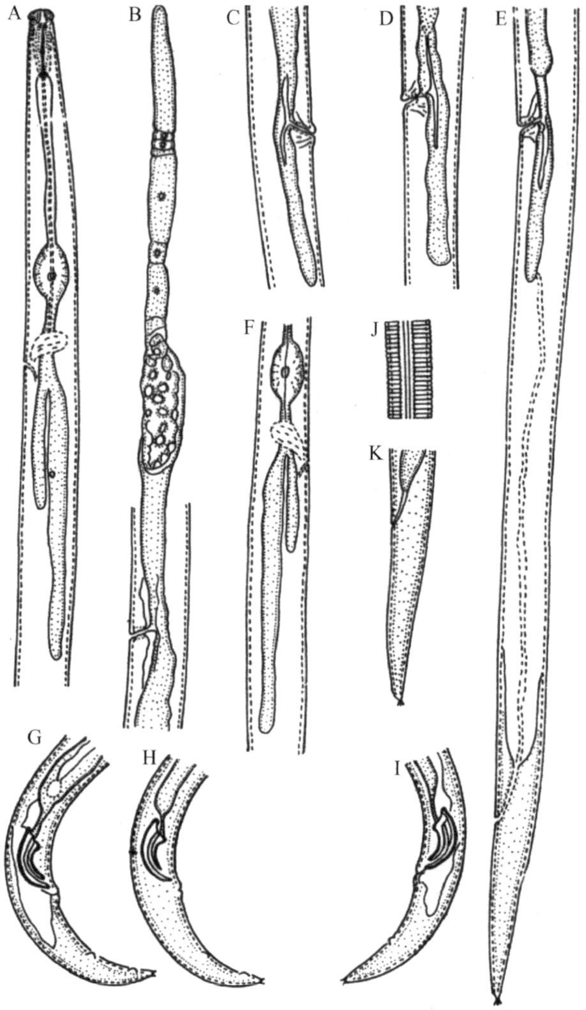

图 3-27　贝西滑刃线虫 *Aphelenchoides besseyi* Christie，1942

A. 雌虫食道前体部；B. 雌虫生殖系统；C，D. 阴门与后阴子宫囊；E. 雌成虫尾部；F. 中食道球与食道腺；G～I. 雄虫尾部；J. 侧线；K. 尾端尾尖突

27. 伞滑刃线虫属 *Bursaphelenchus* Fuchs，1937

分类地位：滑刃科 Aphelenchoididae，伞滑刃亚科 Bursaphelenchinae

形态特征：雌、雄虫都呈蠕虫状，虫体细长，长 0.4～1.5mm。唇区高，缢缩显著；口针细长，其基部微膨大或有口针基球；中食道球卵圆形，占体宽的 2/3 以上；食道腺细长、叶状，从背面覆盖肠。雌虫单卵巢前伸，阴门通常具有阴门盖或阴门唇，开口于虫体中后部；后阴子宫囊较长。雌虫尾亚圆锥形，末端宽圆，少数有微小的尾尖突。雄虫交合刺较窄、弓状，交合刺基顶和基喙发达，基喙通常尖，基顶（交合刺远端）常钝圆或膨大如盘状，无引带；雄虫尾似鸟爪，向腹面弯曲，尾端有短小的端生交合伞。

模式种：松伞滑刃线虫 *Bursaphelenchus piniperdae* Fuchs，1937

该属已报道约 50 个种，其中松材线虫 *B. xylophilus* 引起松树发生萎蔫病（图 3-28），是林业生产的第一大重要病害，在日本、美国、法国、加拿大、朝鲜、我国均有发生，被列为我国禁止进境检疫性线虫。我国首次发现松材线虫引起萎蔫病是在 1982 年南京中山陵东郊，后来在浙江、山东、安徽和广东等五省局部地区相继发现，危害相当严重。

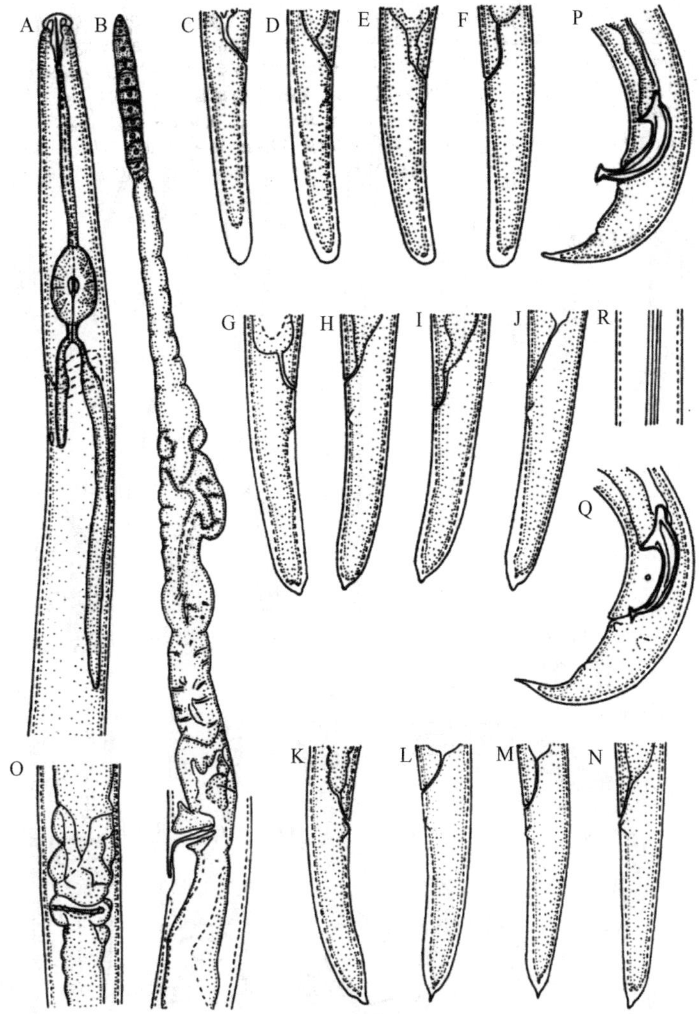

图 3-28　松材线虫 *Bursaphelenchus xylophilus*（Steiner & Buhrer，1934）Nickle，1979

A. 雌虫食道前体部；B. 雌虫生殖系统；C～N. 雌虫尾尖的形态变化；O. 阴门区；P，Q. 雄虫尾部；R. 侧区侧线

28. 细杆滑刃线虫属 *Rhadinaphelenchus* Goodey，1960

分类地位：滑刃科 Aphelenchoididae，伞滑刃亚科 Bursaphelenchinae

形态特征：细杆滑刃线虫的虫体十分纤细（$a \approx 100$），体长 0.8～1.4mm；头部高、光滑，头架发达，口针细 11～13μm，有口针基球；滑刃型食道，中食道球方圆形；雌虫有阴门盖，单卵巢前伸，卵母细胞单行排列，后阴子宫囊非常长，约为肛阴距的 75%，常有精子；尾长圆柱形，末端圆、指状。雄虫交合刺玫瑰刺状、顶端有缺刻，基喙小、尖，基顶发达，无引带；尾端交合伞向前延伸到尾长的 40%～50%处，尾部显著弯向腹面，尾圆锥形，末端尖。幼虫头部高、呈半球形，2、3 龄雄幼虫的尾部圆锥形、末端尖，4 龄雄幼虫的尾端锐尖，4 龄雌幼虫的尾端圆。

模式种：椰子细杆滑刃线虫 *Rhadinaphelenchus cocophilus*（Cobb，1919）Goodey，1960（图 3-29）

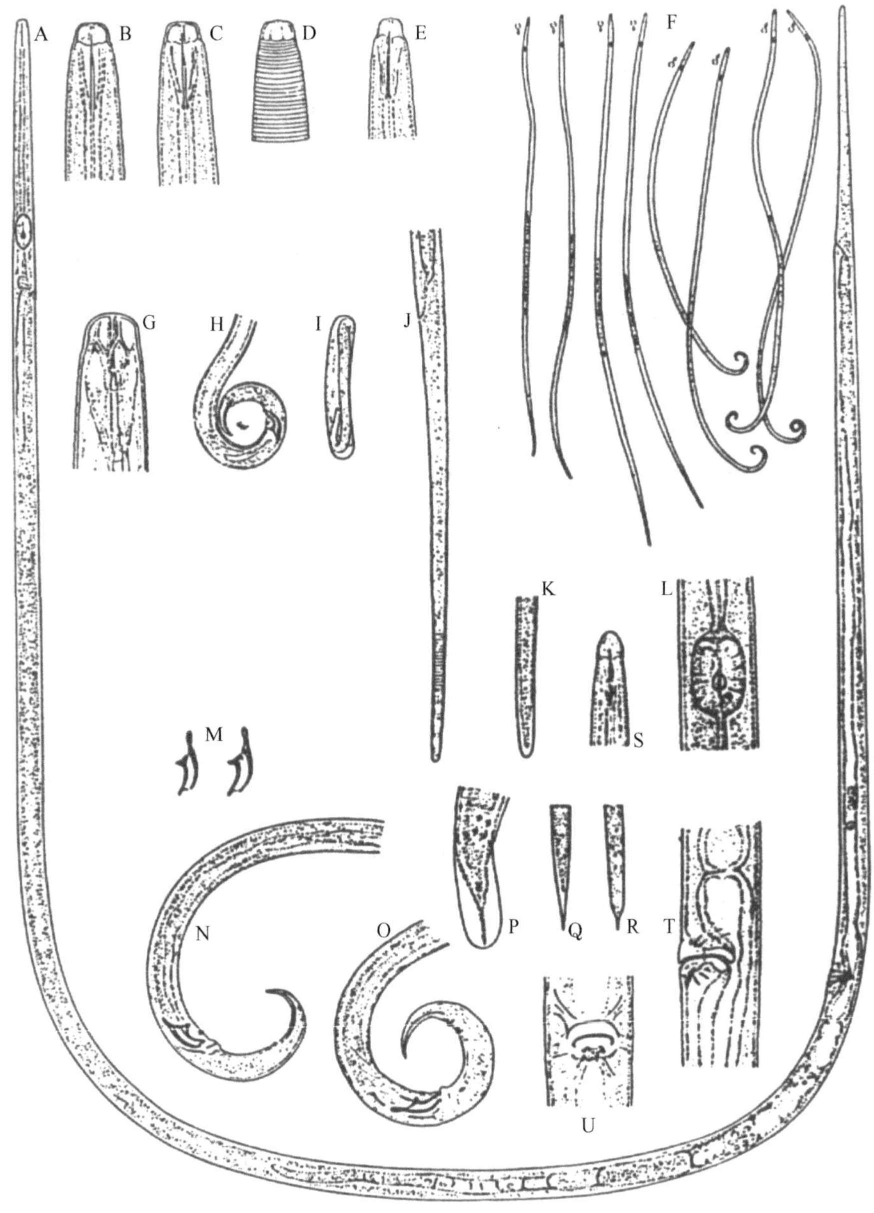

图 3-29　椰子细杆滑刃线虫 *Rhadinaphelenchus cocophilus*（Cobb，1919）Goodey，1960

A. 雌成虫；B-E. 雌虫头部；F. 雌虫虫态；G. 雄虫头部；H，I. 雄虫尾部；J. 雌虫尾部；K. 雌虫尾端；L. 中食道球；M. 交合刺；N，O. 雄虫尾部；P～R. 雄虫尾尖形态与交合伞；S. 头部；T. 阴门区；U. 阴门腹面观

目前此属仅发现 1 种即模式种，专性寄生于棕榈科植物，可导致椰子树发生红环腐病，棕榈象甲是其传播介体，分布于中美洲，是我国禁止进境的检疫性线虫。

二、矛线目 Dorylaimida

29. 长针线虫属 *Longidorus* Micoletzky，1922

分类地位：矛线总科 Dorylaimoidea，长针科 Longidoridae，长针亚科 Longidorinae

形态特征：虫体细长（长于 3mm），热杀死后虫体直到弯成“C”形；头部圆，连续或缢缩；6片唇瓣上有6～10个乳突围成两圈。侧器囊袋状，侧器口小孔状、不明显；具较大的口针（称为齿针），不高度硬化，齿托基部不呈凸缘状；矛型食道，背食道腺核小于亚腹食道腺核、位于背食道腺开口后一段距离；口针导环单环，导环位于齿针前半部。雌虫双卵巢、对生有转折；尾短、末端钝圆，呈背弓圆锥形，有2～4对尾乳突。雄虫双精巢对伸，后精巢转折，尾锥形，末端钝圆，有1～3对尾乳突，交合刺粗大、弓形弯向腹面，交合刺顶部有短的附导片，斜纹交配肌显著。

模式种：细长长针线虫 *Longidorus elongatus*（de Man，1876）Micoletzky，1922（图3-30）

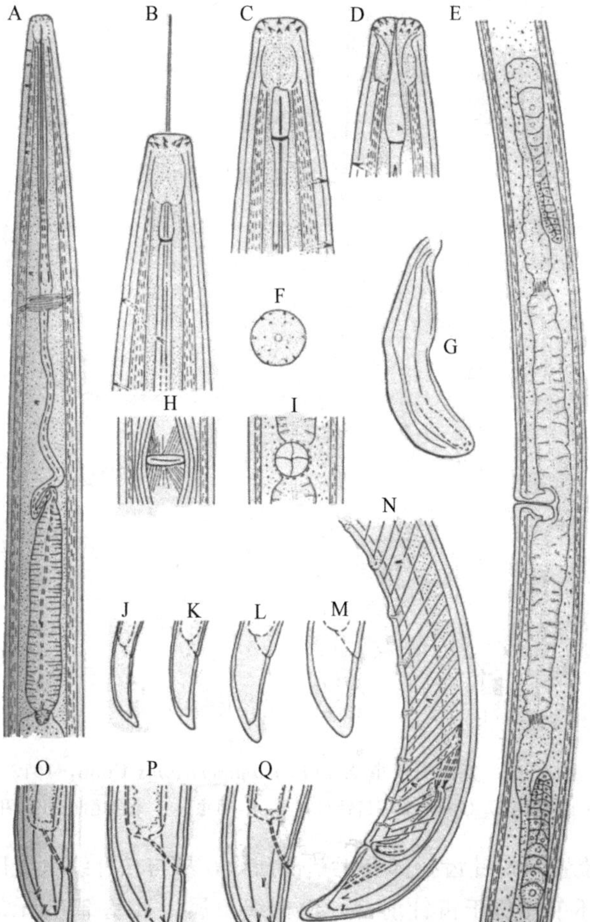

图3-30 细长长针线虫 *Longidorus elongatus*（de Man，1876）Micoletzky，1922

A. 食道前体部；B. 头部；C，D. 头端乳突与侧器；E. 雌成虫阴门区；F. 唇区；G. 交合刺；H-I. 阴门腹面观；J～M. 尾端形态；N. 雄虫尾部；O～Q. 尾端尾乳突

长针线虫属已报道100多种，大多数为植物根部的外寄生迁徙性线虫，有些种类可以传播线传病毒属（*Nepovirus*）植物病毒，该属的传毒种类是我国禁止进境的检疫性线虫。

30. 剑线虫属 *Xiphinema* Cobb，1913

分类地位：矛线总科 Dorylaimoidea，长针科 Longidoridae，剑亚科 Xiphinematinae

形态特征：此类线虫，虫体粗、长（1.5～6mm）；矛型食道，口针前矛（齿针）窄长，口针延伸部（齿托）几乎与前矛等长，具有基部凸缘；口针导环双环、位于齿针后部齿针与齿托的连接处附近；侧器口宽横裂缝状，侧器囊漏斗状至倒马镫状。背食道腺核位于背食道腺开口附近、大于亚腹食道腺核。雌虫阴门横裂，阴道短小，卵巢对伸、转折或单卵巢；尾形多样，短、圆锥形或半球形、或有指状突或后端细丝状。雄虫双生殖腺、对伸，交合刺矛形粗壮，有侧附导片，斜纹交配肌发达，泄殖腔区有 1 对交配乳突，尾形与雌虫相似。

模式种：美洲剑线虫 *Xiphinema americanus* Cobb，1913（图 3-31）

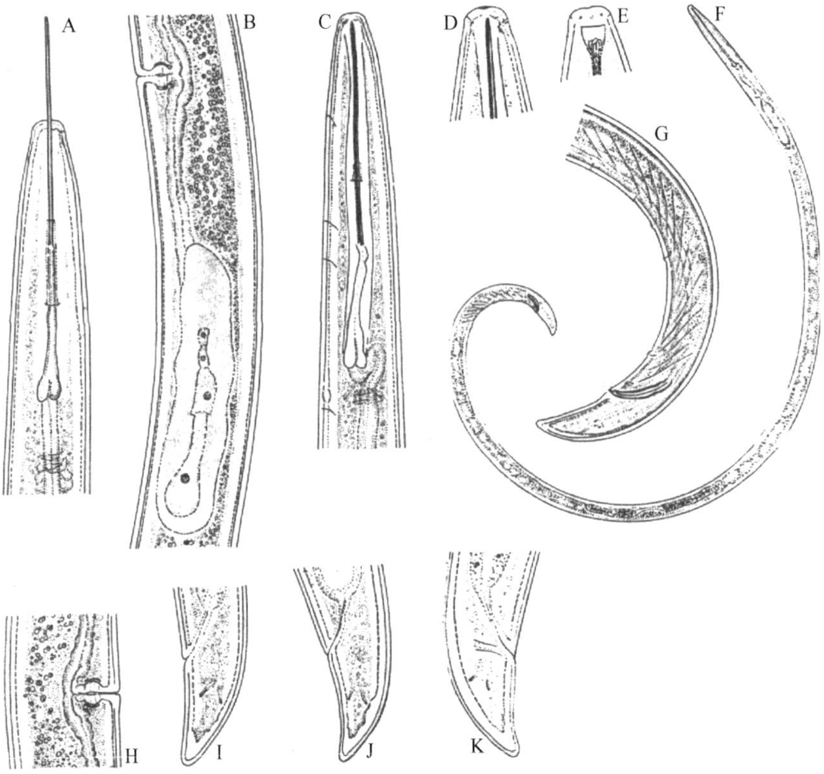

图 3-31　美洲剑线虫 *Xiphinema americanus* Cobb，1913

A. 头部与齿针；B. 阴门区；C～E. 头部齿针与侧器；F. 雄虫；G. 雄虫尾部；H. 阴门；I～K. 尾部

根据口针导环的位置和口针齿托部有无基部凸缘，易与长针线虫属区别：长针线虫属无口针基部凸缘，口针导环单环位于齿针前部，而剑线虫属口针基部有凸缘，导环双环、位置靠后，在口针中段附近。

本属已报道 200 多种，一些种可能是孤雌生殖，有些种可能是两性生殖，少数种的生活史较长，需要几年才能完成。本属线虫大多数为植物根部的外寄生线虫，有些种类可以传播线传病毒属病毒，该属的传毒种类是我国禁止进境的检疫性线虫。

三、三矛目 Triplonchida

31. 毛刺属 *Trichodorus* Cobb，1913（图 3-32）

分类地位：毛刺总科 Trichodoroidea，毛刺科 Trichodoridae

形态特征：毛刺属是一类短而宽的线虫，具有钝圆的短尾，较厚的表皮。在保存期间表皮往往跟虫体分开，角质层不强烈膨胀。口腔呈圆筒状，腔壁肌肉质，食道的前体部细长，后部

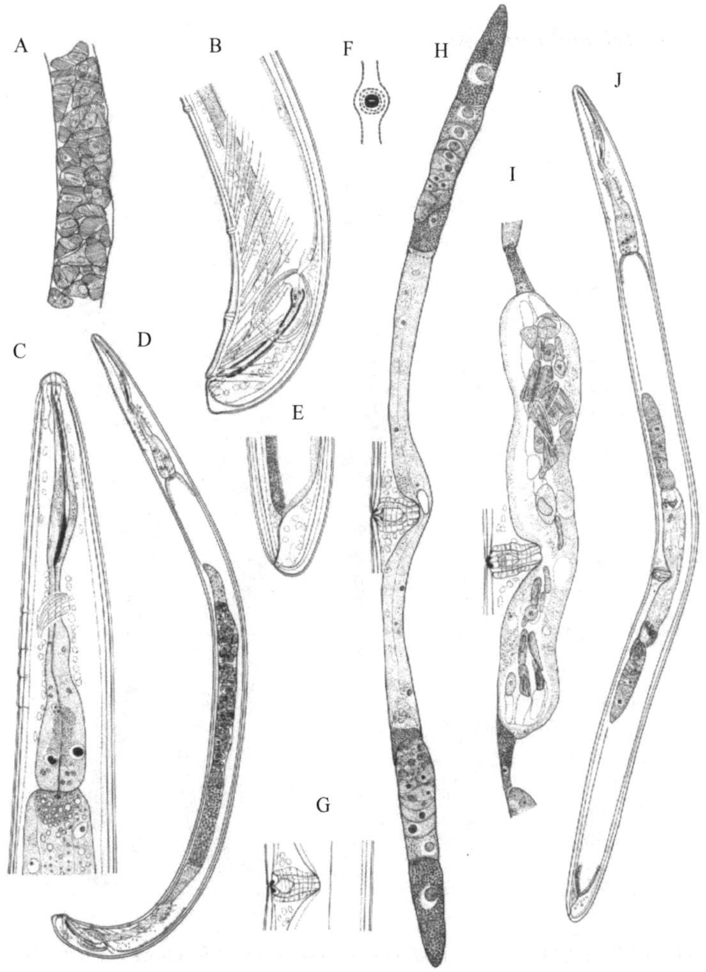

图 3-32 雪松毛刺线虫 *Trichodorus cedarus* Yokoo，1964

A. 生殖细胞；B. 雄虫尾部；C. 食道前体部；D. 雄虫；E. 雌虫尾部；F. 阴门腹面观；G. 阴门侧面观；H，I. 雌虫生殖系统；J. 雌虫

渐宽，形成长梨形的后食道球。口针弯曲称为瘤针，无瘤针基球，口针导环靠前。侧器呈杯状并具有椭圆形的侧器孔。雌虫阴道收缩肌发达、阴门周围具角质化的盾片，距阴门 1 个体宽内有侧体孔；卵巢对伸、转折，有受精囊。雄虫热杀死后尾部显著腹弯，虫体呈“J”形；斜纹交配肌非常发达，向前延伸到远离缩回交合刺基端处；交合刺细长弯曲，引带薄而细长，无交合伞，虫体腹中线上有交配乳突，具肛门后乳突，尾短、圆。

模式种：钝尾毛刺线虫 *Trichodorus obtusus* Cobb，1913

毛刺属迄今已发现 50 多种，在植物根部迁徙性外寄生，引起甜菜，番茄等作物矬根线虫病。本属的一些种类破坏的植物范围很广，包括芹菜、番茄、洋葱、玉米、甜菜和果树。在 1951 年，克里斯蒂毛刺线虫 *T. christiei* 作为第一个证据证明了外寄生线虫在经济上是重要的。多数在根尖和细根毛附近取食，被害根系小、侧根短，称为“矬根线虫”（stubby-root nematode）。某些毛刺线虫能传播烟草脆裂属病毒 *Tobravirus*，该属传毒种类是我国禁止进境的检疫性线虫。

32. 拟毛刺属 *Paratrichodorus*（图 3-33）

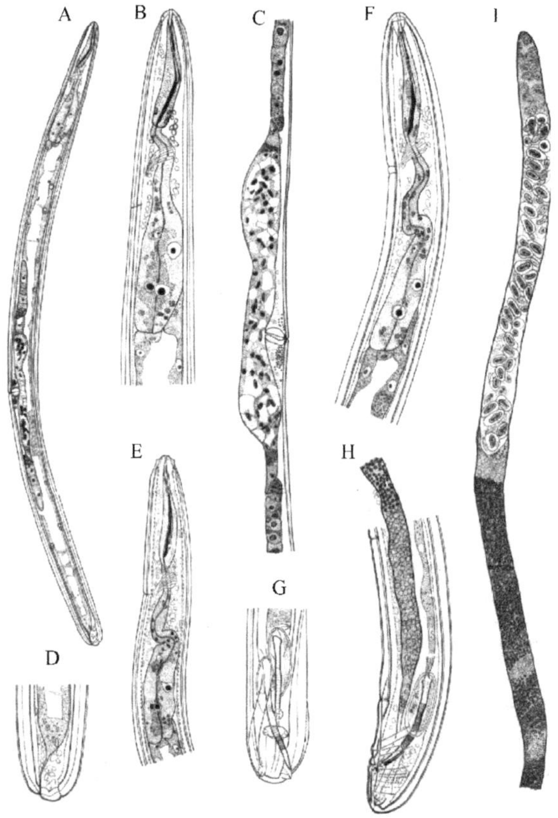

图 3-33　帕奇拟毛刺线虫 *Paratrichodorus pachydermus*（Seinhors，1954）Siddiqi，1974

A. 雌虫；B. 食道前体部；C. 雌虫生殖系统；D. 雌虫尾部；E，F. 食道前体部；G～I. 雄虫尾部交合刺与生殖腺

分类地位：毛刺总科 Trichodoroidea，毛刺科 Trichodoridae

形态特征：热杀死后，雌雄虫虫体微直或略腹弯，角质层强烈膨胀。食道腺通常从腹面或背面覆盖肠。雌虫阴道收缩肌不发达，距阴门 1 个体宽内无侧体孔；卵巢对伸、转折，有或无受精囊。雄虫热杀死后尾部和整个虫体几乎直或略弯；斜纹交配肌不发达到中等发达，限于缩回交合刺范围内或仅延伸到交合刺基端前约 1 个体宽处；交合刺通常直，有纹饰，有引带，有交合伞，交合刺牵引肌囊不发达，尾短、圆、直。

模式种：突尼斯拟毛刺线虫 *Paratrichodorus tunisiensis*（Siddiqi，1963）Siddiqi，1974

本属已发现 30 多种，在植物根部迁徙性外寄生，有些种类是传播烟草脆裂属病毒的传播介体，属于我国禁止进境的检疫性线虫。危害蔬菜、谷物等植物根系造成矬根症状。

第三节　植物线虫的分类方法与线虫的多样性分析

植物线虫分类学是生物分类学的一个重要组成部分，其基本概念和原理与生物分类学尤其是动物分类学是一致的。因此，植物线虫分类学就是运用比较、分析和归纳等方法，依据线虫的形态特征、系统发育关系，对植物线虫进行鉴定、命名和排序，制定可反映植物线虫进化过程或阐明各类群内在关系的分类系统，进而揭示植物线虫起源及各类群亲缘关系，同时不断探索新的分类方法和理论。

一、植物线虫的形态学分类方法

形态特征是最直观、最常用的分类特征，早期的分类学家都是使用形态性状来区别和建立分类单元的，至今形态特征仍然是十分重要的分类性状，是分类基础。植物线虫的形态特征描述通常根据虫体的外部形态结构和内部结构进行测定，根据测量的数量特征结合典型的质量特征进行鉴定。

线虫的分类鉴定，通常都要鉴定到种，种的鉴定主要依据形态特征。在确定属的地位之后，在属内进行进一步的鉴定和反复比较，才能确定种的分类地位。

线虫虫体的外部形态结构包括：体形和体态，角质环纹或附属物、侧区和侧线，头部特征、唇区、头架和侧器，乳突（颈乳突、生殖乳突、尾乳突），尾部和尾端形态、尾体环数和透明尾的有无等。线虫虫体的内部结构包括：口针长短形态，食道类型、食道腺覆盖肠的程度、食道腺开口位置、肛门或雄虫泄殖腔口位置，生殖系统中雌虫卵巢、雄虫精巢的个数和母细胞排列状态、受精囊和贮精囊的有无、阴门和交合刺特征，排泄系统中排泄孔的位置，神经系统中神经环和半月体、侧尾腺口的位置和形态、雄虫泄殖腔附近的生殖乳突。

目前，在对线虫的种类鉴定过程中，主要根据 de Man 于 1880 年提出的一套公式进行鉴定，后来该公式又陆续得到补充和完善，不同属种所需测量的项目不同，其所需要的公式亦有差异，但总结起来，目前国际上关于不同属种植物线虫的主要测量和观察的项目如下：

n：线虫条数（number of specimens）；

L：虫体长度（body length）；

Lv：头端到阴门的距离（length from end of head to vulva）；

W：虫体宽度（greatest body width）；

St：口针长度（stylet length）；

StC：口针锥体长度（cone length of stylet）；

StB：口针基杆长度（basal length of stylet）；

DGO：背食道腺开口至口针基球的距离（dorsal gland orifice to stylet）；

EP：排泄孔至头端的距离（distance from excretory pore to anterior end）；

Oeso：体前端到食道与肠连接处的距离（oesophagus length）；

O：背食道腺开口至口针基球的距离/口针长度（DGO/St）；

OV：卵巢长度（ovary length）；

R：体环总数（total number of body annules）；

Rst：口针处体环数（number of annules through stylet）；

Roes：食道处的体环数（number of annules in oesophageal region）；

Rex：排泄孔至头端的体环数（number of annules between anterior end of body and excretory pore）；

RV：阴门至虫体末端的体环数（number of annules between posterior end of body and vulva）；

RVan：阴门与肛门之间的体环数（number of annules between vulva and anus）；

Ran：肛门至虫体末端的体环数（number of annules between posterior end of body and anus）；

VL/VB：阴门至头端的距离/阴门处体宽（distance between vulva and posterior end of body divided by body width at vulva）；

a：体长/体宽（body length divided by greatest body width）；

b：体长/食道长（body length divided by oesophageal length）；

c：体长/尾长（body length divided by tail length）；

c′：尾长/肛门处体宽（tail length divided by body width at anus）；

V%：阴门至头端距离×100/体长（distance from head end to vulva ×100 divided by body length）；

St%L：口针长×100/体长（stylet length×100 divided by body length）；

St%oes：口针长×100/食道长（stylet length ×100 divided by oesophageal length）；

MB：头端至中食道球中央的距离（distance from anterior end to centre of median oesophageal bulb valve）；

MBW：中食道球宽（width of the median bulb）；

V. a.：阴门至肛门距离（distance from vulva to anus）；

ABW：肛门处体宽（anal body width）；

VBW：阴门处体宽（vulval body width）；

Tail：尾长（tail length）；

T：泄殖腔开口至精巢前端距离×100/体长（distance from cloacal aperture to anterior of testis×100 divided by body length）；

spic：交合刺长（spicule length）；

Gub：引带长（gubernaculum length）；

h：尾部透明区的长度（hyaline region）。

二、分子生物学在植物线虫分类上的应用

植物线虫的形态分类在某种程度上会受到一定的限制，尤其是近似种和种内变异使线虫的形态分类无所适从，因此，借助蛋白质电泳分析及同工酶技术以及 DNA 技术对其进行分类，更有利于植物线虫种类的鉴定与分析。同工酶技术是在蛋白质分析的基础上发展起来的一项技术，现已广泛应用于球胞囊线虫、根结线虫、短体线虫和松材线虫等植物线虫的研究中。尽管酯酶、苹果酸脱氢酶等在密切相关的种类间保持着一定保守性，但由于酶本身易受外界环境条件、线虫的各发育阶段或在某一阶段线虫的生理状况的影响、及酶的提取过程等种种因素的干扰，利用电泳分析线虫蛋白质易导致结果的不稳定性。发展利用血清学技术和方法进行种类鉴定，其所需蛋白质量少，测定结果也不会受到线虫的生理状态如卵的滞育的影响，而且能在短时间内快速完成，该技术在根结线虫和胞囊类线虫方面应用较多。

PCR 技术的建立和发展实现了对生物基因组的直接测序分析以及对基因序列多态性的检测等，目前被广泛地应用于病原物检测和病害的早期诊断。应用较早的是 RFLP 技术，对于特定的线虫种类，其 DNA 被每一个限制性内切核酶酶切所产生的片段是特异性的，能作为特有的“指纹”加以甄别。RAPD 技术被应用于根结线虫、胞囊线虫、穿孔线虫、茎线虫、松材线虫等的鉴定，扩增产物 DNA 片段的多态性反映了基因组相应区域的 DNA 多态性。PCR-SSCP 单链构象多态性分析是一种简便、灵敏、无需酶和探针的 PCR 鉴定技术，用于 SSCP 分

析的单链 DNA 片段越小，检测的灵敏性就越高。实时荧光 PCR 技术是在 PCR 定性技术基础上发展起来的基因定量技术，它利用荧光信号伴随着 PCR 产物的增加而增强的原理，在 PCR 扩增过程中，连续不断地检测反应体系中荧光信号的变化，能准确敏感地测定模板浓度及检测基因变异动态，目前，实时荧光 PCR 检测技术在茎线虫属、伞滑刃线虫属、长尾线虫属、粒线虫属等属线虫检测中有相关的研究报道。

三、线虫的多样性分析方法

虽然线虫存在的生境非常广泛，但植物线虫主要依附于寄主植物的根系而存在于土壤中，而从土壤中分离到的线虫群体是混合群体，植物根系土壤中除部分植物线虫外，还存在多种自由生活线虫种类，因此对于土壤线虫混合群体的鉴定也是线虫学的重要内容。目前关于土壤线虫生物多样性的研究已成为世界上的研究热点问题。

关于土壤线虫的多样性分析方法实际上是以线虫的形态分类为基础，借助各种数学指数对线虫的种群及群落结构进行分析，目的是从宏观生态学角度认识自然，了解线虫在自然中的地位和作用。

（一）土壤线虫的食道类型

由于线虫的食道具有遗传稳定性，分类上易于鉴定，食道的类型与线虫的取食行为有关，成为重要的营养类群划分的依据。

圆柱型食道：食道为一条厚壁的管状物，无中食道球，食道前体部和食道后体部之间分界不明显，多为动物寄生线虫和捕食线虫所具有的食道。

矛型食道：是矛线目 Dorylaimida 线虫所特有的食道，多为取食真菌型线虫，少数为捕食型线虫所具有的食道。

小杆型食道：是小杆目 Rhabditida 线虫所具有的食道，为食细菌型线虫。

双胃型食道：食道结构与小杆型食道相似，但食道中部的内壁骨化，是真正的食道球，双胃目 Diplogasterida 线虫所特有。

头叶型食道：与小杆型食道相似，多为动物寄生线虫和捕食线虫所具有的食道。

垫刃型食道：垫刃目 Tylenchida 线虫所特有的食道，大多数属于植物线虫。这种类型的食道变化较大，食道中部无内壁骨化的瓣门的类型称为拟茎型食道（noetylenchoid）；食道前体部粗短，食道后体部退化的称为环型食道。

滑刃型食道：滑刃目 Aphelenchida 线虫所特有。大多数属于取食真菌线虫，少数为植物线虫和昆虫寄生线虫。

土壤线虫是混合的群体，包含多种分类单元，因此对于单个个体的分类要先根据线虫食道类型鉴定到目和科属的水平。

（二）土壤线虫营养类群划分

土壤线虫具有丰富的生物多样性，对于如此庞杂的生物种群，要想鉴定到每个种的水平几乎是不可能的事情，因此，研究线虫生态学的人们将线虫进行了人为的生态学意义上的划分。早期的线虫生态学分类多根据线虫的食性和生境来划分，分为非动物寄生线虫和动物寄生线虫两大类，前者又划分成水生、水陆两栖和陆生的线虫 3 类，其中陆生的（土壤线虫）按食性分成颗粒摄食型、肉食型、真菌寄生型和高等植物寄生型（萨塞，1985）。

按照线虫的取食习性，Yeates 等（1993）将线虫营养类群归属为 8 类：①取食植物类群（PP，plant feeder）；②取食真菌类群（FP，fungal feeder）；③取食细菌类群（BP，bacterial feeder）；④基质摄食类群（substrate ingester）；⑤动物捕食类群（predator of animals）；⑥取食单细胞真核生物类群（unicellular eucaryote feeder）；⑦动物寄生类群（dispersal or infective stage of parasites）；⑧杂食性类群（omnivore）。

植物线虫类群大多数属于垫刃目、少数是矛线目和滑刃目；食细菌线虫类群主要是小杆目；食真菌线虫类群多属于滑刃目；捕食性线虫类群多为单齿目和单宫目以及滑刃目的长尾科，杂食性线虫类群包括矛线目具有短口针的食性复杂的种类，以及一些食性不清的种类。由于在研究中发现捕食性线虫类群和杂食性线虫类群数量相对较少，因此常将剩余的少部分线虫统归为一类，称为捕食-杂食线虫类群（OP，predator-omnivore）。

Yeates 等（1993）又把取食植物的线虫类群划分成 6 个组：①定居型寄生线虫（异皮属、球胞囊属、根结属、标枪属、假根结异皮属）；②迁移型外寄生线虫（短体科、粒科）；③半外寄生线虫（纽带科、短体科）；④外寄生线虫（锥科、头垫刃属、长针科、环科、半轮科、针科、毛刺科）；⑤取食表皮细胞和根毛的线虫（垫刃亚科、叉针亚科、无伞垫刃亚科）；⑥以藻类、地衣为食的线虫，或者靠穿刺取食苔藓的线虫（垫刃科、粒科）。

植物线虫可以通过取食植物根部，直接影响植物的营养状况或通过取食活动造成的伤口，引起与其他植物病原物的复合侵染；非植物线虫大多属于自由生活的线虫，它们参与土壤有机质的分解和养分循环过程，能够对植物生长产生间接有益的影响。

食细菌线虫和食真菌线虫通过取食活动影响土壤中微生物群体，直接或间接影响土壤养分的分解作用和氮素矿化作用，进而提高植物对养分的利用率。尽管土壤线虫对整个土壤呼吸的贡献很低，但是它们通过影响土壤微生物区系的组成和活动对土壤过程产生深刻的影响。几个土壤生态系统的试验研究表明：土壤动物（如线虫）可以通过取食真菌和细菌，直接影响微生物群落的生物量和活性。土壤线虫通过它们高的周转率和与微生物区系的相互联系，有效地调节自然生态系统中植物残体的分解与营养物质的释放。

关于线虫的营养类群划分，目前广泛应用的是 Yeates 等分类专家的观点，多数研究者采用的是植物线虫、食细菌线虫、食真菌线虫、捕食性线虫和杂食性线虫 5 个类群。

（三）土壤线虫的生态指数

由于土壤线虫是多个分类单元的集合体，而且群落中线虫的数量是比较庞杂的，因此，数理统计学在线虫生态学研究中显得越来越重要。相对其他生物学领域而言，线虫生态学引入数学和统计学的先进技术显得很少。最简单的提出数据的方法通常是列出某一特定地区或特定植物上所能发现的线虫名单，之后，逐渐引入了频率、密度、显著值、生物量等简单的数据分析方法。随着土壤线虫生态学的深入发展，人们逐渐引用了更多的生态指数对土壤线虫群落进行分析。

最早在线虫中应用的生态指数是多样性指数(H')Shannon-Weiner diversity index:H_g or $H_t = \sum p_i \times \ln p_i$(g-genus;t-trophic group)，p_i 是线虫样品中第 i 个分类单元属或营养类群所占的比例。

随后是优势度指数（λ）Simpson index 也被引入到线虫中用于比较属和类群的优势程度，

即优势度 Dominance$=\lambda_g$ or $\lambda_t=\sum(p_i)^2$。

以后陆续引入了均匀度（J'）、丰富度（SR）、线虫成熟度指数（MI）、植物线虫成熟度指数（PPI）等比较通用的多样性指数。

均匀度指数 $J'=H'/H'_{max}, H'=-\sum p_i(\ln p_i), H'_{max}=\ln S$

丰富度指数 SR＝（$S-1)/\ln N$

成熟度指数 MI＝ $\sum v(i)\times f(i)$

植物线虫成熟度指数 PPI＝ $\sum v(i)\times f'(i)$

这里 N 代表所鉴定的个体数目；S 代表鉴定分类单元的数目，某一给定的分类单元可以看作是第 i 个分类单元；p 是第 i 个分类单元中个体所占的比例；$v(i)$ 是在生态演替中属于 k-选择和 r-选择科属线虫分别赋予值为 1～5，$f(i)$ 是某一科/属在线虫种群总数中所占的比重，$f'(i)$ 是植物线虫某一科/属在线虫种群总数中所占的比重。MI 不包括植物线虫，而 PPI 只包括植物线虫。

也有人运用食真菌线虫数量与食细菌线虫数量的比例（F/B）、优势度（Simpson's genus diversity）的倒数 $1/\lambda_g$ 作为生态指数，以此作为生态学指标来估计和比较线虫种群对土壤条件的反应（Freckman and Ettema，1993）；Wasilews 利用食真菌线虫和食细菌线虫数量的总和与植物线虫数量的比例［WI＝$(F+B)$/PP］说明分解和氮矿化途径和初级生产量的关系。

Neher（2001）提出用线虫的关键分类单元作单独的生物指示剂，或可用分类单元（OTU）有效数量计算相对指数作指示，引入 MI，IBI（biotic similarity indices，Karr 用于计算鱼群的相似指数），WCI（weighted coenotic index，由 Wodarz 用于计算原生动物，而后被 Yeates 引入到线虫研究中）等用于土壤线虫生态指数研究。

根据线虫营养类群的划分，人们又陆续提出了以线虫群落评价土壤食物网和土壤生态系统能流途径的指数，如结构指数（structure index，SI）、富集指数（enrichment index，EI）和线虫通路比值（nematode channel ratio，NCR）。此外，其他群落生态学分析方法也被广泛应用，如根据相似性系数进行的聚类分析（cluster analysis）和非度量多维标度分析（nonmetric multi-dimensional scaling analysis）等应用于线虫群落结构的比较，这些指数和方法与以前的研究方法相结合，推动了线虫作为土壤健康指示生物的研究。

线虫分类单元对于农事实践（物理的或化学的）干扰是直接或间接的，可被用作分析工具，如用 CCA（canonical correspondence Analysis）定义的敏感性 sensitivity 和不敏感性 insensitivity 来衡量干扰条件下的线虫关键分类单元数量的增减。

自由生活线虫成熟度指数（MI）和植物线虫成熟度指数（PPI）是 Bongers（1990）基于 Colonizers（r-策略）和 Persisters（k-策略）线虫的比例而提出的。

Colonizers（c，增殖型）：指线虫在适宜条件下迅速增加其群体数量，可比作 r-策略者，其特点是生活周期短、高繁殖能力和对干扰的忍耐能力。

Persisters（p，持续型）：k-策略者，有很低的再生率，通常生活周期长，低繁殖能力和对干扰敏感，一般不是样品中的优势种群。

Colonizers（c）和 Persisters（p）分别是 c-p 值从 1～5 的 2 个极端值。Yeates 在网上重新列出 MI 和 PPI 的公式如下：

$$MI, PPI=\sum_{i=1}^{n}[v(i)\times a(i)]/\sum_{i=1}^{n}a(i)$$

由于近年来的研究显示 MI 和 PPI 相关性很大，因此，有人将植物线虫列入 MI 中进行计算，即 $\sum$ MI 是包括自由生活线虫和植物线虫等所有线虫的成熟度指数，但结果表明 $\sum$ MI 指数不敏感。Popovici 将 MI 中 c-p1 的排除称为 MINO（maturity index with no ones）；Yeates 认为既然植物线虫有单独的成熟度指数，那么其他的食细菌、食真菌、捕食性和杂食性营养类群也该有单独的成熟度指数，如 BaMI，FuMI，OmMI，CaMI，与 PPI 的计算相似。Bongers（1995）又提出了 MI25 指数，将 c-p1 的初级分类单元从 MI 中移走，但这似乎降低了鉴定的可靠性。

土壤线虫各种生态指数的引入与应用，较单一的线虫种类鉴定名单具有更可靠的分析结果，应用线虫的生态指数分析农事实践对土壤线虫的干扰，得出的结论更令人信服。

（四）土壤线虫多样性与群落结构

土壤线虫的多样性主要是研究线虫群落中所包含的分类单元的数量，因为由不同种类的线虫组成的混合群体才能够组成一个线虫群落。土壤线虫多样性的研究对于线虫的群落结构和稳定性是相当重要的。

多样性是代表群落组织水平及其功能特性的综合指标。对于一个特定的生态系统来说，土壤线虫集聚一般具有很高的多样性。在农业生态系统中，线虫多样性的估算主要依据线虫种类、营养类群和功能类群，以及利用生态学指数作为指示进行计算。

有关土壤线虫多样性，在自然生态系统中的研究多于农田生态系统，对植物线虫类群研究多于其他类群。农田生境中的线虫群落是多样的，通常由几十种和大量的个体组成，研究线虫群落结构是研究复合生态学（synecological）众多方法中的一种，虽然植物线虫学家对植物线虫更感兴趣，但这只是影响农业生态系统的线虫生物种群中的一部分而已（Niblack，1989）。在美国佛罗里达州北部中心的沙壤土地区玉米田和大豆田土壤线虫群体动态变化中，监测到植物线虫的优势种群至少有 6 种，多数线虫种群的最终群体密度与玉米大豆的种植密度或早播时间呈线性相关（McSorley and Dickson，1989a，1989b）。南澳大利亚的灌木土壤中的线虫数量少于农田土壤中线虫数量，植物线虫是优势类群，农业区捕食性线虫少于灌木区（Yeates and Birb，1994a）；在我国的大豆田以植物线虫类群为优势，而果园的线虫群落结构则以食细菌线虫类群为优势。

土壤线虫的群落结构在取样时间和取样地点上都存在显著不同。McSorley 等（1996）在美国佛罗里达州运用各项指数研究了大豆田垄内和垄间线虫种群结构。研究结果表明：随着季节的推移，在大多数营养类群中，一般线虫属的密度，在垄内的大于在垄间。大豆根际效应在很大程度上影响着大多数线虫营养类群的分布，这也说明了在垄内采样更适宜。以色列番茄定植期和生长中季，食细菌线虫和食真菌线虫是最丰富的营养类群，而在成熟期和成熟后期，植物线虫显著增加。

随着土壤线虫研究的深入，人们逐渐从单一鉴定线虫的种类过渡到分析线虫的群落组成，从而寻找处理与对照间的差异。应用群落结构监测土壤线虫的作用能够说明它们在农业生态系统中的重要性，揭示农业可持续发展的趋势。

本章小结

本章主要介绍了植物线虫分类研究的历史演变，采用目前应用较为普遍的 Maggenti

(1991) 植物线虫分类系统，详细介绍了20余种重要的植物线虫属的特征并简介其所引致的线虫病害，同时介绍了植物线虫的分类方法与多样性分析方法。

线虫是一种无处不在、种类繁多、虫体微小透明的无脊椎动物，据估计可能有上百万种线虫存在，是地球上仅次于昆虫的生物。而植物线虫仅占线虫总数的10%左右，目前已记载约200属5000余种。植物线虫隶属于线虫门侧尾腺纲双胃亚纲垫刃目的所有种类、滑刃目的部分属种，以及无侧尾腺纲嘴刺亚纲矛线目和三矛目的部分属种。

垫刃目下设垫刃总科和环总科，重要的病原线虫属包括垫刃科垫刃线虫属，粒科粒线虫属和茎线虫属，刺科刺线虫属和矮化线虫属，短体科短体线虫属、潜根线虫属、穿孔线虫属和假根结线虫属，纽带科纽带线虫属、盘旋线虫属、螺旋线虫属、肾状线虫属和盾线虫属，异皮科球胞囊线虫属、异皮线虫属和根结线虫属；环总科环科小环线虫属、环线虫属、拟鞘线虫属和鞘线虫属，半穿刺科针线虫属和半穿刺线虫属。滑刃目下只有滑刃科中的几个主要属危害植物比较严重，包括拟滑刃属、伞滑刃属和细杆滑刃属对植物可造成严重危害。矛线目矛线总科长针科长针线虫属和剑线虫属，以及三矛目毛刺总科毛刺科毛刺线虫属和拟毛刺线虫属可引起植物的矬根病和传播植物病毒病害。文中详细介绍了这些属线虫的鉴别特征和危害情况，使学生对生产中重要的病原线虫形态有初步的了解。

对植物线虫分类方法所涉及的测量项目缩写加以解释，并对目前土壤线虫营养类群的划分和生态指数的引入进行介绍。线虫营养类群按照食道类型及取食习性划分为8类，常用的有植物线虫类群PP、食细菌线虫类群BP、食真菌线虫类群FP和捕食-杂食线虫类群OP。线虫生态指数的引入包括多样性指数（H'）、优势度指数（λ）、均匀度（J'）、丰富度（SR）、线虫成熟度指数（MI）、植物线虫成熟度指数（PPI）、结构指数（SI）、富集指数（EI）和线虫通路比值（NCR）等，用来分析土壤线虫的生物多样性变化。

思 考 题

1. 如何区分植物线虫和自由生活线虫？
2. 目前国际上比较通用的植物线虫分类系统对植物病原线虫是如何划分的？
3. 有哪些重要病原线虫对农林业生产造成严重威胁？试举几例。
4. 如何正确区分根结线虫和胞囊线虫所引起的病害症状？
5. 如何从生态学观点对线虫进行营养类群的划分？
6. 目前国际上引入哪些生态指数对线虫生物多样性进行分析？如何解释各线虫生态指数的含义？

主要参考文献

毕志树，李进. 1965. 植物线虫学. 北京：农业出版社

陈立杰，段玉玺. 2006. 植物寄生线虫虫种资源的分类鉴定. 中国寄生虫学与寄生虫病杂志，24（增）：29-33

陈立杰，段玉玺，刘维志. 2000. 环线虫——一类农林植物的重要病原线虫. 辽宁农业科学，5：17-20

崔永然. 1996. 韩国的线虫. 韩国：日駐社

段玉玺. 2002. 植物线虫病害防治. 北京：中国农业科学技术出版社

冯志新. 2001. 植物线虫学. 北京：中国农业出版社

刘维志. 2000. 植物病原线虫学. 北京：中国农业出版社

刘维志. 2004. 植物线虫志. 北京：中国农业出版社

萨塞，詹金斯. 1985. 线虫学基础与进展——植物寄生性和土壤型线虫. 毕志树，陈品三译. 北京：农业出版社

谢辉. 2005. 植物线虫分类学. 2 版. 北京：高等教育出版社

Agrios G N. 2004. Plant Pathology. 5th ed. Burlington USA，Oxford UK：Elsevier Academic Press

Andrássy I. 1992. A short consensus of free-living nematodes. Fundam. Appl. Nematol.，15：187-188

Bongers T. 1990. The maturity index：an ecological measure of environmental disturbance based on nematode species composition. Oecologia，83：14-19

Bongers T，de Goede R G M，Korthals G W，et al. 1995. Proposed changes of c-p classification for nematodes. Russian Journal of Nematology，3：61-62

Chitwood B G，Chitwood M B. 1950. An Introduction to Nematology（Revised ed.）. Baltimore：Monumental Printing

Coomans A. 1996. Phylogeny of the Longidoridae. Russian Journal of Nematology，4：51-60

De Ley P，Blaxter M L. 2004. A new system for Nematoda：combining morphological characters with molecular trees，and translating clades into ranks and taxa. Nematology Monographs & Perspectives，2：633-653

Dropkin V H. 1989. Introduction to Plant Nematology. 2nd ed. New York：Wiley -Interscience

Freckman D W，Ettema C H. 1993. Assessing nematode communities in agroecosystems of varying human intervention. Agriculture，Ecosystem and Environment，45：239-261

Golden A M. 1971. Classification of the genera and higher categories of the order Tyenchida（Nematoda）. *In*：Zuckerman B M，et al. Plant Parasitic Nematodes，Vol. I Morphology，Anatomy，Taxonomy and Ecology. New York & London：Academic Press：191-232

Hunt D J. 1993. Aphelenchida Longidoridae and Trichodoridae，Their Systematics and Bionomics. Wallingford，UK：CAB International

Luc M，Maggenti A R，Fortuner R，et al. 1987. A reappraisal of Tylenchina（Nemata）. 1. For a new approach to the taxonomy of Tylenchina. Revue Nematol.，10：127-134

Luc M，Sikora R A，Bridge J. 1991. Plant Parasitic Nematodes in Subtropical and Tropical Agriculture. Wallingford，UK：CAB International Institute of Parasitology

Maggenti A R. 1991. Nemata：higher classification. *In*：Nickle W R. Manual of Agricultural Nematology. New York：Marcel Dekker Inc：147-187

Maggenti A R，Luc，Raski，et al. 1988. A reappraisal of Tylenchina（Nemata）. 11. list of generic and supra-generic taxa，with their junior synonyms. Revue Nematol，11（2）：177-188

McSorley R，Dickson D W. 1989a. Effects and dynamics of a nematode community on soybean. Journal of Nematology，21：490-499

McSorley R，Dickson D W. 1989b. Effects and dynamics of a nematode community on maize. Journal of Nematology，21：462-471

McSorley R，Frederick J J. 1996. Nematode community structure in rows and between rows of a soybean field. Fundamental and Applied Nematology，19：251-261

Neher D A. 2001. Role of nematodes in soil health and their use as indicators. Journal of Nematology，33：161-168

Niblack T L. 1989. Application of nematode community structure research to agricultural production and habitat disturbance. Journal of Nematology，21：437-443

Nickle W R. 1991. Mannual of Agricultural Nematology. New York：Marcel Dekker

Perry R N，Moens M. 2006. Plant Nematology. London，UK：CAB International

Poinar G O Jr. 1983. The Natural history of nematodes. Englewood Cliffs，New Jersey：Prentice-Hall Inc：323

Sasser J N. 1989. Plant-Parasitic Nematodes: the Farmer's Hidden Enemy. Raleigh, North Carolina: North Carolina State University Graphics Printing

Siddiqi M R. 1986. Tylenchida- Parasites of Plants and Insects. St. Albans: Commonwealth Institute of Parasitology

Siddiqi M R. 2000. Tylenchida- Parasites of Plants and Insects. 2nd ed. St. Albans: Commonwealth Institute of Parasitology

Yeates G W. 1994. Modification and qualification of the nematode maturity index. Pedobiologia, 38: 97-101

Yeates G W, Bird A F. 1994. Some observations on the influence of agricultural practices on the nematode faunae of some South Australian soils. Fundamental and Applied Nematology, 17: 133-145

Yeates G W, Bongers T, de Goede R G M, et al. 1993. Feeding habits in soil nematode families and genera—an outline for soil ecologists. Journal of Nematology, 25: 315-331

Yeates G W, Wardle D A, Watson R N. 1993. Relationships between nematodes, soil microbial biomass and weed-management strategies in maize and asparagus cropping system. Soil Biology and Biochemistry, 25: 869-876

第四章　植物线虫的生物学

线虫在生物学上具有与其他生物不同的特点。由于线虫生活的生境不同，在长期的进化和演化过程中，形成了线虫独特的生物学特性。线虫没有独立的呼吸系统，在生长过程中，大多数器官的细胞数量保持恒定，了解植物线虫的生物学对研究植物线虫的发生规律及特点有重要的意义。

第一节　胚胎发育和细胞学

一、性　细　胞

几乎所有的线虫都是雌雄异体的，其性别分化也很明显，线虫的性细胞系指卵和精子，成熟雌虫排出卵，与成熟雄虫排出的精子结合形成受精卵；一种典型的线虫是从卵中孵化出来的，其一般的形态学特征已经类似于该种线虫的成虫。

卵是由卵巢产生的，大多数线虫的卵覆盖有三层明显的膜：①外层蛋白质膜，为子宫壁的分泌物；②内层为几丁质膜或是真壳，系卵本身分泌物；③最内层为卵黄质膜，是由卵细胞本身分泌而成的，为极薄的膜，此膜内可能含有脂肪物质。在小杆目和垫刃目中线虫卵大多数无蛋白质膜。卵细胞内含有很大的胞核，在它的原生质中有许多黄褐色的卵黄球。卵的形状受线虫的生活场所影响而改变，但一般为圆形、卵圆形或椭圆形。在小杆目和垫刃目的线虫中大多数无外层蛋白质膜。在植物线虫中，卵的表面多为平滑的，有些水生线虫的卵表面上有刺。

精子是由线虫精巢（睾丸）产生的，精巢能持续分裂不断产生精母细胞，精母细胞发育到一定阶段，离开精巢，顺着管道向下逐渐移动，体积不断增大，然后经两次分裂形成 4 个精子。精子的直径只有几微米，形状近似圆形。

二、线虫的胚胎发育和生长

线虫有特殊的胚胎学过程。在很多种线虫中，组成线虫虫体的细胞数量都是恒定不变的(生殖腺和肠道除外)。当细胞的数量达到以后，虫体体积的增加是靠细胞体积的增大来实现的，而不是靠细胞的增殖来实现。生殖腺的发育与其他动物一样是通过细胞分裂进行的。关于线虫的胚胎发育有许多报道，在植物线虫中，Van Weerdt（1960）对为害柑橘、辣椒根部的香蕉穿孔线虫 *Rodopholus similis* 做了细致的观察，在此以香蕉穿孔线虫为例介绍线虫的胚胎发育（图 4-1）。

（一）胚胎期发育

香蕉穿孔线虫的卵裂是完全的。卵沿着卵长轴作第一次垂直分裂，结果产生一个大的后裂球和一个小的前裂球，此为二胚期。在此二胚期，裂球内的细胞核大而圆，位于细胞的中央（图 4-1C）。在第二次分裂过程中前裂球分裂为前胞和中胞（图 4-1D），这两个新细胞体积大小略等，均含有一个大的细胞核。同时，后裂球亦分裂成两个裂球，此为四胞期（图

4-1E)。紧随四胞期，胚胎前端部分的发育十分迅速，连续发生数次分裂，结果形成许多小细胞（图 4-1F～L），而另外一些则较慢，不久就区分出较大型的暗色内胚层细胞和较明亮而小的外胚层（图 4-1M），再进一步，这些胚叶之间的差异显著增大，在胚胎增长情况下，在其虫体的前部显著区分出发亮的由外胚层细胞构成的肠，以后就发育为消化道原，也即食道的第一和第二部分，再进一步增长就形成蠕虫形的胚胎蜷曲在卵的中央（图 4-1N）。

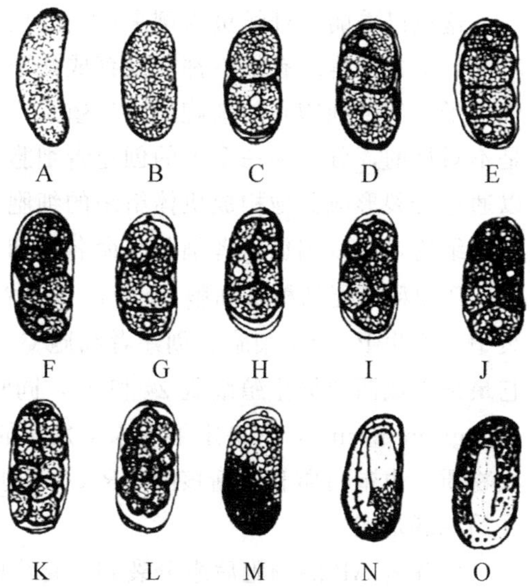

图 4-1　香蕉穿孔线虫性细胞的不同发育阶段（Van Weerdt，1960）

A. 卵；B. 分裂前卵内含物呈颗粒状；C. 第一次分裂形成前裂球和后裂球（二胚期）；D，E. 第二次分裂，前裂球分裂为前胞和中胞，后裂球也二分（4 胞期）；F～L. 多次分裂后产生许多小细胞；M. 胚层分化；N. 原肠形成；O. 幼虫形成

这个胚胎逐渐增长和变窄以后就具有线虫幼虫的形状了。最初它比侵染期幼虫显著粗大，消化道的前部尚未形成，幼虫的最终形成是胚胎发育最长的一个阶段，形成后的幼虫最后在卵内脱皮（molting）成为一龄幼虫，此时口针已充分发育（图 4-1O）。

植物线虫胚胎前期细胞系发育不是很清楚。秀丽新杆线虫（*C. elegans*）的细胞系发育已经非常清楚了（图 4-2）。细胞执行非常严格的程序死亡机制。它的幼虫含有 556 个体细胞和 2 个原始生殖细胞，成虫则根据性别不同具有不同的细胞数。最常见的雌雄同体成虫成熟后含有 959 个体细胞和 2000 个生殖细胞，而较少见的雄性成虫则只有 1031 个体细胞和 1000 个生殖细胞。胚胎期大约 16h，生活周期为 2～3.5 天。秀丽新杆线虫的发育研究比较清楚，由雌雄同体产下卵。卵在孵化后，会经历 4 个幼虫期（L1～L4）。当种群拥挤或食物不足时，秀丽新杆线虫会进入另一种幼虫期，叫做滞育型幼虫（dauer）。滞育型幼虫能抵抗逆境，而且不会老化。雌雄同体在 L4 期生产精子、并在成虫期产卵。

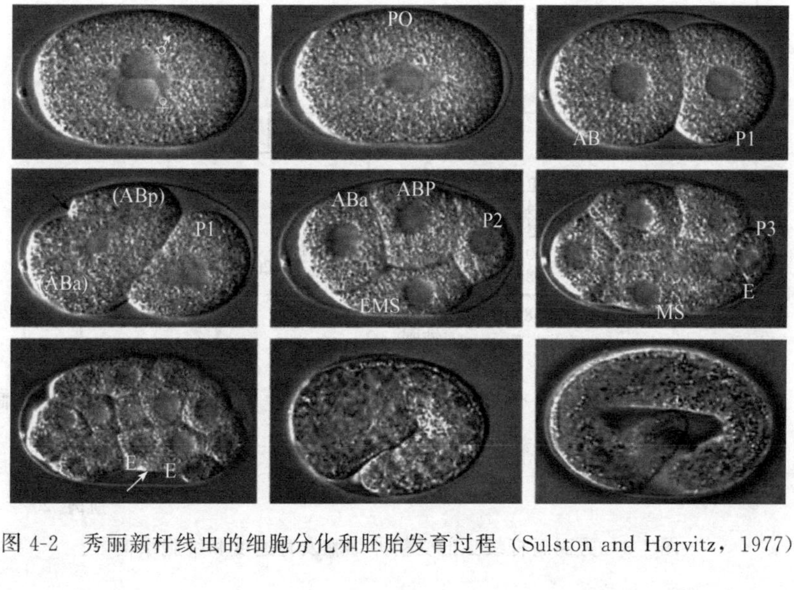

图 4-2　秀丽新杆线虫的细胞分化和胚胎发育过程（Sulston and Horvitz，1977）

这里以秀丽新杆线虫为例来说明线虫的早期发育。任何生物个体的细胞中都含有同样一套基因，但并不是所有细胞都能发育成配子。从受精卵到原始生殖细胞的分裂过程中，所有能形成配子（生殖细胞）的细胞称为生殖系（germ line）细胞。受精卵最早的第一次细胞有丝分裂是不对称的，分裂为一个大的创建者细胞 AB（founder cell，等同于哺乳动物中的干细胞，可以通过分裂形成其他构成机体组织的细胞，因为线虫成虫中没有类似干细胞的具有自我更新能力的细胞，所以用创建者细胞来命名）和一个小的含 P 颗粒的种系 P_1 两个子细胞，P_1 继续分裂，P 颗粒分配到种系细胞 P_2 中，另一个细胞成为创建者细胞 EMS。接下来进行的第三次分裂中，产生 P_3 种系细胞和创建者细胞 C。前者继续分裂形成生殖系的最后一个种系细胞 P_4，它最终形成两个原生殖细胞 Z_2 和 Z_3，同时形成的还有创建者细胞 D。P 颗粒就是线虫的生殖质（germ plasm），它决定细胞未来发育的命运，位于卵子中离细胞核较远的一端的一些颗粒状物质，由蛋白质和核糖核酸（RNA）构成。受精卵大约 90min 可以发育到 28 细胞期，这时开始原肠形成。

创建者 AB 的细胞后来分裂和分化出的 389 个细胞，它们构成了皮下、神经、咽肌、分泌腺和运动系统的一部分细胞。EMS 则细胞再分裂为 MS 和 E 两个创建者细胞系，由 MS 细胞分裂成为包括体肌细胞、咽肌细胞、神经细胞和分泌腺细胞在内的 80 个细胞，E 细胞的主要作用是发育成消化道的主体：20 个肠细胞。构成神经系统的另外 2 个细胞则来自 C 细胞，此外，还有 45 个皮下和体肌细胞也是来自于 C 创建者系。最后，D 细胞全部用于形成运动系统的 20 个体肌细胞。

这样所有细胞的内胚层都来自于一个分裂球 E（图 4-3），中胚层和外胚层来源于不同的裂球。从研究的角度来看，秀丽新杆线虫的优势在于为一种多细胞真核生物，又简单到可以被详细研究。秀丽新杆线虫每一个体细胞的发展命运都已被确立。这个细胞谱系的规律在各个个体之间是几乎不变的。自 20 世纪 60 年代开始，秀丽新杆线虫作为重要的模式生物在生命科学的发展过程中发挥着举足轻重的作用。线虫中的许多重大发现为人们理解复杂的细胞生命活动作出了极大的贡献。

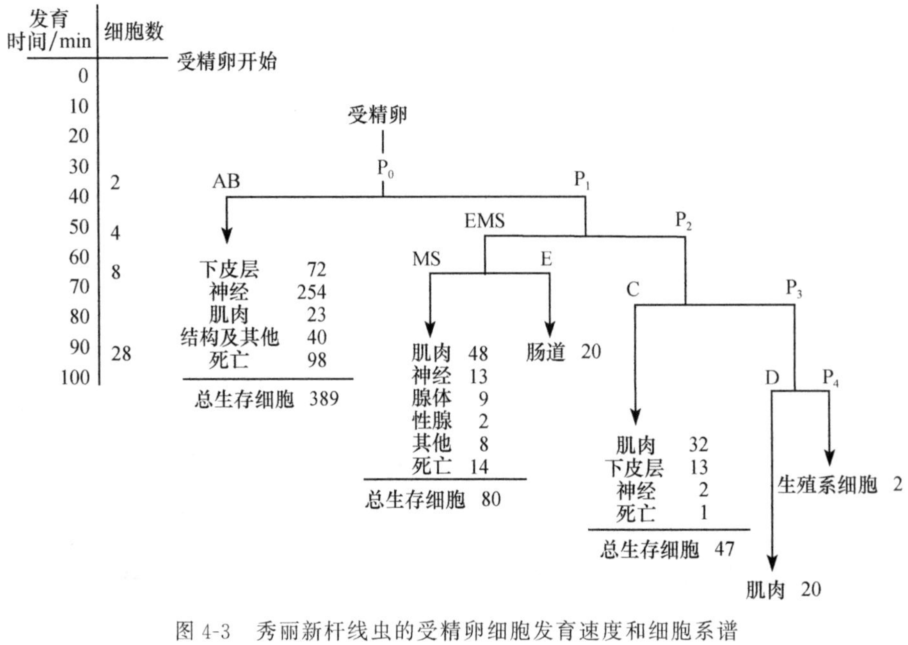

图 4-3　秀丽新杆线虫的受精卵细胞发育速度和细胞系谱

（二）后胚期发育

（1）一龄幼虫（first-stage juvenile，J1）。经过一阵微弱的收缩后，幼虫停止活动，且迅速收缩，头架虽然有分化，但仍未角质化（图 4-1O）。中食道球有时显现，但大多数情况下食道部尚未分化。生殖原基由四个细胞组成，其中两个大而圆，位于中央的是生殖细胞，内有明显的细胞核，由 2 个小的表皮细胞所围绕（图 4-4A，G）。

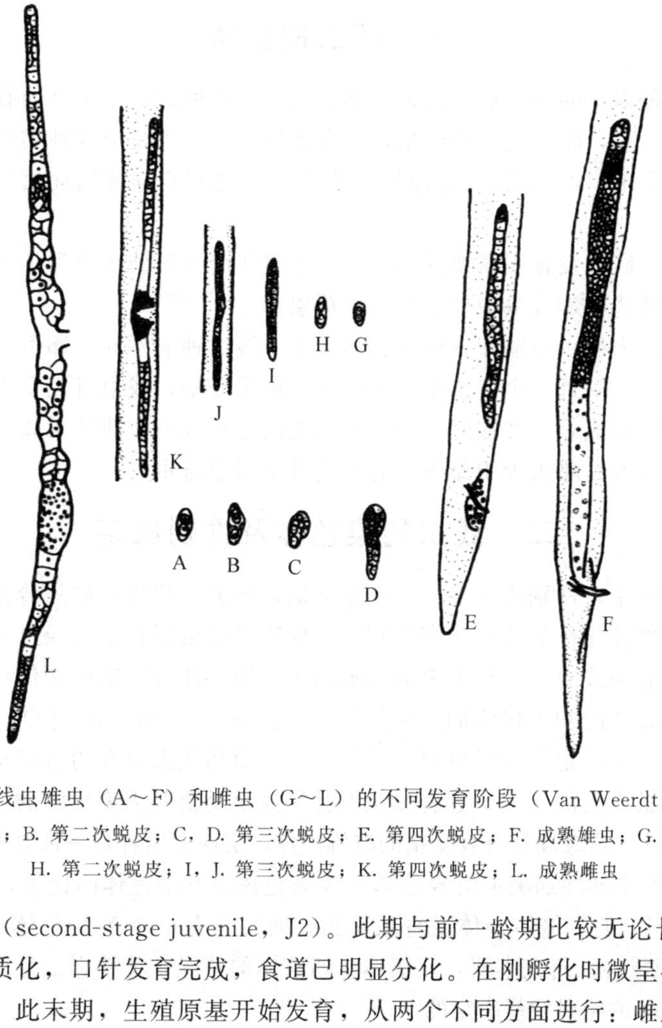

图 4-4　线虫雄虫（A～F）和雌虫（G～L）的不同发育阶段（Van Weerdt，1960）

A. 第一次蜕皮；B. 第二次蜕皮；C，D. 第三次蜕皮；E. 第四次蜕皮；F. 成熟雄虫；G. 第一次蜕皮；H. 第二次蜕皮；I，J. 第三次蜕皮；K. 第四次蜕皮；L. 成熟雌虫

（2）二龄幼虫（second-stage juvenile，J2）。此期与前一龄期比较无论长度或宽度均无多大变化。头架已角质化，口针发育完成，食道已明显分化。在刚孵化时微呈半透明的肠变成不透明其内充满颗粒，此末期，生殖原基开始发育，从两个不同方面进行：雌虫幼虫，两个生殖细胞渐被 2～6 个体细胞分割开，每一个生殖细胞进入每一生殖腺内（图 4-4H）；雄虫幼虫，生殖细胞仍留在一起，但被 2～4 个体细胞将其从前表皮细胞分开（图 4-4B），因此雄虫生殖原基是朝着体前端发育。两性生殖原基的位置在发育过程中有所差异。

（3）三龄幼虫（third-stage juvenile，J3）。骨架、口针和中食道球均有一定的发展，雌虫的 2 个生殖细胞由于一系列体细胞的生成已进一步隔开。生殖腺从原位置中心向两极伸长，其宽度则变化不大（图 4-4I，J）。此末期，几个细胞对着生殖腺的中部分化成腹线，由此形成阴道（图 4-4K）。雄虫则在生殖原基前端继续形成体细胞，不久生殖原基从其弯曲部伸直，并继续向后伸长，逐渐由直肠和外皮层细胞发育产生泄殖腔原基（图 4-4C～E）。

（4）四龄幼虫（fourth-stage juvenile，J4）。此时期，雌虫的生殖腺由于体壁细胞增殖的结果，生殖腺与体壁粘连，即为阴道原基。此时期生殖腺内的子宫和卵巢部分也明显地分化（图 4-4L）。雄虫泄殖腔原基和睾丸之间的联结已逐渐建立，泄殖腔原基形成交合刺、引带和交合伞（图 4-4F）。

（5）成虫（adult）。生殖器官完全形成。

第二节　繁殖，性别决定

一、线虫的繁殖

植物线虫是一种卵生的线形低等动物，其繁殖方式因种而异，常见的有三种类型：

（1）两性异体生殖，雌虫由雄虫受精，大多数植物线虫都属于这种类型；

（2）两性同体生殖，卵和精子都由同一母体产生，通过自体受精而繁殖，在自由生活的小杆目中较常见；

（3）孤雌生殖，卵的发育不需要受精。孤雌生殖在南方根结线虫和爪哇根结线虫中广泛存在，有研究证实在某些胞囊线虫中也存在这种现象。

卵细胞自卵巢出来后，经输卵管向下移动，由于线虫种的不同，卵可在受精囊内由储存的精子授精，或卵巢末端附近一个特殊结构所产生的精子受精，或也可完全不受精。不论哪一种情况，它都要在子宫中成熟，并在经过阴门产出之前要形成一个薄的柔软的壳。关于线虫的交配行为因种而异，有的是雌虫吸引雄虫，有的是雄虫吸引雌虫。

二、线虫的染色体及性别决定

在许多种类线虫中，性别决定发生在胚胎早期，但另一些种，如马铃薯金线虫发生在发育的后期，利用环境的变化作为信号决定性别。在球胞囊线虫属和根结线虫属的某些种中，食物的供应尽管对发育着的线虫是一种重要的影响因子，但其能否决定性别仍不清楚，决定发育成哪一种性别的信息是二龄幼虫接收的，时间是由三龄幼虫 J3 阶段决定的，关于线虫发育的信号及导致植物线虫性别决定的分子机制还不清楚。与植物线虫研究的情况相反，秀丽新杆线虫的性别决定方式已被广泛的研究。这种线虫的性别完全是由基因型决定的，发生在胚胎发育早期，它的两个自然性别是雄性和自我受精的雌雄同体，实质上后者是一种雌虫具有一个有限的产生精子的功能。其基本的性别决定信号是基于 X 染色体与常染色体的比例，具有 2 个 X 染色体（2X∶2A，X∶A=1）的 2 倍体个体发育成雌虫，而且具有单个 X 染色体（1X∶2A，X∶A=0.5）的个体发育成雄性，研究表明，三倍体、四倍体的情况，其性别也是由 X∶A 的比例决定的而不是由 X 染色体的绝对数量决定的。

1. 线虫的染色体

有限的资料表明，在线虫的性母细胞分裂中期，染色体长度一般为 0.5～1.5μm，宽度为 0.4～0.6μm，形状有球形的或棒状的。在已观察的线虫中，染色体数目最少的是双胃线虫 *Diploscapter coronata*，$2n=2$；最多的是花生根结线虫，$2n=54$，以及起绒草茎线虫，$2n=54$～56。但是，在小杆线虫和垫刃目中，线虫染色体的基本数目大约在 $n=6$ 和 $n=9$ 之间。

2. 性别决定的染色体机制

在植物线虫中，关于性别决定的资料很少，大多数两性生殖的种类，雄虫的染色体情况尚未详细研究。在小麦粒线虫 *Anguina tritici* 中，雌、雄虫的染色体的数目相同（$2n=38$），没有区分出性染色体，有人推测可能是 XX-XY 型。胞囊线虫属的情况也是如此（$2n=18$）。

细尾长尾滑刃线虫 *Seinura tenuicaudata* 可能是 XX（♀）-XO（♂）的性别决定机制。在小杆线虫属的多数两性融合的种中，性别决定机制为 XX（♀）-XO（♂），雄虫缺少一个 X 染色体，可能是在减数分裂时配子不分离的结果。

3. 环境对性分化的影响

有些线虫的性分化，不是受遗传结构的影响而是受环境条件的制约。根结线虫（*Meloidogyne* sp.）的幼虫性分化是受寄主植物的影响，在二龄幼虫性分化阶段，若寄主植物能促进其迅速发育，幼虫大量发育成雌虫，形成双卵巢，而在不利的条件下，大多数发育成雄虫，形成一个精巢。当性别分化开始后，短时间的条件由有利变为不利时，雌虫发生性逆转。在胞囊线虫属的各个种中，雄-雌的比例总是在变动，在干旱条件下，雌幼虫没有能力发育成雌成虫，如大豆胞囊线虫 *H. glycines* 在抗病品种中雄虫的比例高于感病品种。研究结果表明（表 4-1）（吴海燕等，2005），不同抗性大豆品种对根内寄生 SCN 的性别分化有较大影响。辽豆 10 根内线虫发育成雌虫的数量最多，平均每株 295 条，抗病品种 Peking 根内的雄虫数量最多，平均每株 195 条；雌雄比例以感病品种辽豆 10 最高，为 11.5∶1.0，其次是 PI90763（6.5∶1.0）、磨石豆（2.5∶1.0）和 Franklin（2.3∶1.0），抗病品种 Peking 根内线虫雌雄比例最低，为 0.1∶1.0，其次为 PI437654，雌雄比例为 0.3∶1.0，而哈尔滨小黑豆、小粒黑豆、辽 K89102 和应县小黑豆根内线虫的雌雄比例分别为 0.7∶1.0、1.4∶1.0、1.0∶1.0 和 1.1∶1.0。抗性品种根内线虫虽雌雄比例较低，但品种间根内线虫雌雄数量差异较大，辽 K89102 根内线虫的雌雄比例虽比 PI437654、Peking 和哈尔滨小黑豆高，但雌虫数量很少，线虫的繁殖力较低；Peking 根内线虫发育成雄虫的数量较多，导致雌雄比值小，说明 Peking 有利于根内线虫发育成雄虫，具有抗繁殖特性；哈尔滨小黑豆根内线虫雌雄比例较小，但其雌虫数量较其他抗病品种的多，因此也可以利用雌雄比例来评价品种的抗线能力。

表 4-1　不同抗性品种根内大豆胞囊线虫雌雄比例

品　种	雌虫数*	雄虫数*	雌雄比
辽豆 10	295	26	11.5∶1
小粒黑豆	20	14	1.4∶1
磨石豆	10	4	2.5∶1
PI437654	8	27	0.3∶1
PI90763	13	2	6.5∶1
辽 K89102	2	2	1.0∶1
Franklin	14	6	2.3∶1
应县小黑豆	21	19	1.1∶1
Peking	26	195	0.1∶1
哈尔滨小黑豆	44	66	0.7∶1

* 三株大豆根系着生线虫的平均数。

在胞囊线虫属中，性别分化是受遗传因素控制的，比率是受影响的。此外，还有温度过高或过低、在性别分化开始前或开始后不久食物的质和量，都可影响线虫的性别分化。

第三节　植物线虫的生活史，卵的孵化，蜕皮

一、植物线虫的生活史

对于大多数植物线虫在适宜的条件下，3～4周就能完成整个生活史，即从开始产卵到下一代卵的出现。有些种类在长期进化过程中生活史的长短与寄主的发育相适应，有的生活史仅1周左右，如滑刃类线虫，而有的长达1年或多年，如粒线虫或胞囊类线虫。典型的植物线虫的生活史由充分成熟的卵开始，一龄幼虫在卵壳内发育，并在卵内第1次蜕皮，变为二龄幼虫从卵壳内孵化出来，经过第2、3次蜕皮成为三、四龄幼虫，最后经第4次蜕皮成为成虫，成熟的雌虫产卵，然后死亡；即一般由卵—幼虫—成虫，由幼虫到成虫经过五个不同的龄期，前四个龄期每期之末都要蜕皮一次。幼虫通过形成新皮蜕去老皮，蜕皮后有的老皮脱落，有的不脱落。正在蜕皮的线虫，可以根据表皮不是紧密地贴附于头的末端，而口针前端却与蜕皮贴附的情况来辨别。雄虫通常比雌虫小且寿命短。一般简单地可分为内寄生和外寄生两类寄生线虫，具体有如下几种。

1. 迁移性寄生线虫的生活史

在根外层取食或在根内取食但没形成持久固着的取食点，多数植物线虫都是外寄生线虫，其生活史比较简单。在两性异体的线虫种中，雌虫需雄虫授精后才能产卵，雄虫交配后死去。卵产在土壤中，一龄幼虫在卵内，发育二龄幼虫则在卵内形成后孵出，二龄幼虫开始取食侵染。通常雄虫到达成虫阶段后不再取食，而雌虫在第四次蜕皮后仍然继续取食。

2. 定居性寄生线虫的生活史

包括胞囊线虫、根结线虫和半穿刺线虫。

胞囊线虫：胞囊里的卵遇到合适条件开始孵化，出来的二龄幼虫先进入土壤中并在土壤中活动，寻找寄主的根系，它们一般都从靠近根尖处侵入，并在靠近根的中柱处占一个位置，开始取食并不断增大体躯，在第四次蜕皮后雌虫迅速膨大撑破根表皮露出，但头部仍埋在根表皮内以保持固着和继续取食。雄虫变成一细长蠕虫，在第四次蜕皮后离开根在土壤中活动，寻找雌虫授精，然后死去。雌虫继续取食并开始产卵，卵通常产在一个胶状物形成的“卵囊”或“卵块”（egg mass）内，有的种的卵全部产出体外，有的仅产出相当于总卵数的一半。在卵囊内的卵孵化发育的二龄幼虫可以很快侵入寄主根内，其余的卵则不孵化，在雌虫生命结束时，整个雌虫的体躯便变成一个“胞囊”，由它度过休眠期和不良环境。

根结线虫：根结线虫的卵是产在卵囊内的，从卵孵化出来的也是二龄幼虫，二龄幼虫直至侵入根内并在根尖附近占一个位置之前都保持在二龄阶段。它们永久性定居在根内并长大，蜕皮两次以上变为四龄幼虫。在第四次蜕皮之前，雄虫变为细长形，并在这次蜕皮之后离开根在土壤中活动。雌虫仍然留在根内，假如其虫体完全埋在根内，它们产出的卵就在根内的卵囊内进行孤雌生殖。但是根结线虫的雌虫阴门有时也暴露于根表皮外的，这时，可以与雄虫交配，卵囊就形成在根外。有些种类的雄虫成熟后在根内与雌虫混在一起，可能在根内交配。

半穿刺线虫（*Tylenchulus* sp.）：半穿刺线虫的雌虫仅以颈部埋入寄主（如柑橘）的根内而虫体附着在根上（因此又称半内寄生线虫），卵产在卵囊内，二龄幼虫由卵孵出。雄幼虫在土壤中再脱皮三次，蜕皮后不再取食，而雌虫在根表皮细胞上取食，蜕三次皮变为成虫。雌虫直至穿刺根之前，都保持着细长形，穿刺根后，体躯迅速膨大，生殖器官成熟，然后开始产卵。

3. 先外寄生后内寄生线虫的生活史

粒线虫（小麦粒线虫为例）以虫瘿里的二龄幼虫越冬和越夏，虫瘿在土壤里遇水膨胀，其中的二龄幼虫爬出活动，从芽鞘侵入麦苗，先在叶鞘与幼茎间营外寄生。小麦幼穗分化后，幼虫集中到花部，侵入子房内寄生，刺激子房形成虫瘿，幼虫在子房内发育为成虫，雌雄交配，雄虫交配后死去，雌虫大量产卵，在卵内很快孵化一龄幼虫，然后孵出二龄幼虫，在虫瘿内越夏或越冬。

二、植物线虫卵的孵化

卵和其外部结构使幼虫发育，同时抵抗外界环境的胁迫。一龄幼虫在卵内孵化，每个卵里有一条幼虫，称为一龄幼虫，在大多数植物线虫中，一龄幼虫在卵内蜕皮后从卵中孵出形成二龄幼虫。通常情况下，适宜的环境条件，如合适的温度，氧气和土壤湿度，同时没有生理障碍（如滞育），线虫的孵化不需要特别的条件。然而，在某些属的植物线虫中，其生活史与特定环境下的寄主有着紧密的同步关系，获得寄主分泌物的刺激而使寄主受到大量线虫的侵染。此外，研究者最感兴趣的是线虫与植物的相适应性和协同进化，这些线虫的孵化过程，是发展控制策略的一个很好的靶标。对于具有重要经济意义的植物线虫来讲，已经积累了线虫孵化机制的相关信息。

关于线虫孵化机制的信息多来源于马铃薯金线虫的胞囊受马铃薯根系渗出液刺激所产生的反应，同时其孵化机制是研究最广泛的（图 4-5）。受根系渗出液刺激后马铃薯金线虫最明显

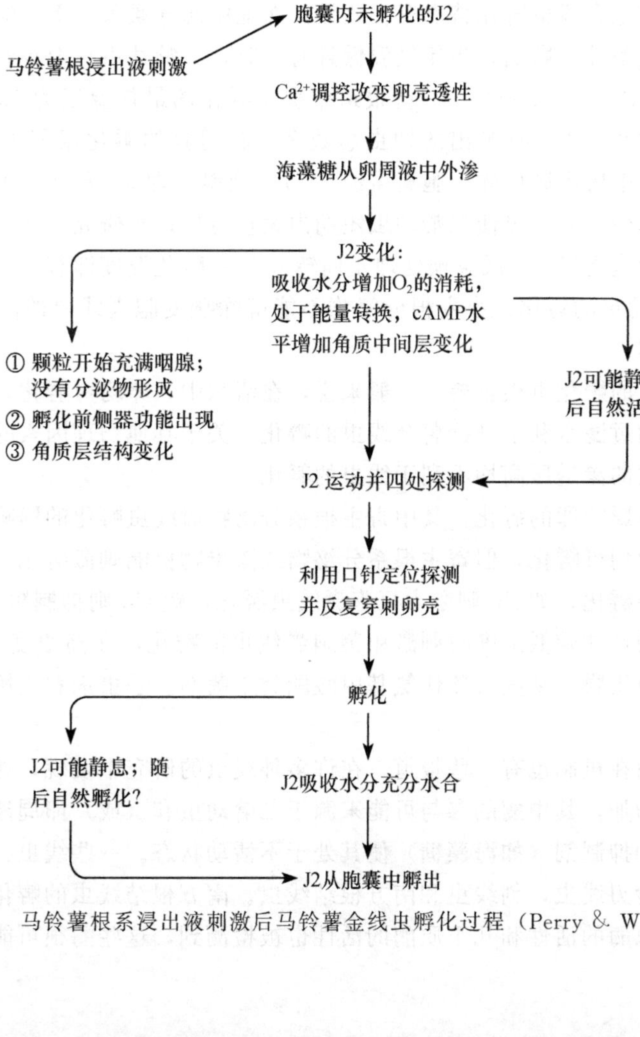

图 4-5　马铃薯根系浸出液刺激后马铃薯金线虫孵化过程（Perry & Wright，1998）

的反应是二龄幼虫孵出，但在刺激和孵出过程中几个相关的事件发生（图 4-5）。球胞囊属和异皮属的线虫，未孵化的或未被刺激的线虫被卵周液包围着，其中含有海藻糖。例如，在马铃薯金线虫卵内其浓度为 0.34mol/L，在豌豆胞囊线虫卵内为 0.5mol/L。孵化过程最初发生的事件是改变孵壳膜的渗透性，使海藻糖通过膜从卵周液中渗出。这种过程使未孵化二龄幼虫渗透压减少，增加水分含量和代谢活性以使其在卵内保持活动。但不同属的线虫表现不尽相同，和马铃薯金线虫相比，甜菜胞囊线虫卵周液里海藻糖含量较低（0.3mol/L），二龄幼虫的孵化受渗透压影响较小。

幼虫孵化过程要以物理学或化学，或两者兼而有之的机制通过卵壳刺激幼虫进行孵化，在孵化前，幼虫开始蠕动，这种蠕动的力量很大，可以破坏卵壳内层膜。例如，马铃薯金线虫卵内的幼虫受到马铃薯根系分泌物的刺激后几天，幼虫在卵内开始活动，活动越来越有力，口针向卵壳一端或两端穿刺，造成卵壳裂口，幼虫大幅度活动孵化出来。有的胞囊线虫，在孵化前幼虫的背食道腺收缩，释放出分泌物，可能溶解卵壳。马铃薯茎线虫的卵壳在孵化前由于外界因素的作用已软化，卵内的幼虫在孵化前以口针穿刺卵壳的一端，更容易穿刺。

影响孵化的因素包括物理的和化学的因素：在物理因素中温度是影响孵化的一个重要的生态因子。各种线虫都有其孵化的最低、最高和最适温度。马铃薯金线虫需经秋季低温后才能孵化，如在实验室一直在 25℃下则不孵化。通过改变温度条件，可以诱导或抑制燕麦胞囊线虫的休眠。不同地区燕麦胞囊线虫孵化特点存在差异。在地中海气候条件下，幼虫在秋季至早春期间侵染，有时受气候条件的影响，当年气温低且有雪时，二龄幼虫在翌年春天土壤温度升高时大量孵出（Nicol & Rivoal，2008）。一些报道中提出孵化的最佳温度为 10～15℃，湖北天门的群体胞囊在旬平均 9～12℃时孵出的幼虫总数多，较适宜的孵化温度为（15±1）℃的恒温；河南、河北及北京市房山区群体，胞囊需经 5～7℃低温处理 30 天以上才能孵出，低温处理后转入稍高温度（15～25℃）可使二龄幼虫短期内大量孵出；经研究发现山西太谷群体胞囊在离体条件下，滞育期胞囊经 5℃低温预处理 4 周转入 15℃孵化温度即有幼虫孵出，孵化适宜 pH 为 6，干燥不利于幼虫的孵化；小麦根分泌物不能解除燕麦胞囊线虫的滞育，对线虫的孵出也无明显的刺激作用。

湿度和水分对线虫的孵化也很重要，一般来说，在清水中，卵均可孵化，如有寄主根系分泌更利于孵化。土壤的过滤水利于马铃薯金线虫的孵化。关于其他物理因素的影响，缺氧，二氧化碳的浓度高或介质的渗透压高均不利于线虫的孵化。

许多化学因素也可影响卵的孵化，其中寄主根系分泌物对线虫孵化的影响很重要，大多数线虫在清水或土壤水中均可孵化，但寄主根系分泌物或渗出物更能刺激孵化。某些金属离子和化合物也能影响线虫的孵化，如 Zn 刺激大豆胞囊线虫孵化，镉 Cd 则抑制孵化。NH_4^+，NO_3^- 通常抑制孵化。次氯酸钙在较低浓度时刺激甜菜胞囊线虫的孵化，在高浓度时就可杀死幼虫，溶解胞囊壁、卵壳和角质膜。某些二硫代氨基甲酸酯类杀菌剂、杀虫剂和土壤消毒剂也可以刺激某些线虫卵的孵化。

关于线虫孵化的内在机制也有一些报道。在许多种线虫的研究中发现，在孵化过程中有酶的参与和卵壳的韧性增加，其中酶的参与可能来源于二龄幼虫和（或）卵周液，通过脂膜将某些物质隔开或通过一种抑制剂（如海藻糖）使其处于不活动状态。一些线虫在孵化前有卵壳软化的现象，如燕麦真滑刃线虫，剑线虫和南方根结线虫。南方根结线虫的孵化与脂肪酶呈正相关；蛋白酶，包括胶原酶的活性和几丁质酶的活性也被检测到，这些酶很可能在孵化前增加卵壳的韧性，相反，马铃薯金线虫的孵化没有出现酶降解卵壳，孵化过程中也没有检测到脂肪酶或几丁质酶的活性，卵壳仍然保持韧性（Perry & Moens，2006）。

三、植物线虫的蜕皮

线虫在蜕皮过程中是在原角质膜下生出新的角质膜，老的角质膜从新的角质膜分离出来，旧的角质膜脱落。植物线虫蜕皮的每一阶段都要经历一段时间。大多数线虫从胚胎发育成成虫通常要经历 4 次蜕皮（molting），有少数种类可能蜕皮 3 次或 5 次。有些种类在两次蜕皮之间是细胞变大，而不是细胞数量增加。植物线虫的细胞可增大 3～10 倍。爪哇根结线虫的二龄幼虫在侵入寄主后最初几天，虫体变小，直到第 14 天后虫体开始增大，幼虫在不取食的情况下迅速地进行第 2，3，4 次蜕皮，大约在第 19 天第 4 次蜕皮完成，成虫开始取食。在此次蜕皮期间，虫体不生长，但到成虫时则迅速生长，在 7 天之内向横向扩展 4 倍。

关于线虫蜕皮的文献很少，在蜕皮过程中，昆虫和线虫有不同和相同之处，在研究燕麦真滑刃线虫取食与蜕皮之间的关系表明，体长与蜕皮进程没有相关性，而南方根结线虫和其他植物线虫，二龄幼虫在 22℃取食少于 9 天不能蜕皮。*Aphelenchoides bamatus* 从四龄幼虫到成虫需 12～13h 完成，在此过程中，成虫的体积和含水量会减少，这样有利于收缩，蜕去旧的角质层，然后成虫吸水迅速膨大，突破旧的角质层。

昆虫的蜕皮和发育的分子机制研究较为深入。简单地说，体长的增加激活了延伸受体（stretch receptor），合成和释放前胸腺向性激素（prothoracicotropic hormone，PTTH）刺激前胸腺产生蜕皮激素。目前，没有证据说明 PTTH 作为调节信号存在线虫的体内，也不清楚是否有类似物质存在，因此，进一步的研究工作是检测线虫体内是否有蜕皮素，以及是否与昆虫的一样，有着相似的生物学功能。在蜕皮过程中，一种类激素的分子（即一种信号，启动体内某部位刺激蜕皮激素的产生）明确地表明有与昆虫相似的作用方式，不确定是激素（hormone）存在，但有证据证明存在一种类似蜕皮激素（ecdysone-like）的物质。

第四节　植物线虫的休眠和滞育

在长期进化过程中，线虫产生了对环境条件变化的适应性，与其他病原物一样以休眠状态度过不良环境，且因不良环境的程度不同，线虫进入不同状态的休眠。其休眠方式与取食部位和寄生方式相关。植物线虫地下外寄生线虫只能在土壤中越冬或越夏，大多数线虫可以以各种虫态渡过寄主休眠期，少数线虫以抗逆性较强的虫态越冬或越夏，如针线虫中的某些种类以四龄幼虫进行休眠。地下部内寄生和半内寄生的线虫可以在多种场所越冬或越夏，如多年生的田间病株，罹病块根、块茎、鳞球茎等无性繁殖材料上，或病株残体和土壤。多数线虫以各种虫态越冬或越夏，而胞囊线虫和根结线虫等内寄生和半内寄生线虫则以胞囊和卵囊中的卵来越冬或越夏。地上部的内寄生和外寄生线虫多数在病株残体、多年生田间病株、虫瘿、叶瘿等病变组织中越冬或越夏，如水稻干尖线虫在稻种的颖壳内越冬，小麦粒线虫以二龄幼虫在虫瘿内越冬或越夏，松材线虫以分散型三龄幼虫在病松木中越冬等。许多线虫在长期脱水的条件下能存活很长时间（表 4-2）。

表 4-2　长期脱水条件下线虫存活

线　虫	寿　命	保存条件
地上部分寄生		
Anguina agrostis	4 年	在虫瘿里，室温
A. amsinckia	11 年	在虫瘿里，室温
A. tritici	32 年	
根/球茎/茎寄生		
Ditylenchus dipsaci	23 年	植物组织，室温
D. triformis	2.5 年	干燥贮藏，24～26℃
Heterodera avenae	5.5 年	卵，40%相对湿度，15℃
H. glycines	6.0 年	干燥土壤，8～20℃
Globodera rostochiensis	25 年	胞囊，4℃
Pratylenchus penetrans	11 个月	风干，室温
Tylenchus polyhypnus	39 年	干燥的黑麦蜡叶标本
自由生活线虫		
Aphenlenchus avenae	2.2 年	卷曲在干燥的培养基中
Panagrellus redivivus	1 年	卷曲在干燥的培养基中

在线虫学的研究领域，包括基础的和应用方面的，研究者多研究线虫因季节、寄主的生长或逆境条件等同步产生的生存策略。到目前为止，一些自由生活线虫和植物线虫是研究最成功的多细胞真核生物的动物。当生理受到胁迫时，减少代谢并进入假死（suspended animation）状态，从其进化历史看，和缓步类的节肢动物及轮虫一样，然而许多研究已经向我们展示了线虫能适应和能够度过各种环境上的/生理上的胁迫，甚至形成特定的发育阶段来度过不良环境。

对线虫度过不良环境条件的状态，一般的术语是“dormancy”（休眠），“diapause”（滞育）和“quiescence”（静息），其取决于产生休眠的原因（Huang and Pereira，1994；Yen et al.，1995）。研究认为卵停止发育时，滞育是被内部因素诱导的，静息是不利的环境因素诱导的，发现植物根尖分泌物可诱导南方根结线虫静息（Hubbard et al.，2005）。

休眠，与滞育和静息相比，可以发生在线虫生活史的大部分阶段；而滞育是停止发育的阶段，甚至适宜的条件也不孵化，除非满足特定的条件才能孵化；静息则是一种对不可预知的不利环境条件的自发性的可逆反应，发生在线虫生活史的某一时段，当条件适宜其会从静息中恢复。线虫对环境胁迫最直接的反应是降低代谢（slowed ageing＝quiescence），而且如果胁迫增加，可能导致检测不到代谢活动（suspended animation＝cryptobiosis or anabiosis），这种情况发生在逆境条件下，如脱水（anhydobiosis）、寒冷（cryobiosis），缺氧（anoxybiosis）和渗压休克（osmobiosis），一旦逆境条件去除就会恢复。线虫的其他生存策略不易直接识别，一些由于环境或内源因子导致的发育停滞，和不同于静息的暂时的不可逆现象，甚至在所有环境因子都是有利的条件下也需要其他的“起动触发器”（triggers）来打破休眠。滞育也包括 daue（＝enduring）幼虫的形成，对许多自由生活的小杆型线虫和一些植物线虫，其共同的生存策略被认为是兼性静息（facultative quiescence），但也有定义为兼性滞育（facultative diapause），因此，对线虫的生存策略，很难划分其处于哪一种状态。*M. naasi* 属于专性滞育，只在寄主植物生长末期产生一代卵，被胶质的卵囊保护着，直到春季，如果成功孵化或与寄主植物生长维持同步，必须经过严格的“三个阶段”的温度。胚胎发育在 20℃（在夏秋末），寒冷

(冬季) 5～10℃和孵化在20℃左右 (春季)。一些二龄幼虫的孵出需要经过第二个冬季，表明在卵的群体内存在滞育的差异，但都是在低温前开始的一段时间内由内源因子启动的。

滞育在温带气候条件下的发生是普遍的，能使二龄幼虫 (J2) 克服循环的长期的不利条件而孵化和侵染，例如，冬/夏条件的压力，和 (或) 缺乏寄主植物。专性滞育 (obligate diapause，the "first season diapause") 是由内源因子导致的，并需要经过一段时间，通过J2接收一定的外源因子的刺激才能解除。某些线虫的专性滞育在生活史中只经历一次。例如，*G. rostochiensis*，*H. avenae* 和 *M. naasi* 新形成的J2。G. *rostochiensis* 的专性滞育和 *Meloidogyne* spp. 的专性滞育是由于来自寄主传给雌虫引起的。*G. rostochiensis* 专性滞育受被侵染植物光周期的影响，而在连续光照条件下生长植物根内，未孵化的J2不表现专性滞育 (Hominick et al.，1985，1986)。Evans (1982) 证实了赤霉素处理被线虫侵染的植株导致线虫进入滞育，孵出的J2比率减少。温度是终止线虫专性滞育的最重要的环境因素，一段固定时间的低温有利于线虫停滞发育，如南方根结线虫在低于5℃以下温度不孵化；低温诱导新形成大豆胞囊线虫雌虫内卵的滞育 (Masler et al.，2008)。兼性滞育 (facultative diapause，这个术语首先由 Shepherd and Cox 在1976年提出)，是由外源因子而不是由内源因子引致的，在一定的临界时间之后，由内源因子刺激和终止 (Antoniou，1989)。这种类型的滞育是在可预见的时间发生 (第二个季节的秋天和春天之间)，是对胞囊内J2孵化刺激的非响应时期 (Hominick et al.，1985)。*G. rostochiensis* 的兼性滞育是由昼长和低温引起的，而一定范围的环境胁迫也可以引起 *H. avenae* 的兼性滞育。强迫处于滞育状态的J2孵化会导致他们的迅速死亡或侵染能力下降，尽管避免干燥并且人为的利用马铃薯根系渗出液刺激 *G. rostochiensis* 的孵化。而需要冷藏处理终止 *H. avenae* 的J2滞育则对J2有直接的影响；机械的释放J2和自然孵化出来的J2在形态上和活性上都不同，但释放的J2暴露在低温则没有这些差异。

Sharma (1998) 报道燕麦胞囊线虫的孵化对温度的要求也很严格，在澳大利亚其夏天休眠，在北欧则冬天休眠，同样小麦胞囊线虫在山东省一年只繁殖一代，冬小麦播种后，线虫开始孵化、侵染，在越冬前形成一个高峰，侵入的线虫可以在根内安全越冬。不同的植物线虫，它们的休眠特点及类型存在较大的差异。例如，纳西根结线虫的休眠受到外界因素诱导产生，同时又是通过环境条件来打破，在一年中某一特定时间开始，又在某一时间结束，其最重要的环境因子是温度，在寄主生长季节末期产卵，第二年春季，温度上升到10℃以上，寄主植物生长的时候再孵化，一年只繁殖一代；Hominick 等 (1985) 报道，苏格兰的马铃薯金线虫的孵化随季节变化，在正常环境下，雌虫内的一小部分卵滞育，而在逆境条件下，大部分卵表现滞育；北卡罗来纳州大豆胞囊线虫群体的滞育是逐渐被打破，但在亚热带和热带的线虫不滞育，说明寄主植物的物候学起着重要作用 (Sharma，1998)，最近研究表明寄主的物候学也是昆虫滞育的诱导因素，且其滞育因寄主条件而具有可塑性 (Takagi and Miyashita，2008)。一些研究表明燕麦胞囊线虫和马铃薯胞囊线虫的休眠均与温度相关 (Kerry and Jenkinson，1976)，但 Yen 等 (1995) 研究认为大豆胞囊线虫的休眠除温度，还和寄主的信号有关。休眠是胞囊类线虫的一个特性，但休眠的特点有较大差别，小麦胞囊线虫一年内繁殖一代，然后进入休眠，直到经历一段低温，才会自我解除休眠，进入下一个生活史，但对其休眠的特点、类型及机制均不清楚。不同线虫存在不同类型的休眠，同一种内线虫甚至在同一群体内也表现出不同类型的休眠。在美国，大豆胞囊线虫卵有几种休眠类型，阿肯色的大豆胞囊线虫群体卵从9月开始孵化率降低；艾奥瓦和密苏里州北部地区大豆胞囊线虫群体的卵孵化下降是从中夏开始 (Yen et al.，1995)；北卡罗来纳州群体卵的休眠是由大豆生长季节末的特定条件诱导，线虫卵休眠时，即使温度适宜，孵化率也较低；22℃的土温是北卡罗来纳州大豆胞囊线虫群体休眠的关键因素，当土温降至22℃时，开始休眠，孵化率下降（Hill and Schmitt，1989）。有些植物线虫的滞育是专性的，不受环境影响，它们在滞育前预先做好准备，称“receptive stage”或者“on the diapause pathway”（Sommerville and Davey，2002）。

甜菜胞囊线虫和马铃薯胞囊线虫均有几种类型的休眠（Hominick et al.，1985，1986；Zheng and Ferris，1991），小麦胞囊线虫的休眠也比较复杂，不同生态型群体可能表现出的滞育特点不同（Sommerville and Davey，2002）。吴海燕等在研究中发现，大豆生长季节，大豆胞囊线虫第一代完成形成的白色胞囊、卵囊及土壤中褐色胞囊，均可孵出二龄幼虫（J2），但卵囊和白色胞囊中卵的孵化率显著高于褐色胞囊（图4-6）；此时期土壤中仍存在上一年形成的褐色胞囊，且其孵化率很低；寒冷冬季土壤中的胞囊（11月和12月），条件适宜时仍有（J2）孵出，且其孵化率高于6月和7月；9月至10月间土壤中胞囊的孵化率很低，田间胞囊在1年内各季节中孵出J2的数量明显不同，胞囊的孵化率从5月12日到10月12日有明显的下降趋势，随后又逐渐增加（图4-7）。从孵化结果看，5月、6月土壤中的胞囊孵出的J2较多，其次是11月、12月和2月，胞囊孵出J2的量并没有在气温高时多，在气温低时少的规

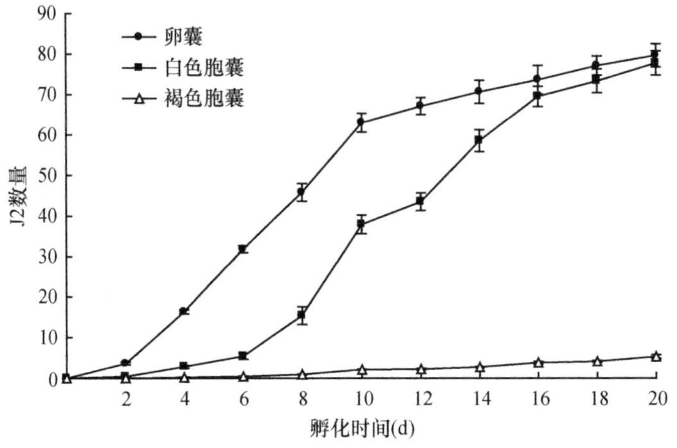

图4-6　生长季节卵囊、白色胞囊和褐色胞囊的孵化率

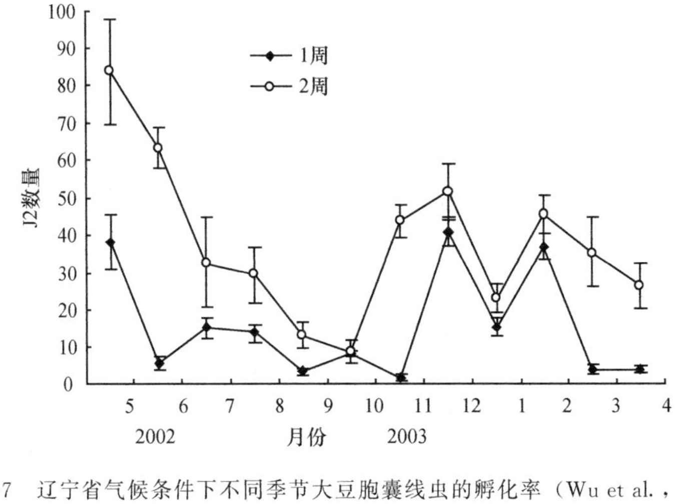

图4-7　辽宁省气候条件下不同季节大豆胞囊线虫的孵化率（Wu et al.，2006）

律。在气温回升的5月，孵出的J2数最多，2周时平均单个胞囊可孵出的J2为83.8条，是10月12日的9.7倍，而后随气温的升高其数量逐渐下降，7月的胞囊平均单个胞囊孵出的J2为32.5条，8月为29.2条，9月和10月胞囊孵出的J2数较少，分别为12.9和8.6条；11月和12月在1年中气温最低，但胞囊孵出的J2并不最少，分别是43.7和51.4条，比7月和8月土样中胞囊内卵孵出的J2多；1月与11、12月相比，其孵出的J2数下降，平均单个胞囊只孵出23.0条；3月和4月平均单个胞囊孵出的J2分别为35.3和26.4条。结果表明，在大豆生长季节末胞囊的孵化率明显下降，到大豆成熟收获期达到最低，可能由于胞囊内的卵开始休眠。

胞囊在保护内部的卵度过不良环境的同时，不同条件下的胞囊内部卵的孵化差异也较大，同样是褐色的胞囊，在大豆生长季节或秋季，即使有适宜的条件其内部的卵也很少孵化或不孵化，而冬季冰冻土壤里的大豆胞囊线虫孵化率较高，研究同时发现完整胞囊、破碎胞囊及去皮胞囊内卵孵出二龄幼虫数有显著的差异（表4-3），推测胞囊皮内可能含有一种或多种抑制胞囊内卵孵化的物质。但胞囊皮内是否含有与卵休眠有关的物质还不清楚。

表4-3 胞囊皮对胞囊内卵孵化的影响

处理	1周				2周			
	Ⅰ	Ⅱ	Ⅲ	$\overline{X}$	Ⅰ	Ⅱ	Ⅲ	$\overline{X}$
完整胞囊	92*	87	85	88± 3.61cC	151	142	147	147± 4.51cC
破碎胞囊	276	213	242	244±31.53bB	620	645	618	628±15.04bB
去除胞囊壁	524	492	502	506±16.37aA	942	918	874	911±34.49aA

*10个胞囊的幼虫数；
Duncan's LSR显著性检验（$P\leqslant 0.01$）。
资料来源：Wu et al.，2006

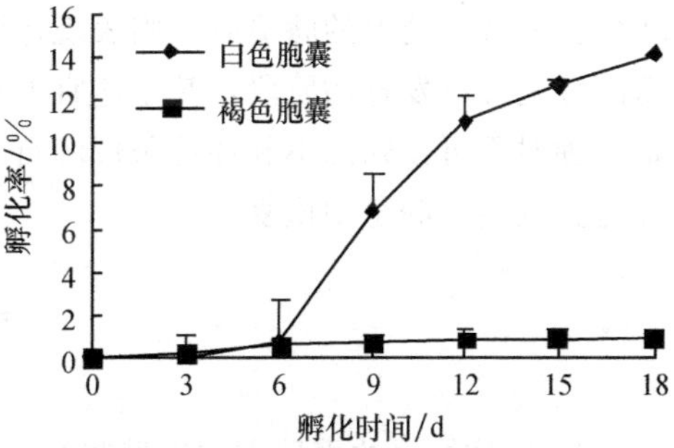

图4-8 大豆胞囊线虫白色胞囊褐色胞囊孵化率（Wu et al.，2006）

经研究发现白色、黄色、浅褐色和深褐色胞囊的孵化率不同，浅褐色胞囊孵化出的幼虫多于深褐色、黄色和白色胞囊。李秀侠等研究在大豆生长季节，白色和褐色胞囊的孵化率明显不同（图4-8），在孵化的前6d，白色胞囊和褐色胞囊的孵化率无明显差异，但第6天后，白色胞囊孵化率大于褐色胞囊，且有显著差异（$P<0.05$），白色胞囊孵化曲线可划分为三个阶段：（1）孵化缓慢期（0～6d），此阶段孵化速度为0.128%/d；（2）孵化率快速增加期（6～12 d），此阶段孵化速度为1.708%/d；（3）孵化速度减少期（12～18d），本阶段孵化速度为0.517%/d；褐色胞囊孵化率变化平缓，平均孵化速度为0.053%。孵化试验结束时，白色胞囊未孵化卵为85.88%，褐色胞囊未孵化卵为99.04%，说明褐色胞囊内卵有较大程度的滞育。土壤中的白色和褐色胞囊酯酶同工酶谱及蛋白质含量等代谢物质有较大的差异。

本章小结

几乎所有的线虫都是雌雄异体的，其性别分化也很明显。在很多种线虫中，组成线虫虫体的细胞数量都是预定不变的（生殖腺除外）。当细胞的数量达到以后，虫体体积的增加是靠细胞体积的增加来实现的，而不是靠细胞的增殖来实现。胚胎期发育和后胚期发育，后胚期发育包括一龄幼虫，二龄幼虫，三龄幼虫，四龄幼虫和成虫。

典型的植物线虫的生活史由充分成熟的卵开始，一龄幼虫在卵壳内发育，并在卵内第1次蜕皮，变为二龄幼虫从卵壳内孵化出来，经过第2、3次蜕皮成为三、四龄幼虫，最后经第4次蜕皮成为成虫，成熟的雌虫产卵，然后死亡；即一般由卵－幼虫－成虫，由幼虫到成虫经过五个不同的龄期。

在线虫的繁殖方式中，大多数植物线虫都属于两性异体生殖类型；在自由生活的小杆目线虫中较常见的是两性同体生殖；孤雌生殖在南方根结线虫和爪哇根结线虫中广泛存在，有研究证实在某些胞囊线虫中也存在这种现象。

植物线虫一般简单地可分为内寄生和外寄生两类寄生线虫，具体有：①迁移性寄生线虫，在根外层取食或在根内取食但没形成持久固着的取食点，多数植物线虫都是外寄生线虫，其生活史比较简单。②久居性寄生线虫，包括胞囊线虫、根结线虫和半穿刺线虫。③先外寄生后内寄生线虫的生活史（小麦粒线虫）。

植物线虫的孵化是其侵染的前提，其孵化受到内部因素和外部因素的影响，外部因素，如合适的温度，氧气、土壤湿度和寄生植物，内部因素，如休眠或滞育。内部因素往往受外部因素的诱导或影响。

线虫在蜕皮过程中是在原角质膜下生出新的角质膜，老的角质膜从新的角质膜分离出来，旧的角质膜脱落。植物寄生线蜕皮的每一阶段都要经历一段时间。大多数线虫从胚胎发育成成虫通常要经历4次蜕皮（molting），有少数种类可能蜕皮3次或5次。关于植物线虫蜕皮和发育的分子机制还不十分清楚。

休眠、滞育静息是植物线虫在处于不良环境或缺乏寄主情况的一种生存策略，当线虫处于环境上的或生理上的胁迫时，则表现休眠或滞育。休眠可以发生在线虫生活史的大部分阶段；而滞育是停止发育的阶段，甚至适宜的条件也不孵化，除非满足特定的条件才能孵化；静息则是一种对不可预知的不利环境条件的自发性的可逆反应，发生在线虫生活史的某一时段，当条件适宜其会从静息中恢复。

思　考　题

1. 植物线虫的繁殖方式有哪些？
2. 植物线虫的生活史是如何定义的，有哪几种类型？
3. 植物线虫有哪些寄生方式？分别举例说明。
4. 番茄根结线虫和大豆胞囊线虫的生活史有何异同？
5. 线虫的休眠、滞育和静息有哪些区别？

主要参考文献

毕志树，李进．1965．植物线虫学．北京：农业出版社

段玉玺．2002．植物线虫病害防治．北京：中国农业科学技术出版社

冯志新．2001．植物线虫学．北京：中国农业出版社

李秀侠，吴海燕，时立波，等．2008．大豆胞囊线虫白色胞囊与褐色胞囊几种代谢物质比较．大豆科学，

27 (2): 283-287

刘维志. 2000. 植物病原线虫学. 北京: 中国农业出版: 438

王明祖. 1998. 中国植物线虫学研究. 武汉: 湖北科学技术出版社: 362

吴海燕, 段玉玺, 李进荣. 2005. 不同大豆品种与SCN 3号生理小种互作效应研究. 植物病理学报, 35 (4): 305-311

Antoniou M. 1989. Arrested development in plant parasitic nematodes. Helminthol. Abstr. Ser. B., 58: 1-19

Evans K. 1982. Effects of host variety, photoperiod and chemical treatments on hatching of *Globodera rostochiensis*. Journal of Nematology, 14: 203-207

Hill N S, Schmitt K P. 1989. Influence of temperature and soybean phenology on dormancy induction of *Heterodera glycines*. Journal of Nematology, 21 (3): 361-369

Hominick W M. 1986. Photoperiod and diapause in the potato cyst nematode, *Globodera rostochiensis*. Nematologica, 32: 408-418

Hominick W M, Forrest J M S, Evans A A F. 1985. Diapause in *Globodera rostochiensis* and variability in hatching trials. Nematologica, 31: 159-170

Huang S P, Pereira A C. 1994. Influence of inoculum density, host, and low-temperature period on delayed hatch of *Meloidogyne javanica* eggs. Journal of Nematology, 26 (1): 72-75

Hubbard J E, Flores-Lara Y, Schmitt M, et al. 2005. Increased penetration of host roots by nematodes after recovery from quiescence induced by root cap exudates. Nematology, 7 (3): 321-331

Huettel R N. 1986. Chemical communicators in nematodes. Journal of Nematology, 18 (1): 3-8

Kerry B R, Jenkinson S C. 1976. Observations on emergence, survival and root invasion of second-stage larvae of the cereal cyst nematode, *Heterodera avenae*. Nematologica, 22: 467-474

Masler E P, Zasada I A, Sardanelli S. 2008. Hatching behavior in *Heterodera glycines* in response to low temperature. Comparative Parasitology, 75 (1): 76-81

Nicol J M, Rivoal R. 2008. Global knowledge and its application for the integrated control and management of nematodes on wheat. *In*: Ciancio A, Mukerji K G. Integrated Management and Biocontrol of Vegetable and Grain Crops Nematodes. Dordrecht, The Netherlands: Published by Springer: 251-294

Perry R N, Moens M. 2006. Plant Nematology. London, UK: CAB International Publishing

Perry R N, Wright D J. 1998. The Physiology and Biochemistry of Free-Living and Plant-Parasitic Nematodes. Wallingford, UK: CAB International Publishing

Sharma S B. 1998. The Cyst Nematodes. Dordrecht, The Netherlands: Kluwer

Sommerville R I, Davey K G. 2002. Diapause in parasitic nematodes: a review. Canadian Journal of Zoology, 80: 1817-1840

Wu H Y, Duan Y X, Li X X. 2006. Dormancy of the soybean cyst nematode *Heterodera glycines*. Acta Zoologica Sinica, 52 (3): 498-503

Yen J H, Niblack T L, Wiebold W J. 1995. Dormancy of *Heterodera glycines* in Missouri. Journal of Nematology, 27 (2): 153-163

Zheng L, Ferris H. 1991. Four types of dormancy exhibited by eggs of *Heterodera schachtii*. Revue de Nématologie, 14: 429-426

Zuckerman B M, Mai W F, Rohde R A. 1971. Plant Parasitic Nematodes. Vollume Ⅱ. Cytogenetics, Host-Parasite Interaction and Physiology. New York, London: Academic Press

第五章　植物线虫的生理学和生物化学

植物线虫长期生活在土壤中或寄主植物体内，线虫为了适应各种不同生境，具有独特的生理生化特性。了解植物线虫的生理学和生物化学，可以使人们更深刻地认识植物线虫对环境的适应能力，对有效控制植物线虫病害具有重要意义。

第一节　水分、pH、渗透压对植物线虫生命活动的影响

一、水分对植物线虫生命活动的影响

线虫是一类水生动物或起源于水生生物，其生命活动离不开水，水也是线虫在土壤中主动迁移的重要媒介之一。植物线虫多数栖居于土壤中，微小而细长的虫体形态使其能够在土壤颗粒表面的水膜中或在植物组织的汁液中活动和取食。在植物或土壤表面形成的水膜，对于线虫的运动是必需的，线虫的孵化、运动、侵入寄主植物都需要在有水的情况下才能进行。

植物线虫的发育和移动在很大程度上都与水有关系。一般来说，土壤颗粒表面有水膜对线虫是有利的。土壤长期过于潮湿或淹水，也会影响线虫的生命活动。长期淹水可以使某些种类的线虫窒息而死亡。线虫对突然干燥很敏感，干旱能使线虫发育受阻，甚至死亡。对于缓慢干燥，则能忍耐。极端潮湿的土壤可以对胞囊线虫和根结线虫的活动产生抑制。在干旱条件下，线虫的孵化受到抑制，但保存在卵囊和胞囊中的卵仍能存活。不同的种类存活的时间长短有差异，干旱条件下根结线虫的卵存活时间较短，仅为几天，而胞囊线虫存活时间较长，如马铃薯金线虫、甜菜胞囊线虫的胞囊在干旱条件下保存数月仍有活性。卵块、卵囊和胞囊可以使其内部的线虫免受干旱的影响，其干燥的表面可以减少内部水分的蒸发，即使当土壤完全干燥时，其内部的相对湿度仍达95%。在过度干旱的土表，线虫可以因干旱而死亡。

土壤环境为防止线虫脱水提供了不同程度的保护。在植物根系上寄生的线虫，都存在最佳寄生湿度，且在寄主健康的前提下，线虫都会避免其自身脱水。非寄生性的线虫及植物线虫离体阶段的虫态都会在湿润的土壤中受到保护。但是一旦土壤干燥，这种保护就会失去，线虫易失水。线虫越接近土壤表层时危险就越大。有的植物线虫属，如粒线虫属、茎线虫属和滑刃线虫属，当它们向植物的气生组织移动时，有段时间暴露在空气中。伴随着线虫的侵入，寄主作物的顶部或底部组织（叶片、种子等）干旱或死亡，此时对线虫的生存造成了威胁。有些线虫在缺水时，线虫的新陈代谢活动就会改变，身体蜷曲逐渐进入微弱的代谢状态，遇水时，虽然经历数周或数月的不活动，线虫仍然可以恢复活动。例如，起绒草茎线虫，在水仙、郁金香等的鳞茎中群体数量很大，在生长季后期，在罹病鳞茎表面的幼虫集聚成团，形成“线虫绒”，在线虫绒表面的线虫个体死亡形成一层保护层，保护内部的线虫个体有较高的相对湿度。处于干燥状态下的线虫的角质层透水性较差，可存活很长时间，遇水就可以恢复侵染活动。小麦粒线虫虫瘿内的二龄幼虫在乾燥的条件下可存活很多年，有的报道称可存活28年。在水分胁迫条件下，如干旱条件下，在植株的地上组织线虫进入脱水休眠的极端状态是十分常见的，但是线虫在土壤表面十分活跃，它们也很容易被干燥胁迫，采取脱水休眠的策略。脱水休眠是线虫种群中常见的一种现象，绝大部

分的线虫在逆境胁迫下会经历脱水休眠阶段。例如，在非常寒冷干燥的气候中，在土壤表层，在植物残体等杂物中或在植株地上部分，线虫有可能经历脱水休眠。目前对于植物线虫脱水休眠现象的研究比对在土壤中生存的其他食细菌线虫和食真菌线虫脱水休眠现象的研究比较深入。

二、pH 对植物线虫生命活动的影响

酸碱度对植物线虫的影响研究结果不一致，有的学者认为 pH 对线虫的生命活动影响不大，如在不影响马铃薯生长的 pH 范围内，pH 的变化并不影响马铃薯金线虫对马铃薯的侵染为害。Bird（1959）在研究植物根系对爪哇根结线虫的吸引作用时认为，在 pH 小于 3.0 和 pH 大于 10.6 时对幼虫的影响是抑制的，但 pH 属次级作用。白春明（2010）研究表明南方根结线虫二龄幼虫可在 pH（4.1～11.0）很宽的范围内存活且卵可正常孵化（图 5-1）。在研究大豆胞囊线虫时也发现在偏碱性的盐碱土和白浆土中，大豆胞囊线虫病害的发生要严重得多。例如，pH6.5 和 pH 7 时线虫繁殖数量比 pH 5.5 时高，这可能由于高的 pH 值有利于大豆的生长，大豆产生大量根系，增加线虫的侵染位点，而偏酸性土中大豆胞囊线虫的繁殖量大于偏碱性土壤（郑雅楠，2009）。

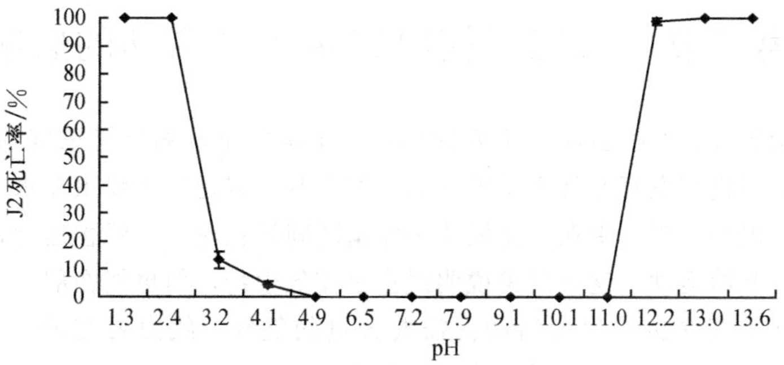

图 5-1　pH 对南方根结线虫二龄幼虫存活的影响（白春明，2010）

三、渗透压对植物线虫生命活动的影响

线虫的体壁能允许水自由通过，但对各种离子和分子则有不同的选择作用。大多数植物线虫栖息于土壤中，由于土壤水中盐浓度的变化，线虫体液渗透势与土壤之间存在压力差，此时通过线虫的体壁角质层，进行水和盐的调节以达到平衡（刘维志，2000）。

土壤中植物线虫可以经受近 1.01×10^{6} Pa 的压力，有时甚至会更大，但它们的能动性和存活却并未受到很大的影响。因为在潮湿地区土壤的渗透压很少超过 2.0×10^{5} Pa，所以人们一般认为，在线虫的侵染过程中渗透压可能并不是一个主要的作用力。然而如果所使用的渗透压超过上壤中正常压力，研究渗透压有助于洞察线虫的卵对一些化学物质的渗透性，而这些变化都会改变渗透压，所以从渗透压的变化中分开盐浓度是不可能的，这些化学物质可能影响到线虫和卵的存活，且可能在线虫和卵的防治中很有效。推测渗透压处理对线虫的伤害有三种方式，线虫机体的不可逆脱水作用；溶液中化学物质对线虫的毒害作用；经高渗溶液调节后线虫对蒸馏水的过分吸收从而导致虫体的破裂。

当土壤干燥时，渗透势增大，虫体内的水分向外渗出。由于土壤中的盐浓度很少能达到抑制水平，因此渗透压对线虫活动的影响不明显。在极干旱的土壤中，渗透压很高，会使线虫失水严重，但有时预先失水对线虫抵抗逆境存活有利。例如，起绒草茎线虫预浸于盐溶液中使之

失水，线虫在−80℃条件下仍可存活。在高盐浓度下，马铃薯金线虫和花生根结线虫的胞囊或卵囊内未孵化的幼虫处于休眠状态，从而利于在干旱条件下存活。

有研究者把马铃薯金线虫和爪哇根结线虫的卵置于不同浓度的 NaCl、KCl、$CaCl_2$、Ca $(NO_3)_2$、NH_4NO_3 和葡萄糖溶液中，发现 0.2～0.4mol/L 及大于该浓度范围的溶液都有明显的抑制孵化作用。一般对孵化有明显抑制作用的溶液渗透压要远远高于土壤中的渗透压。许多研究指出，置于高渗溶液中的胞囊和卵块，其内部的渗透浓度也可能达到这样的水平从而可以影响线虫的存活。在被测溶液中许多卵不能孵化，而一旦把卵转移到水中后孵化就不再受抑制了。

在各种高渗透液中，不同线虫种类若按照耐性增加的顺序进行排列，线虫依次为小杆属的线虫 *Rhaditis* spp.、伤残短体线虫 *Pratylenchus vulnus*、蚕鞘线虫 *Hemicycliophora arenaria*、柑橘半穿刺线虫 *Tylenchulus semipenetrans*、北方根结线虫 *Meloidogyne hapla* 和起绒草茎线虫 *Ditylenchus dipsaci*。在渗透压相等的情况下，几种相同电解质对不同线虫的作用也不同；能使起绒草茎线虫死亡率增加的几种电解质的先后顺序为 NaCl、Na_2SO_4、KCl 及 KI，而对小杆属线虫的作用顺序则为 Na_2SO_4、KCl、NaCl 及 KI。小杆线虫二龄～四龄幼虫对渗透压胁迫适应性具有特殊机制，这种机制可使其体内含水量进行重新调整，以达到平衡。

第二节　氧气对植物线虫生命活动的影响

从生命的开始氧气就对线虫起着重要的作用。土壤中正常的氧气浓度约为 20%，这种情况下土壤中线虫的孵化和发育通常不受氧气供应的限制。但是许多线虫在水中经历很长时间后必然会受到氧气的限制。当线虫在贝曼漏斗中滞留时间较长时，会停止运动，再放入盛有水的小皿中时，线虫又开始运动。这一现象说明线虫是需氧生物，但也能在部分无氧或完全无氧时存活。植物线虫和土壤线虫的生命活动都需要大量的氧气。线虫要完成生活史必须有空气，Rhode 引证了一个线虫个体每小时平均消耗氧气为 $10^{-3}\mu L$ 的数据，这个数字是人类平均呼吸量的 50 倍。当土壤中混合的氧气量低于 30×10^{-3}g/（m^3 · s）时，线虫就受到抑制。而线虫在土壤湿度大，缺氧时，往往从植物的根部得到充足的氧气。许多研究结果表明，线虫的活动随通气的增加而增强，缺氧会影响线虫的活动，如在无氧条件下，马铃薯金线虫和甜菜胞囊线虫的幼虫均不能从胞囊中孵化出来；而在潮湿的沙地，水膜稀薄，通气良好，线虫孵化迅速。

与其他生物相比，线虫体内缺乏专门的呼吸器官，它的呼吸主要依靠体壁的气体交换和扩散进行，呼吸循环途径不清，可能 AMP、TCA、HMP 和末端氧化途径都存在。一般个体小的线虫呼吸速率比个体大的线虫快。影响线虫呼吸的因素有氧气、二氧化碳、温度和渗透压等。一般在自然条件下，线虫所处的环境都存在二氧化碳，植物线虫在有二氧化碳时比无二氧化碳时消耗氧气的速率高；无二氧化碳时低的耗氧速率维持时间不长，当线虫处于空气中时，耗氧速率又恢复到正常水平。

土壤中各个生境内以及各个生境间的空气组成也有变化，受到多个因子影响，如降雨、排灌、温度、植被的需求及微生物的活动等。对土壤线虫有效的空气在很大程度上受到土壤孔隙度、深度以及温度的调节。一般来讲，土壤中的氧气含量在某种程度上要比大气中的低，而二氧化碳则要高许多，氮含量大体上是相同的。大气中二氧化碳的含量通常为 0.1%～1.0%，而在较深层土中则高达 20%。夏天土壤空气中二氧化碳的百分率通常比冬天时要高，而氧含量则一般要低一些。此外，在任何给定时间内，线虫和其他生物的呼吸速率在有效氧数量的控制上也起着重要的作用。不同线虫对氧气的需求量有很大的不同，目前已知的植物线虫中还没有一种是厌氧的。植物线虫的呼吸速率比腐生线虫高。

第三节　温度对植物线虫生命活动的影响

温度对植物线虫的影响分5种类型：致死低温，非致死低温，最适温度，非致死高温和致死高温（刘维志，2000）。

每种线虫均有相应的生活温度范围，但不同的线虫行为（孵化、繁殖、运动）所要求的温度不同，线虫不同龄期、不同种类、不同寄主植物都要求有不同的温度范围。例如，大豆胞囊线虫孵化的受抑制温度为16℃和36℃，发育的受抑制温度为10℃，发育温度为10～35℃，适宜的发育温度为17～28℃，10℃以下幼虫不能发育，31℃以上幼虫开始衰退，至35℃时幼虫就不能发育为成虫。侵染寄主的温度为14～36℃，适宜侵染的温度为30℃，雌成虫产卵的适宜温度为23～28℃，离开土壤环境最适于植物线虫发育或孵化的温度范围为15～30℃，最低温度为5～15℃，高温为30～40℃，在适宜温度范围内，发育速度与温度呈正相关，温度越高，幼虫发育越快，发生虫量越多，一个世代所需日数就越少。在40～55℃温度下，胞囊和幼虫均被杀死或失去活动力，因此超出最低和最高温度范围之外的温度，对线虫有杀伤和致死作用。温度达到29～32℃时，马铃薯金线虫在寄主植物体内的发育受抑制，但幼虫在36～37℃时仍可孵化。这种线虫侵染寄主的最适温度为15～16℃，孵化的最适温度为21～25℃；发育的最适温度是18～24℃。甜菜胞囊线虫幼虫孵化的最适温度大约是25℃，但运动的最适温度为15℃。虽然大多数线虫在25～30℃的温度内生活得最好，但也有例外，典型例子是起绒草茎线虫，这种线虫适合温度范围一般为15～18℃。这可能是造成该线虫在春秋两季为害较为严重的原因之一（Zuckerman，1971）。一般情况下，线虫在生活史的早期阶段受温度的影响较明显。将爪哇根结线虫的卵在46℃下处理10min就足以抑制其胚胎的形成和卵的孵化。南方根结线虫卵囊在40℃以上和5℃以下温度都不孵化（陈立杰等，2009）

线虫通常能在一个很宽的温度范围内很好地繁殖。有的线虫在生活史或病害发展的不同阶段对温度的要求不同，大豆胞囊线虫即是如此。大豆胞囊线虫能够孵化的温度为16～36℃，低于16℃或高于36℃线虫的孵化将受到抑制，胚胎形成和卵孵化的最适温度为24℃；侵染寄主的温度为14～36℃，适宜侵染的温度为30℃，发育温度为10～35℃，适宜的发育温度为17～28℃，10℃以下幼虫不能发育，31℃以上幼虫开始衰退，至35℃时幼虫就不能发育为成虫。温度达到36℃时，卵死亡，温度高于10℃时，一龄幼虫可以在卵内发育，而二龄幼虫发育的温度为15～30℃。雌成虫产卵的适宜温度为23～28℃（刘维志，2000）。在适宜温度范围内，发育速度与温度呈正相关，温度越高，幼虫发育越快，发生虫量越多，一个世代所需日数就越少（孙晶双等，2009；Duan et al.，2009）。

线虫每一特定的生命活动都对应有最适温度，而种群增长所需的最佳温度范围往往较窄。由于植物本身常常受温度的影响，因此研究植物体内线虫繁殖所需温度比较困难。大多数植物线虫发育行为受抑制的低温为5～15℃，最适温度为15～30℃，高温为30～40℃，超出此范围之外的温度，对线虫有杀伤、致死作用。

在恒温条件下研究线虫的活动，是在人为控制的条件下研究的。而在自然状况下，线虫所处的环境条件是变化的。有研究表明随温度的变化马铃薯金线虫的幼虫孵化率增加，25℃恒温下，13天后约有45%的幼虫孵化；当温度从25℃降到15℃，持续5h每周2次，约有63%的线虫孵化。当降温处理为每周5次时，约82%的线虫孵化。当温度变化在24℃和15℃之间时，胞囊吸收热的总量比最适恒温时的少。

大多数植物线虫的大部分时间都生活在土壤中，土壤是某些种类线虫越冬虫态长期栖息的场所，也是侵染幼虫运动和侵染的地方，是雄虫活动和授精的场所。土壤温湿度对线虫生命活动的影响较大。相对而言土壤湿度（含水量）为40%～60%对线虫是最适宜的，较适宜的土壤温度为15～30℃。许多资料证实，植物线虫在轻砂土壤中的侵染和繁殖均比在重黏土地为好。但不同种植物线虫或其各种间对温度的要求是不同的。发生在茎、叶上或土表上的线虫常受到干燥条件的抑制。感染有花生根结线虫的根果虫瘿，通过日晒和风干干燥可以致死线虫。卵囊和胞囊对日照的抵抗力显然比其他发育阶段的虫态要强一些。但是在太阳光的直接照射下短时间内就会死亡。日光、温度和干燥的综合作用能在18min内杀死游离出卵囊的卵，对于卵囊内的卵则需要27min。

对于分布在温带和寒带的线虫，必须度过寒冷的冬季。大量研究表明：线虫能够经受在自然条件下可能遇到的低温。线虫的耐寒对策通常可分为：耐冻（freezing tolerant），线虫能忍受胞外结冰，其死亡的最低温度低于结冰点；避冻（freezing avoiding），线虫通过降低过冷却点来避免体液结冰，然而，其一旦在过冷却点上发生结冰就会死亡；后来，线虫耐寒性研究又发现另一种耐寒对策，即通过保护性脱水来避免冰冻。研究认为，耐冻是线虫在低温下普遍采用的对策。对于不同生活时期的线虫，通常幼虫和成虫采用耐冻对策，而一些具有外鞘结构的线虫和卵，如大豆胞囊线虫的胞囊，则采用避冻对策。

人们就开始采用热处理方法防治植物线虫病害是比较成功的。Christie 和 Crossman 早在1935年研究表明，滑刃线虫的不同种在相同高温下的致死时间不同，同属不同种的线虫热力致死曲线不同，如在42℃时杀死草莓上的贝西滑刃线虫需15h，杀死菊花上的菊花滑刃线虫 *A. ritzemabosi* 需5h，秋海棠和曼彻斯特草莓上的草莓滑刃线虫 *A. fragariae* 需1h。目前，各国的检疫部门都采用垫处理法来处理含有检疫性线虫的植物材料。

第四节 植物线虫的运动和趋性

多数种类的植物线虫均有自由生活的阶段，或在土壤中穿行或在植物地上部位的表面运动，这种运动（或迁移）包括孵化后向寄主植物的运动和线虫从某一取食位点向另一位点的运动，因此运动是侵染和取食的必要条件。线虫缺乏发达的神经系统和感觉器官以及肌肉系统，它只能以背面-腹面做波浪状运动前进。植物线虫在土壤中的移动速度很慢，移动的距离也很有限。在土壤中移动时，必须是水湿条件较好时才能移动，土壤干燥则停止移动。总体来说，线虫在一年内运动的距离很少超过1～2m。

人们对于植物线虫的行为研究主要集中于四个领域：①取食行为；②寄主植物对线虫的吸引；③感官的超微结构；④线虫性吸引物质的散播等。人们对秀丽新杆线虫行为机制的研究较多，对其遗传学、行为学、神经与肌肉的结构以及感觉器官等具有系统研究。

线虫的运动是和线虫的趋性联系在一起的，如植物线虫对植物根系分泌物有一定趋性，所谓向化性。适宜的寄主植物根系分泌物对线虫有一定的吸引力，使线虫向根的方向移动，但是这种吸引力致使线虫运动的距离也是有限的。Zhu（1945）以小麦粒线虫的虫瘿为中心，环绕中心以不同距离播种无病麦种，结果距中心15cm以外极少发病，距中心75cm处无病穗。马铃薯茎线虫在土壤中的移动距离也很有限，距离感染植株10cm处有29%发病，20cm处则发病率不到1%。胞囊线虫和根结线虫在土壤中的移动距离也很小，通常也在20～30cm处。植物线虫远距离移动主要靠外力，如靠水、风和农具传播，当然，人为的远距离调运种苗等带有线虫的材料，传播的距离更远。

有研究表明线虫至少有 22 种不同的运动行为，孵化、迁移和取食是人们比较熟悉的行为，其他行为还包括排泄、蜕皮、穿刺、渗透调节、产卵等，而瞬间运动、跳跃或呼吸具有高度专化性，另外还有一些行为，如唾液的分泌、线虫的向后运动等。

线虫的许多行为均可直接来源于外部环境或内部的刺激。外源系统常常包括由中枢神经调控的，受环境变化刺激产生的快速反应；内源系统控制取食、肠的蠕动和排泄等。线虫约有 300 个神经元来满足各种各样的生物功能。

线虫通常可对多种刺激产生反应，如化学物质、温度、光、电势等，通过研究线虫头部的感觉器官的形态发现线虫寻找食物主要是由寄主或被取食物释放的化学趋性因子所决定，其他的刺激因素，如热力、振动、触觉等作用较小，并且一般限于寻找食物的行为。化学趋性因子在线虫交配中也很重要，如雄虫对雌虫的雌性激素的识别，这种识别可能包含了性激素与雄虫的感觉器官的结合识别。人们应用电生理学技术分析线虫对化学刺激的反应，如 Jones 等（1991）首次对未干扰的线虫进行了电生理反应研究，获得了马铃薯金线虫雄虫体内的电生理活性的胞外数据，并且也记录了雄虫对雌虫的性激素反应的电活性变化。电生理学分析可以展示对刺激识别的差异是由于感官反应的差异而不是其他因子造成的，感官反应的差异可以进行定量比较。

第五节　植物线虫的取食、代谢途径和酶类

由于植物线虫对作物的危害主要以口针的穿刺和消化液对寄主的毒害为主，因此人们对线虫的取食、代谢及酶研究较多，也比较深入。

一、植物线虫的取食

在活体条件下，人们对垫刃目内寄生线虫的取食观察较少，而对外寄生线虫的取食研究较多。外寄生线虫的取食过程分为 5 个阶段：①搜索；②口针插入寄主细胞；③分泌物的注入；④寄主原生质体的吸入；⑤口针从寄主细胞中抽出。这几个阶段是相互协调的，同时包括食道腺的不同部位与取食动作的协调。植物线虫用唇部和口针探寻寄主细胞壁，选择适宜的取食位点后以口针刺入寄主细胞，背食道腺分泌的唾液中含有各种酶类，来消化寄主细胞内的营养物质，将细胞内的内含物液化，再经口针吸入，经食道管进入肠内，肠起吸收作用；因此，植物线虫是体外消化作用方式，其中以背食道腺的分泌物最为重要。背食道腺分泌一些酶类，如蛋白酶、酰胺酶、纤维素酶、果胶酶、几丁质酶以及淀粉酶等，这些酶类将寄主细胞内的大分子有机物分解为小分子的营养物质，便于线虫以口针吸入和肠的吸收。

二、植物线虫的酶类和代谢途径

生物体由碳水化合物、脂类和蛋白质提供能量，而能量来源的关键是氧化还原酶的生物氧化作用。植物线虫的代谢途径及其发现的相关氧化还原酶类如下：

（1）糖酵解。厌氧生物的糖酵解是能量的主要来源，Krusberg（1960）在三形茎线虫和起绒草茎线虫的虫体匀浆中发现乳酸脱氢酶，此酶在厌氧条件下催化丙酮酸生成乳酸。

（2）三羧酸循环（TCA 循环）。三羧酸循环是氧化的主要部分，是 ATP 的主要来源，在

线虫体内存在 TCA 循环的氧化还原酶，如 NADP-异柠檬酸脱氢酶，苹果酸脱氢酶。

（3）戊糖途径。戊糖途径又称磷酸景天庚糖途径、磷酸己糖途径，是葡萄糖代谢的另一途径，Krusberg 检测到 6-磷酸葡萄糖羧化酶活性。

（4）电子传递链。嘧啶核苷酸、黄素蛋白、辅酶 Q 和细胞色素参与电子传递链。Krusberg 检测到 NADH-细胞色素 c 还原酶、心肌黄酶、细胞色素氧化酶活性。

此外，植物线虫体内还检测到转移酶类、水解酶类、裂解酶类和连接酶类等多种酶的活性，由于植物线虫只有少数几个种可进行无外源纯培养，因此研究的一些结果有某些局限性，但至少人们可以从中了解有关植物线虫的酶类和相关代谢（表 5-1）。

表 5-1 植物线虫和相应的酶类

酶类	线虫种类
水解酶类	
纤维素酶	*Rhabditis*，*Meloidogyne*，*Aphelenchus*，*Aphelenchoides*，*Ditylenchus*，*Tylenchulus*，*Helicotylenchus*，*Pratylenchus*，*Radopholus*，*Heterodera*
蛋白酶	*Aphelenchoides*，*Ditylenchus*，*Heterodera*，*Meloidogyne*，*Radopholus*
转化酶	*Ditylenchus*，*Meloidogyne*
淀粉酶	*Aphelenchoides*，*Ditylenchus*，*Heterodera*，*Rhabditis*，*Meloidogyne*，*Tylenchulus*
几丁质酶	*Ditylenchus*
果胶酶	*Aphelenchus*，*Ditylenchus*，*Meloidogyne*，*Pratylenchus*，*Radopholus*
磷酸酶	*Meloidogyne*，*Tylenchulus*
苯丙氨酸脱氢酶	*Pratylenchus* ，*Tylenchus*
β-葡糖苷酶	*Aphelenchoides*，*Heterodera*，*Pratylenchus*
胆碱酯酶	*Dorylaimus*，*Helicotylenchus*，*Pratylenchus*，*Meloidogyne*，*Trichodorus*，*Xiphinema*
裂解酶类	
延胡索酸水合酶	*Ditylenchus*
烯醇化酶	*Ditylenchus*
连接酶类	
柠檬酸合成酶	*Ditylenchus*，*Pratylenchus*
氧化还原酶类	
心肌黄酶	*Ditylenchus*
细胞色素氧化酶	*Ditylenchus*
多酚氧化酶	*Heterodera*，*Meloidogyne*
过氧化物酶	*Meloidogyne*
转移酶类	
己糖激酶	*Ditylenchus*
磷酸化酶	*Ditylenchus*
转氨酶	*Heterodera*，*Ditylenchus*

本章小结

线虫是一类水生动物或起源于水生生物，其生命活动离不开水，它的发育和移动在很大程度上都与水有关系。一般来说，土壤颗粒表面有水膜对线虫是有利的，只要不淹水，线虫就能很好地生活。但土壤长期过于潮湿，长期淹水可以使线虫窒息而死亡。在干旱条件下，线虫的孵化受到抑制，但保存在卵囊和胞囊中的卵仍能存活。

土壤环境为防止线虫脱水提供了不同程度的保护。线虫越接近土壤表层时危险就越大。有些线虫在缺水时，线虫的新陈代谢活动就会改变，在水分胁迫条件下，脱水休眠是线虫种群中常见的一种现象。

酸碱度对植物线虫的影响研究结果不一致，但大多数研究认为 pH 对线虫生命活动的影响属次级作用。

线虫的体壁能允许水自由通过，但对各种离子和分子则有不同的选择作用。主要通过线虫的体壁角质层，进行水和盐的调节以达到平衡。如果所使用的渗透压超过土壤中正常压力，可能影响到线虫和卵的存活。推测渗透压处理对线虫的伤害有三种方式：线虫机体的不可逆脱水作用；溶液中化学物质对线虫的毒害作用；经高渗溶液调节后线虫对蒸馏水的过分吸收从而导致虫体的破裂。

从生命的开始通气就对线虫起着重要的作用。植物线虫和土壤线虫的生命活动都需要大量的氧气。线虫要完成生活史必须有空气。线虫的活动随通气的增加而增强，缺氧会影响线虫的活动。线虫呼吸主要依靠体壁的气体交换和扩散进行。不同线虫对氧气的需求量有很大的不同。

温度对植物线虫的影响可分为 5 个相对独立的阶段：致死低温、非致死低温、最适温度、非致死高温和致死高温。土壤温度对线虫生命活动的影响至关重要。线虫在生活史的早期阶段受温度的影响较明显。线虫能够经受在自然条件下可能遭受的低温。在生产中可以采用热处理方法防治植物线虫病害。

多数种类的植物线虫均有自由生活的阶段，或在土壤中穿行或在植物地上部位的表面以背面-腹面做波浪状进行运动。线虫在一年内运动的距离很少超过 1～2m。早期线虫的运动是和趋性联系在一起的，如植物线虫对植物根系分泌物有一定趋性，即向化性。植物线虫远距离移动主要靠外力，如靠水、风和农具传播，人为调运种苗等。

外寄生线虫的取食过程分为 5 个阶段：①搜索；②口针插入寄主细胞；③分泌物的注入；④寄主原生质体的吸入；⑤口针从寄主细胞中抽出。植物线虫是体外消化作用方式，消化道分泌的酶类包括蛋白酶、酰胺酶、纤维素酶、果胶酶、几丁质酶以及淀粉酶等，植物线虫主要的代谢途径是糖酵解、三羧酸循环（TCA 循环）、戊糖途径。不同的代谢途径中包含不同的氧化还原酶类。

思　考　题

1. 不同线虫抵抗水分胁迫的方式有哪些？
2. 渗透压通过何种方式作用于植物线虫？
3. 植物线虫的耐寒对策分为哪两类？
4. 植物线虫的取食过程及消化过程中的酶类有哪些？

主要参考文献

白春明. 2010. 南方根结线虫环境适应性研究. 沈阳农业大学博士学位论文

陈立杰，魏峰，段玉玺，等. 2009. 温湿度对南方根结线虫卵孵化和二龄幼虫的影响. 植物保护，35 (2)：48-52

段玉玺. 2002. 植物线虫病害防治. 北京：中国农业科学技术出版社

冯志新. 2001. 植物线虫学. 北京：中国农业出版社

刘维志. 2000. 植物病原线虫学. 北京：中国农业出版社

刘维志．2004．植物线虫志．北京：中国农业出版社

孙晶双，郑雅楠，段玉玺，等．2009．温度、光照和土壤含水量对大豆胞囊线虫休眠卵孵化的影响．大豆科学，28（4）：690-692

郑雅楠，段玉玺，孙晶双，等．2009．pH值对大豆胞囊线虫孵化影响研究．大豆科学，28（2）：275-277

Christie J R，Crossman L. 1935. Water temperatures lethal to begonia，chrysanthemum，and strawberry strains of the nematode *Aphelenchoides fragariae*. Proc. Helminth. Soc. Wash.，2：98-103

Ciancio A，Mukerji K G. 2008. Integrated Management and Biocontrol of Vegetable and Grain Crops Nematodes. Dordrecht：Springer

Duan Y X，Zheng Y N，Chen L J，et al. 2009. Effects of abiotic environmental factors on soybean cyst nematode. Agricultural Science in China，8（3）：317-325

Perry R N，Moens M. 2006. Plant Nematology. London：CAB International

Zhu F M. 1945. The prevalence of the wheat nematode in China and its control. Phytopathology，35：288-295

Zuckerman B M，Mai W F，Rohde R A. 1971. Plant Parasitic Nematodes. Volume Ⅱ. Cytogenetics，Host-Parasite Interaction and Physiology. New York：Academic Press

第六章　植物线虫病害的诊断

植物病原线虫是引起植物侵染性病害的重要病原物之一。由于植物线虫种类繁多，且多生存于植物根系微生态系统的土壤生境中，对植物根系造成的为害不易被人类觉察，因此被称为“植物的隐蔽敌人”。其中严重危害且表现明显症状的植物病原线虫包括根结线虫、胞囊线虫、滑刃线虫、茎线虫、粒线虫及短体（根腐）线虫等少数线虫种类。不同线虫的寄生部位不同，如根结线虫、胞囊线虫和短体线虫等主要寄生于植物根部，滑刃线虫和茎线虫、粒线虫多寄生于植物的茎、叶和种子内，使植物表现异常，产量和品质下降，给农业生产造成巨大的损失。因此，对植物线虫病害进行准确的诊断非常重要。

本章着重介绍重要植物线虫危害后植物的外部症状，线虫危害后引起的植物生理变化（内部变化）以及植物线虫病害的诊断方法和技术，为植物线虫病害的防治打下坚实的基础。

第一节　植物线虫病害的诊断

植物线虫与其他病原物一样，都影响植物的正常生长，使植物发育不良，根据不同植物线虫对植物造成的特殊症状，可以对引起的病害加以诊断。

植物线虫侵入植物后，可以吸收植物体内的营养从而影响植物的正常生长。大多数线虫侵染根、根茎、块根、块茎和鳞茎等地下部，在根部引起显著的外部病变，如形成根结、粗短根、发根、根系弱小、腐烂、增生和卷曲等症状，而植株地上部的生长发育亦受阻，表现出叶片褪绿或黄化、植株矮化、茎秆长势弱、严重时导致干枯死亡等症状。这些症状有时很难与其他病原物或不良环境引起的生理性病害症状区别开，但在病部常有大量的病原线虫种类存在，因此，植株的长势和根部的异常是田间线虫病害诊断的重要依据之一。

有些病原线虫只危害植物的地上部，如粒线虫属和茎线虫属以及部分滑刃线虫和松材线虫等，可以造成茎叶变形、叶片的坏死和变色、虫瘿以及萎蔫等明显的地上部症状。寄生在植物茎叶和种子内的线虫可造成相当明显的地上部症状，这类病害往往是由单一种类的线虫引起的，因此，也可根据病原线虫的存在进行诊断。

植物线虫危害引起的病害种类繁多，较为严重的植物线虫病有蔬菜、烟草和花生等多种作物的根结线虫病、大豆胞囊线虫病、小麦粒线虫病、甘薯茎线虫病、水稻干尖线虫病、香蕉穿孔线虫病、松材线虫病、柑橘半穿刺线虫病等。下面对重要植物病原线虫造成的病害症状进行简要的介绍。

一、根结线虫病害

由根结线虫 *Meloidogyne* spp. 引起，地上部不太明显，主要表现为生长缓慢，叶片黄化，植株矮化、生长缓慢、影响结实等，不易与其他病害区分；但地下部症状明显，受害根系出现膨大的根结（瘤状物）即虫瘿，根结呈近圆形、纺锤形或不规则形，初为乳白色，后期黄褐色，如果发病严重，有些植物一条根上可着生多个根结，或是有些植物须根根尖被侵染形成根结后又产生次生须根，而后又被反复再侵染形成乱发状的“须根团”，后期病根容易腐烂中空。

剖开根结可见内有许多白色半透明针头大小的苹果形雌虫。

根结线虫属是一类危害植物引起严重病害的重要病原线虫，可以寄生于单子叶和双子叶植物，寄主范围广泛，在世界各地均有分布，是热带、亚热带和温带地区最重要的植物病原线虫。此属已报道的有效种 80 多种，其中重要的有 4 个种：南方根结线虫 *M. incognita*、北方根结线虫 *M. hapla*、花生根结线虫 *M. arenaria* 和爪哇根结线虫 *M. javanica*。根结线虫属线虫可以使植物受害的根部肿大，形成典型瘤状根结是重要的诊断特征（图 6-1～图 6-5）。

图 6-1　黄瓜根结线虫病

A. 线虫导致地上部萎蔫枯死；B. 根部形成根结并腐烂

图 6-2　花生根结线虫病（辽宁兴城）

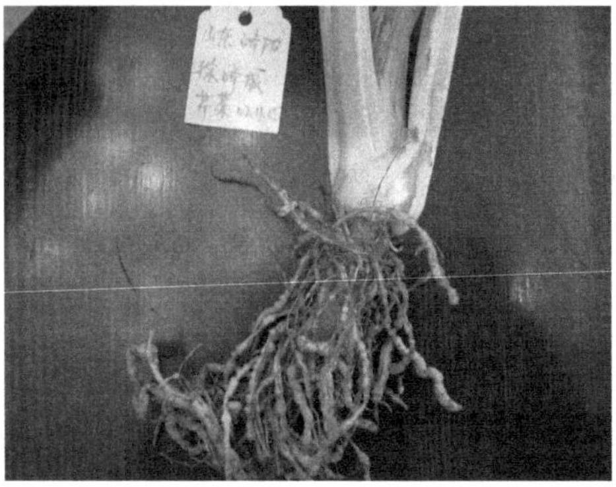

图 6-3　芹菜根结线虫病（山东寿光）

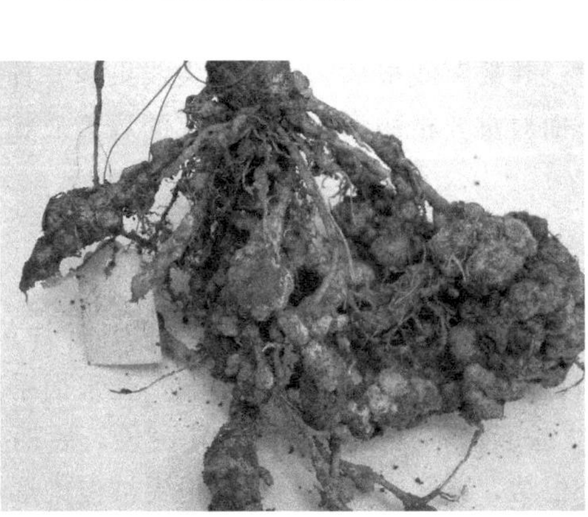

图 6-4　苦瓜根结线虫病

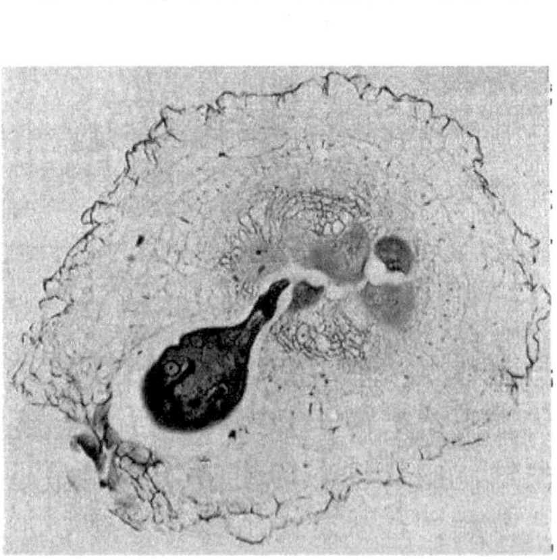

图 6-5　根结线虫根内寄生状态（C. I. H.）

二、胞囊线虫病害

胞囊线虫是植物的一类重要病原物，主要发生在温暖或比较冷凉的地区，其中甜菜胞囊线虫、马铃薯金线虫、马铃薯白色胞囊线虫、禾谷胞囊线虫和大豆胞囊线虫等危害严重。而甜菜胞囊线虫、马铃薯金线虫、马铃薯白色胞囊线虫在中国尚未引起病害，为我国对外检疫对象。大豆胞囊线虫、禾谷胞囊线虫在我国分布较为广泛，危害严重。

胞囊线虫主要危害寄主的根系，由于根系被害，造成植株地上部分表现发育不良症状，但症状不专化。地上部症状：表现为叶片失绿，褪色，逐渐黄化；严重时整株叶片黄化，逐渐干枯，在苗期可以造成死苗；开花前后发生严重时会造成开花少或不开花不结实，造成减产或绝产。地下部症状：初期在根系出现褐色的小点，线虫在根内定殖后根系发育较弱，在根上可以发现白色或淡黄色的针尖大小的肉质白色小颗粒，这就是线虫的成熟雌虫，后期变褐或有的不变色（如马铃薯白色胞囊线虫）；成熟的胞囊逐渐脱离寄主根系，散落在土壤中。

大豆胞囊线虫病害是由大豆胞囊线虫 *Heterodera glycines* 引起的，大豆受侵染后，植株长得矮小，叶片变黄，生长衰弱，根系不发达，侧根少，须根少，而且根瘤减少。幼苗生长25～35 天后，用铁铲将其根挖出，轻轻抖落根上的土，可以看到根上附有许多针尖大小的白色颗粒，用指甲压挤，不留渣滓，这便是胞囊线虫的成熟雌虫，成熟雌虫死亡之后表皮呈黄褐色，即胞囊，易于从根上脱落进入土壤。根据以上症状，便可以诊断为大豆胞囊线虫病（图6-6）。

图 6-6　大豆胞囊线虫病

A. 田间植株枯黄矮小；B. 病株；C. 侵染大豆根部的幼虫；D. 根表形成的胞囊

麦类受禾谷胞囊线虫危害后典型的地上部症状是植株矮化、生长衰弱，分蘖明显减少，叶片由下向上发展黄化，形成大量干尖，类似缺肥症。此病在田间分布不均匀，常成团片黄化，出现绿中加黄，高矮相间的山丘状。严重危害后，叶片出现虫瘿，成片枯死。被害植株成穗少，穗小粒少，产量低。地下部症状：受害后根系数量减少，根系高度分叉，生出多而短的侧根，严重时整个根系形成须根团，须根上形成根结。开花前后，胞囊膨大突出根外，根部出现大量白色发亮、针尖大小的胞囊，后期变色形成褐色发暗的胞囊。须根团和白色雌虫为该病的主要表象识别特征，土壤中褐色胞囊是实验室镜检的主要鉴别特征（图 6-7）。

图 6-7　小麦胞囊线虫病

A. 田间发生情况；B. 病株

三、茎线虫病害

茎线虫（*Ditylenchus* Filipjev，1936）是一类重要的植物病原线虫，茎线虫的取食部位多种多样，于植物的地上部分和地下部分均可寄生。受害病苗矮小、发黄。

马铃薯茎线虫 *D. destructor* 主要为害寄主的地下部分。为害马铃薯时，通过皮孔侵入马铃薯块茎，最初导致表皮下产生小的白色粉状斑点，去皮后肉眼可见。被侵染部位扩大，融合成淡褐色病变，病变部位含有干的颗粒状组织，在表皮下可以见到。随侵染的发展，组织变干，皱缩，表皮龟裂，变薄。内部组织逐渐变黑，通常有真菌、细菌、螨类等的二次侵染。在潮湿条件下贮藏（如成堆窖藏）可以引起腐烂，并扩展到邻近的块茎上。为害甘薯块茎的症状与为害马铃薯块根的症状相似。被侵染的大丽菊球茎亦表现相似的症状。鸢尾和郁金香受侵染通常从基部开始，渐渐向上扩展至肉质的鳞茎，导致灰白色至黑色的病变；严重的常使根系变黑，叶片发育差，叶尖成黄色。

甘薯茎线虫病俗称糠心病、空心病、糠梆子。茎线虫主要为害甘薯块根、茎蔓及秧苗（图 6-8）。

苗期症状：苗基部白色部分，在表皮上生有块状或条状褐色晕斑，秧苗发育不良、矮小发黄。

薯蔓症状：主要发生在地上 7cm 左右薯蔓处，多在髓部表现症状，初为白色，后变为褐色干腐状。表皮发生龟裂，并形成黑褐色条斑。

块根症状：根据线虫侵入的途径可分为有糠心型、糠皮型和混合型三种类型。

（1）糠心型：由染病茎蔓中的线虫向下侵入薯块，病薯外表与健康甘薯差异较小，薯块内部全变成褐、白相间的干腐；

图 6-8　甘薯茎线虫病

A. 线虫导致薯块腐烂；B. 病薯横断面；C. 线虫逐渐向薯块内部发展；D. 薯块表皮未表现症状内部已坏死糠心

（2）糠皮型：线虫自土中直接侵入薯块，使内部组织变褐发软，呈块状褐斑或小型龟裂；

（3）混合型：生长后期发病严重时，糠心和糠皮两种症状可以同时发生。

四、粒线虫病

小麦粒线虫 *Anguina tritici* 可以为害植物的幼苗、茎叶和种子，以危害种子为主。此病从苗期到成株期都能表现症状，但感病植株苗期不一定都出现症状，以成株期、穗期症状最为典型。

苗期症状：病苗叶片短宽、横生、硬直散乱、褶皱而卷缩，略带黄色。

成株期症状：进入分蘖期后症状较明显，表现为分蘖数增多，植株矮粗，叶鞘松而肥厚，叶片皱缩、扭曲卷折。叶尖常被裹在叶鞘内，有卷曲现象。抽出的新叶被卷曲的老叶阻挡，以致叶片卷曲成团。拔节抽穗后，节间肥肿膨大弯曲，节上屈曲、新叶折合捻缩，变成畸形。在叶面上偶然会产生很小的圆形突起的虫瘿或褐色斑点，继而全叶变褐枯死，破裂成褴褛状。发病严重时，病株枯死。

穗粒症状：受害病株一般多能抽穗，但不正常。典型的病穗，颖片张开、凌乱，穗较短小，芒扭曲，颜色深绿，转黄色较晚。病穗的全部或部分籽粒变为虫瘿，虫瘿最初青绿色，以后变为紫褐色，外壁增厚、比麦粒短而圆，坚硬而不易捏碎，一般单个散生，有时 2 个、3 个甚至 4～5 个聚生成团，内部充满棉毛状的休眠线虫。用水浸泡病粒后切开，滴上一滴水，可见白色丝状物游出，即粒线虫。

五、滑刃线虫病

水稻干尖线虫病（rice white tip nematode disease）是根据其引起水稻叶尖干枯而命名的（图 6-9）。即引起叶片顶部距叶片尖端约 5cm 内褪色、变白，后变褐干枯且破碎，呈鞭子状，整个水稻生育期均受害，发病部位主要是叶和穗。幼苗受害后，一般不表现症状，在 4～5 片真叶时开始呈现症状。顶部叶片 2～4cm 部分逐渐卷皱变色，叶尖枯死，接着病部捻曲、歪扭，呈"干尖"症状，易脱落。病株在孕穗期、抽穗期至乳熟期症状表现最清楚。通常在剑叶或顶部第二、三片叶的尖端 5～8cm（有时长达 15cm）内细胞逐渐枯死，变成黄褐色、半透明、捻曲而成干尖。病健分界明显，有一条不规则弯曲的深褐色界纹，有时剑叶发生捻转或卷缩，表现抽穗不完全的情况。与健株相比，受害病株的剑叶短小、狭窄且呈浓绿色，大多数能抽穗。但穗短，小穗数目减少、特别是在顶端部分减少最明显。病穗顶端小穗无内、外颖，护颖和籽粒扭曲，秕谷增加，百粒重降低。

图 6-9　水稻干尖线虫病

水稻干尖线虫病有时易与生理病害或虫害引起的症状相混淆，但生理病害引起的叶尖干枯，病健部无明显分界，通常不扭曲；昆虫为害后初期一般会看到虫口。此外，干尖线虫病株在幼穗分化前，在病叶病健交界处能分离到线虫，幼穗分化后，则在穗上可分离到线虫，这是确定此病的主要依据。值得注意的是，患病轻的植株一般外观无症状，有 3/4 受感染的分蘖不表现症状，不显白尖，但穗部可分离到大量线虫。

谷子线虫病俗称"倒青"，是危害我国北方谷子的一种重要病害，发病严重的谷地减产可达 50%～80%，甚至绝收，是影响谷子生产的重要病害之一。谷子线虫病主要为害穗部，还可为害谷子植株的根、茎、叶、叶鞘、花和籽粒。开花前一般不表现明显症状。染病植株的花初呈暗绿、渐变黄褐色后呈暗褐色。发病愈早，症状愈明显。染病早的植株抽穗后即表现症状。大量线虫寄生于花部，破坏子房，使其不能开花或开花后不能结实，颖片多张开，其中包藏表面光滑有光泽尖形的秕粒，病穗瘦小直立不下垂。发病晚的或病轻的植株，症状大多不明显，诊断的唯一依据是靠穗主轴的病粒颖片变浅褐色。此病的症状表现因品种不同有一定的差异，红秆或紫秆品种的病穗，其向阳一面的护颖变红色或紫色，尤以灌浆至乳熟时护颖仍呈苍绿色；此外，病株一般较健株稍矮，上部节间和穗颈稍短缩，叶片苍绿较脆。

草莓芽叶线虫病在草莓发育中的芽和叶片表面取食，导致叶片皱缩，扭曲，病叶片比正常叶片小。在主脉附近出现粗糙的灰色斑块。严重时中央花冠败育，形成次生花冠并延迟开花。草莓滑刃线虫侵染引起的病害也称草莓春矮病 spring dwarf disease。

菊花叶线虫病是由菊花叶线虫 *Aphelenchoides rizemabosi* 侵染菊花的叶、芽、生长点及茎而引起的线虫病，其症状为叶子上出现坏死性角斑。在田间潮湿的环境中，来自土壤表面、枯叶和杂草的线虫从植株基部向上转移。线虫在叶肉组织取食，由于叶脉的限制，被侵染的叶片呈现特征性的角斑或扇形斑，产生脉间坏死。病斑由亮黄色转变为褐绿色，最后变为深褐色。病叶自下而上枯死，枯死叶片下垂而不脱落。线虫在芽上取食，有时能杀死生长点，导致不能开花，或产生畸形叶。叶表面产生不规则的和粗糙的褐色斑痕。花器被侵染后变小，畸形，或不开花，表面出现褐色伤痕。芽下的茎及叶梗上也出现同样伤痕。宿根长出的插穗也能受侵染，芽变黑和死亡。

松材线虫病又称松树萎蔫病，是由松材线虫 *Bursaphelenchus xylophilus* 引起的一种松树的毁灭性流行病。病株外部症状的显著特点：先是针叶失水、褪绿，继则变褐，而后整株枯死，针叶全呈红黄色。病叶在长时间内可不脱落。突然死亡前最明显的外部症状是针叶黄化和继之而来的坏死。在适合发病的夏季，绝大多数病树从针叶开始变色至整株死亡约30天，但在气温低的地方，如日本北部和高山地区发病时间延长，不少病树在第二年春季甚至夏季死亡，人工控温可使发病推迟。此外，在不利发病条件下常可见到病树局部性枯死。

在表现外部症状以前，病树内部已经发生一系列组织学和生理生化学上的病变，如在受侵木质部内髓射线薄壁组织细胞被破坏，管胞形成受抑制，形成层活动停止和水分疏导受阻，呼吸作用加强，树脂分泌减少和停止是最先可见的内部病变，而水分疏导受阻在侵染早期就发生则属比较特殊的反应。病死树的木质部往往有蓝变菌的存在而呈蓝灰色。病害发展过程可分为4个阶段。

第一阶段：外观正常，树脂分泌减少，蒸腾作用下降，嫩枝上可见天牛啃食树皮的痕迹；

第二阶段：针叶开始变色，树脂分泌停止，可发现天牛产卵痕；

第三阶段：针叶全部变为黄褐色，萎蔫，可见到天牛和其他甲虫的蛀屑；

第四阶段：针叶全部变为黄褐色至红褐色，病树整株干枯死亡。死树上一般有多种害虫栖居。

六、柑橘慢衰病

柑橘慢衰病也称柑橘根线虫病，由柑橘半穿刺线虫 *Tylenchulus semipenetrans* 危害引起的，受害根部稍肿大、粗而短，易破碎，表面粗糙，可见胶质卵囊与沙粒等杂物黏合使根表凹凸不平呈茸毛状，由于线虫在根内的穿刺造成伤口，容易受到其他微生物侵染而造成变黑坏死或腐烂。地上部叶片发黄、植株矮小、生长不良，花果易落，树势明显衰退。幼苗受害，轻者生长不良，重者成片枯死。病株挂果少，果实小，产量低。病重的树不挂果，甚至枯死。半穿刺线虫是一种比较专化的植物线虫，主要危害柑橘属植物和一部分芸香科植物。

七、香蕉穿孔线虫病

香蕉穿孔线虫病也称黑头病、黑头倒塌病和衰退病，由相似穿孔线虫 *Radopholus similis* 危害引起的，为害香蕉的根系，线虫一般从根尖附近侵入根皮层组织，在根内不断取食和移动，造成皮层中出现许多空隙，使根产生病变，呈现红褐色病痕，这是香蕉根受到线虫危害后产生的特征性病变。病株根系发育不良，扎根不好、烂根多，在挂有成熟果簇时，或遇到刮风下雨天气，蕉树易发生倒伏。蕉树地上部位表现为生长缓慢，叶小发黄，果簇小，重量减轻。相似穿孔线虫除为害香蕉、柑橘外，还可为害火鹤花等花卉植物，是我国一类重要的检疫性线虫。

八、水稻潜根线虫病

水稻潜根线虫病广泛分布于全世界各水稻栽培区。1980 年（冯志新等）首次报道我国水稻上发现此病，现广泛分布在广东、广西、云南、贵州、四川、湖南、湖北、河南、江西、福建、浙江、江苏、安徽、山东、陕西等省（自治区）的水稻产区。潜根线虫侵染水稻根系，地上部无特异症状，线虫侵入稻根后，地上部一般表现生长延缓，分蘖力低，有效分蘖数减少，病株变矮，叶色变黄，长势衰弱，抽穗和开花推迟。线虫寄生于稻根的根皮层与中柱之间，使受害根由黄褐色变成褐色至深褐色，细弱短小，随病情加重，根变黑腐烂。

另外，还有一些线虫病害危害较大且症状明显。例如，椰子红环腐线虫 *Rhadinaphelenchus cocophilus* 侵染椰子树，树干横截面上可出现红色的环；刺线虫侵染玉米根系可使根变得粗短。

如前所述，根寄生线虫引起的病害地上部症状往往不易与其他病原物引起的病害症状区别开，而线虫病害地下部症状也易与其他土壤寄生物或不良环境条件引起的病害症状相混淆。因此，我们如果遇到植物生长受阻、矮化、叶片黄化以及其他可能的线虫病害症状而不假思索地进行诊断，可能会出现错误的结论。因此，正确的诊断是除了详细了解和仔细观察病害症状外，还要取得一定量病株根际土和部分病根带回实验室进行分离鉴定，查清线虫种类及群体密度，再参考前人诊断经验和有关文献，这样才能对线虫病害作出正确的诊断。

第二节　植物线虫对寄主的影响

线虫侵染植物体后会对植物的生长发育和新陈代谢产生一系列不良影响，造成不利于植物生长的环境，在其外部症状尚未表现之前，受线虫侵染的植株内部会发生相应的生理生化的变化，表现一系列的生理病状，贯穿植株的整个生命周期，最终导致感病植物各种物质代谢失调，使植物产量和品质下降。

一、植物线虫的侵染使寄主组织结构发生改变

某些植物线虫在侵入寄主过程中，除利用口针吸取寄主的营养、对植物的组织造成机械损伤外，线虫的食道腺分泌物还可以导致植物产生一系列的生理病变，诱导取食点附近的寄主细胞增殖、增大或过度分裂，从而引起受害部位结瘤或畸形。

已有的研究结果显示，当根结线虫开始进入植物根，二龄幼虫通过机械伤口和纤维素裂解

酶的分解作用穿透硬性的细胞壁，当多条线虫侵染发生在同一种根上（穿透经常发生在根冠后），根尖可能会膨大，根的生长在一个短期内会停止生长。穿透根以后，二龄幼虫迁移到不同细胞间皮层，这样的迁移引起根细胞沿中间薄层而分离开，沿着迁移途径的细胞会变得膨大但是很少有线虫取食的信号，氧化还原酶含量的增加也会被发现，指示了细胞新陈代谢活性的增加，二龄幼虫一般向根尖迁移至不同区域的维管束，头部会嵌入分生组织边缘，而虫体其他部位会进入根茎纵轴平行的皮层里，由线虫的口针分泌物诱导和维持“巨细胞”的形成，“巨细胞”是供养根结线虫的高度专化性多核大细胞，位于韧皮部或邻近的薄壁组织。

根结线虫侵入侵染根系会使寄主根系出现膨大的根结，即在根结线虫头部取食点附近的细胞结构出现“巨细胞”，还伴随有维管组织的异常分化现象。胞囊线虫侵入大豆后也会引起寄主组织细胞结构的改变，即产生“合胞体”，但不同抗感品种的反应不同，如感病品种形成的合胞体细胞较大，靠近木质部导管一侧向内生长，各种细胞器丰富，内质网数量多、形体长，多为光滑型；抗病品种形成的合胞体细胞较小，核糖体较多，内质网小而少，多为粗糙型，细胞内出现较多的类脂肪体，在侵染早期细胞质快速降解，有时发现细胞膜与细胞壁发生分离。这些由线虫取食诱导形成的特殊结构，如“巨细胞”和“合胞体”，功能相同，即为发育的线虫提供营养，但随着线虫的死亡，这些特殊的细胞也会被薄壁组织所取代。研究发现，线虫的口针刺吸寄主根系的细胞吸取营养，并不破坏细胞膜，而是在口针与细胞膜的结合处的细胞内部、由口针诱导形成一个临时的取食管（feeding tube），待取食结束后，取食管也渐渐消失（Davis et al.，2008）（图 6-10）。

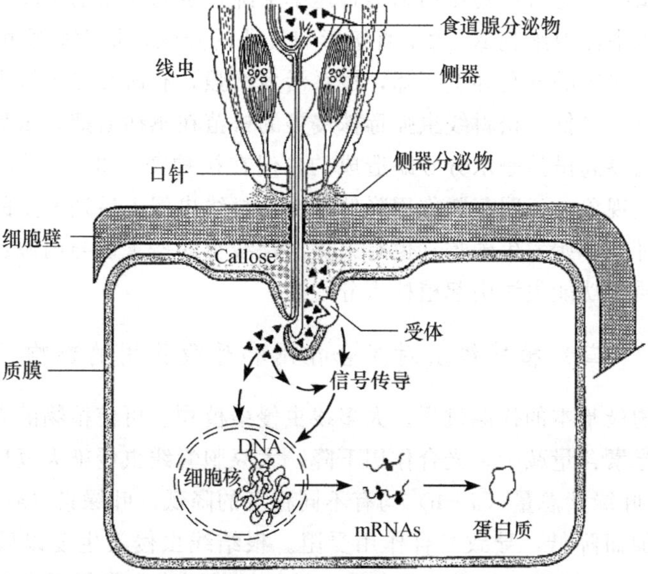

图 6-10　植物线虫口针与寄主细胞互作模式图（Davis et al.，2008）

二、线虫侵染引起植物生理生化障碍

（一）植物线虫侵染对植物体内水分代谢影响

1. 对水分吸收的影响

植物受到线虫侵染后，由于线虫对植物组织结构或生理机能的干扰破坏作用，造成植物对水分吸收、运输和蒸腾的异常，从而出现干枯、萎蔫、坏死等外部症状。

根结线虫对寄主植物根的影响是非常典型的，被侵染植物的地上部分的特征与那些根受损伤的或不能正常生长的任何植物所表现出的特征相似：①抑制根的生长发育和减少侧根的生成数量；②植物地上部表现营养不良尤其是叶片黄化；③在中午或者水分稍有不足植物就会表现萎蔫，即使土壤里有充足的水分可以利用；④降低植物的产量。这些特征与二龄幼虫的侵染数量和对幼嫩根组织的侵染程度密切相关。因此，根结线虫对植物的侵染以影响植物根对水分和营养物质的运输为主要障碍。对受根结线虫感染植物的水分关系的少数报道表明：如果土壤中水分充足，感染根结线虫植物对水分的消耗不受影响，但是周期性的缺水，对水的消耗会减少，感染线虫后植物的生长会受到抑制，同时水分胁迫会抑制根的生长、阻止根向土壤深处延伸。根的分枝和根延伸的程度经常受根结线虫侵染的影响，线虫的侵染会抑制根的生长、降低根的吸收表面积、限制根系向土壤中延伸的能力。因此，被感染植物表现营养不良和生长受到抑制的主要原因与根系的减少有关。

松材线虫侵染黑松、马尾松可严重影响茎的水分状况，在叶部开始表现症状时，叶片相对含水量明显下降；也有研究表明受到松材线虫侵染的抗、感病植株在感病后期，水势均迅速降低，造成感病后期的针叶水分亏缺出现萎蔫，因此，多数的研究认为松材线虫侵染引起水分输导受阻或中断造成松树萎蔫枯萎死亡。

2. 对蒸腾作用的影响

受线虫侵染的植物，通常蒸腾作用和蒸腾速率下降，蒸腾作用的下降与叶片气孔的开启度下降有关。植物组织中保卫细胞 K^+ 含量直接影响气孔的开张，从而影响植物的蒸腾。根结线虫的侵染可使黄瓜嫁接苗的气孔导度下降，根系活力增强，有研究显示被南方根结线虫侵染的生姜叶片中钾含量显著降低。松材线虫强毒株侵染的松苗在感病后期，水势急剧下降，蒸腾作用明显减弱。松树的萎蔫虽然是水分亏缺造成的，但在接种 20～30 天后，松树病枝叶才出现蒸腾作用降低或停止现象，说明蒸腾作用降低是在松材线虫侵入后期发生的，在蒸腾作用下降后不久，病树上的针叶开始发生萎蔫。也有人提出是线虫的侵害诱导内源乙烯生成，导致管胞孔穴化，使松苗木质部功能失调引起植株水分亏缺。

（二）植物线虫对光合作用和呼吸作用的影响

光合作用是植物最基本的代谢过程。大多线虫侵染植物后可使植物的光合器官受损，主要表现组织失绿，叶绿素含量减少，光合作用下降。大豆胞囊线虫侵染大豆后，叶绿素下降，叶绿素 a、叶绿素 b、叶绿素总量（a+b）均有不同程度的降低。叶绿素（a/b）值也随大豆胞囊线虫胁迫强度的增加而降低，导致光合作用受阻。根结线虫侵染生姜以后，也发生类似的反应，叶片中叶绿素 a、叶绿素 b 和类胡萝卜素含量都显著下降，降低了光合产物的积累。花生根结线虫侵染节瓜，明显降低节瓜根系的活力，使叶绿素含量和光合强度均显著降低，呼吸强度在线虫接种量为 3000 条和 5000 条时则明显提高。松材线虫侵染黑松、马尾松后，可严重影响茎、叶的水分状况，在叶部开始表现症状时，游离脯氨酸及叶绿素含量发生明显改变，游离脯氨酸含量与相对含水量呈显著负相关，而叶绿素含量与相对含水量呈显著正相关。表明光合作用的下降源自叶片的水分亏缺。

线虫侵染植物引起光合作用的改变因研究对象及接种期和接种量而异。水稻接种潜根线虫后，叶绿素含量出现明显病变。接线虫时期、接线虫虫量对叶绿素含量产生不同影响。分蘖期接线虫的植株，单位鲜重和单位面积叶绿素含量较之健株下降 37.5%～45.8%，尤以接虫早、接虫量高的病株下降明显。拔节期后叶绿素含量回升，单位鲜重和单位面积分别上升 6.7%和 2.3%。水稻移栽后感染潜根线虫，则在分蘖期出现黄化，然后自行复绿，形同逆境解除，这种自动复绿症状有一定的特异性，结合显微镜下病原观察，可以初步确认该病害，叶绿素含量的病变在水稻潜根线虫病的田间诊断上具有实际意义（表 6-1）。

表 6-1　不同抗性大豆品种受大豆胞囊线虫侵染后体内叶绿素含量变化

大豆品种	叶绿素含量/（mg/g）				
	6 天	12 天	18 天	24 天	30 天
辽豆 10 接种	1.626	1.621	3.472	2.553	2.938
辽豆 10 对照	1.76	1.745	3.937	2.877	2.422
灰皮支黑豆 接种	1.950	2.932	3.844	2.574	2.388
灰皮支黑豆 对照	2.150	2.188	3.599	2.385	2.205
哈尔滨小黑豆 接种	1.740	2.638	3.500	2.974	2.092
哈尔滨小黑豆 对照	1.925	2.812	3.824	2.818	1.852
小粒黑豆 接种	1.880	2.340	2.877	2.300	2.116
小粒黑豆 对照	2.090	2.608	3.476	2.499	2.079

资料来源：王雪，2009。

根结线虫的感染降低植物叶片的光合作用效率。线虫干涉源于巨细胞新陈代谢活动的增加刺激了光合作用产物由叶到根的运输，特别是巨细胞内的光合产物被线虫吸收利用，当雌性线虫开始产卵时，物质的积累和运输达到最大值。

呼吸作用的改变是植物对病原物侵染的典型反应。植物受病原物的侵染后，从侵染初期直至组织坏死，呼吸作用的加强均十分明显。大豆胞囊线虫穿刺侵入造成大豆根系损伤，根的呼吸强度显著增强。呼吸强度的变化可能是由于：①根系中原氧化酶与底物在结构上是隔开的，线虫的机械损伤后破坏了原间隔，酚类化合物就有可能迅速被氧化。②根系组织细胞破坏后，底物与呼吸酶接触，使正常的酵解和氧化分解代谢增强，放出 CO_2 和代谢水。③线虫伤害后，使某些根系细胞变为分生状态，须根增加而且细长，形成愈伤组织，去修补伤处。这些生长旺盛的细胞呼吸速度比正常细胞要快得多，以补偿植物生长需要。

许多报道认为病程中呼吸作用的改变可能与抗病反应有密切关系，早期呼吸作用的加强可以为植物发生抗病反应提供必需的能量和碳架。植物从合成小分子的植物保卫素、大分子的蛋白质、多糖和核酸等直到形成有组织结构的物理屏障，均需要呼吸作用提供物质基础。为此受线虫侵染后，与呼吸作用相关的呼吸酶（respiratory enzyme）活性也会发生变化。例如，水稻干尖线虫侵染水稻后，呼吸酶如 AAO（抗坏血酸氧化酶）、CCO（细胞色素 c 氧化酶）、CAT 和 POD 活性均增强。

（三）植物线虫侵染对植物体内矿质元素的吸收及其代谢的影响

受线虫侵染的植物组织表现出明显的代谢活性增高，形成一个代谢库，一些营养物质从植物健康部分向这里转移。例如，在南方根结线虫侵染的番茄根中，测定到过量的氮和钾。其他一些研究也发现，在受侵染与未受侵染的植物组织之间，氮、磷、钾、钙和镁元素的浓度有区别，一般认为是线虫侵染影响到矿质元素的吸收、转移和累积。集中在根结感染和植物营养关系的大多数研究表明根结线虫的侵染增强了植物地上部分 N、P、K 的浓度。但是，并不总是这种情况，有时候营养成分集中在根部。对受感染植物的营养供应经常增强了植物对根结线虫的抵抗性。

根结线虫的侵染可使植株根部积累较多的氮磷钾，这些营养元素的积累有利于根结线虫建立侵染点。南方根结线虫侵染生姜后，生姜叶片中氮磷钾镁含量降低，而钙含量升高，因而使得叶片黄化、植株早衰和根茎瘦小；根茎中积累较多的氮磷钾，但根茎（Ca＋Mg）/K 下降，无抗性表现，为根结线虫生长和发育提供了良好的营养条件，造成了根茎疣裂；根茎中氮磷钾含量均有所降低，在根茎迅速膨大期（Ca＋Mg）/K 上升，获得部分抗性，不利于根结线虫的发育，此时根茎上也无明显根结。同样，用花生根结线虫侵染节瓜后，节瓜对氮磷钾的吸收普遍减少，但对钙的吸收有所增加。硅的含量也与植株抗性密切相关，根结线虫侵染后，抗病品种硅含量通常随线虫侵染的进行而大量积累，而感病品种则没有这种现象。

接种根结线虫后，黄瓜叶片中氮、磷、钾、钙、镁、铁、锌元素含量降低。氮元素的缺乏直接影响蛋白质和叶绿素的合成，导致叶绿体功能减弱，光合效率下降；缺磷引起根细胞壁弹性减少，根系水分传导率降低，抑制叶的生长；缺钾严重影响光合作用的各个方面，如光合作用中 CO_2 的同化、叶绿素含量、叶绿体结构等，最终使植物的光合作用严重下降；钙对细胞膜的结构与功能完整性有保护效应；植物缺镁或低铁时，均可使光合作用减弱；过低的锌含量抑制了蛋白质的合成，减少了产物的积累。上述元素含量的降低，造成了黄瓜植株黄化，生长缓慢，减弱了黄瓜的光合作用和干物质积累，最终导致黄瓜的产量降低。

（四）植物线虫造成生物膜系统的变化

植物线虫侵入，常导致植物细胞膜系统受损，使植物细胞膜透性增加，细胞内可溶性物质大量外渗，最后引发植物代谢失调。过氧化物酶（POD）、超氧化物歧化酶（SOD）、过氧化氢酶（CAT）、抗坏血酸过氧化物酶（APX）是植物对膜脂过氧化的酶促防御体系中重要的保护酶。在细胞保护酶系统中，SOD 的作用是清除超氧自由基。SOD 的活性大小可以反映细胞对伤害的适应能力。POD 和 CAT 在保护酶中主要起到酶促降解 H_2O_2 的作用，POD 是防止膜脂过氧化的主要酶，CAT 对细胞内组分活性状态有重要的保护作用。APX 主要催化 ASA（抗坏血酸）氧化，来清除 H_2O_2 和超氧阴离子等，对细胞起到保护作用。

Montes 等（2004）研究了线虫侵染后对寄主根部的保护酶 POD、EST（酯酶）和 SOD 的影响，发现侵染后第 4 天和第 7 天，抗病品种的 POD、EST 和 SOD 活性上升，且 POD 出现 5 条新的同工酶谱带，部分活性上升。线虫侵染后，抗性品种的部分 EST 和 SOD 谱带增强，POD、EST 活性上升对细胞壁木质化起到一定的作用，而细胞壁木质化有助于阻止线虫的侵入。PAL 和 SOD 表现出的酶活性升高与对大豆胞囊线虫的抗病反应关系密切，受线虫侵染后诱发了大豆的抗病反应（王雪，2009）。

许多逆境引起的伤害首先都发生在质膜上，相对电导率的变化可以反映细胞膜透性发生的变化，能说明细胞膜受到的伤害程度。丙二醛（MDA）是膜脂过氧化作用的最终产物，也是膜系统受害的重要指标之一。大豆胞囊线虫胁迫会导致大豆生长发育受阻，叶片的脂膜透性增加，相对电导率增加，SOD、CAT 和 POD 等保护性酶的活性降低。MDA 含量增加，膜脂过氧化作用增强。水稻被水稻潜根线虫侵染后，在水稻 3 个不同生育期细胞膜丙二醛含量和外渗电导率均有增加，但其变化值受接虫期、接虫量的影响。

（五）植物线虫侵染造成植物体内生物大分子物质代谢的变化

1. 碳水化合物的变化

糖是寄主抗性反应的基础和前提。它既是酚类化合物、植物保卫素、木质素、纤维素和抗坏血酸等生物合成的原料，又是核酸和蛋白质的碳架源泉。大豆受胞囊线虫侵害后，根内可溶性总糖含量提高，提示寄主植物可能需要适当的糖类物质来抵御线虫的侵染。品种对大豆胞囊线虫的抗性与根系内的可溶性总糖含量有一定的相关性。黄瓜感染南方根结线虫的植株果实中可溶性糖含量上升。丹参根部受根结线虫侵害后，其可溶性糖、淀粉与总碳水化合物含量均表现出先升后降的趋势，其中可溶性糖、总碳水化合物含量以轻度受害者最高，淀粉含量以中度受害者最高。

2. 氨基酸种类及含量的变化

线虫侵染后，氨基酸的变化因不同病原物、不同的部位有一定的差异。王雪（2009）研究表明谷氨酸、甘氨酸、丙氨酸、亮氨酸、苯丙氨酸和赖氨酸等几种氨基酸在根系分泌物中的表达量与品种的抗性呈一定的负相关，而半胱氨酸和酪氨酸只在抗病的黑豆品种中表达，感病品种中没有表达，推测半胱氨酸和酪氨酸在大豆抗胞囊线虫中起重要作用。根结线虫侵染丹参，总氨基酸含量的变化表现升高的趋势。但感染南方根结线虫的黄瓜植株果实中游离氨基酸含量则明显下降。感染根结线虫后，花生病根产生甲硫氨酸，其半胱氨酸、赖氨酸、精氨酸，脯氨酸、苏氨酸含量降低，花生病茎叶没有产生脯氨酸，苯丙氨酸含量升高。

3. 蛋白质的代谢变化

植物在受线虫侵染的过程中，蛋白质的合成与降解发生变化。这种变化通常与抗病或感病反应有关。有的植物病组织中蛋白质作用合成增强，有的病组织中降解作用加速。

受大豆胞囊线虫侵染后，抗病品种根内可溶性蛋白含量明显提高，说明线虫的侵染可诱导一些蛋白质的特异表达，及时参与了抗病物质的合成。受线虫侵染的植物组织中，常常出现游离氨基酸数量的增加。例如，受相似穿孔线虫侵染的葡萄，叶中的总游离氨基酸的含量与未侵染的相比，8 个月和 12 个月后，分别高达 18%和 81%。甜菜胞囊线虫侵染的甜菜，须根中的总氨基酸天冬氨酸、谷氨酸和谷氨酰胺的浓度都明显增加。

在根结线虫侵染丹参的初期，游离氨基酸与可溶性蛋白质的含量均有一定程度的提高，说明植株对线虫侵害已经做出了初生代谢方面的变化反应，但在后期病情比较严重时，它们或因分解供能，或被作为基本代谢物质用于其他物质的合成，其含量最终表现为不断下降。根结线虫侵染番茄、南方根结线虫感染桂花和爪哇根结线虫感染野生寄主龙葵形成根结的蛋白质含量的研究中发现，寄主在整个生长期间，根结内蛋白质含量在一定时期内显著高于同期同株健根，也高于同期相似部位的健株健根，接种时间越长其蛋白质含量越多；根结开始腐烂后，蛋白质含量开始下降。但病株蛋白质总量高于健株。

线虫胁迫下，膜系统被破坏，细胞中某些物质的释放直接诱导了 DNase 和 RNase 活性，打破了核酸代谢的平衡。花生受根结线虫侵染后，根结中 RNA、DNA 含量显著高于其他健康组织，病茎中的 RNA 下降而 DNA 升高。

（六）植物线虫对内源激素的影响

植物受线虫侵染后，病组织内激素含量发生变化，植物表现出不同的异常现象，如叶片畸变、形成肿瘤、发根、根结、丛生等。激素可由植物本身和（或）病原物所产生，含量的变化是二者相互作用的结果。

植物内源激素在线虫侵染后，通常是促进植物生长的激素合成受阻如 IAA（吲哚乙酸）

和 CTK（细胞分裂素类）减少，而抑制生长的激素，如 ABA（脱落酸）含量上升。IAA 和 CTK 直接影响植物生长量的多少。南方根结线虫侵染可使生姜叶片中 GA（赤霉素）、IAA、ZR（玉米素核苷）含量显著降低，感病生姜的 ABA 则表现为前期降低，后期上升的趋势，并促使叶片中 GA/ABA 迅速下降，严重影响了生姜的生长，使感病植株矮小、叶片黄化，提前衰老。线虫侵染可引起花生根和茎叶的生长素含量、细胞分裂素和脱落酸的活性提高，赤霉素的含量降低。乙烯是一种参与多种植物生理过程的气态植物激素，几乎所有的胁迫都可以诱导乙烯的产生，植物感染病原物，在外部症状出现时，产生大量乙烯。在拟松材线虫 *Bursaphelenchus mucronatus* 侵染日本黑松幼苗早期，少量线虫移动引起乙烯产生及皮层薄壁组织和木质部薄壁细胞的防卫反应；后期毒性线虫接种的植株乙烯释放量增加，植株死亡。抗、感大豆胞囊线虫的品种内源激素含量及平衡状态的变化是植株根系受胞囊线虫侵染后内源激素的应激反应，抗病品种 IAA/GA 较高，GA/ABA 较小，CTK 含量水平较低。根结线虫侵染黄瓜根系后，首先对根系造成损伤，进一步影响植株体内的激素水平。随着接种线虫密度的增大，在生长前期各处理叶片中 GA、ZR 含量降低，整个生长期中 IAA 含量降低，生长后期 ABA 含量升高，从而导致植株矮小，叶片黄化和加速黄瓜的衰老进程。

（七）对植物生长及产量的影响

植物的根系既是吸收水分和养分的主要器官，也是许多物质同化、转化、合成的器官，根系的生长发育和根系活力直接影响植物个体的生长和发育、营养水平和产量品质。植物线虫大多数可以侵染植物的地下部分，破坏根组织，使其根系活力下降，进而影响植物的正常生长和产量。

温室中南方根结线虫对烟草的侵染试验结果表明，烟草在受到侵染后，感病组织根的鲜重下降。根结线虫侵染后，黄瓜生长变化的比较缓慢、植株矮小、叶片干重、茎干重均明显降低，但感病植株根系鲜重的增加速率大于未感病植株，是根结线虫引起植株生长指标变化的最典型特征，主要是由于根结线虫的侵染刺激根系形成巨细胞，根系重量明显增加。虽然各处理的根系鲜重高于对照，但由于形成根结，破坏了根系的正常结构，根系活力下降，根系吸收能力受到了一定的影响，同时，黄瓜叶片中叶绿素的含量下降，光合能力减弱，阻碍了黄瓜的生长和物质积累，从而造成黄瓜的减产。

受大豆胞囊线虫侵染后，大豆生长发育受阻，生长迟缓。在不同数量的大豆胞囊线虫胁迫下，大豆的相对生长率、净同化率和群体生长率在不同的生育时期均随大豆胞囊线虫数量的增加而降低。线虫侵染可使根瘤数减少 4.3%～67.8%。由于根瘤菌的明显减少，必然影响大豆对氮素的吸收和生长发育，因此，株高、茎粗、鲜重、复叶数和单株体积均明显低于健株，一般在初花期的生长即受到明显的影响。另外，线虫侵染使病株根活力增强，意味着外消耗养料和水分增强，植物生长发育得到的营养减少，大豆表现出缺肥的症状，植株矮小，生长缓慢，开花迟，结荚少等，发生早的，豆苗可大量枯死，缺苗断垄而严重减产。

第三节　植物线虫病害的诊断及病原鉴定

植物病害诊断 plant disease diagnosis 指根据感病植物的特征、生长环境和外界条件，通过调查、分析，对病害发生的原因做出准确的判断。其目的在于确认病原，根据病原的特点、发生规律与流行条件，制定正确的防治措施。正确的诊断是有效控制植物病害的前提，田间综合分析判断是病害诊断的重要组成部分，为此病害诊断时要进行以下内容：第一，病害的全面观察和标本检查；第二，到发病现场，深入了解、调查田间群体发病的特点，病害发生的环境条件、历史等；第三，分析发病原因，初步确定要诊断的病害是由哪一类病原物引起；第四，系统采集病害标本，包括病植株的根、根围土壤、病植株上的其他生物等；第五，进行病原鉴定，确定病原的类型、分类地位；第六，估计危害程度，提出和制定防治策略。通常病害诊断分为症状观察、病原鉴定和人工诱发三个步骤进行。

植物线虫与其他病原物一样，都影响植物的正常生长，使植物发育不良，根据不同植物线虫对植物造成的特殊症状，我们便可以对引起的病害加以诊断。

植物线虫一般寄生于植物根部，但也有一些寄生于植物的茎、叶、种子和果实上。寄生在根上的线虫引起的病害症状除在植物根部显示出异常外，如根系弱小、腐烂、粗短、膨大、增生和卷曲等，植株地上部的生长发育亦受阻，表现为叶片黄化、褪绿，植株矮化、茎秆长势弱，严重时导致植株死亡等。这些症状不太明显，而且很难与其他病原物或不良环境引起的生理性病害症状区别开，但在病部常有大量的病原线虫种类存在，因此，植株的长势和根部的异常以及某些肉眼可见的较大线虫虫体（胞囊、根结线虫雌虫）是田间线虫病害诊断的重要依据之一。与此相反，那些寄生在植物茎叶和种子内的线虫可造成相当明显的地上部症状，这类病害往往是由单一种类的线虫引起的，因此，也可根据病原线虫的存在而进行诊断。

一、田间症状观察

症状观察是诊断病害最直接的一种方法。植物病害的症状是植物受病原生物或不良环境因素的侵扰后，内部的生理活动和外观的生长发育所显示的异常表现，可分为病状和病征两部分。由于症状是感病植物特性和病原特性两者相互结合的反映，在植物体上有其较稳定的特征性，因此对常见病害或比较熟悉的病害，常常可以根据其症状作出初步诊断。如果外部症状不明显，还应进行内部检查。

植物受线虫危害后通常不会表现特别明显的症状，当观察到田间出现不均匀的植株黄化、矮缩以及根系生长不良等现象时，可以怀疑是病原线虫所致。线虫为害所表现的症状，因线虫的种类、为害部位及寄主植物的不同而异。大多数植物线虫为害植物的地下部分，多寄生在植物根部的侧根或须根上。根部症状的主要表现：

（1）结瘤。由于线虫的侵染，植物细胞受到线虫分泌物的刺激而膨大、增生，形成肿瘤或虫瘿。通常由根结线虫、鞘线虫和剑线虫引起。

（2）坏死。植物被害部分酚类化合物增加，细胞坏死并变成棕色，多由短体线虫引起。

（3）根粗短。线虫在根尖取食，根的生长点遭到破坏，致使根不能延长生长而变短变粗。常由毛刺线虫、根结线虫和剑线虫引起。

（4）丛生。由于线虫分泌物的刺激，根过度生长，须根呈乱发状丛生。根结线虫、短体线虫、胞囊线虫、长针线虫及毛刺线虫均可引起这种症状。

此外，一些植物线虫还可以侵袭植物的地上部分的茎、叶、花和果实，引起病变。受到线虫为害后，地上部症状主要表现：

（1）畸形。如小麦粒线虫侵入后，引起叶片扭曲，籽粒变成虫瘿。

（2）变色。如根结线虫、胞囊线虫侵入引起叶绿素含量变化，地上部表现黄化等变色。

（3）坏死或腐烂。如菊花叶枯线虫、起绒草茎线虫、香蕉穿孔线虫、椰子细杆滑刃线虫为害后均可引起细胞坏死，组织腐烂。

（4）萎蔫或整株死亡。如由松材线虫引起的松树萎蔫病，由于线虫在树脂道的上皮细胞上取食，产生很多胶质物、堵塞树脂道，造成上部萎蔫，最后整株死亡。

二、植物线虫病害的实验室病原鉴定

病原的鉴定通常可以借助于显微镜或放大镜，使用显微镜或放大镜检查病部组织上和细胞内有无病原线虫，是初步鉴定侵染性病害或非侵染性病害的一种方法。对于一些表面无法看到病征的病害，通常可以先对病组织进行染色，然后再在显微镜下观察。植物病原线虫因其虫体微小透明，除胞囊线虫和根结线虫的成熟雌虫可以肉眼观察到外，其他种类多需将其与病组织分离后依赖显微镜加以鉴定。因此线虫的分离鉴定与人工接种成为实验室诊断的重点内容。

（一）植物线虫的常规分离鉴定

对于一些常见的外部特征明显的线虫病害，可以根据症状观察直接做出诊断，如胞囊线虫在寄主根上有白色或褐色小米粒大小的胞囊，而根结线虫的白色苹果型雌虫存在于寄主的根结内。但大多数病害没有明显的特异性症状，容易与生理性及其他传染性病害混淆，需要采集有明显症状的标本或根系及根围土壤，通过对线虫的分离和鉴定做出准确的诊断（详见第九章）。

（二）超微观察

植物病害诊断中的超微观察，主要是利用扫描和透射电子显微技术，观察病原物的表面精细结构和内部细胞结构，为准确地分类鉴定奠定基础（详见第九章）。电子显微在植物病原线虫病害诊断中的应用有以下几个方面：

（1）观察了解植物病原线虫的基本形态结构，并且通过样品的连续切片技术，重组病原物某些部位或器官的三维结构，可用于区别各种线虫引起的植物黄化病。

（2）采用系统连续取样方法和连续切片技术，观察植物线虫的发育过程。

（3）观察研究线虫在寄主植物上的侵染过程，揭示线虫在寄主内的取食和繁殖过程。

（4）观察研究寄主植物的抗病机制，明确在线虫侵染过程中，寄主植物在细胞水平和亚细胞水平上是如何做出相应的反应的，以及线虫侵入后，寄主植物形态结构上有何变化。

（三）植物线虫的生化及分子分类与鉴定

由于线虫许多表型特征的保守性，再加上寄主及环境条件的差异，因此线虫在种内也存在着一定的变异范围，而且有的线虫种间的形态测量值又存在重叠的现象，以传统的形态学鉴别为基础的分类法有时难以可靠地分析和鉴别近似种、种内生理小种或致病型间存在的差异。因此，越来越多的生物技术方法应用于线虫的分类与鉴定。

1. 蛋白质电泳分析及同工酶技术

此方法以凝胶电泳技术为基础，所提供的信息比传统的形态学分类和测量值更加客观和简便。蛋白质电泳分析是最早应用于线虫学研究的一种分子生物学技术，亲缘关系相近的种或种下类群，其蛋白质因分子质量大小不同可以通过 PAGE 和琼脂糖凝胶电泳分离开来，根据凝胶上显示的蛋白质的谱带不同，作为分类标记或计算相似性。此方法曾用来研究马铃薯金线虫 *G. rostochiensis* 种下类群的遗传变异情况。但蛋白质呈现出来的电泳谱带包括了所有的可溶性蛋白质，提供了太多复杂而难以分析的信息，限制了其应用。

同工酶技术是在蛋白质分析的基础上发展起来的一项技术，现已广泛应用于球胞囊线虫、根结线虫、短体线虫和松材线虫等植物线虫的研究中。Esbenshade 和 Trianntaphyllou（1987）使用同工酶技术检查了来自 65 个国家的根结线虫属 16 个种 291 个群体线虫的 27 种酶的图谱，同工酶图谱在不同线虫种之间的差异明显，肯定了其在线虫分类中的地位。胡凯基等（1995）对松材线虫与拟松材线虫的酯酶进行了分析，结果表明酯酶的稳定性并不好，这可能与酶本身易受外界环境条件，如培养线虫的条件（湿度和温度）等、提取过程及提取物的贮藏条件、分析方法及线虫的各发育阶段或在某一阶段线虫的生理状况的影响有关。尽管酯酶、苹果酸脱氢酶等在密切相关的种类间保持着一定保守性，但由于种种因素的干扰，利用电泳分析线虫蛋白易导致结果的不稳定性。

2. 血清学技术

利用血清学技术和方法进行种类鉴定，其所需蛋白量少，测定结果也不会受到线虫的生理状态如卵的滞育的影响，而且能在短时间内快速完成。应用此技术，Seinhorst 等（1989）分别得到了马铃薯金线虫和马铃薯白线虫的单克隆抗体，并成功对二者进行了区分。该技术在根结线虫和胞囊类线虫方面应用较多。

3. DNA 杂交技术

分子杂交的理论依据是在一定条件下，具有一定同源性的两条核酸单链间核苷酸键按碱基互补原则退火形成双链。在分子杂交检测中，杂交的双方是待测核酸及根据待测核酸序列合成的标记探针，标记物常选用放射性同位素或非放射性物质，如生物素等。应用此技术 Harmey（1993）获得松材线虫的 4kb DNA 特异性片段可以用于松材线虫的鉴定。Abad（1991）等采用异源探针比较了松材线虫与拟松材线虫和 *B. fraudulentus* 种间群体基因组同源区，发现该三种线虫相互间存在明显遗传差异。分子杂交技术的优点是快速专一、灵敏度高，但杂交过程繁杂、技术难度大、DNA 需要量大，且需要采用放射性标记。

4. 基于 PCR 的检测技术

PCR 技术的建立和发展实现了对基因组直接测序克隆、文库构建、基因突变检测、寡核苷酸探针合成、差异表达筛选以及对基因序列多态性的检测等，广泛地应用于病原物检测和病害的早期诊断。

1）RFLP 技术

限制性片段长度多态性（restriction fragment length polymorphism，RFLP）是利用限制性内切核酸酶在 DNA 特殊的位点切割 DNA，样本 DNA 被 1 个或多个内切核酸酶切割后降解成许多大小不等的片段，所产生的 DNA 片段的数目和各个片段的长度反映了限制性内切核酸酶酶切位点在 DNA 上的分布。对于一种特定的生物，其 DNA 被每一个限制性内切核酸酶组合酶切所产生的片段是特异性的，能作为某一 DNA 或含这种 DNA 生物所特有的“指纹”。RFLP 在 1985 年首次被用于鉴定线虫种。此技术多用于对根结线虫、松材线虫和拟松材线虫的检测。

2）RAPD 技术

随机扩增多态性 DNA 技术（random amplified polymorphic DNA，RAPD）建立于 PCR 技术基础之上，利用一系列不同的随机排列的寡聚核苷酸单链为引物，对所研究的基因组

DNA进行PCR扩增，经聚丙烯酰胺（或琼脂糖）电泳分离，利用溴化乙锭染色（或放射性自显影）来检测扩增产物DNA片段的多态性，这些扩增产物DNA片段的多态性反映了基因组相应区域的DNA多态性。该技术已被应用于根结线虫、胞囊线虫、穿孔线虫、茎线虫、松材线虫等的鉴定。

3）PCR-SSCP技术

单链构象多态性（single-strand conformation polymorphism，PCR-SSCP）分析是一种简便、灵敏、无需酶和探针的PCR鉴定技术。其主要原理是靶序列经PCR扩增后，变性为单链DNA（ssDNA）并进行非变性聚丙烯酰胺凝胶电泳。此时ssDNA的迁移率主要取决于单链所形成的构象。靶序列分子出现的微小变化，如点突变、缺失或插入都可能影响其构象，进而出现泳动变动。一般来说，用于SSCP分析的单链DNA片段越小，检测的敏感性就越高。张立海等在2001年对*B. xylophilus*和*B. mucronatus*的ITS1区进行测序，利用PCR-SSCP技术，可将两种线虫明显区分开。

4）实时荧光PCR技术

实时荧光PCR技术是在PCR定性技术基础上发展起来的基因定量技术，它利用荧光信号伴随着PCR产物的增加而增强的原理，在PCR扩增过程中，连续不断地检测反应体系中荧光信号的变化，能准确灵敏地测定模板浓度及检测基因变异动态等。具有更高的检测灵敏度和特异性，能更快速、更准确地对病原物进行检测鉴定。目前，实时荧光PCR检测技术在植物鳞球茎茎线虫、拟松材线虫、霍夫曼尼伞滑刃线虫*B. hofmanni*、大核滑刃线虫*Aphelenchoides macromucrons*、长尾属线虫、粒线虫等线虫检测中有所应用。

三、线虫的人工接种

有时从样本中常可以分离到两种甚至两种以上的有口针的线虫（详见第九章）。尽管能够寄生于植物的线虫都有口针，但是并非所有具有口针的线虫都是植物病原线虫，因而要从两种病原线虫中判别哪一种是优势病原线虫，常需要通过人工接种实验以确定线虫的致病性或哪一种线虫是优势病原线虫。不同的线虫，人工接种的方法不同。证明仅仅由线虫侵染引起的病害，采用线虫单独接种；要证明线虫和其他病原物的复合作用，需采用线虫与其他病原物混合接种。

1. 线虫单独接种

不同的线虫接种的方法不同。

（1）根结线虫或胞囊线虫病的接种：一般使用大田混栽法，也可在温室中进行。较为精细或可靠的做法是先将线虫纯化、大量培养，再接种于在灭菌土壤中生长在与原来相同的寄主上，诱发病害产生。这种做法的缺点是耗时较长，一般需要5～6个月。

（2）带线虫材料的混合栽培接种：这种方法用于种苗传播的线虫病，如小麦粒线虫病的诱发。

（3）喷雾接种：用于危害叶、芽的线虫，如草莓芽叶线虫*A. fragariae*。将线虫与灭菌水混合成线虫悬浮液，用滴注或喷雾的方法接种于健康寄主。

（4）伤口接种：在健组织上钻出小孔，将带有线虫的材料埋在孔中，或者用培养的线虫悬浮液灌注或注射到孔内。伤口用脱脂棉保湿，也可用熔化的蜡或原来钻下的组织封住。或将寄主的某一枝条削去上段，将削口切平（整齐），套上适当长度的乳胶管，将线虫悬浮液灌注于乳胶管中，然后用脱脂棉塞住乳胶管的开口端，保湿。这种方法适用于某些茎线虫病和松材线虫病的接种。

2. 线虫与其他病原物混合接种

要证明线虫与其他病原物的复合侵染或线虫传播其他病害，常常用混合接种诱发的方法。例如，将小麦粒线虫的虫瘿和密穗病菌与健康种子混合拌匀后播种，可以诱发小麦密穗病。

证明线虫与真菌的复合侵染或传播真菌病害，通常是将病菌拌在灭菌的土壤中，种植后，再接种线虫，同时设不接种线虫或不接种真菌作对照。

本章小结

本章着重介绍植物线虫病害的诊断方法和技术，线虫危害引起的植物生理变化（内部变化）以及植物线虫危害后重要植物的外部症状，为植物线虫病害的防治提供依据。植物线虫病害的诊断是指根据感病植物的特征、生长环境和外界条件，通过调查、分析，病原物的分离，最终对线虫病害发生的原因做出准确的判断，明确病原线虫种类，根据病原线虫的特点、发生规律的流行条件，制定正确的防治措施。

植物线虫病害的症状是植物受病原线虫侵染后，内部的生理活动和外观的生长发育所显示的异常表现。大多数病原线虫侵染根、根茎、块根、块茎和鳞茎等地下部，在根部引起显著的外部病变，如形成根结、粗短根、发根、根系弱小、腐烂、增生和卷曲等症状，而植株地上部的生长发育亦受阻，表现叶片褪绿或黄化、植株矮化，茎秆长势弱，严重时导致干枯死亡等症状。这些症状有时很难与其他病原物或不良环境引起的生理性病害症状区别开，但在病部常有大量的病原线虫存在，因此，植株的长势和根部的异常及病原线虫的存在是田间线虫病害诊断的重要依据。

有些病原线虫只危害植物的地上部，如粒线虫属和茎线虫属以及部分滑刃线虫和松材线虫等，可以造成茎叶变形、叶片的坏死和变色、虫瘿以及萎蔫等明显的地上部症状。寄生在植物茎叶和种子内的线虫可造成相当明显的地上部症状，这类病害可根据单一种类病原线虫的存在而进行诊断。本章简要介绍了农林业生产上危害较为严重的植物线虫病害的症状特点，包括根结线虫病、胞囊线虫病、粒线虫病、茎线虫病、滑刃线虫病、松材线虫病、柑橘半穿刺线虫病和香蕉穿孔线虫病等。

植物受到线虫侵染后，由于线虫对植物组织结构或生理机能的干扰破坏作用，造成植物对水分吸收、运输和蒸腾的异常，从而出现干枯、萎蔫坏死等外部症状。受线虫侵染的植物体，通常蒸腾作用和蒸腾速率下降。大多线虫侵染植物后可使植物的光合作用受损，主要表现为组织失绿，叶绿素含量减少，光合作用下降。受线虫侵染的组织，表现出明显的代谢活性增高，形成一代谢库，一些营养物质从植物健康部分向这里转移。植物线虫侵入，常导致膜系统受损，使植物细胞膜透性增加，细胞内可溶性物质大量外渗，最后引发植物代谢失调，使植物产量和品质下降。植物线虫在侵入植物过程中，除口针吸取寄生的营养对植物的组织造成机械的损伤外，线虫的分泌物还可以引起植物产生一系列的生理病变，刺激取食点附近的寄生细胞增殖、增大、过度分裂，引起受害部位结瘤畸形。

本章介绍了植物线虫病害的病原诊断常用方法，包括植物病原线虫的常规分离鉴定，染色，病组织结构的超微观察，以及植物线虫种类的分子分类鉴定常用方法和线虫的人工接种技术，为植物线虫病害的田间诊断和实验室鉴定做了较好的总结。

思　考　题

1. 如何在田间对线虫病害进行初步诊断？
2. 植物线虫危害的外部病状表现有哪些？
3. 植物线虫的危害可以使植物产生哪些生理变化？
4. 简述生产上常见的重要植物线虫病害的症状特点及鉴别特征。
5. 根结线虫与胞囊线虫的症状特点有何不同？如何识别？
6. 如何对植物线虫病害的病原进行诊断？
7. 哪些分子生物学技术被应用于病原线虫的鉴定？

主要参考文献

宾淑英，冯志新．1999．花生根结线虫对花生植株内源激素、氨基酸、核酸及糖的影响．华南农业大学学报，20（4）：15-19

段玉玺，吴刚．2002．植物线虫病害防治．北京：中国农业科技出版社

冯志新．2001．植物线虫学．北京：中国农业出版社

葛建军，刁鹏，陈洪俊．2008．马铃薯金线虫的分子检测技术．植物检疫，22（1）：21-23

胡凯基，杨宝君．1995，松材线虫和拟松材线虫不同株系酶电泳的研究．林业科学研究，8（1）：73-77

廖金玲，彭德良，郑经武．2006．中国线虫学研究．北京：中国农业科学技术出版社

刘维志．2000．植物病原线虫学．北京：中国农业出版社

陆伟，陈学新，郑经武．2001．松材线虫与拟松材线虫 rDNA 中 ITS 区的比较研究．农业生物技术学报，9（4）：387-390

马杰，吴慧平，杨荣铮．2000．根结线虫对寄主蛋白质含量的影响．安徽农业大学学报，27（1）：37-39

宋协松．1990．花生干荚果虫瘿内根结线虫病病原死活的研究．植物病理学报，20（3）：201-206

宋协松，栾文琪，董炜博，等．1994．花生种质资源对花生根结线虫病的抗性鉴定．植物病理学报，25（2）：39-141

王雪．2009．大豆抗胞囊线虫机制及与抗性相关的差异蛋白质组学研究．沈阳农业大学博士学位论文

吴海燕．2003．大豆与大豆胞囊线虫相互关系研究．沈阳农业大学博士学位论文

张立海，廖金铃，冯志新．2001．松材线虫 rDNA 的测序和 PCR SSCP 分析．植物病理学报，31（1）：84-89

Abad P，Tares S，Brugier N，et al. 1991. Characterization of the relationships in the pinewood nematode species complex（PWNSC）（*Bursaphelenchus* spp.）using a heterologous unc-22 DNA probe from *Caenorhabditis elegans*. Parasitology，102：303-308

Davis E L，Hussey R S，Mitchum M G，et al. 2008. Parasitism proteins in nematode-plant interactions. Current Opinion in Plant Biology，11：360-366

Elnagdi W M A，Hasabo S A. 2005. Variability in reproduction and development of *Meloidogyne incognita* on some tobaco cultivars and cellular alterations of the infected plants. Pakistan Journal of Nematology，23（2）：331-338

Esbenshade P R，Triantaphyllou A C. 1987. Enzymatic relationships and evolution in the genus Meloidogyne（Nematoda：Tylenchida）. Journal of Nematology，19：8-18

Fukuda K. 1999. Physiological process of the symptom development of pine wilt disease in compatible and incompatible pine nematode combinations. *In*：Futaik，Togashi K. Sustain Ability of Pine Forests in Relation to Pine Wilt and Decline Tokyo：Shokado：79-5

Fukuda K, Hogetsu T, Suzuki K. 1992. Cavitation and cytological changes in xylem of pine seedlings inoculated with virulent and avirulent isolates of *Bursaphelenchus xylophilus* and *B. mucrorltus*. Journal of the Japanese Forestry Society, 74 (4): 289-299

Harmey J H, Harmey M A. 1993. Detection and identification of *Bursaphelenchus* species with DNA fingerprinting and polymerase chain reaction. Journal of Nematology, 25: 406-415

Kathiresan T, Mehta U K. 2005. Effect of *Pratylenchus zeae* infection on the expression of isozyme activities in resistant and susceptible sugarcane clones . Nematology, 7: 677-688

Montes M J, López-Braña I, Delibes A. 2004. Root enzyme activities associated with resistance to *Heterodera avenae* conferred by gene Cre7 in a wheat/Aegilops triuncalis introgression line. Journal Plant Physiol. , 161: 493-495

Olsen M, Matheron M. 2000. Diseases of citrus in Arizona. Plant Disease, 83 (1): 12-13

Seinhorst J W, Oostrom A. 1989. Reproduction of a mixture of pathotypes Rol of *Globodera rostochiensis* and Pa 3 of *G. pallida* and its offspring on cultivars Cardinal and Irene. Nematologica, 35: 469-474

Starr J L, Shim M Y, Lee L A, et al. 1996. Additive effects of *Meloidogyne arenaria* and *Sclerotium rolfsii* on peanut. Jounal of Nematology, 28: 99-106

Subbotin S A, Madani M, Krall E, et al. 2002. Molecular diagnostics, taxonomy, and phylogeny of the stem nematode *Ditylenchus dipsaci* species complex based on the sequences of the internal transcribed spacer-rDNA. Nematology, 4 (2): 183

Subbotin S A, Peng D L, Moens M. 2001. Arapid method for the identification of the soybean cyst nematode *Heterodera glycines* using duplex PCR. Nematology, 3 (4): 365-377

第七章　植物线虫病害的防治

植物线虫病害的防治采用的植保方针是“预防为主，综合防治”。国外提出的“有害生物综合治理”（integrated pest management，IPM）方针，与“预防为主，综合防治”的植保方针基本一致。不过，IPM 更强调治理或管理，包括考虑成本、经济效益、产品质量和环境质量。防治植物线虫病害，要根据一种线虫的生物学特性，寄主植物的反应以及具体的生产条件和可能，提出切实可行的防治方法。

随着人们环境和生态意识的增强，一些植物线虫专家提出植物线虫病害可持续治理（sustainable phytonematode management）的概念，其主要特征和内容包括以下 4 点。

（1）一切防治措施都不单纯以消灭线虫为目的，而是着重于抑制线虫危害和促进作物生长；在不造成经济损失的前提下，保持寄主作物与寄生线虫之间的动态平衡。

（2）强调生物性防御，重视生态防治和生物防治，这种防治效果一旦实现，具有持久效应，可发挥长远的作用。

（3）一切防治措施都与提高作物抗病能力和提高天敌对线虫的自然控制能力相协调；化学防治在这个系统中，只是一种协调性防治措施。

（4）各种措施有机协调，防止单一措施造成的弊病，能有效防止线虫对任何一项措施产生抗性。

因此，线虫的可持续治理系统经济有效，对环境安全并可发挥持续的防治效应。

第一节　植物检疫

一、概　　念

植物检疫（quarantine）是法规防治，指通过国家立法并授权检疫机构，制定和强制执行的法规，达到控制有害生物的防治措施。

植物检疫工作的任务是采取法律和严厉的行政措施，严格限制法令规定的检疫性有害生物的传入或传出。许多植物线虫往往仅在局部地区或少数国家发生和为害。线虫自身移动或自然因素传播的距离有限，通常是人为因素远距离传播危险性植物线虫病害。在人为因素中，主要是携带含有线虫的种子、苗木、植物产品、带土材料和包装材料等的调运。这种传播是迅速的，极为有效的，可以到达人迹可至的任何地方。这些原来在局部地区发生的危险性植物线虫，一旦传入新区往往会迅速繁殖扩大为害，有的可能由于新区的环境条件比原产地更适于线虫的发育，或新区全无抵御此种线虫的自然天敌，使线虫迅速繁殖。同时由于线虫多是土传病原物，一旦落入土壤中很难防治和根除。

二、原　　理

植物线虫病害常常可以通过种苗或种薯等无性繁殖材料传播，如马铃薯金线虫通过种薯传播；有些则可通过种子传播，如椰子细杆滑刃线虫通过坚果传播、小麦粒线虫和贝西滑刃线虫通过种子传播；而松材线虫可依靠木板包装材料传播。土壤中的线虫可随土壤传播。因此，可通过检疫措施，将这些传播途径予以切断。

三、我国确定危险性植物线虫的标准

划分危险性植物线虫的原则是：①人为传播；②在我国尚未发生或局部发生，能严重危害农林牧业生产，其主要受害植物是国家或地区性资源；③繁殖能力强、适应性广，一旦传入能造成巨大损失；④防治困难。

历史上，由于危险性植物线虫病害传入而酿成巨大祸害的事例颇多。引起甘薯块根腐烂的茎线虫 *Ditylenchus destructor*，是 1937 年随日本侵略者传入我国的，首先在山东省青岛李村发现，以后逐渐传播到山东省各地、华北数省以及辽宁等地，给我国甘薯生产造成巨大损失。虽经几十年的控制，至今仍然在某些地区严重发生危害。水稻干尖线虫是 1941 年在天津小站发现的，也是随日本侵略者传入的，经过 20 世纪 50 年代和 60 年代的大力防治已基本控制危害。但 80 年代以来，由于种子部门的疏忽，在辽宁省的沈阳、盘锦、辽阳和营口等地均有发生，而且危害情况超过辽宁省历史上任何时期。松材线虫在日本、美国和法国发生。在日本，这种线虫对松树已造成毁灭性的危害，已花费大量的人力和财力进行防治，但收效甚微，已失去防治信心。1982 年南京农业大学程瑚瑞教授首先在南京中山陵的松树上发现松材线虫，引起我国有关部门的高度重视。目前已在我国 10 余个省区发生，并有迅速蔓延之势。松材线虫可能是随进口的松材包装箱传入我国的。香蕉穿孔线虫是国外香蕉产区的重要线虫，1988 年在我国福建省漳州地区发现，由于发现及时，采取强有力的措施，经过几年的控制。已扑灭。

四、检疫性植物线虫名录

《中华人民共和国进境植物检疫性有害生物名录》已于 2007 年 5 月 28 日正式发布实施。根据国际植物检疫措施标准，新修订的《名录》从原来的 84 种增加到现在的 435 种，不再区分一类、二类，扩大了对我国农林业的保护面，其中包括植物线虫 20 个种（或属）（表 7-1）。

表 7-1　中华人民共和国进境植物检疫性有害生物植物线虫名录

序　号	线虫种类
1	*Anguina agrostis* (Steinbuch) Filipjev 剪股颖粒线虫
2	*Aphelenchoides fragariae* (Ritzema Bos) Christie 草莓滑刃线虫
3	*Aphelenchoides ritzemabosi* (Schwartz) Steiner et Bührer 菊花滑刃线虫
4	*Bursaphelenchus cocophilus* (Cobb) Baujard 椰子红环腐线虫
5	*Bursaphelenchus xylophilus* (Steiner et Bührer) Nickle 松材线虫
6	*Ditylenchus angustus* (Butler) Filipjev 水稻茎线虫
7	*Ditylenchus destructor* Thorne 腐烂茎线虫

续表

序号	线虫种类
8	*Ditylenchus dipsaci* (Kühn) Filipjev 鳞球茎茎线虫
9	*Globodera pallida* (Stone) Behrens 马铃薯白线虫
10	*Globodera rostochiensis* (Wollenweber) Behrens 马铃薯金线虫
11	*Heterodera schachtii* Schmidt 甜菜胞囊线虫
12	*Longidorus* (Filipjev) Micoletzky (The species transmit viruses) 长针线虫属（传毒种类）
13	*Meloidogyne* Goeldi (non-Chinese species) 根结线虫属（非中国种）
14	*Nacobbus aberrcens* (Thorne) Thorne et Allen 异常珍珠线虫
15	*Paralongidorus maximus* (Bütschli) Siddiqi 最大拟长针线虫
16	*Paratrichodorus* Siddiqi (The species transmit viruses) 拟毛刺线虫属（传毒种类）
17	*Pratylenchus* Filipjev (non-Chinese species) 短体线虫（非中国种）
18	*Radopholus similis* (Cobb) Thorne 香蕉穿孔线虫
19	*Trichodorus* Cobb (The species transmit viruses) 毛刺线虫属（传毒种类）
20	*Xiphinema* Cobb (The species transmit viruses) 剑线虫属（传毒种类）

除以上危险性线虫种类名单以外，2008 年 2 月 18 日，国家林业局发布 2008 年第 3 号公告，国内林业检疫性有害生物共有 21 种。其中，线虫 1 种，害虫 13 种，病原微生物 6 种，有害植物 1 种，明确松材线虫 *Bursaphelenchus xylophilus* (Steiner et Buhrer) Nickle 为全国林业植物检疫性有害生物。我国农业部于 2009 年 6 月 4 日发布第 1216 号公告，依据《植物检疫条例》发布了《全国农业植物检疫性有害生物名单》，由原来的 45 种，减少为 29 种。确定水稻茎线虫 *Ditylenchus angustus* (Butler，1913) Filipjev，1936 和香蕉穿孔线虫 *Radopholus similis* (Cobb，1913) Thorne，1949 两种线虫为全国植物检疫性有害生物。

国内不同省份或地区都制定出相应的检疫性植物线虫病害名单，在具体工作中执行。

第二节 栽培技术防治

许多农业技术措施防治线虫是有效的，且切实可行，防治原理都是根据线虫的生物学、生理学、生态学特性而灵活采用。

一、轮　作

轮作可与非寄主植物轮作，或与抗病品种轮作。根据线虫的寄主范围，在土壤中存活时间长短，决定轮作的非寄主植物和轮作年限。大多数为 3～4 年，特别是水旱轮作更为有效。与玉米、小麦、棉花等非寄主植物轮作 3～4 年，可有效地控制大豆胞囊线虫。

二、农 业 防 治

（1）灌溉。线虫是水生动物，但土壤长期淹水，大多线虫会窒息而死。因土壤通气不良和受潮湿后容易使线虫发生细菌和真菌性病害。一般淹水 2～3 周，可以收到很好的防治效果。

（2）深翻和日晒土壤。深翻，将线虫翻到土面，暴露在空气中和太阳光下，高温干燥可以使一部分线虫死亡，特别是南方第一季作物收获后，进行几天的曝晒，中午地表温度可达 45～50℃。在北方的大田和温室，也同样起作用。

（3）调节播期。错过线虫盛发期，或使线虫不能完成生活史。对粟线虫和马铃薯金线虫比较有效。

三、种植诱捕植物

有些植物可以诱使线虫的卵孵化，幼虫出来后找不到寄主而死亡；有的植物不仅诱使卵孵化，而且线虫可以侵入，但不能完成生活史。例如，蓖麻 *Ricinus communis*、猪屎豆 *Crotalaria pallida* 对大豆胞囊线虫即是诱捕植物；种植叶菜类蔬菜可以诱捕根结线虫。

四、施　　肥

有机质（如作物残体和动物粪便）混入土壤后，土壤营养状况和物理特征改善植物的生长，提高了植株的抗根结线虫活性。有机质的表面积大，增加土壤的离子交换能力、对营养的保持能力和向植物供给营养的能力。有机质还能与一些金属离子，如铁、铜、锰和锌等植物必需的微量元素形成复合体，这些金属离子即使以螯合形式存在也很易被植物吸收利用。

土壤生态环境的调控措施对根结线虫种群密度具有明显的控制作用。有机质通过促进与线虫竞争或对线虫造成破坏作用的微生物生长来对根结线虫进行控制。在有机质的降解过程中，某些微生物群体能够增加和产生破坏线虫或线虫卵的酶或毒素。土壤酶系主要以几丁质酶和蛋白酶能够破坏线虫卵壳和线虫角质层。有机质在土壤中降解的过程中，还会产生许多对线虫有毒害作用的化学物质，如氨、亚硝酸盐、硫化氢以及许多具挥发性的物质和有机酸类化合物等直接具有杀线虫活性。这些物质能影响线虫卵的孵化和幼虫的运动。

第三节　物理和化学防治

一、物理防治法

1. 汰选

（1）筛选：根据线虫的虫瘿粒明显比正常麦粒小的原理，利用筛选防治小麦粒线虫是有效的方法，我国著名植物病理学家朱凤美早在 20 世纪 40 年代就发明了种子汰选机，汰选效果达 90%以上。

（2）水选：带有水稻干尖线虫的种子比正常的种子的比重轻，用水选，特别是盐水或泥浆水漂选效果较好。

2. 热力杀线

（1）温汤浸种：对于球茎、薯类的块茎和块根、幼苗根系和种子均实用有效。通常在40～45℃水中浸15min，可杀死大多数线虫。对水稻干尖线虫、粟线虫、马铃薯金线虫和甘薯茎线虫等有效。如果植物受处理部位耐较高温度，水温可提高到52～53℃，效果会更好。

（2）土壤热处理：有条件的温室、保护地，或小面积园圃，可用蒸汽消毒，经铁管将蒸汽通入土内，土表用塑料薄膜覆盖，高温结合阳光曝晒土壤。夏季，土壤翻耕后，晴天中午高温结合日晒，可杀死土表线虫。在保护地，第一季作物收获后，翻耕土壤，高温焖棚几日，室内温度更高，效果更好。

二、化学防治法

防治线虫的药剂，称作杀线剂（nematicides），见附录。由于线虫的体壁外层为不具有任何细胞结构的角质层，通气性、透水性和化学离子的渗透性均较差，线虫的神经系统又不甚发达，因而很难找到有效的杀线剂。早期发现的药剂大多为土壤熏蒸剂，1918年发现氯化苦的防治效果，1935年发现溴甲烷，1943年Carter在夏威夷试验D-D混剂防治热带果树的线虫取得成功，1955年发现二溴氯丙烷比D-D混剂还好，1955～1975年曾在生产上大面积推广，但后来发现影响男性生育，严禁使用。1968年以后发现二硫代氨基甲酸酯类化合物，如呋喃丹、涕灭威、Nemacur、MOCAP（法国），都属于触杀剂。

1. 熏蒸剂类

（1）溴甲烷：英文名称Methyl Bromide，为应用广泛的熏蒸剂。可杀死仓库内的害虫和土壤的昆虫、线虫、真菌、细菌和杂草种子。该药挥发性强，毒性大，处理土壤时通常是采用特制的施药器注射到土壤内，要封闭好。施药后48h才能播种。

（2）必速灭（棉隆）：英文商品名Dazomet、Mylone，市场剂型为98%～100%的微粒剂。棉隆是我国应用多年的杀虫剂，同时也可作为杀线虫剂，施用时可将微粒剂均匀撒在土表，然后耙入15～20cm深的耕层。注意施用适温为10～25℃，土壤施药后2周才能播种。此药剧毒，必须严格按说明书操作。

（3）威百亩（维巴姆）：英文名为Metham sodium、Vapam、Carbathione，为*N*-甲基二硫代氨基甲酸钠，商品剂型有30%水剂。施用时加1倍水稀释，播前施入土壤，发挥熏蒸作用。对植物有毒害，播前2周施药。

2. 触杀性杀线虫剂

（1）益舒宝（丙线磷、灭克磷）：英文名MOCAP、Ethoprophos，有机磷制剂。剂型有10%和20%的颗粒剂，为触杀性杀线虫剂和杀虫剂。土壤施用，避免与种子直接接触。

（2）苯线磷（克线磷、灭线磷、苯胺磷、力满库）：英文名Fenamisiphos、Nemacur，有机磷制剂。剂型为10%颗粒剂，为触杀性和内吸性杀线剂。水溶性，对植物较安全。

（3）克线丹：英文名Sebufos、Rugby，有机磷制剂，为触杀性杀线虫剂和杀虫剂。剂型为10%和20%颗粒剂，对多种线虫有效，但对胞囊类线虫效果较差。

（4）米乐尔：英文名Miral、Isazofos，有机磷制剂。剂型有3%颗粒剂，为触杀性杀线虫剂和杀虫剂。内吸性，土壤施用，避免与种子直接接触。

(5) 甲基异柳(硫)磷：英文名 Isofenphos methyl，有机磷制剂。剂型有 20%、40%乳油，2%粉剂，3%和 5%的颗粒剂。为触杀性杀线虫剂和杀虫剂。可防治根结线虫和大豆胞囊线虫。

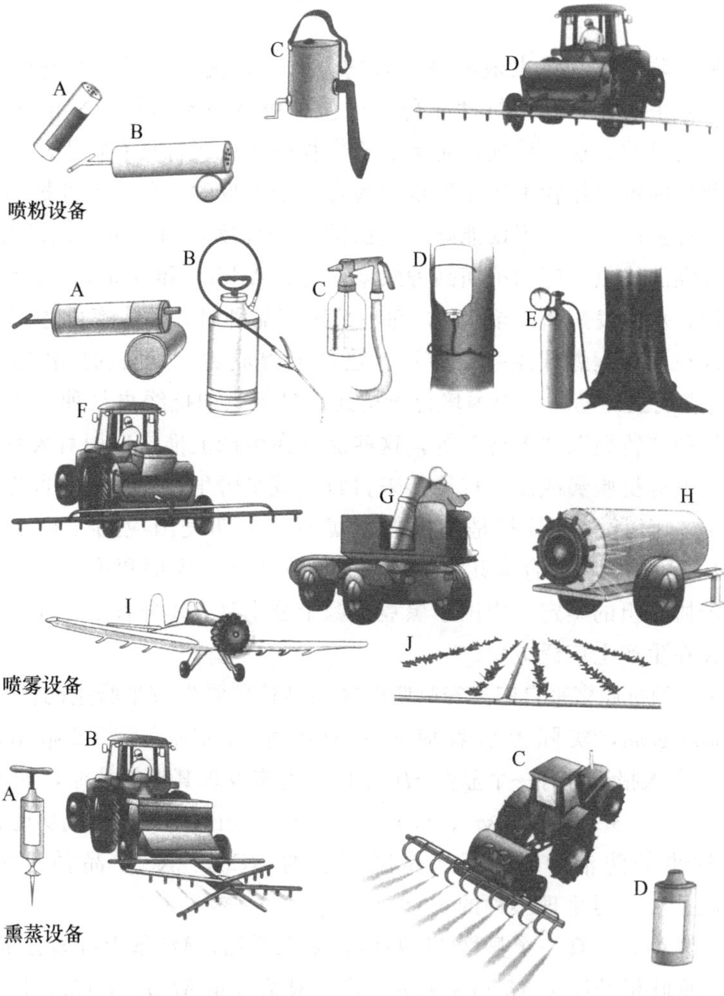

图 7-1　施用各种农药的农业机械设备(仿 Agrios，2004)

(6) 呋喃丹(克百威)：英文名 Carbofuran、Furandan，为氨基甲酸酯类制剂。国内加工剂型有 3%颗粒剂。内吸性触杀作用，可被植物吸收，毒性较大。

(7) 涕灭威(铁灭克)：英文名 Aldicarb、Timek，为氨基甲酸酯类制剂。国内加工剂型为 10%和 15%颗粒剂。内吸性触杀作用，可被植物吸收，毒性较大。

(8) 万强(杀线威)：英文名 Vydate、Oxamyl，为氨基甲酸酯类制剂。国内加工剂型有 24%溶液、10%颗粒剂。内吸性触杀作用，双向传导，可被植物吸收。24%溶液可叶面施用，10%颗粒剂土壤施用。

(9) 爱福丁(齐螨素、杀虫菌素、阿维杀菌素、阿凡曼菌素)：英文名 Avermectins，为抗菌素类杀线剂。由链霉菌 *Streptomyces avermitilis* 产生的，国内商品名为爱福丁。对根结线虫和短体线虫防效较好，对人和动物毒害较小。

施用杀线虫剂时请注意：目前缺少有效和安全的杀线虫剂，大多数杀线虫剂由于严重污染环境及其灭生性，已经在生产上禁用。

第四节 抗病品种

应用抗病品种是防治植物线虫最经济有效的方法，特别是对于那些寄生专化性较强的线虫，应用抗病品种效果明显。利用抗性品种可以使种植者在不增加或少增加生产费用的情况下，达到防病增产的目的。这一措施对防治低价作物的线虫病害具有特别的意义。

虽然目前所种植的各类作物中还未发现对线虫完全免疫的品种，但其抗病性都有显著性差异。例如选栽抗病性强的作物，不仅能减轻线虫的侵染程度，同时也可逐渐降低线虫的密度。尤其那些专化性较强的线虫，应用抗病品种效果明显。Atkins 和 Todd（1959）采用抗水稻干尖线虫的品种栽种，水稻发病率降至 7%，而种植感病品种时，发病率可达 17%。

培育抗病品种在大豆胞囊线虫病的防治上已经取得成功。美国利用普通杂交技术培育出 100 多个抗大豆胞囊线虫的品种，中国培育出抗线一号等系列抗线虫品种，日本培育出的抗大豆胞囊线虫大豆品种"铃姬"、"丰铃"等，这些品种在生产上推广应用对大豆胞囊线虫病防治发挥了巨大作用。大豆抗胞囊线虫的抗原多来自野生或半野生种属，目前世界大豆胞囊线虫的抗原均来自小黑豆，而且大多数都是中国的小黑豆。早期美国应用北京小黑豆（Peking）、PI88788，后来的 PI437654，已育成几批抗病品种，在生产上大面积推广。经过我国全国大豆胞囊线虫抗性鉴定协作组的鉴定，中国小黑豆抗源十分丰富，黑龙江、辽宁、山东、安徽等省已育成抗病品种并在生产上广泛应用。

马铃薯胞囊线虫的抗原多来自南美安第斯山区的马铃薯野生或半野生的种，早期发现 *Solanum vernei* 和 *S. andigena*，实际上后者应定名为亚种 *S. tuberosum* subsp. *andigena*，容易与 *S. tuberosum* 杂交，有人报道含有一个显性 *H1* 基因。后来发现其他的抗原，如 *Solanum kurtzianum*、*S. multidissectum*、*S. sanctae-rosae*、*S. famatinae*。应用这些抗原已成功地育成栽培的品种。

在烟草根结线虫的防治中，我国从美国引进的 NC89、K324 品种是抗南方根结线虫 *Meloidogyne incognita* 1 号生理小种的。

在番茄抗病育种中，发现一个显性 *Mi* 基因，来自番茄，*Mi* 基因抗南方根结线虫 *Meloidogyne incognita*、爪哇根结线虫 *M. javanica*、花生根结线虫 *M. arenaria*，但不抗北方根结线虫 *M. hapla*。在温室内长期种植含这个基因的品种，容易对线虫群体产生选择作用。

起绒草茎线虫 *Ditylenchus dipsaci* 是牧草上的重要病原线虫，已发现苜蓿品种 Lahontan 在美国和欧洲是高抗品种，其抗原来自中亚的 Turkestan。

目前有抗大豆胞囊线虫的大豆品种，抗马铃薯胞囊线虫的马铃薯品种，抗茎线虫的三叶草、苜蓿、燕麦等作物品种，抗根结线虫的棉花、豇豆、葡萄、胡枝子、利马豆、桃、大豆、甘薯、番茄和烟草等作物的品种，许多抗线虫作物品种都已成为商品品种被推广种植。

培育抗线虫品种的步骤：

（1）必须首先鉴定出目标线虫种或生理小种。因为线虫的不同小种或种具有不同的致病力，制定抗线虫育种规划时首先要尽可能查明靶标线虫种或生理小种。线虫生理小种的鉴定通常利用鉴别寄主，不同小种在同种植物或同一套鉴别寄主上可以产生不同症状。

（2）用感染寄主大量繁殖目标线虫，形成一定群体；

（3）广泛收集抗原材料，最好可以获得纯系；

（4）确定植物抗性鉴定分级指标。为了评定抗性，需要设计正确的分级指标，以便将植物抗性划分为免疫、耐病、抗病或感病。

（5）筛选优良的抗原。制定抗线虫的植物育种规划，对植物的不同品种或亲缘关系密切种要深入研究，然后通过抗性测定，以便获得优良的抗源材料。

（6）通过抗病杂交育种程序。将具有潜在利用价值的植物材料进行杂交和回交，直到获得理想的适合在生产上推广使用的抗线虫优质品种。

（7）抗病品种试验和示范。新品种推广前要进行区域性试验和示范种植，根据在不同地点的抗性表现，评价环境条件对抗病性的影响。

一个抗性线虫品种长时间在同一地点种植，可能会引起侵染抗性线虫新小种的出现，由于新的线虫小种在种群数量上的不断积累，抗性品种将会丧失抗性。因此，抗病品种的种植也要有合理的种植计划，保持抗病品种在时间和空间上不具有连续性，防止发生对线虫群体的定向选择作用，避免抗性品种的抗性过早丧失。

如果找不到一个对当地主要线虫种有抗性的品种，常常可以培育一个对线虫有耐性的品种，可以种植在感病线虫品种只有少量收成的地块，获得一个较好的收成。

第五节　生 物 防 治

植物线虫病害的生物防治具有可持续治理及保持生物多样性的优势。采用生物防治对植物线虫病害的治理为国内外研究和应用的热点，也是植物线虫病害可持续治理的理想途径之一。

生物防治是指将有效的线虫天敌微生物活体引入释放至土壤控制线虫危害，引入释放天敌生物是植物线虫病害生物防治的主要方式。生物防治的主要目标是增加土壤中线虫天敌的数量，来减少土壤中的线虫密度。从植物病害生物防治的角度讲，在根际处生存的某些微生物为植物根系免受病原物的侵染提供了最前沿的防线，因此这类生物作为生物防治因子使用很理想。植物病原线虫是农业生产上一类重要的病原物，在分类学和生态学上具有丰富的多样性。在自然界中线虫的天敌生物种类很多，包括真菌、细菌、病毒、昆虫和螨类、原生动物、节肢动物、捕食性线虫和立克次氏体属的微生物等，其中应用真菌和细菌防治线虫病害是研究和应用最活跃的领域之一。

系统释放外来寄生物和捕食者，用以增加自然环境中的寄生物和捕食者的数量，有三种释放途径：接种式释放（inoculative release）、泛滥式释放（inundative release）和战略性批量释放（strategic massive release）。在这三种策略中，都包含拮抗物的批量培养和释放过程。

一、食线虫真菌

食线虫真菌是指寄生、捕捉、定殖和毒害线虫的一类微生物，它们在植物线虫的生物防治中起着非常重要的作用。食线虫真菌在全世界广泛分布，目前分离自植物线虫的食线虫真菌超过了350种。

依据食线虫真菌的作用方式将它们划分成：①内寄生真菌；②捕食性真菌；③兼性寄生或机会真菌；④产毒真菌。其中捕食性真菌主要是以营养菌丝特化形成的捕食器捕捉线虫的一类真菌；内寄生真菌是通过特殊的孢子寄生游离活动线虫的一类真菌；机会真菌是指兼性定殖于植物寄生根结线虫卵、雌虫等或寄生游离线虫卵的一类真菌；产毒真菌是指能够产生毒素毒害线虫的一类真菌。

（一）捕食性真菌

捕食性真菌是能产生各种捕捉器来捕捉线虫的真菌。应用捕食性真菌防治胞囊和根结类线虫作为靶标线虫时，防治效果总是不稳定（图 7-2，图 7-3）。

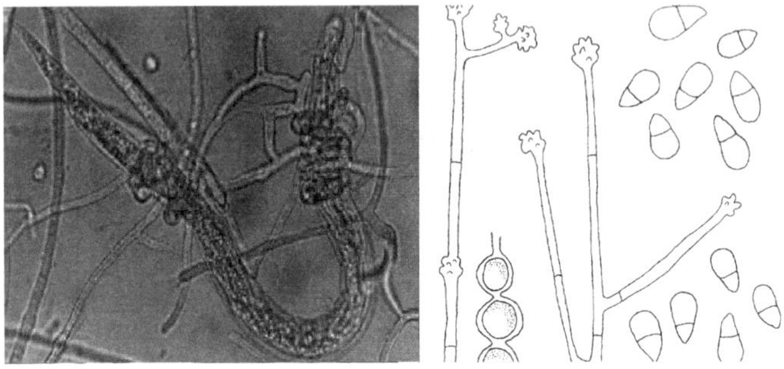

图 7-2　捕食真菌卵形节丛孢 *Arthrobotrys oviformis* 寄生根结线虫的二龄幼虫

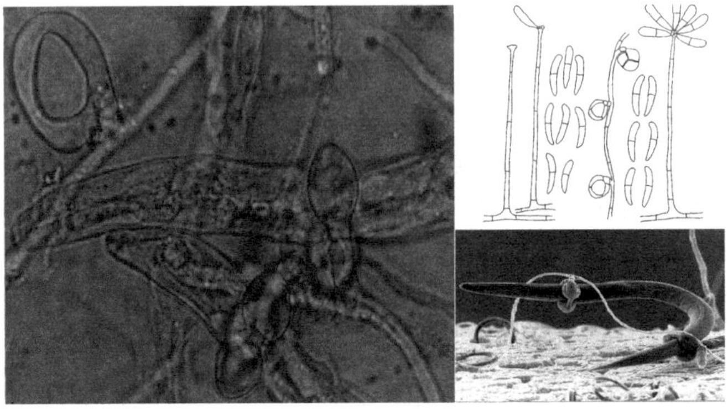

图 7-3　捕食真菌指状节丛孢 *Arthrobotrys dactyloides* 捕食根结线虫的二龄幼虫

（二）内寄生真菌

内寄生真菌产生各种孢子，以多种方式进入线虫虫体并大量繁殖使线虫死亡。自然条件下，线虫内寄生真菌发生的范围非常广泛。不同种类内寄生真菌在寄生线虫后表现出的特征也不相同。线虫的内寄生菌具有丰富的多样性，可把这类生防菌按侵染机制和分类地位分为三类：①游动孢子包在孢子囊内的内寄生真菌；②具黏性孢子的真菌；③分生孢子可被吞食的内寄生真菌。

（三）兼性寄生（机会）真菌

机会性真菌的一个最大特点就是能够定殖在线虫的繁殖结构上，根结线虫的卵块无论存在于寄主根系内还是暴露在根表面，或是存在于土壤中，对真菌的侵染和定殖都很敏感。真菌一旦与卵块接触，就会在上面快速生长，最终使所有处于早期胚胎发育阶段的卵都被真菌寄生。根结线虫卵和雌虫寄生真菌对根结线虫病害生物防治具有很大潜力，同时他们在碳和氮元素的再循环中起到了重要作用。利用此类真菌，如淡紫拟青霉 *P. lilacinus* 防治根结线虫病害在国内外一些地区取得了较好的防治效果，并研制出了多种制剂应用于农业生产（图 7-4～图 7-6）。

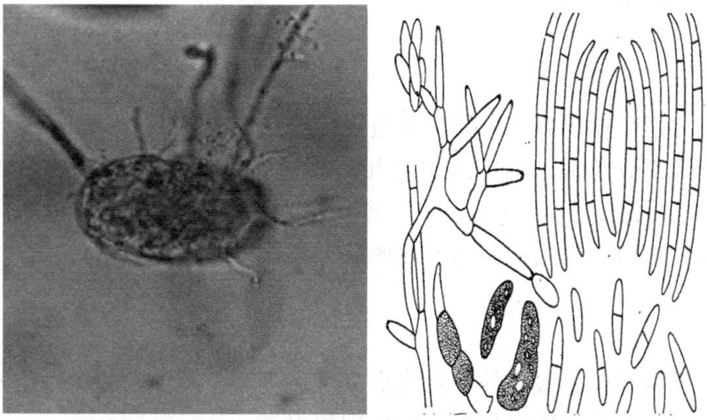

图 7-4　机会真菌潮湿镰刀菌 *Fusarium udum* 寄生根结线虫的卵

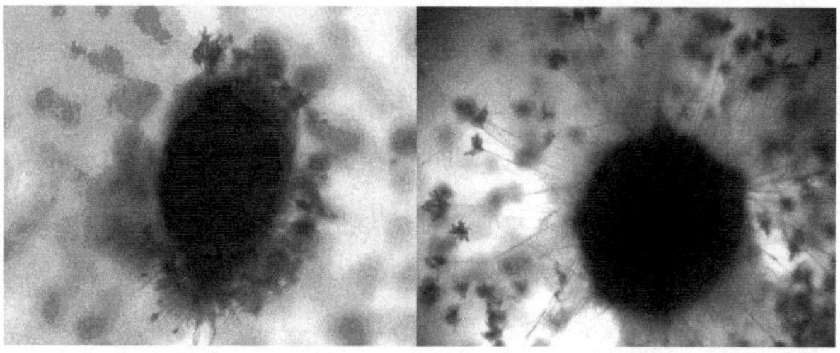

图 7-5　被真菌寄生的大豆胞囊线虫的胞囊

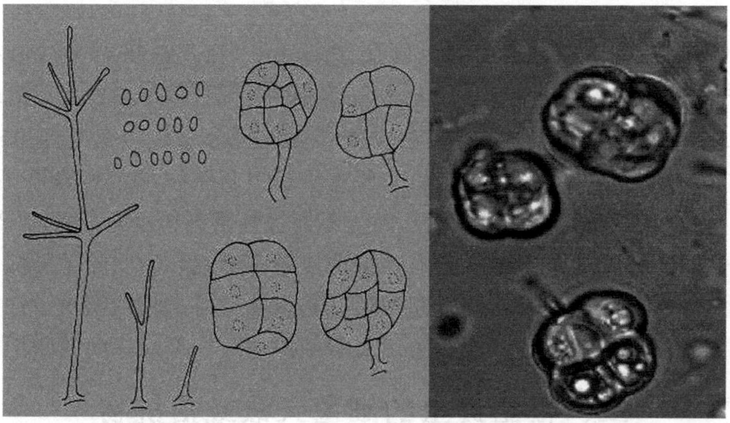

图 7-6　大豆胞囊线虫生防真菌——厚垣轮枝菌 *Verticillium chlamydosporum*

1. 几丁质酶

卵寄生真菌产生的几丁质酶在穿刺植物线虫卵壳过程中起着重要的作用，其作用机制可能主要与降解线虫卵几丁质层结构有关。线虫卵壳分三层，最厚的中层为几丁质层，可能是食线虫真菌在侵染卵过程中遇到的最大屏障，根结线虫卵囊胶质体中也含有几丁质。Dackman 等发现卵寄生真菌淡紫拟青霉不同株系的致病力和几丁质酶活性水平呈正相关，表明几丁质酶在侵染线虫中可能具有重要作用。Dupont 等发现厚垣普奇尼亚菌的培养滤液中有 2 种几丁质降解酶，影响南方根结线虫卵的发育。

2. 蛋白酶

植物线虫体壁外层角质层主要由蛋白质组成，线虫卵壳是由外层卵黄磷蛋白层，中层几丁质层，内层类脂层 3 部分组成，几丁质层是几丁质微原纤维（chitin microfibril）包埋于蛋白基质（占成分 60%）中组成的。近几年来，食线虫真菌蛋白酶的分离纯化、特性研究、基因克隆与表达及其对线虫侵染作用机制等方面的研究都取得很大进展。

3. 其他酶系

除了产生几丁质酶和丝氨酸酶外，食线虫真菌还可产生纤维素酶和木质素酶，但尚无详细的分离纯化、特性研究及在侵染线虫中作用机理的报道。

4. 对线虫有毒害作用的次生代谢物质

食线虫真菌在侵染消解线虫过程中，除产生酶等物质外，还会产生毒素或其他对线虫有毒害的次生代谢物质。虽然目前从各类菌物次生代谢物中提取出化合物种类很多，结构类型多样。

机会真菌往往分离于定居型内寄生线虫卵、雌虫、胞囊、卵囊，一些真菌可直接侵染活卵，但一些菌不侵入卵内，而是可能产生能抑制卵发育或杀死线虫的代谢物质。淡紫拟青霉代谢产物可对根结线虫等多种植物线虫的卵及幼虫的发育造成影响，导致胚胎停止发育或畸形，线虫麻痹死亡。乙酸是其中一种重要的具有选择性杀线虫活性代谢物质。

机会真菌产生的活性物质对线虫的毒杀机制尚不明确。

（四）产毒真菌

产毒真菌中代谢产物研究最多的是侧耳属 *Pleurotus* 和丝霉属 *Hyphoderma* spp. 真菌，其中许多种可产生杀线虫毒素。Thorn 和 Baryon 发现粗皮侧耳 *P. ostreatus* 菌丝可击倒并消解线虫 *Panagrellus redivivus* 随后研究发现粗皮侧耳菌丝可分泌微小毒素球迅速击倒线虫，随后菌丝侵入，定殖并消解线虫，Kwok 等首次分离鉴定出其杀线毒素为癸烯二酸（trans-2-decenedioic acid）。向红琼等研究发现粗皮侧耳菌丝不同极性溶剂粗浸提毒素对 *P. redivivus* 和水稻潜根线虫 *Hirschmanniella orgzae* 等具有不同程度毒杀活性，表明除了癸烯二酸，可能还含有其他杀线虫活性物质，这也是首次报道粗皮侧耳提取物具有杀植物线虫活性。此后研究发现粗皮侧耳菌丝可不直接侵染线虫，仅靠毒素就可将线虫杀死，进而在酶的作用下将线虫分解。

二、根结线虫的细菌天敌或拮抗物

一些细菌是植物线虫的潜在天敌，这些细菌大致可以分为两大类：①分泌物或次生代谢产物毒害线虫的细菌；②寄生线虫的病原细菌。

（一）拮抗根结线虫的根际细菌

在土壤中存在着数量巨大、种类繁多的细菌，其中有不少种类以不同或相似的方式对植物线虫产生拮抗作用。植物根际细菌的种类多，数量大，易于定殖和转移，其中的某些种类对根结线虫具有拮抗作用，且能促进植株生长。防治线虫的 *Burkholderia cepacia* 菌剂和 *Coryne-*

bacterium paurometabolum 菌剂已经商品化，并在作物生产中得以应用。

根际细菌对根结线虫的拮抗作用可能为 3 种方式，即根际细菌产生对线虫有毒害作用的物质、改变或影响根系分泌物以及与线虫竞争营养和空间位点。

1. 荧光假单孢杆菌

温室和田间微区试验证明，荧光假单孢杆菌 *Pseudomonas fluorescens* 的 pf-1 菌系是防治葡萄南方根结线虫 3 号生理小种的潜在因子。将 1.5×10^9 CFU/g 滑石粉荧光假单孢杆菌制剂，在每株葡萄根部分别施入细菌菌剂 1g、2g、4g。结果表明，3 个处理均可明显降低葡萄根根结线虫的侵染，且荧光假单孢杆菌均在葡萄根上定殖很好。荧光假单孢杆菌在根上定殖与菌剂施用剂量有关但并不是直接相关。该菌剂也具有增产效果，在每株葡萄施用 1 克菌剂处理增产 45%，施用 4 克菌剂增产 166%。具有明显的后效作用。

2. 芽孢杆菌

枯草芽孢杆菌 *Bacillus subtilis* 和苏云金芽孢杆菌 *B. thuringiensis* 分别与淡紫拟青霉菌 *Paecilomyces lilacinus* 复合应用，采用土壤和沾根处理，可以减少番茄南方根结线虫在番茄根上形成根结和卵块的数量，其中枯草芽孢杆菌的防治效果较好。同时还能够促进植株生长，增加叶绿素含量和产量。土壤处理比沾根处理更有效。

3. 放线菌

6 株链霉菌分离物培养滤液在离体条件下均可抑制南方根结线虫 1 号生理小种 2 龄幼虫的活动性；在盆栽条件下，发芽长度和鲜芽重增加。NA-494 和 NA-369 菌系处理土壤，根结线虫根结指数分别降低 24%和 29%；NA-150 和 NA-359 菌系处理土壤，二龄幼虫密度减少一半。6 个菌系培养滤液对番茄和黄瓜苗的萌发和生长均没有影响。

（二）穿刺巴氏杆菌

1. 穿刺巴氏杆菌的寄生专化性和遗传分化

穿刺巴氏杆菌 *P. penetrans* 是研究较明确的根结线虫病原细菌，该细菌在世界上的许多国家分布。它的线虫寄主范围广，它可以寄生的有 52 种植物线虫和腐生线虫。

穿刺巴氏杆菌群体在线虫寄主专化性方面存在着遗传异质性。在印度 Haryana，侵染胞囊线虫 *Heterodera cajani* 的穿刺巴氏杆菌的内生孢子不能附着于南方根结线虫 *M. incognita* 和爪哇根结线虫 *M. javanica* 的二龄幼虫；而在新德里，侵染胞囊线虫 *H. mothi* 的穿刺巴氏杆菌的内生孢子能够寄生南方根结线虫 *M. incognita* 的二龄幼虫。不同地理分布区来源的穿刺巴氏杆菌的内生孢子对根结线虫二龄幼虫的角质层附着能力存在差异。来源于澳大利亚的穿刺巴氏杆菌群体，对于根结线虫的寄主专化性强于来源于美国的穿刺巴氏杆菌群体。这可能是由于澳大利亚的穿刺巴氏杆菌在有限的寄主根结线虫多样性的地区长期协同作用所致。

Sharma 和 Davies（1996）发现两个形态上没有差异的寄生根结线虫的穿刺巴氏杆菌群体，在寄主喜好性上存在差异，这种差异或者是人工选择压力或者是每个菌群具有本身独特的遗传基础。应用多克隆抗体的蛋白质标记探针分析表明，两个菌群内生孢子提取物的抗原谱带差异很大。

2. 穿刺巴氏杆菌对根结线虫的致病性

1）穿刺巴氏杆菌对根结线虫二龄幼虫体表角质层的附着

穿刺巴氏杆菌的内生孢子在土壤中附着根结线虫二龄幼虫角质层，是该菌寄生于根结线虫二龄幼虫的关键步骤。线虫体表的侧区附着穿刺巴氏杆菌的内生孢子数量较多，根结线虫二龄幼虫在土壤内活动时，由于二龄幼虫的侧区稍突出于体表而与内生孢子的接触机会多。土壤内穿刺巴氏杆菌内生孢子和线虫种群数量影响着内生孢子对线虫的附着数量，土壤温度和土壤结构等对于线虫体表内生孢子附着量也有影响。将穿刺巴氏杆菌的内生孢子分别加热到 60℃、80℃、100℃和 120℃时，它们仍能保持附着线虫的能力，但不能侵入线虫和在线虫体内发育。接种穿刺巴氏杆菌内生孢子于南方根结线虫和 *M. arabicida* 的二龄幼虫附着量，24h 后分别附着量为每 12 条二龄幼虫 8 和 4 个；附着率分别为 95%和 75%。

穿刺巴氏杆菌的内生孢子一般是随机附着于根结线虫二龄幼虫体表角质层上。有时在爪哇根结线虫二龄幼虫群体中，每条幼虫角质层内生孢子附着量存在较大差异，这种差异或者是由线虫角质层遗传上的差异，或者是由于内生孢子表面构成的差异造成的。室内测定表明，穿刺巴氏杆菌的内生孢子经 5～30min 便可打破休眠，随后这些内生孢子就具有对爪哇根结线虫二龄幼虫的附着能力。穿刺巴氏杆菌的内生孢子表面有一层细纤维物质（附着素），这些物质起着与二龄幼虫角质层接触和附着的作用。线虫体表角质层对穿刺巴氏杆菌内生孢子重寄生根结线虫发挥重要作用。不同穿刺巴氏杆菌群体内生孢子的表面蛋白质的含量和性质，以及不同种根结线虫二龄幼虫表面蛋白质含量，对于穿刺巴氏杆菌侵染根结线虫寄生专化性也起着重要作用。

不同地理生态区来源的穿刺巴氏杆菌测定内生孢子对咖啡和其他作物根结线虫二龄幼虫和雌虫定殖能力，结果表明，内生孢子附着量不能作为筛选该菌侵染效率的唯一标准。雌虫体内内生孢子侵染率和含有 100 个雌虫的每毫升水溶液中的内生孢子数量是筛选高效菌株的较好方法。一般穿刺巴氏杆菌内生孢子在南方根结线虫、爪哇根结线虫、*M. mayaguensis* 和 *M. hispanica* 二龄幼虫上的附着率不超过 50%，该菌的附着和寄生有时与土壤类型有关，沙质土壤内寄生率低。

2）穿刺巴氏杆菌内生孢子的萌发

附着于根结线虫二龄幼虫体表的穿刺巴氏杆菌的内生孢子，只有二龄幼虫与寄主植物建立寄生关系后才能萌发，约在二龄幼虫侵入寄主植物根后 8 天。内生孢子产生的芽管穿透根结线虫二龄幼虫的角质层是通过酶的作用完成的。穿刺巴氏杆菌内生孢子产生的芽管侵入根结线虫二龄幼虫表皮层后，发育成球形的营养体。

3）穿刺巴氏杆菌的营养生长阶段

定殖于根结线虫二龄幼虫表皮内的穿刺巴氏杆菌的小营养体，脱落进入线虫体内的假体腔进行生长和发育。随着二龄幼虫发育成成虫的过程，菌体的营养体借助于线虫体内的营养物质进行营养生长，菌体在线虫体内发育的过程中并不产生毒素。被穿刺巴氏杆菌侵染的根结线虫的二龄幼虫在发育成成虫时能够取食寄主植物形成的巨细胞，但被菌感染的线虫生殖系统不能发育，线虫体内容物也被菌体生长过程中消耗掉。在线虫假体腔内，菌体起初以四叉状分支为主，随后发育成二叉状菌体，最后发育成单独的内生孢子。

4）穿刺巴氏杆菌内生孢子的形成

穿刺巴氏杆菌内生孢子的形成过程，首先从内生孢子母细胞的前端形成隔膜，前端生殖细胞原生质浓缩形成原生内生孢子，进而原生内生孢子形成多层细胞壁，原有的母细胞下部部分细胞的细胞壁溶解，最后释放出成熟的内生孢子。

内生孢子形成的初期恰与根结线虫生殖器官形成初期相吻合。根结线虫分泌的性激素信号传导给菌体，从而起始内生孢子形成。被根结线虫感染的根结线虫雌虫不能产卵或产卵很少，后期转化成体内充满该菌芽孢的雌成虫残体。寄主植物根组织和充满芽孢的根结线虫雌成虫残体被土壤微生物降解后，穿刺巴氏杆菌的内生孢子才能释放到土壤中。每个根结线虫雌成虫能够产生 2×10^6 个内生孢子。土壤温度对于穿刺巴氏杆菌完成其生活史的时间和对根结线虫的致病性具有影响。

释放到土壤中的穿刺巴氏杆菌内生孢子在土壤内不能主动运动，但由于其对于土壤极端环境的抵御能力很强，在土壤中能够长期存活。内生孢子在土壤内的传播主要是通过水流、农事操作和土壤中无脊椎动物的运动等途径。

3. 穿刺巴氏杆菌对根结线虫的生防作用

1）穿刺巴氏杆菌对根结线虫的防治效果

温室和田间微区防治试验表明，在含有穿刺巴氏杆菌的土壤内，根结线虫在寄主植物根上形成的根结数量减少，产卵量降低，且能促进植株生长。在田间微区试验中，穿刺巴氏杆菌显著降低根结线虫的种群数量，黄瓜增产明显。在温室试验中，应用穿刺巴氏杆菌寄生爪哇根结线虫，番茄产量增加 18%～20%。

测定穿刺巴氏杆菌内生孢子在爪哇根结线虫二龄幼虫附着量的 5 个水平（1～5 个、6～10 个、11～20 个、21～40 个和多于 40 个），评价对二龄幼虫的生防效率和经济防治阈值水平。结果表明，每条二龄幼虫穿刺巴氏杆菌内生孢子附着量为 21～40 和多于 40 个孢子两处理内，番茄根卵和雌虫数量明显低于只接种根结线虫二龄幼虫处理。在每条二龄幼虫穿刺巴氏杆菌内生孢子附着量为 11～20 个孢子处理内，土壤中对二龄幼虫抑制率最高（57.3%），但根内侵染的雌虫数量在所有处理中最高。

在种植甘薯的土壤内，分别施用 5×10^9 和 2×10^{10} 个穿刺巴氏杆菌内生孢子/m^2，收获期南方根结线虫二龄幼虫数量明显下降，甘薯产量增加。二处理的防治效果接近于二氯乙烯（1，3-D）。应用每千克土壤分别含 10×10^5、50×10^5 和 100×10^5 个穿刺巴氏杆菌内生孢子 3 个处理防治大豆根结线虫试验，第一季防治效果分别为 50.9%、89.1%和 81.8%；第二季防治效果分别为 94.7%、99.7%和 100%。结果表明，即使在最低的含量处理也对爪哇根结线虫具有较高的防治效果。穿刺巴氏杆菌菌剂对寄生番茄、辣椒和鸡冠花的根结线虫均有防治效果，可使虫口密度降低 75%～80%。

2）穿刺巴氏杆菌对根结线虫的作用方式

穿刺巴氏杆菌侵染根结线虫二龄幼虫后，被侵染的二龄幼虫侵入寄主植物根系的能力减弱，少量二龄幼虫即使侵入根内，但其发育成的成虫不能产卵。当每条根结线虫二龄幼虫附着 15～21 个穿刺巴氏杆菌内生孢子时，二龄幼虫侵入寄主植物根的能力减弱，当每条二龄幼虫附着 50 个以上内生孢子时，根结线虫二龄幼虫侵入寄主植物根的能力才明显下降。每条二龄幼虫平均附着 7 个穿刺巴氏杆菌内生孢子，活动性减弱。内生孢子附着二龄幼虫，随后二龄幼虫侵入根系。58 天后出现受细菌侵染的雌虫。内生孢子附着于根结线虫二龄幼虫体纹角质层后，阻碍二龄幼虫体盘绕运动，活动缓慢，从而限制其寻找和侵入寄主植物根系的能力。感染穿刺巴氏杆菌的雌虫生殖系统发育不良，不能产卵。

穿刺巴氏杆菌对根结线虫的防治效率依赖于每单位重量土壤中含有的内生孢子数量。每克土壤分别含有 1×10^5 和 2.2×10^5 个穿刺巴氏杆菌内生孢子的处理中，多数根结线虫的二龄幼虫不能侵染寄主植物根系，即使少量侵入的二龄幼虫，发育成雌虫后也不能产卵。

土壤真菌能够产生影响穿刺巴氏杆菌附着和寄生能力的物质，南方根结线虫二龄幼虫培养在圆锥节丛孢菌 *Arthrobotrys conoides* 和淡紫拟青霉 *P. lilacinus* 培养滤液中，穿刺巴氏杆菌的内生孢子对二龄幼虫附着率降低。分别培养在水、查彼培养液、淡紫拟青霉培养液和圆锥节丛孢菌培养液，被内生孢子寄生的根结线虫二龄幼虫的寄生率为 64％、52％、32％和 16％。

3）穿刺巴氏杆菌防治根结线虫释放的方法和时期

穿刺巴氏杆菌接种物是以感染该菌的土壤和植物根组织碎片形式。此类接种物是以其中含有的穿刺巴氏杆菌内生孢子附着和寄生根结线虫，当内生孢子达到一定量时才能有效地防治根结线虫。接种物生物测定根结线虫二龄幼虫附着内生孢子数量 10 或 10 个以上至少为 80％。长期以来，对于内生孢子接种量的规定并没有统一标准方法。内生孢子接种物施用土壤 2.5cm 深能够有效地防治番茄南方根结线虫。应用孢子悬浮液（1500 个内生孢子/g 土壤）土壤处理，能够促进植株生长 30％，降低爪哇根结线虫种群数量 36％。

在年平均气温低于 10℃的地区穿刺巴氏杆菌不发生，而在年平均气温高于 21℃的地区比在年平均气温为 10～21℃的地区穿刺巴氏杆菌发生频率高。因此，穿刺巴氏杆菌的发生频率似乎与年平均温度和降雨量呈正相关，而与海拔高度呈负相关。

4）穿刺巴氏杆菌的批量培养

大量产生穿刺巴氏杆菌的典型方法是使其在寄主线虫体内繁殖，而将寄主线虫在温室植物上培育。在番茄切根上培育南方根结线虫进而繁殖穿刺巴氏杆菌的方法，将受穿刺巴氏杆菌侵染的雌虫放在靠近根系的一小块琼脂上，压碎雌虫将内生孢子释放出来，然后将单个南方根结线虫卵块放在琼脂块上。由于培养的无菌条件，充满内生孢子的雌虫不易分解，致使内生孢子很难释放到基质中。因此，这种生防菌的大量繁殖和在商业上的应用需要对其进行纯培养。应用附着穿刺巴氏杆菌内生孢子的根结线虫二龄幼虫（多于 5 个内生孢子/二龄幼虫）侵染感病寄主植物，待雌虫体内内生孢子成熟后，经处理后可以获得穿刺巴氏杆菌孢子粉菌剂。

将穿刺巴氏杆菌与阴沟肠杆菌 *Enterobacter cloacae* 共同培养，使穿刺巴氏杆菌的体外培养获得了成功。该项技术为穿刺巴氏杆菌菌剂的大量生产和广泛应用提供了技术保证。

5）穿刺巴氏杆菌在土壤中的群体动态变化

穿刺巴氏杆菌种群具有根结线虫寄主密度依赖性。穿刺巴氏杆菌在土壤中的群体动态变化与土壤温湿度、pH、土壤结构、土壤肥力和土壤微生物区系等因子有关。自然条件下，穿刺巴氏杆菌与根结线虫的群体保持动态平衡。外来菌系引入释放能够打破这种平衡，导致根结线虫二龄幼虫和雌虫的侵染率增加，孢子产量增多以及根结线虫群体下降。

（三）国内外生物制剂的研究

国外生物制剂研究，菲律宾应用淡紫拟青霉制成商品制剂“Bioact”，英国 BioNem 公司应用淡紫拟青霉和厚垣普奇尼亚菌生产了线虫生防制剂，这些制剂已在田间大面积应用中获得成功。美国北卡罗来纳州应用淡紫拟青霉生防制剂，在田间小区根结线虫防治上，也获得了较好的防治效果。

20 世纪 70 年代法国利用强壮节丛孢 *Arthrobotrys robusta* 生产出第一个商品制剂 Royal 300^{R} 用于防治蘑菇茎线虫，它可降低食真菌茎线虫 *Ditylenchus myceliophagus* 的群体，增加

栽培蘑菇 *Agaricus bisporus* 某些品种的产量。以后国内外对真菌生防制剂的开发进行了大量工作，Cobb、Thorne 试图用捕食线虫真菌来防治甜菜胞囊线虫。以后的 Mankau 和 Wu、Cayrol 等用捕食线虫真菌进行了大量的防治试验，用天敌真菌不规则节丛孢 *Arthrobotrys irregularis* 制成的制剂 Royal350^{R}，以麦粒作基物，大田防治每公顷施 1.4t 菌剂对番茄根结线虫有一定防效。在根结线虫危害很轻时，温室防治试验比单独使用化学剂和其他方法均好。用 *P. lilacinus* 制成的防治根结线虫制剂在菲律宾已大量生产，商品名为 BioactB，以麦粒、稻谷等有机物作基物生产，大田每公顷施用 0.4t，对根结线虫有显著防治效果，极大地降低线虫在大田的群体密度。用 13 个 *P. lilacinus* 分离物防治南方根结线虫，来自秘鲁的分离物防效最好，线虫根结、根部坏死和线虫繁殖力分别被抑制了 76%、90%和 84%，番茄生长茂盛。*Pochonia* spp. 有 8 个种可以寄生在异皮科线虫上，能有效地侵染根结线虫卵。*P. chlamydosporia* 是有效用于作物根结线虫生物防治的真菌。

商业上以 Nemout 闻名的海藻抽提物中能稳定存在的捕食性真菌的微生物培养物，以乳清粉末为基础制成的混合物已被用来防治植物线虫。Sikora 和 Schuster 把卵寄生真菌 *Acremonium sordidulum* 和一种镰刀菌 *Fusarium* spp. 的菌丝，放到一个盛有肉汤、藻酸盐和磨碎的麦麸混合物的容器中，最终加工成藻酸钠剂型来防治马铃薯白线虫 *G. pallida*，效果也较好。

在俄罗斯，用捕食性真菌 *Arthrobotrys* 的两个菌株已制成了一种商品化的杀虫剂“Nematofagin-BL”，该商品在市场上可以买到。这两个菌株的生防菌均可有效减少各种作物上的线虫群体。Stirling 和 Mani 曾把不同生物量的 *Dactylella candida* 和指梗节丛孢 *Arthrobotrys dactyloides* 两种真菌的菌丝，先用藻酸盐包裹成囊状物，最后加工成颗粒剂。这种形式的制剂能够在土壤中产生出具诱捕作用、在土壤中至少可存活 10 天的网结，同时也能从颗粒剂向外伸展，伸展长度一般为 5～10mm，所以这种颗粒剂剂型是最好的。

国内生防制剂研究，邢丽娟等（2000）在黑龙江省的三个试验地点调查“豆丰 1 号”防治大豆胞囊线虫的效果时发现，“安达 1 号”试验田大豆根上雌虫数量最少，但生防菌对胞囊的寄生率却不是最高的；“安达 2 号”试验田中大豆根上雌虫数量虽然不是最少的，但对胞囊的寄生率却最高。另外还有主要成分是一种高效食线虫真菌——厚垣轮枝菌的微生物农药“线虫必克”，主要成分是一种高效的烟草根结线虫寄生菌——淡紫拟青霉的微生物菌剂“灭线宁”。我国在根结线虫生防制剂研究上尚属起步阶段。刘维志等利用厚垣轮枝菌制成颗粒剂“豆丰 1 号”，已获得国家专利。

目前在评价生防菌或其菌剂对线虫的防治效果时，常用以下 3 个指标的综合表现来对防效进行评价：①根上雌虫的数量；②线虫被寄生的百分率；③作物的多项农艺性状。只使用其中的一个评价指标难免比较片面，也不能反映出生防菌的真正效果。

1. 生防制剂与添加剂的关系

生物防治的防效稳定性一直限制深入开展根结线虫生防微生物应用实践。土壤中在作物的根围处存在着寄主植物、根结线虫与生防菌三方面的营养关系，三者互为影响。根结线虫是诸多食物网、能量网和营养网中的一个组分。在作物根围范围内活动的线虫生防菌，他们在根围处的生长受到作物、土壤环境和线虫这三种关键因素的影响。

引进土壤中的生防真菌必须具有在根围处定殖的能力，而且在根围定殖后还保持其寄生或拮抗活性。根围是土壤中微生物活动最活跃的区域，栖居此处的各种微生物间存在激烈竞争。他的定殖能力受引入土壤中接种体数量和植物根分泌的刺激生防菌生长的外渗物数量和土壤中残留的农药的影响。土壤的抑菌和溶菌作用，施入土壤中的机会真菌的孢子很难萌发，因而也很难建立起自身的群体。土壤的抑菌作用可通过向土壤中加入含能量的营养物质来消除。土壤质地、生防菌剂剂型和施用位置，以及不同作物在根的分布方式、根分泌物的组成及有机质的输入、栽培措施等对生物防治效果均有影响。

土壤生态环境的调控措施对根结线虫种群密度具有明显的控制作用。有机质通过促进与线虫竞争或对线虫造成破坏作用的微生物生长来对根结线虫进行控制。在有机质的降解过程中，某些微生物群体能够产生和增加破坏线虫或线虫卵的酶或毒素。土壤酶系主要以几丁质酶和蛋白酶破坏线虫卵壳和线虫角质层。有机质在土壤中降解的过程中，还会产生许多对线虫有毒害作用的化学物质，如氨、亚硝酸盐、硫化氢以及许多具挥发性的物质和有机酸类化合物等直接具有杀线活性。这些物质能影响线虫卵的孵化和幼虫的运动。

应用土壤微生态恢复的微生物制剂以颗粒剂为宜。制剂施入土壤后，与其载体种类、增效剂或保护剂关系密切。其中有机质和几丁质添加物可以显著增加土壤中根结线虫生防菌和土壤农药残留修复菌的繁殖体数量，同时还具有明显的增效作用。他们具有较强的与土壤中其他微生物营养竞争能力，在载体内有机质含量丰富时能够迅速地建立起自身的种群。几丁质和蛋白质施入土壤后，一方面能够刺激一些可降解根结线虫虫体或卵壳的微生物和土壤残留农药降解菌的生长，最终建立较高的群体水平；另一方面这些微生物在土壤中能够产生一些几丁质酶类、蛋白酶类等，这些酶系可破坏根结线虫的角质层和卵壳，从而使有毒物质渗透到角质层或卵壳中。

2. 几丁质和有机质的杀线活性

几丁质可诱导产生特定的微生物区系。几丁质是一类具长链的 *N*-乙酰葡萄糖胺的多聚物，是自然界中仅次于纤维素的第二位的碳水化合物。几丁质是一种含氮化合物，水解后产生 *N*-乙酰葡萄糖胺，该产物经进一步转化后可生成乙酸和葡萄糖胺，同时伴随氨气的产生。几丁质施用到土壤中能产生大量的氨气杀死线虫。几丁质的杀线效应是由几丁质在分解过程中产生的氨，通过刺激对线虫有拮抗活性的微生物区系，通过降解线虫的几丁质层或对几丁质层造成缺口而破坏正在发育的线虫胚胎。自然界中节肢动物骨骼、真菌、线虫卵壳、海洋动物以及部分藻类都含有几丁质。

有机质和几丁质添加物可以显著增加土壤中根结线虫生物防治菌的繁殖体数量，同时还具有明显的增效作用。载体内有机质含量丰富时能够迅速地建立起自身的种群。土壤中加入的几丁质为一些土壤微生物提供了额外的基质，真菌和细菌不仅在种类上有所增加，而且每一种类的群体水平也会因几丁质的存在数量不同而有所变化。此时在土壤中会建立起一个具相对专化性的真菌区系，这一区系主要由水解几丁质的生物种类组成。群体数量有所增加的类群主要是放线菌，细菌和真菌的群体数也有所增加。这些生物能够产生一些可溶解几丁质和蛋白质的酶类，这些酶有助于线虫角质层的破损和卵壳的弱化过程，从而使有毒物质易渗透到角质层或卵壳中。几丁质降解过程中，有些真菌不仅表现出水解几丁质的活性，还能在离体条件下寄生线虫的卵，如厚垣普奇尼亚菌 *Pochonia chlamydosporia*、萨克拉普奇尼亚菌 *Pochonia suchlasporia*、蜡蚧菌 *Lecanicillium lecanii* 和淡紫拟青霉 *Paecilomyces lilacinus* 等。根结线虫防治中把几丁质与机会真菌一起使用，会提高生物防治效果。

实践中发现在土壤中添加几丁质，能有效改善土壤中的产几丁质酶食线虫真菌种群和数量，明显增加土壤中微生物的活性，甚至有时还能提高对线虫的防治效果。有研究者发现，当将富含几丁质的甲壳动物、鱼类和其他动物的废弃物加入土壤中，可以显著提高某些真菌对线虫卵的寄生性。向食线虫菌剂中加入一些添加剂则可能有利于食线虫真菌在土壤中的定殖和存活。这可能是因为，由于几丁质的施用，土壤中食线虫真菌的活动增强，从而使这些生防真菌对根结线虫和胞囊线虫卵和雌虫寄生比例上升。所以曾有人推荐，在线虫防治中可将几丁质与食线虫真菌一起使用，这样会提高防治效果。该类产品在市场上出现的第一个商品是 Clandosan^{R}，它来源于蟹壳。甲壳类动物资源丰富，它们废弃的外壳可作为几丁质再利用，用于几丁质酶的生产，这样既可以节约成本也可以减少废弃物造成的环境污染。这类添加物在施入土壤前，能使添加物与某种特定的微生物共培养进行预处理。此外，可把线虫的生物防治方法与其他防治方法共同使用以达到显著防治线虫的目的，如土壤日光曝晒。

3. C/N 值对生防制剂的影响

土壤有机添加物对土壤生态恢复和对根结线虫种群密度的降低发挥重要作用。土壤添加物要求含氮量要高，C/N（碳氧比）值要平衡。土壤含氮添加物具杀线效应，如动物粪便、绿肥、植物残体、城市垃圾和农产品加工副产品等是最有效的具杀线活性的土壤添加物。任何一种添加物，碳含量最重要。只有有效碳的含量足够多，土壤微生物才能进行氮代谢，也才能把氮转变为蛋白质和其他的含氮化合物。能诱发杀线活性但又不对植物产生毒性的最适合的 C/N 值范围是 14～20。因地制宜地利用本地的一些有机质资源加工成一些有用的添加物制剂。具高 C/N 值的废弃物，其杀线活性可通过添加尿素或其他的氮源加以改善；含氮水平高的物质产生的氨、亚硝酸盐和硝酸盐，经过积累后所引发的不利影响可通过补充含碳物加以克服。有机添加物加工成适当的剂型，既不对植物造成毒害而又能够获得杀线活性，各种组分按一定比例混合即可。

本章小结

防治植物线虫病害，要根据一种线虫的生物学特性、寄主植物的反应以及具体的生产条件和可能，提出切实可行的防治方法。线虫的可持续治理系统经济有效，对环境安全并可发挥持续的防治效应。随着生物化学和分子生物学技术手段应用于植物线虫病害治理，抗线品种改良、拮抗微生物应用和阻断线虫生活史的技术取得了很大进步。

植物线虫病害控制技术有植物检疫、品种抗性利用、农业防治、生物防治、物理防治和化学防治等。这些基本方法的有机结合和综合应用，以预防为核心，生态控制为基础，实现植物线虫病害的可持续治理为目标。植物检疫通过法律、行政和技术手段，阻止危险性植物线虫的人为传播；选育和利用抗病品种控制植物线虫病害是最经济、有效和安全的途径。目前主要植物线虫病害（如胞囊线虫类和部分根结线虫等）都是通过抗线品种的选育和利用得以控制的；农业防治对于土传植物线虫病害的防治发挥重要作用，通过调节病原线虫、寄主植物和土壤环境之间的关系，创造利于寄主植物生长，不利于线虫病害发生发展的环境控制病害，是植物线虫病害可持续治理的重要措施之一；生物防治是植物线虫病害控制的重要措施之一，特别对于土传线虫病害控制尤为重要（如根结线虫等），其与土壤生态因子的结合是植物线虫病害可持续治理的核心；物理防治主要通过汰除、热力、嫌气处理和拒避等；化学防治主要采用熏蒸性和触杀性杀线剂处理，是一种协调性措施。

思 考 题

1. 举例说明植物检疫在植物线虫病害控制中的地位和作用。
2. 如何理解生物防治和土壤生态调控相结合是植物线虫病害可持续治理的核心？
3. 如何理解杀线剂在植物安全生产中的利与弊？请评述化学杀线剂的应用前景。

主要参考文献

冯志新. 2001. 植物线虫学. 北京：中国农业出版社

刘维志. 2000. 植物病原线虫学. 北京：中国农业出版社

潘沧桑，林竞，王生元. 1997. 穿刺芽孢杆菌菌剂研制及其对根结线虫的防治. 微生物学报，37（6）：480-482

邢丽娟. 2000. 线虫生防菌厚垣轮枝菌在大豆胞囊线虫生物防治中的应用研究. 沈阳：沈阳农业大学博士论文

张绍升. 1999. 植物线虫病害诊断与防治. 福州：福建科学技术出版社

Agrios G N. 2005. Plant Pathology. Burlington：Elsevier Academic Press

Atkins J G，Todd E H. 1959. White tip disease of rice. III. Yield tests and varietal resistance. Phytopathology，49：189-191

Barker K R. 1998. Developing sustainable systems for nematode management. Annual Review of Phytopathologg，36：165-205

Sharma S B，Davies K G. 1996. Characterisation of *Pasteuria* isolated from *Heterodera cajani* using morphology，pathology and serology of endospores. Systematic and Applied Microbiology，19：106-112

Stirling G R. 1991. Biological Control of Plant Parasitic Nematodes：Progress，Problems and Prospects. Wallingford：CABI

Whitehead A G. 1997. Plant Nematodes Control. Cambridge：The University Press

第八章 重要植物线虫病害

植物线虫已经成为影响农业生产的重要病原物。特别是近几年，随着世界商品流通和农业物流的发展，某些重要的植物线虫病害逐渐从原来的局部发生逐渐扩展蔓延，这些线虫病害成为影响地区农业发展的主要病害。根结线虫过去是一类在热带或亚热带分布的线虫病害，由于设施农业的发展，在温带和寒带不断扩大的温室等保护地农业生产使根结线虫病害不断向温带和寒带蔓延。目前，这种线虫从我国最北部的黑龙江省到最南部的海南省均有发生，为害日趋严重。由于人们缺乏植物线虫病害的有关知识，防治线虫病害的手段较为局限，特别是高效低毒的化学杀线剂的开发较为滞后，线虫对植物的为害又具有隐蔽性，因此，胞囊线虫、根结线虫、茎线虫及其他的各种根腐线虫造成的经济损失越来越大，植物线虫病害已经成为影响农业可持续发展的重要病原物。

第一节 根结线虫病

根结线虫广泛分布于世界各地，寄主植物 3000 余种。根结线虫病是在我国农业生产上影响最大的一类线虫病害。受害较严重的有烟草、各种蔬菜、果树和观赏植物等。严重影响我国蔬菜、经济作物和水果生产。

该病的病原为根结线虫属 *Meloidogyne* Goeldi，1892 线虫，主要包括南方根结线虫 *M. incognita*、花生根结线虫 *M. arenaria*、爪哇根结线虫 *M. javanica*、北方根结线虫 *M. hapla* 等，见图 8-1，表 8-1。

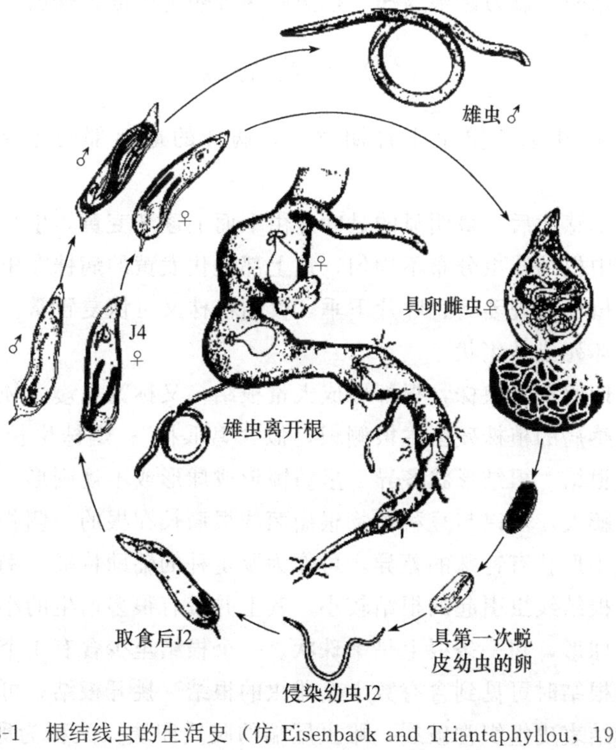

图 8-1 根结线虫的生活史（仿 Eisenback and Triantaphyllou，1991）

表 8-1 四种主要根结线虫雌虫的测量数据比较（μm）

测量项目	花生根结线虫 *M. arenaria*	北方根结线虫 *M. hapla*	南方根结线虫 *M. incognita*	爪哇根结线虫 *M. javanica*
口针长	16.3（12.5～18.8）	13.6（11.3～15.6）	15.8（13.3～18.0）	16.4（14.8～17.5）
STKW/H	1.7（1～2.5）	1.7（1.2～2.0）	2.2（1.5～3.5）	2.2（1.4～3.0）
DGO	5.0（3.5～6.9）	5.0（3.8～7.0）	3.6（1.8～5.5）	3.9（2～5.6）
EP～HE/ST	2.7（1.2～5.3）	2.7（1.8～4.2）	1.7（0.9～4.4）	2.4（1.6～3.0）

注：STKW/H：口针基球宽/高；DGO：背食道腺开口到口针基部球的距离；EP-HE/ST：排泄孔到头端的距离/口针长度。

一、烟草根结线虫病

（一）分布与危害

烟草根结线虫病是世界各产烟国烟草主要病害之一，国外 1892 年 Janse 首先报道发现于印度尼西亚的爪哇，现在已在世界各烟区普遍发生，以热带、亚热带、温带烟区发病最严重。中国 1939 年最早发现于台湾省，之后又相继在河南、贵州、山东、福建等省发现和报道。20 世纪 80 年代后，此病在湖南、湖北、广东、广西、贵州、云南、四川、浙江、安徽、江西、河南、山东等烟区均普遍发生，某些地区损失相当严重，一般烟田发病率为 20%左右，严重烟田发病率可达 50%～70%，少数重病田甚至绝收。据 FAO 统计，全世界因线虫所致的烟草病害致使烟草产值直接损失平均每年约 4 亿美元，其中绝大多数损失是由根结线虫引致。

根结线虫除了直接为害烟株根部形成根结，影响烟株对水分和矿物质的吸收以外，由于线虫取食过程中对植物的根部造成大量伤口，因而会诱发其他土传根茎类病害的复合侵染，加重诸如烟草黑胫病、青枯病、镰刀菌根腐病、根黑腐病等病害的危害程度。

（二）症状特点

烟草根结线虫病可在烟草整个生育期发生，病株的地上部与地下部都表现出明显的症状。

地上部症状：烟草感病后，最明显的是叶片由下而上逐渐变黄，生长缓慢，叶片狭窄，叶尖黄白色。由于土壤中根结线虫分布不均匀，地上部矮化发黄的病株在田间的分布也是不均匀的。白天阳光充足时植株表现萎蔫、叶片下垂，夜间植株又可恢复正常。发病后期，中下部叶片的叶尖、叶缘逐渐坏死成枯焦状。

地下部症状：早期感病的植株，根部形成大量根结，又称为虫瘿，须根明显减少，为根部最明显的症状。严重感病的植株残留主根侧根，似“鸡爪状”；烟株生长后期受侵染后整个根系上形成大小不等的根结。根结形状各异，呈纺锤形或球形或不规则形。但其根结均以根的中柱纵轴线为中心对称膨大，可以与豆科植物根瘤菌的根瘤长在根的一侧相区别。不同的根结线虫种所形成的根结大小形状有特殊的差异，可作为鉴定种的辅助特征。例如南方根结线虫引起的根结常很大；北方根结线虫引起的根结较小，其上并带有很多增生的小根；花生根结线虫引起的根结表面光滑，球形，在一条根上呈串珠状。一个根结至少含有 1 个雌虫，大根结含有多个雌虫，有时在解剖根结时可见到含有数十个雌虫的根结。挑开根结，可见到针头大的乳白色珍珠样的雌成虫。根结表皮组织常破裂，雌虫尾端的胶质卵块（又称为卵囊）突出于根结外，卵块初期颜色很浅，后期深褐色，一个卵块含卵数百粒，有的卵体积比雌成虫还大，肉眼也能清楚看见，可把卵块当作寻找雌虫的可靠标记。表皮破裂的根结容易被其他病原物侵入，最终引起根腐烂，导致植株死亡。

（三）病 原 线 虫

引起烟草根结线虫病的病原线虫主要有 5 种，即南方根结线虫 *M. incognita*，花生根结线虫 *M. arenaria*，爪哇根结线虫 *M. javanica*，北方根结线虫 *M. hapla* 和高弓根结线虫 *M. acrita*。其中南方根结线虫为优势种。

形态特征：

雌成虫埋生在寄主根内，呈梨形，虫体透明，平均体长为 440～1300μm，平均体宽为 325～700μm，虫体前体部突出如颈，后体部呈圆球形。唇区略呈帽状，口针长 12～15μm。表皮薄，有环纹，无尾部。食道垫刃型，中食道球发达，食道腺发育良好，背食道腺膨大成一囊状体。生殖系统很发达，双生殖管盘曲于大部分体腔。阴门和肛门在圆球形体后部，肛阴周围的角质膜形成特殊的会阴花纹，是鉴定种的重要依据（图 8-2，图 8-3）。

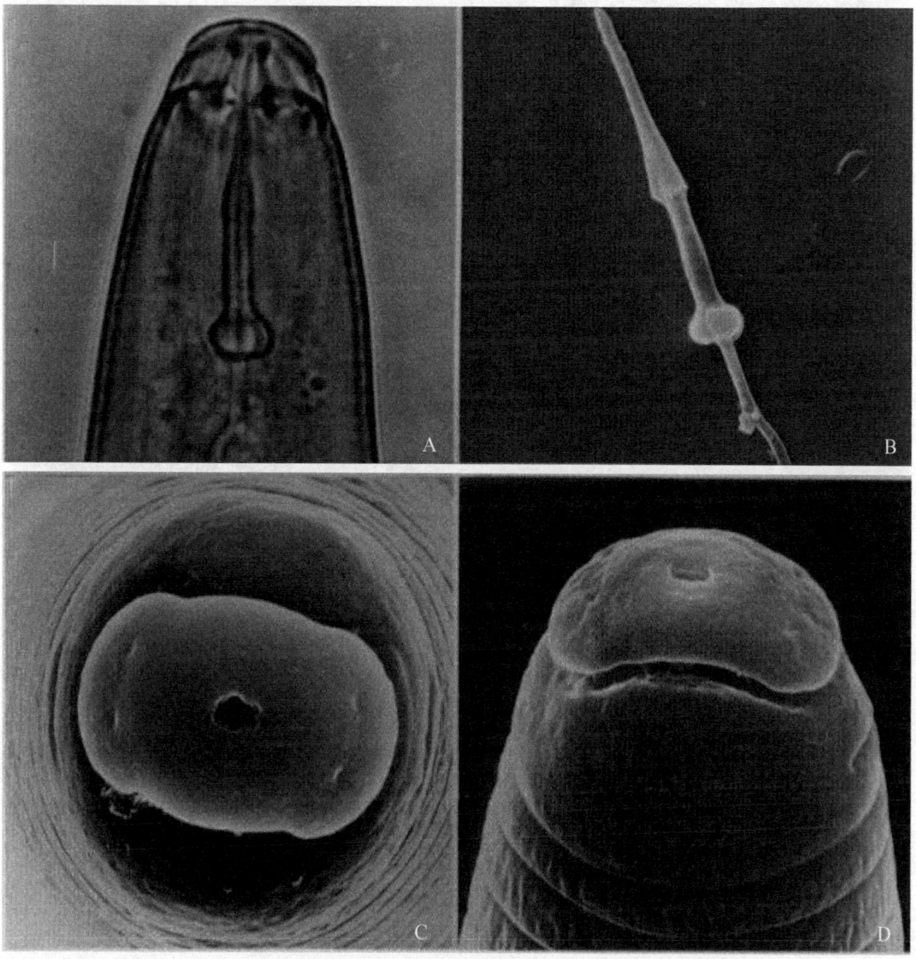

图 8-2　根结线虫雄虫头部形态图（仿 Eisenback et al.，1981）

A. 光学显微镜头部侧面观；B. 口针；C. 扫描电镜（SEM）头部正面观；D. 扫描电镜（SEM）头部侧面观

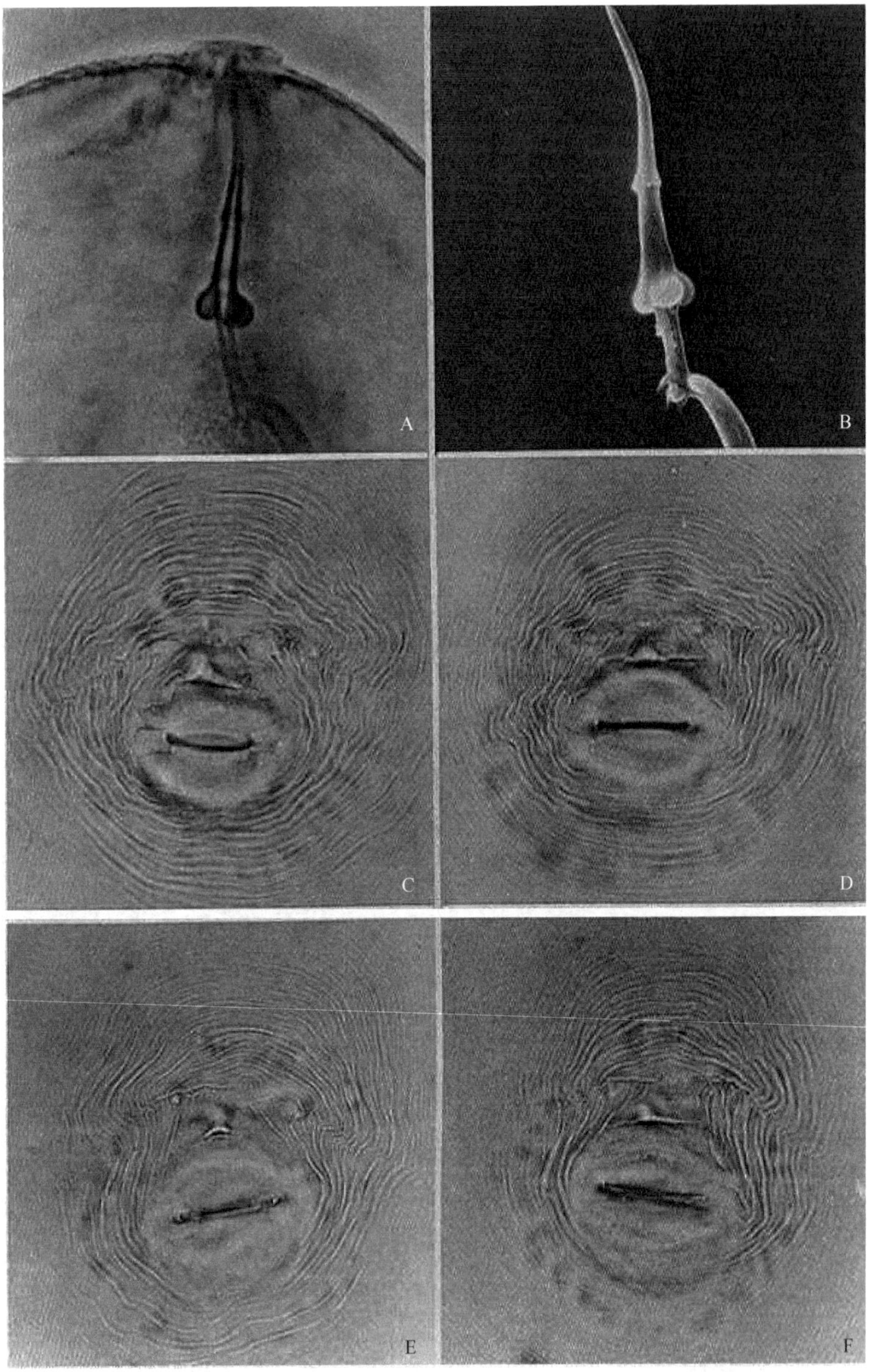

图 8-3　根结线虫雌虫头部和会阴花纹（仿 Eisenback et al.，1980）

A. 雌虫头端；B. 雌虫口针；C～F. 雌虫会阴花纹

雄成虫呈细长蠕虫形，长 700～1900μm，宽 30～36μm。头部略尖呈圆锥形，尾短钝圆、后体部常向腹面扭曲。唇区形态具有分类学意义。垫刃型食道，口针发育良好，背食道腺开口至口针基部球底部距离的长短是较可靠的分类依据。食道腺叶状，在腹面覆盖肠的前端。单精巢，交合刺粗大，无交合伞。

二龄幼虫呈蠕虫形，平均体长 400～500μm，体宽 13～15μm。尾部长圆锥形，食道腺发育良好。

卵呈肾形至长椭圆形，白色至淡褐色，约 83μm×38μm。雌成虫产卵时直肠腺分泌物陆续将产出的卵粘在一起集结形成胶质的卵块，也称为卵囊，黄褐色，每个卵块有 300～500 粒卵。

根结线虫种类的鉴定除形态特征之外还需参考同工酶酶谱特征（图 8-4）。

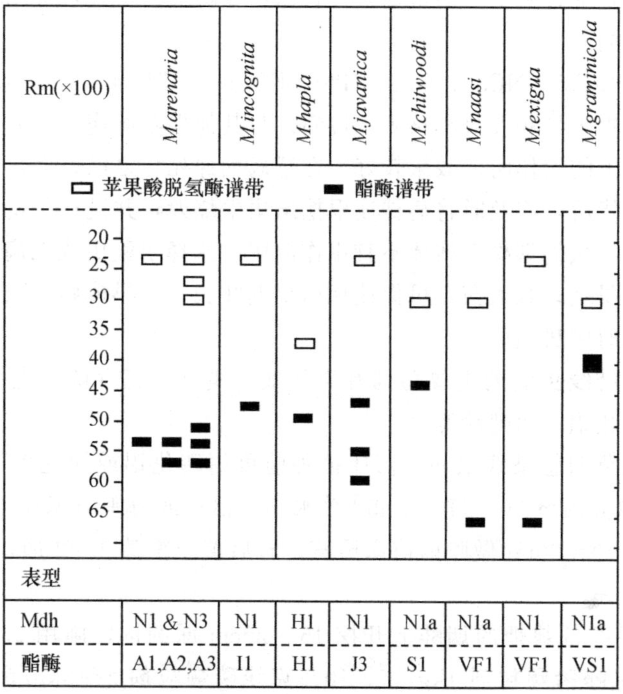

图 8-4　不同根结线虫种的苹果酸脱氢酶（malate dehydrogenase，Mdh）和酯酶（esterases）酶谱（仿 Esbenshade & Triantaphyllou，1991）

（四）发病规律

烟草根结线虫以各种虫态在烟草残根或其他寄主的残根中越冬。外界条件适宜，受到寄主根系分泌物刺激后，越冬卵开始陆续孵化为二龄幼虫。

种植病苗或施用带菌粪肥都可引起大田发病，也是线虫远距离传播的主要方式。线虫的再侵染是靠农事操作、流水及自身的游动。幼虫在土壤、水中可以游动，主动寻找寄主，从烟株根尖的伸长区侵入根内。幼虫侵入根细胞后，利用口针对细胞外壁进行频繁穿刺，打开进入根内的通道，最后线虫进入内皮层或中柱外固定取食。由于线虫的刺吸，致使烟根的构造和生理机能都发生明显变化，中柱细胞大量分裂，形成一个多核巨细胞，其周围的细胞也以此为中心随之增大，形成肿瘤。线虫严重感染时，整个根系都可形成肿瘤，致使生长缓慢，甚至停止。由于雌虫的膨大，薄壁细胞受到挤压而破坏，根组织内形成大量空胞，既直接消耗根部的养分，也严重影响地上部养分和水分的供应。

在我国河南等省根结线虫一年可发生 4 代：第一代 3 月上旬至 5 月中旬，历时 60～70 天；第二代 5 月下旬至 7 月上旬，历时 40～55 天；第三代 7 月中旬至 8 月中旬，历时 30～40 天；第四代 8 月下旬至 10 月下旬，历时 50～80 天。因受温度制约，所以一年中北方烟区发生的代数较少，而南方烟区则较多。湿润的土壤有利于线虫的活动及传播。

碱性土、沙地、坡地、丘陵岗地、瘠薄旱地的病害往往较重。病区的旱地连年栽烟，发病率较高。

（五）防治方法

采取“预防为主，综合防治”的植保方针，以农业防治为基础，选用抗病品种为重点，综合控制烟草根结线虫病。

选用抗病品种。NC95、NC89、G28、G80、K346、中烟 14、云烟 87 和豫烟 3 号等对广泛分布的南方根结线虫 1 号和 3 号小种表现抗病。与其他根茎类病害的防治措施相结合，实行与禾本科作物 3 年以上的轮作防治效果较好。在感病烟株死亡之前，多数线虫仍残留在病株的根瘤虫瘿内；烟叶收烤后，应及时将病株连根挖出集中烧毁，并进行翻耕，这样可大大减少越冬线虫的数量。感染线虫的烟株病残体不宜用作沤肥。选择水稻田或无病地作育苗床，培育健苗、壮苗。实行早播早栽，栽大苗，可促使烟苗早期旺长，尽早成熟，减轻受害程度。移栽前施足基肥，移栽后及时中耕追肥。

目前用于防治根结线虫病的主要药剂有涕灭威、线克、克百威、克线磷、灭线磷、硫线磷、甲基异柳磷、磷化铝、氯唑磷等。

为了防止烟苗在苗期感染线虫病，苗床播种前可用磷化铝或线克熏蒸苗床土壤。苗床熏蒸，也可选用 80%氯异丙醚 90～170ml/亩[①] 兑水 100 倍；或每平方米用 57%磷化铝片剂 1 片（3.3g）或 42%线克 40～60ml 做膜内苗床熏蒸，施后覆土熏蒸 1～2 周，然后栽烟苗或播种，土壤湿度大时效果更好。

大田移栽前可在准备栽烟的烟畦上开挖 15～20cm 深的沟，施用 0.5%阿维菌素颗粒剂 2～3kg/亩；或 3%氯唑磷颗粒剂 4kg/亩；10%克线磷颗粒剂 2～3kg/亩拌细沙或泥粉 20～30kg 撒施，施药后覆土。施药后 1～2 周栽烟。

应选择地温在 15～27℃，土壤湿度为 5%～25%时施药。温度过低或土壤太干都会影响用药效果。涕灭威毒性很大，且残效长，无光时分解慢，在地下水位较高的地方禁止使用，以免污染水源。

二、番茄根结线虫病

（一）分布与危害

南方根结线虫几乎在所有的番茄种植区中均有分布，是目前番茄生产中最主要的线虫。爪哇根结线虫和花生根结线虫主要分布于气候较温暖的华南和华东地区，在华北的部分地区也有记录；而北方根结线虫和象耳豆根结线虫则分别局限于山东和海南的调查区中。近年来，随着保护地蔬菜种植面积的扩大，受保护地密闭、高温、高湿和复种指数增加等因素影响，番茄根结线虫病呈逐年加重趋势，并上升为蔬菜生产上的重要病害，在黑龙江、辽宁、北京、河南、湖

① 1 亩＝666.7m^2

北、江苏、云南和海南等地都有过根结线虫病严重发生和流行的报道。一般年份减产10%～15%，严重时达30%～40%，甚至绝收。

（二）症状特点

主要为害番茄的根部，感病植株的地上、地下部分均有明显的症状。

地上部症状：发病初期症状不明显，发病中、后期地上部分生长不良，植株矮小，叶色暗淡，发黄，呈点片缺肥状，近底部叶片易早衰、脱落，上部叶片黄化，类似肥水不足症状，叶片变小，结实少而小。中午气温高时，地上植株萎蔫，早晚可恢复，严重时植株萎蔫不能恢复，造成全株死亡。

地下部症状：病株主根朽弱，侧根和须根上形成大小不同的瘤状物，称为根瘤或根结。根结大小、形状不一。最小的根瘤肉眼可见，呈微肿状，比较大的瘤近圆形，绿豆或蚕豆大小，有时数个根瘤连合成结节状，番茄侧根则肿成萝卜状。根结初期黄白色，圆形，表面光滑，微透明，后期变褐色，严重时多个根结连在一起，形成直径大小不一的肿瘤，晚期粗糙易腐烂，根结上不再产生小侧根。剖开根瘤可以看到柠檬状的雌虫，豆粒状的卵，以及在显微镜下能看到多核的巨细胞（图8-5）。

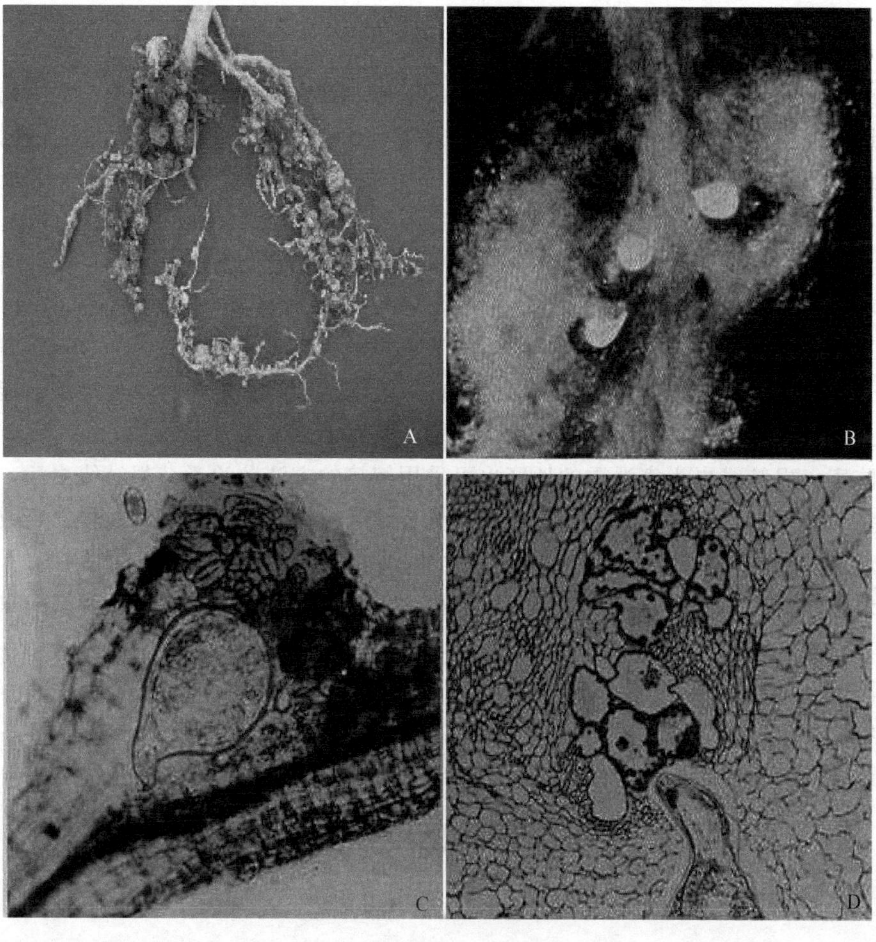

图8-5　根结线虫侵染番茄根的症状

A. 形成的根结；B. 根结解剖图；C. 雌成虫及所形成的卵囊；D. 线虫头部附近形成的巨细胞

（三）病原线虫

几乎所有的根结线虫种都可以侵染番茄。我国侵染番茄的主要是南方根结线虫和花生根结线虫。爪哇根结线虫也易侵染番茄，在我国北部地区北方根结线虫发生也较普遍。形态特征同烟草根结线虫。

（四）发病规律

根结线虫多以二龄幼虫或卵随病残体遗留在5～30cm土层中，生存1～3年，条件适宜根系分泌物存在时，越冬卵孵化为二龄幼虫，侵入番茄根部后，刺激根部细胞增生，产生新的根结或肿瘤。根结线虫发育到成虫时可以交尾产卵，多数种类具有孤雌生殖现象。产在根结里的卵孵化后发育至二龄后离开卵壳，进入土壤中进行再侵染或越冬。

田间发病的初始虫源主要是病残体或病苗。多数种类的根结线虫生存最适温度25～30℃，高于40℃，低于5℃很难发育，高于55℃经10分钟可以致死。田间土壤湿度是影响根结线虫孵化和繁殖的重要条件。土壤湿度适合蔬菜生长，也适于根结线虫活动，雨季有利于孵化和侵染，但在干燥或过湿土壤中，其活动受到抑制。砂土地常较黏土田块发生重。

（五）防治方法

高温或低温处理：可以采用高温闷棚或敞篷冻地的方法防治保护地的根结线虫病。在7月或8月采用高温闷棚进行土壤消毒，地表温度最高可达72.2℃，地温49℃以上，也可杀死土壤中的根结线虫，防效可达80%左右。在北方1月中下旬未定植的大棚可以采用敞篷冻地的方式处理1～2周，对南方根结线虫防治效果较好，但对北方根结线虫没有防治效果。

轮作：提倡水旱轮作效果好，最好与禾本科作物轮作。也可种植含有Mi抗根结线虫基因的番茄品种，如耐莫尼塔、罗蔓和以色列的FA-593、FA-1420等，其他抗病品种有仙客1号、仙客2号、佳红6号、春雪红、1415番茄、新试抗线1号、新试抗线2号、M158等。

采用营养钵和穴盘无土育苗：采用无土育苗是防治根结线虫的一种重要措施，能防止番茄苗早期受到根结线虫为害，且秧苗质量好于常规土壤育苗。

嫁接防病：根结线虫为害严重的地区也可采用嫁接的方法防治番茄根结线虫病，且可兼防番茄枯萎病、根腐病、青枯病等。方法是选用抗根结线虫病的砧木，如用托鲁巴姆或从意大利引进的番茄抗性砧木SIS-1或用河南农业职业学院培育的线虫绝1号、3号番茄砧木嫁接，接穗选用当地主栽的番茄品种，采用靠接法或插接法进行嫁接。可有效地防治根结线虫等土传病害发生。

药剂防治：可用0.5%阿维菌素颗粒剂3～4kg/亩、5%丁硫克百威颗粒剂3kg/亩、10%噻唑磷颗粒剂2kg，加入高效土壤菌虫通杀处理剂2kg/亩与20kg细土充分拌匀，撒在畦面下，再将药土与畦面表土层15～20cm充分拌匀，具有一定的防治效果。

三、黄瓜根结线虫病

（一）分布与危害

黄瓜根结线虫病是世界性分布的一种病害，1855年首次在黄瓜上发现。在中国，此病已广泛分布于各黄瓜产区。由于多年连作，线虫的为害日益严重。病害发生后，可以使植株根系受到损伤，输导组织遭到破坏，水分及养分的正常运输到受到阻碍，造成不同程度的损失，重者产量损失 60%以上。

（二）症状特点

黄瓜根结线虫主要为害根部，地上部也表现症状。

地上部症状：轻病株地上部症状不明显，重者地上部生长缓慢，植株矮小，叶片发黄，长势衰弱似缺水缺肥状，发育不良，结瓜小而少。中午气温高时，植株呈萎蔫状，早晚气温低或浇水充足时，萎蔫的植株可恢复正常，病情加重后，萎蔫的植株不能恢复正常，植株枯萎、死亡。

地下部症状：以侧根和须根被害严重，受害根部形成许多大小不同、形态各异的根结，根结色为黄色-淡褐色或褐色或深褐色。呈串珠状，整个根系变粗。病害加重时，根系腐烂（图 8-6）。

图 8-6　南方根结线虫寄生黄瓜的受害状

（三）病原线虫

引起黄瓜根结线虫病的根结线虫有很多种，其中主要的有 4 个种，即南方根结线虫（主要为南方根结线虫 1 号小种），爪哇根结线虫，花生根结线虫和北方根结线虫。病原线虫的形态特征等参见烟草根结线虫病。

（四）发病规律

根结线虫病残体中的二龄幼虫或卵在土壤中越冬。每个雌虫可产卵 300～600 粒，雌虫当年产的卵不孵化，留在根结中，随病残体在土壤中越冬。到次年环境条件适宜寄主根系分泌物存在时，越冬卵孵化为幼虫。也有以幼虫在土壤中越冬，幼虫侵入寄主前，在土中作短距离移动，寻找寄主。二龄幼虫多从幼嫩根侵入，在根内选择合适的位点定殖，在头部周围诱导寄主细胞迅速发育形成巨细胞，巨细胞形成后刺激周围寄主细胞加速分裂，使受害处形成肿瘤或根结（虫瘿）。幼虫发育至三龄时开始两性分化，发育到成虫时，雌雄开始交尾。雄虫不久离开寄主在土中死亡。土壤温度为25～30℃，土壤持水量在40%左右时，适宜于根结线虫的发育。多数种类根结线虫不耐高温，通常在55℃左右经10min即可被杀死。根结线虫是好气性的，凡地势高燥，土质疏松的中性砂土，适宜根结线虫的活动，因而发病重。土壤潮湿、黏重、板结的田块，不利于根结线虫的活动，发病较轻。连作地发病较重，连作期限越长，发病越重。

（五）防治方法

轮作：最好与禾本科作物、葱蒜或辣椒进行2～3年的轮作。栽培管理：彻底挖除病残体，并将其集中烧毁，病坑用石灰进行消毒处理。生物防治：用线虫清（淡紫拟青霉、真菌杀线虫剂）或线虫必克（厚垣轮枝菌）定植时处理土壤。连年使用生物制剂对防治各种土壤线虫有良好效果，对作物无残毒，也不污染土壤和水源，对作物还有一定的刺激生长作用。药剂防治：用高效低毒的农药，如98%必速灭微粒剂5kg/亩，拌成毒土沟施或穴施，也可以将药土施于地面，边施边翻耕耙地，耙平后2～3天再栽种，可收到一定的防治效果。

四、花生根结线虫病

（一）分布与危害

花生根结线虫病由Neal（1889）首次在美国佛罗里达州发现，其传播蔓延速度快，广泛分布于世界上多个花生产区，是花生生产上一种毁灭性的病害。在我国，20世纪30年代首次发现于山东荣成，目前主要分布于山东、河北、辽宁、吉林、河南、安徽、湖北、贵州、四川、陕西、江苏、甘肃、广东、广西、海南等地，尤其以山东胶州半岛发生最为严重。此病对花生产量的影响很大，一般减产20%～30%，严重的减产高达70%～80%，甚至绝产。

（二）症状特点

花生根结线虫可以侵染花生的根、果柄和荚果。

地上部症状：受害植株播后40天后地上部才逐渐表现症状，植株矮小，始花期后基部叶片逐渐变黄，叶缘焦灼，早期脱落，花少而且开放较迟，至盛花期全株萎黄矮小，叶片稀疏瘦小，不能封行。类似缺肥症状，俗称“地黄病”，病田常呈现一片一片的植株发黄的病窝。重病田内可全田发病，但很少出现植株枯死症状。

地下部症状：根部受害后，幼根初期膨大呈钩状，后逐渐变成小米至绿豆大小的不规则形状的结节（根结），根结初期乳白色，后变浅黄褐色，根结上可长出一些不定根须根，须根再次被线虫侵染后，根系变成乱发状的“须根团”，上面附着很多土粒，难以抖落，受害主根停止生长，并带有腥臭味，接近地面的主根皮层往往变成浅褐色腐烂。剖视根结，见到乳白色的雌虫。根颈和果柄上可形成葡萄穗状的虫瘿（根结）。幼果受害后形成乳白色肿胀突起的小虫瘿。成熟果壳受害可形成褐色较大的疮痂状根结（虫瘿）。感染了北方根结线虫的花生的根、荚果和果柄的根结一般较花生根结线虫形成的根结大小相近。病株虽能结果，但数量少且多瘪果，重病株则很少结果。

花生根结线虫病的地下部根结与固氮根瘤常易混淆，它们之间的区别在于，根结常长在根的尖端，由内向外对称膨大，质地紧密，表面粗糙，并且其上可长出许多须根，剖视可见内有乳白色梨形雌虫，而根瘤则附着于主、侧根的侧旁，易从根上脱落，圆形或椭圆形，质地疏松，表面光滑，不产生须根，剖视内部无虫体可见肉红色、紫黑色或绿色菌液。

（三）病原线虫

花生根结线虫病的病原线虫主要有两种，一种为花生根结线虫，另一种为北方根结线虫。病原线虫的形态特征参见烟草根结线虫病。

（四）发病规律

以卵或幼虫在土壤中的病根、病果壳及粪肥中越冬。田间主要随土壤、流水、人畜及工具传播。当平均地温在11．3℃以上时，在病残体内的卵开始发育成为二龄幼虫，侵入寄主后幼虫在根结内发育，由花生幼根侵入，定殖后，在线虫头部附近形成巨细胞，汲取营养，并引起周围根组织过度生长形成根结。幼虫在根结内生长发育，经3次脱皮发育为成虫。雌雄成虫交配后，雄虫死亡，雌虫产卵于胶质的卵囊内，卵囊存在于根结内或一端露于根结外，雌虫产卵后死亡。卵可继续孵化为二龄幼虫或休眠。北方根结线虫在山东省一般一年发生3代。土壤温度和湿度对幼虫侵染影响很大。幼虫侵染的温度范围为12～34℃，最适为20～26℃。土壤含水量在20％以下和90％以上都不利于幼虫侵入，最适侵入的土壤含水量为70％左右。土质疏松的砂壤土和砂土地，保水力弱，通气良好的丘陵地发病较重；黏土和低洼碱性土壤发病轻，甚至不发病。轮作田发病轻，连作田发病重。春花生比麦茬花生发病重，早播比晚播发病重。干旱年份发病重于多雨年份。

（五）防治方法

花生根结线虫病是一种顽固难治的土传性线虫病害，防治此病首先要加强检疫，保护无病区，在病区要加强农业防治，并辅以药剂防治。检疫：一般认为带病荚果的盲目调运是花生根结线虫病远距离传播的主要原因，对调运花生种子必须干燥处理，使荚果含水量降至10％以下，近距离调运中只能运花生仁，而将果壳在产地剥离并烧毁。此外鉴于寄生花生的根结线虫的寄主范围广，对有关寄主种植材料也必须实行检疫，以保护无病区。农业防治：与非寄主作物或不良寄主轮作是防治根结线虫为害的重要措施。玉米、小麦、大麦、西瓜是北方根结线虫的非寄主作物，棉花是北方根结线虫和花生根结线虫的非寄主作物，与这些作物轮作可降低土内两种根结线虫种群数量，减轻为害。例如在山东、河北等受北方根结线虫严重为害的花生产地，实行与小麦、玉米、高粱、谷子或不良寄主甘薯等轮作2～4年，病情指数可降低30％～40％，而且轮作年限越长，效果越好。深翻改土，增施有机肥，增强花生的抗病力。病地花生要就地收获，不要带出田外。收获后，清除田间病残体和杂草，就地晒干，集中烧毁。不用未经干燥处理的病株残体作饲料或沤粪，减少初侵染源。改良土壤，增施腐熟的有机肥，增强植株抗病力。改善灌溉条件，不要串灌，防止水流传播。与甘薯或禾本科作物实行2～3年轮作。化学防治：3％克百威颗粒剂亩施5kg，3％甲基异硫磷颗粒剂10kg处理土壤。也可用种衣剂4号用种子量的2％拌种，在病情指数50％～60％的中等发病和70％～80％偏重发生地块，交替使用6％涕灭威每亩1kg，或10％克线磷2kg将以上颗粒剂均匀撒播于沟内，播种覆土，干旱年份，应开沟浇水，然后撒药播种。播种时每公顷用3％米乐尔颗粒剂120kg，或15％涕灭威颗粒剂18～21kg，或10％克线丹颗粒剂22～44kg或力满库颗粒剂30～60kg，沟施或穴施，注意前3种药剂不要直接与种子接触，否则易发生药害。

五、柑橘根结线虫病

（一）分布与危害

柑橘根结线虫病在世界上分布有限，很少有系统报道。主要在印度、澳大利亚苏里南、以色列等国发生。在我国分布于台湾、广东、广西、福建、四川、江西、湖南、湖北等各柑橘产区。

柑橘根结线虫侵入根部，破坏根系的吸收能力，使树冠生长受抑制，果树长势逐渐衰退，产量逐年降低，约3～5年病树便丧失生产能力，全株凋萎死亡，甚至整个果园毁灭。病害发生，株发病率一般为10％～20％，重者达100％，减产50％～60％，重病果园绝收。

（二）症状特点

柑橘根结线虫主要为害根部。苗木及成株期均可以感病，感病株根上产生大量的根结。根结多集中在幼嫩根和细根上，大小不等，多数如绿豆大小。

地上部症状：苗木感病，地上部主要表现为植株矮小，新梢纤弱，长势不良，叶色淡绿或黄化，严重时，叶片脱落，田间苗期感病极易死亡。成株感病，地上部分最初无明显的不良症状。随着根系受害程度的加重，树冠才逐渐表现出枝短梢弱，叶片变小，变薄，有时甚至呈半透明状态，长势衰竭，整株矮化，树冠较健株小，透光多等现象。病害进一步加重时，叶色黄化失去光泽，叶缘卷曲，呈缺水萎蔫状或缺素症、花叶状等，或表现为开花多，着果率降低，挂果少，果实小等症状。重病树叶片逐渐黄化脱落并导致落花、落果，枝梢枯萎以致全株枯死。

地下部症状：嫩根是主要的受害部位。线虫侵入后，寄生于根部皮层与中柱之间，刺激细胞过度生长和分裂，致受害处形成大小不同的根结，呈长棒状，或呈串状（简阳根结线虫）；或根结生于根的端部，使根停止生长成指状，伸展不开似鸡爪状（孔氏根结线虫）。小侧根除产生根结外，还引起肿胀、扭曲等形状。主根和较大的侧根受害后，只形成根结，一般不会扭曲变形。根系受害严重时，根结上可以形成次生根结，并刺激根部产生大量小根，形成乱发状的须根团。

根结一般黄白色-黄褐色或深褐色，表面光滑，或变粗糙。根结表面可以看到白色、乳白色或淡褐色、褐色的胶质卵囊（卵块）。有的卵块不外露，卵留在根结内（简阳根结线虫）。

不论苗木还是成株，病情加重引致地上部枯萎死亡，整个根系基本腐烂。

（三）病原线虫

柑橘根结线虫病是由根结线虫属的多种线虫引起。据国外报道，引起柑橘根结线虫病的有短小根结线虫 *M. exigua*、南方根结线虫 *M. incognita*、印度根结线虫 *M. indica*，和爪哇根结线虫 *M. javanica*。广东柑橘的根结线虫优势种为花生根结线虫。病原线虫的特征参见烟草根结线虫病。

（四）发病规律

柑橘根结线虫病的主要侵染源是带有病原线虫卵、二龄幼虫或雌虫的病残体和土壤。条件适宜，越冬卵孵化出二龄幼虫和越冬的二龄幼虫侵入幼嫩根部为害，其传播主要由土壤、农具、水流、肥料和人的农事活动完成，远距离传播的主要途径是苗木调运造成的人为传播。二龄幼虫侵入新根后，在皮层和中柱间寄生为害，刺激组织过度生长，使根部形成各种形态的根结，同时二龄幼虫在根内发育成三龄幼虫、四龄幼虫、雌成虫和雄成虫。雌虫成熟产卵于胶质卵囊内，胶质卵囊（卵块）外露于根结表面。雌虫卵孵化出新的二龄幼虫，在侵染为害新生的根。完成上述过程，当月均温为25～27℃时，需要47～48天；月均温为27～28℃时，需要58～60天；月均温为18～27℃时，需要74～76天。一年中发生多代，进行多次再侵染。柑橘根结线虫的发生危害与土壤条件、柑橘品种和树龄等关系密切。柑橘根结线虫在低丘山地、平原、河滩及其各种类型土壤均可发生。沙质土壤和沙壤土的通透性较好，有利于病原线虫的活动，发病重。土壤温度20～30℃适宜于病原线虫的发育，孵化和活动，当低于15℃或高于35℃时，只有轻微侵染。土壤的水分饱和或过于干燥对病原线虫都不利，一定的土壤持水量对线虫卵的孵化和二龄幼虫的活动有利。在相同的条件下，品种间的发病程度有明显的差异。兴国甜橙、尾张、雪柑等发病较重，而哈姆令、湖南酸橙有一定的抗病能力。不同的树龄与发病有一定的相关性，随着树龄的增加，抗病性增强。土壤5～15cm深度，根结分布最多，病根形成须根团，土层越深，根结越少，在30cm以下的根很少发病。土壤有机质缺乏，病害发生可能严重。病树连续几年增施尿素则病害逐年加重，树势衰退明显，挂果少；对病树施入有机肥，则几年后树势增强根系发育良好，挂果增多。

（五）防治方法

对苗木严格检疫，选用抗病品种和砧木，培育无病苗木。新建橘园宜选取没有发现根结线虫的地块。合理施肥，加强肥水管理。忌偏施氮肥，宜多施有机肥和一定量的磷肥。土壤有机质增加，能增加植株的抗病力，又有利于土壤中有益微生物及根结线虫天敌的繁殖和活动。注意改善橘园的排灌条件。彻底清除病残根，根结线虫主要危害5～15cm深层的根系，形成大量的须根团。每年收获后，初春时（1月、2月）结合培土、施肥等农事操作，尽可能清除病根和须根团。早春季节，挖去树冠下3～5cm深的表土或在树冠下近外围处挖宽为30～40cm，深10～15cm的环状沟，株施10%克线磷或10%益舒宝颗粒剂，或3%米乐尔或3%呋喃丹颗粒剂，或40%甲基异硫磷颗粒剂0.15～0.3kg，拌细土，均匀撒施。

第二节　胞囊线虫病

胞囊线虫病是发生在冷凉地区农业生产上的重要病害。引起该类病害的线虫是植物线虫中进化较高级的类群，与寄主建立了良好的寄生关系，一般寄主范围都较狭窄，严格的专性寄生，多数具有生理分化现象，存在生理小种。可以利用抗病品种防治这类病害。对我国农业生产影响较大的有大豆胞囊线虫病和禾谷胞囊线虫病。

一、大豆胞囊线虫病

（一）分布与危害

大豆胞囊线虫 *Heterodera glycines* Ichinohe 病是由大豆胞囊线虫（soybean cyst nematode，SCN）侵染引起的，危害世界大豆生产的重要病害之一，具有分布广、寄主范围宽、传播途径多、休眠体（胞囊）存活时间长、危害严重等特点，是一种极难防治的土传病害，经常给大豆生产造成严重损失。据戴芳澜《中国经济植物病原目录》记载，早在1899年俄国著名植物病理学家雅切夫斯基（Jaczevski）等在我国东北地区，主要是黑龙江省西部最早发现大豆胞囊线虫，当时采用的学名为 *Heterodera schachtii*，即甜菜胞囊线虫的学名。1915年，日本人掘正太郎（Hori）在日本福岛附近发现胞囊线虫病，当时叫嫌地病，又称黄萎病。直到1952年日本学者一户稔（Ichinohe）经过细微的形态学研究，将大豆胞囊线虫单独列为一个种，正式定名为 *Heterodera glycines* Ichinohe，即大豆胞囊线虫。此后，1936年在朝鲜发现，美国1954年首次报道北卡罗来纳州发现大豆胞囊线虫病，此后迅速蔓延，遍及28个大豆生产州中的26个，1968年埃及在尼罗河的金岛上发现，1978年前苏联的阿穆尔地区都有此病发生，1983年在哥伦比亚发现，1984年在印度尼西亚发现，1987年在加拿大的安大略省发现，在大豆第二大生产国的巴西1992年首次证实有大豆胞囊线虫病发生，作为世界第三大大豆生产国的阿根廷大豆胞囊线虫病尽管不像其邻国巴西那么严重，但1998年此病在其两大大豆主产区 Pampean 区和北方区域已成为主要病害之一，目前，在几乎所有的大豆生产地区都报道过该病的发生。1999年在伊朗北方儿省发现。2000年在意大利的 Pavia 地区被发现，这是欧洲大陆第一次报道大豆胞囊线虫。在我国，黑龙江、吉林、辽宁、内蒙古、河北、河南、山东、山西、陕西、安徽、湖北、江苏、北京、上海等省（自治区、直辖市）均有发生，特别是东北地区、西部地区以及黄淮海等大豆产区发生普遍，个别地区发生严重。从世界范围来看，大豆胞囊线虫病的危害和蔓延有日趋加重的趋势，由大豆胞囊线虫病引起的损失比任何一种单一病害所造成的损失都大，有关大豆胞囊线虫的研究也越来越受到各国的重视。

（二）症状特点

大豆胞囊线虫病在大豆的整个生育期均可发生，主要为害寄主的根系，由于根系被害，造成植株地上部分表现出症状，症状与缺氮肥或缺水相似，症状不专化。寄主地上部分症状：病害发生较轻或发病初期，一般表现为叶片失绿、褪色、逐渐黄化、生长缓慢，病株明显较健株矮小，发生严重时，整株叶片黄化，逐渐干枯而死。在苗期可造成死苗，大豆开花前后，植株枯黄，矮化，开花少，严重的不开花，不结荚，逐渐枯黄，至全株枯死。寄主根系症状：大豆胞囊线虫刚刚侵入根系，初期在根系表面出现褐色斑点，线虫在根内定殖后，根系发育较弱，主根生长受到抑制，固氮根瘤明显减少，被害根部表皮龟裂，如果线虫数量较大，或雌虫成熟后，虫体露出根表皮，根系开始变褐腐烂，同时常常由于侵入时携带其他病原物或雌虫突破根表皮，在伤口处感染其他病原物，根系迅速腐烂，造成地上部分黄化枯死。检查根系时，在根上可发现白色或淡黄色比小米粒还小的肉质小颗粒，这就是线虫的成熟雌虫，后变黄褐色，胞囊后期很易掉落土中。此病在田间分布初期仅局限于小面积上，使大田中出现一块块黄绿相间的病窝，后期严重时大田病株呈带状枯死甚至全田枯死，似火烧状，因而大豆胞囊线虫病俗称“火龙秧子”（图8-7A，B，C）。

研究发现，大豆胞囊线虫的二龄幼虫从根尖处侵入根部，造成根组织的代谢失调与组织损伤，受害的大豆根系短粗，植株矮小，叶片变黄。大豆受其危害后，轻者减产30%，一般减产50%，严重者甚至绝产。美国1975年记载，大豆胞囊线虫使美国11个州的14 000hm^2 大豆损失2000万美元；据统计，1980年，在美国50个州中，有22个大豆主要生产州的432个县受其危害，每年的产量损失达到153万吨，总计4.2亿美元；全美1987年因大豆胞囊线虫损失大豆 2.2 亿 t，相当于 4900 万美元。根据美国大豆病害损失估计委员会（Soybean Disease Loss Estimate Committee）的报告，1974～1996 年，大豆胞囊线虫一直是美国南部 16 个州最严重的病害。1991 年和 1992 年美国南部州所有大豆病害造成的大豆产量损失分别为 12.6%和 11.1%，大豆胞囊线虫造成的产量损失分别为 3.08%和 2.5%，仍居所有病害之首。美国中北部地区由于大豆胞囊线虫病害造成的损失每年达 13 亿美元。在巴西 1992 年到 1998 年大豆胞囊线虫病发生面积由 100 万 hm^2 扩大到 170 万 hm^2，阿根廷到 1999 年估计有 50 万 hm^2 受大豆胞囊线虫侵染，在 Cordoba 和 Santa Fe 两省的个别地块减产达 58%。在我国，大豆胞囊线虫造成减产 5%～10%，严重发生地块减产 30%以上，甚至颗粒无收。我国主要大豆产区黑龙江省受害面积为 1000 万亩左右，一般减产 20%～30%，严重的可达 70%～80%，并且每年出现许多大面积绝产地块。对山西省进行调查，发现全省均有大豆胞囊线虫病发生，受害面积达 93.58%。据统计，仅黑龙江、吉林、辽宁、山西、河南、安徽 6 省受害面积就高达 2250 万亩。

（三）病原线虫

1. 大豆胞囊线虫病病原

大豆胞囊线虫 *H. glycines* 是一种土传的定居性内寄生线虫。大豆胞囊线虫属于 Nematoda，垫刃目 Tylenchida，垫刃亚目 Tylenchina，异皮总科 Heteroderidea，异皮亚科 Heteroderinae，异皮线虫属 *Heterodera*。

雌虫：虫体膨大，呈柠檬或梨形，刚刚成熟的雌虫仅头部与寄主埋生在大豆根内，在根表与雄虫交尾后的雌虫开始产卵，排卵时的黏液遇空气后氧化形成胶质的卵囊。胞囊线虫仅部分卵排出体外，大多数卵保存在体内。初期凸出根表的雌虫虫体为白色，虫体透明，而后逐渐变黄、变褐。褐化后的雌虫头部脱离寄主，表皮进一步鞣化变成保护卵的坚硬外壳，这种内部包含卵的雌虫称为胞囊。胞囊内的卵具有很强的抗逆性，在土壤中可以存活多年（图 8-7D，E）。

雄虫：虫体为线形，虫体透明，尾钝圆形，很短。交合刺常突出体外。成熟后离开寄主，在根表寻找雌虫交尾后死亡。

幼虫：卵内线虫可以进行一次蜕皮，称为一龄幼虫。卵中的一龄幼虫在环境适宜时蜕皮突破卵壳，孵化形成二龄幼虫（J2），J2 非常活跃，是唯一的侵染性虫态。寻找到寄主后侵入根内，定殖后虫体开始膨大，不断发育为三龄幼虫和四龄幼虫，四龄幼虫虫体后半部逐渐突出根表。四龄幼虫虫体再蜕皮时会产生很大变化，一部分发育为蠕虫状的雄虫，另一部分幼虫发育为虫体更大的雌虫（图 8-7F）。

2. 大豆胞囊线虫生活史

线虫的生活史是指线虫从卵开始到又产生卵的过程。大豆胞囊线虫属专性寄生线虫，通过有性繁殖产生后代，以胞囊在土壤中越冬。大豆胞囊线虫的卵是胚胎卵，形成于胞囊或卵囊中，一龄幼虫在卵内发育，蜕皮一次从卵内孵化出来，形成具有侵染活性的二龄幼虫。二龄幼虫进入土壤中，寻找植物的根尖侵入到根内的维管束中柱取食，营内寄生生活，同时刺激取食点及其周围细胞，从而形成合胞体。二龄幼虫经过 3 次蜕皮，虫体不断膨大，最后发育为成虫。雄成虫为一细长蠕虫，突破根表皮进入土壤中，寻找雌成虫交尾后死去；雌成虫定居原处继续取食为害，同时开始孕卵，虫体迅速膨大撑破根

图 8-7　大豆胞囊线虫病

A，B. 田间为害状；C. 根表着生的雌成虫；D. 胞囊；E. 根部寄生的线虫；F. 不同龄期的大豆胞囊线虫的幼虫

表皮露出，初期为白色或淡黄色，进一步发育老熟，体壁增厚，形成暗褐色胞囊，内含200～600粒卵，成熟的胞囊脱落于土中传播越冬进入下一轮生活史。在生长季节里，若条件合适，大豆胞囊线虫完成一个世代需25～35天。在我国不同地区，大豆胞囊线虫一年可发生3～4代。

（四）生理分化

1. 寄生性和寄主范围

大豆胞囊线虫和大多数寄生物一样是专性寄生物，只能寄生在寄主的活细胞和组织中，而且只有形成合胞体才能建立寄生关系。不能在死的寄主细胞和组织上寄生和存活，更不能在人工培养基上培养。

大豆胞囊线虫的寄主范围比较窄，根据美国三所大学和中国部分单位的接种测定，合适的寄主主要是豆科植物，如大豆 *Glycine max*、赤豆 *Vigna angularis*、菜豆 *Phaseolus vulgaris*、绿豆 *V. radiata*、豌豆 *Pisum sativum*，在美国，胡枝子 *Lespedeza bicolor* 也是寄主，其他豆科植物包括 3 个亚科，都不是合适寄主，尽管有时二龄幼虫可以侵入根系，但侵入以后生长发育很差，不能完成生活史。此外，大豆胞囊线虫还可危害赤小豆 *Phaseolus calcaratus*、猪屎豆 *Crotalaria pallida*、黄花毛蕊花 *Verbascum thapsus*、歪头菜 *Vicia nujjuga*、小叶野决明 *Thermopsis chinensis*、比利牛斯金鱼草 *Antirrhinum molle*、高黄芩 *Scutellaria altissima*、决明 *Cassia obtusifolia*、地黄 *Rehmannia glutinosa*，也可寄生于羽扁豆、林山黧豆、扎罗斯列夫鹅毛箭筈豌豆、箭筈豌豆、冬箭筈、三叶草，还有青豆、紫豆、豇豆等。

2. 生理分化

1）大豆胞囊线虫生理小种的划分

大豆胞囊线虫是严格的专性寄生物，而且存在明显的寄主分化现象。大豆胞囊线虫遗传多样性可分为亚种，而最早注意到大豆胞囊线虫存在生理分化的是 Ross 和 Brim。1957 年，他们在美国北卡罗来纳州筛选抗源时，发现引自日本的抗性品种 Daiichi-hienuhi 和 Nangatake-date 不能抗病，根上着生大量胞囊，由此推测大豆胞囊线虫可能存在种系（strain）差异。Ross（1962）根据同一品种的反应不同确认了美国北卡罗来纳州大豆胞囊线虫群体与田纳西州大豆胞囊线虫群体具有生理差别，来自北卡罗来纳州的大豆胞囊线虫在大豆品种 PI88788 上可繁殖，但来自田纳西州的大豆胞囊线虫则不能在此品系上繁殖，证实了大豆胞囊线虫存在生理小种分化。此后 6 年间，Miller 和 Smart、Riggs、Epps、Koliopanos 以及 Sugiyama 等报道了美国弗吉尼亚、田纳西、阿肯色和日本的大豆胞囊线虫遗传多样性，并用 Isolate、Physiological、Strain、Biotype、Pathotype、Physiological variant、Biological race、Race 等术语来称谓线虫的不同种群。直到 1969 年，在美国马里兰州召开了一次由线虫学家和育种学家参加的会议，提出用“生理小种”（race）统一称谓大豆胞囊线虫各寄主专化型。1970 年 Golden 等提出了对大豆胞囊线虫用 Pickett、Peking、PI88788、PI90763 4 个大豆品种作为鉴别寄主进行生理小种鉴定，感病对照品种是 Lee。利用这套鉴别寄主首先鉴定出美国的 1、2、3、4 号 4 个生理小种，此后，关于大豆胞囊线虫生理小种的报告相继出现。1979 年日本 Inagaki 发现了 5 号生理小种，1981 年 Anand 在美国的田纳西州农业实验站发现了 6 号生理小种，1987 年我国的陈品三在山东半岛的胶县、潍坊、河南开封发现了 7 号生理小种，1987 年 Hancock 在抗病品种 Bedford 上分离出一感染的小种，在鉴别品种上与 2 号生理小种表现相似，但是在 PI209332 上表现为感病，而 2 号生理小种却为抗病，因不是在标准鉴别品种上鉴定出，因而定名为 X 小种。由于 Golden 分类系统不适于描述大豆胞囊线虫群体广泛的遗传多样性，1981 年 Riggs 等在 12 个大豆抗病品系上区分出了 25 个“生理小种”，1988 年 Riggs 和 Schmitt 根据 Golden 那套鉴定寄主上的抗感组合排列原理又设计出 11 个生理小种（包括 6，7 号生理小种），这样大豆胞囊线虫的生理小种从理论上分为 16 个，并于 1991 年规定了鉴定方法，这种鉴定方法一度成为国际上鉴定大豆胞囊线虫生理小种通用的方法和标准（表 8-2）。

表 8-2 大豆胞囊线虫生理小种的划分标准

生理小种	在鉴别寄主上的反应			
	Pickett	Peking	PI88788	PI90763
1	−	−	+	−
2	+	+	+	−
3	−	−	−	−
4	+	+	+	+
5	+	−	+	−
6	+	−	−	−
7	−	−	+	+
8	−	−	−	+
9	+	+	−	−
10	+	−	−	+
11	−	+	+	−
12	−	+	−	+
13	−	+	−	−
14	+	+	−	+
15	+	−	+	+
16	−	+	+	+

注：+表示鉴别品种根上雌虫和胞囊数不小于感病对照 Lee 根上的 10%；
−表示鉴别品种根上雌虫和胞囊数小于感病对照 Lee 根上的 10%。
资料来源：Riggs & Schmitt，1988。

近年，美国线虫学家 Niblack、Arelli 等认为，大豆胞囊线虫生理小种的这套鉴别寄主中 Picket 是 Peking 的后代，其作为其中一个鉴别寄主是不适合的。这个生理小种鉴定系统被认为是大豆胞囊线虫群体分类的一种方法，而不是群体内基因型的分类，不是作为大豆品种抗性评价的方法。目前美国建立了一个新的大豆胞囊线虫基因多样性分类系——HG 类型（HG type），HG 是大豆胞囊线虫学名 *Heterodera glycines* 的缩写。该系统在原来的鉴别寄主（去掉有 Peking 抗原的 Pickett）上又补充了 4 个鉴别寄主，包括 PI437654、PI209332、PI548316 和 PI89772，标准的感病品种是 Lee74，用以鉴定大豆胞囊线虫基因多样性，区别种内的主要基因型。待鉴定群体的 HG 类型分类如表 8-3 所示。在有些情况下，可能会出现不能完成全部的 HG 类型鉴定。当一个鉴定未完成时，所有没鉴定的鉴别寄主应当标注，此 HG 类型命名有一个"−"号词尾，例如，一个群体可能被称为 1，2，3−，词尾表示鉴定未完成。

表 8-3 大豆胞囊线虫基因型多样性 HG 类型分类系统

鉴别寄主（品系）	在鉴别寄主上的反应（FI≥10）							
	0	1	2	3	4	5	6	7
PI548402（Peking）		+						
PI88788			+					
PI90763				+				
PI437654					+			
PI209332						+		
PI89772							+	
PI548316（Cloud）								+

注：FI（雌虫指数）=［（每个寄主上的雌虫平均数量）/（Lee74 上的雌虫平均数量）］× 100。

事实上，在发生大豆胞囊线虫病的任何地块，大豆胞囊线虫都是混合群体，不存在单一生理小种，仅是某个生理小种占优势。但是由于大豆胞囊线虫的活动范围很小，线虫是近亲繁殖，毒性基因趋于一致，因此鉴定优势大豆胞囊线虫生理小种仍然是必要的。

2）大豆胞囊线虫生理小种的分布

目前除 11 和 13 号尚未被发现，16 号仅报道过一次外，其他均有报道。1997 年 Kim 等报道美国存在 1、2、3、4、5、6、7、8、9、10、12、14 号 12 个生理小种。1979 年 Inagaki 报道日本存在 1、3、4 和 5 号生理小种。我国存在 1、2、3、4、5、6、7、14 号 8 个生理小种（刘维志，2000），其中 1 号小种主要分布在黑龙江省安达、辽宁省昌图、吉林省双辽、山东省济南、江苏省徐州等地。2 号小种主要分布在山东聊城、德州。3 号小种分布较广，是我国大豆胞囊线虫的优势生理小种，主要分布在黑龙江省的哈尔滨、佳木斯、牡丹江、安达、方正、七台河、海伦、依安、富锦、黑河等 63 个市县及辽宁、吉林、内蒙古等省和自治区。4 号小种侵染能力最强，分布也很普遍，主要分布在山西、江苏、山东、河南、河北及安徽等地。5 号小种分布在安徽省蒙城、吉林通榆、内蒙古八一农场。6 号小种分布在黑龙江省德都、大庆。7 号小种分布在山东省明县、潍坊等地；河南开封及黑龙江省的青冈。14 号小种分布在黑龙江省的安达。

二、防治方法

大豆胞囊线虫的防治工作要实行有害生物综合治理（IPM）策略。这些策略包括严格检疫、合理轮作、合理施肥尤其是多施有机肥、应用抗病品种、物理防治、化学防治和生物防治在内的综合防治措施，将线虫群体数量限制在经济阈值以下，从而达到减轻危害的目的。

（一）加强检疫

大豆胞囊线虫的胞囊可随夹杂于种子中的土壤或病残体而进行远距离传播，为了防止扩大蔓延，各地在调运种子过程中特别是从病区调种，应当进行检疫检验，以杜绝线虫胞囊随种子、土壤等传入无病区。

（二）抗病育种

应用抗病或耐病品种是防治大豆胞囊线虫病最经济有效的防治措施。种植抗大豆胞囊线虫的大豆品种不但可以避免大豆胞囊线虫造成的严重损失，还可以大大减少大豆胞囊线虫在土壤内的密度，缩短轮作年限。

关于抗病育种问题，国内外在抗大豆胞囊线虫育种工作方面均取得成功。1967 年，美国利用引自我国的抗原材料“Peking”，成功育成了全世界第一个抗大豆胞囊线虫大豆品种“Pickett”，并用其作为抗源育成一批高产品种，包括 Forrest 和 Centennial 等抗大豆胞囊线虫 1 号和 3 号生理小种的优良黄色种皮大豆品种。1978 年，利用 PI88788 作抗原，育成 Bedford 抗 1、3 和 4 号生理小种的品种，同时兼抗根结线虫、肾形线虫和大豆疫霉、大豆根腐病。Anand 利用高抗大豆胞囊线虫 1、2、3、4 和 5 号生理小种的小黑豆 PI437654 作抗原育成 Hartwig 品种。目前，美国在大豆的主要产区已普遍推广应用抗病品种。1956 年，日本从美国引进 Peking 和 PI84751 育成了“东山 93”，利用本国的品种下田不知育成“铃姬”，1966～1980 年又育成“丰铃”、“盛同白目”等品种，同时又利用辐射诱变育种法育成雷电和雷光等抗病品种。

我国的抗病育种工作起步较晚，20 世纪 70 年代后期，各地在筛选出抗原的基础上，才开始了卓有成效的抗大豆胞囊线虫育种工作，至 90 年代初已经相继育成了一些抗当地生理小种的品种或品系。1981 年，黑龙江省农业科学院盐碱地研究所李云辉等利用从美国引进的抗病品种 Franklin 作抗原，于 1992 年育成了我国第一个抗线品种抗线 1 号，1995 年育成抗线 2 号，继而又培育了“抗线 3 号”、“抗线 4 号”、“抗线 9 号”等一系列抗线品种，已在生产上大面积推广使用。利用哈尔滨小黑豆抗原育成黄色种皮的抗线品系 84-783、84-793、84-819，抗性达到小黑豆水平。黑龙江省农科院大豆所张玉华以抗线优良品系 83-625 为亲本于 1991 年选育出抗胞囊的大豆新品系 91-4750。黑龙江省嫩江农科所 1984 年以美国的 CN210 为母本，以黑河 3 号为父本，于 1994 年育成高抗大豆胞囊线虫 3 号生理小种的大豆品种嫩丰 15 号。吉林省农科院大豆所自 1985 年开展抗胞囊线虫育种工作以来，已育成吉林 23、吉林 32、吉林 37 等抗病品种。李莹等自 1988 年以来在山西省开展抗大豆胞囊线虫 4 号小种的育种工作，已育成 1259～1267 等 8 个高抗大豆胞囊线虫 4 号生理小种的新品系。张磊等（1997）选育出抗 2、3、5 号小种皖豆 16。董立华等（1998）以北京小黑豆为抗源选育出高抗大豆胞囊线虫 1、3 号生理小种的茶色种皮抗原“庆抗 83219”。目前我国育成的其他抗胞囊线虫的品种还有东农 43 号、垦丰 1 号、高作 1 号、跃进 8 号、齐黄 25、晋豆 11 号、商丘 7608 等。这些抗病品种的培育在大豆的增产中起到重要作用。

尽管国内外科学家在抗胞囊线虫育种工作方面已经取得了成绩，但对于抗病育种工作来说还存在着一些弱点，主要就是抗原比较单一。目前，国内外应用的抗原材料主要是 Peking、PI88788、PI90763 等以及由这些抗性种质培育的抗性材料，大面积推广后，其狭窄的抗性遗传基础很容易对田间的大豆胞囊线虫生理小种群体产生选择作用，导致抗性的丧失或优势性小种发生更迭，因此，在今后的抗病育种工作中应进一步拓宽抗性遗传背景基础，选育出更多具有持久抗性的多抗品种。

（三）农业防治

1. 合理轮作

轮作是防治大豆胞囊线虫病的主要农艺措施之一，能有效控制大豆胞囊线虫的数量并且降低其危害。大豆胞囊线虫是专性寄生物，而且寄主植物范围较窄，仅限于少数豆科植物，轮作非寄主植物，线虫由于找不到合适的寄主而死亡。轮作的植物应选用种植者易于接受的高产作物，如禾本科（玉米、小麦、水稻）、棉花、十字花科、茄科和葫芦科等植物，水旱轮作效果更好。沈阳农业大学刘晔等报道，蓖麻也是很好的轮作作物。轮作年限，一般提倡 3 年以上轮作，4～5 年效果更好。

2. 施肥与漫灌

施肥与漫灌对防治大豆胞囊线虫和提高大豆产量有显著的效果。施肥并不能直接抑制或杀死线虫，但由于线虫侵入根系后吸收大量营养，影响固氮作用，使植株发育不良，施入肥料后，可以增加肥力，促进根系生长，减少产量损失。大豆胞囊线虫在贫瘠地、盐碱地、砂砾地、岗地发生比较严重，因此，增施有机肥、磷肥和钾肥，在生长后期补施叶面肥可起到预防作用，是减轻产量损失的重要措施。田间增施有机粪肥、堆肥或其他有机肥料，可以有效地改善土壤肥力状况，提高作物的抗逆能力，改善土壤微生物群落的构成，使土壤线虫的天敌种群数量增加，线虫天敌活跃，达到自然生防效果，降低线虫种群繁殖率，减少寄主植物上的线虫量，减轻危害。线虫是水生动物，但土壤中长期淹水，线虫会窒息而死，因土壤通气不良也容易使线虫发生细菌和真菌性病害。在前茬作物收获后进行较长时间的深水浸田，可以使线虫窒息死亡或生病腐烂。

3. 种植诱捕植物

种植某些豆科非寄主植物作为诱捕植物，如三叶草、苦罗豆、猪屎豆、苜蓿、苎麻等，可以有效减少土壤内大豆胞囊线虫数量，从而减轻危害，这些豆科非寄主植物能诱使大豆胞囊线虫卵孵化，能被大豆胞囊线虫的幼虫侵入，但侵入后的线虫不能进一步发育，从而使土壤内胞囊线虫基数减少。

4. 土地休闲

土地休闲在某些国家来说是一项广泛采用的技术，它是通过饥饿的方法来抑制线虫种群。但这种方法在人口众多而耕地紧张的国家是较难实现的。

（四）化学防治

化学药剂虽然能够经济有效地控制大豆胞囊线虫的危害，但由于其对人畜有毒害作用，而且存在污染重等问题，目前在大豆生产上化学杀线剂的应用受到了限制。美国在 20 世纪六七十年代曾采用了 20 多种化学农药防治大豆胞囊线虫病，但由于污染重、苗期药害大，正式注册登记的只有少数几种，而其中一些毒性很高的农药，如二溴氯丙烷、二溴乙烷也相继被禁用。目前，生产上仅采用呋喃丹种衣剂控制大豆胞囊线虫有一定防效，由于环境保护要求呋喃丹也将逐渐被禁用。

（五）生物防治

厚垣轮枝菌 *Verticillium chlamydosporium*、淡紫拟青霉 *Paecilomyces lilacinus*、明尼苏达被毛孢 *Hirsutella minnesotensis* 是一类重要的植物线虫的寄生真菌，对大豆胞囊线虫有较高的寄生率，可以用于线虫防治。

美国阿肯色大学研制的丝孢纲制剂，美国农业部线虫实验室研制的蜡蚧轮枝菌和大豆胞囊线虫性诱剂的混合制剂。刘杏忠等（1995）利用淡紫拟青霉制成保根菌剂防治大豆胞囊线虫，平均防效为 66%～68%，增产 17.3%。沈阳农业大学北方线虫研究所利用厚垣轮枝菌研发出大豆胞囊线虫生防菌制剂新剂型——“豆丰 1 号”，在东北三省进行推广示范，在黑龙江示范的防效达 59%～74%。

三、小麦禾谷胞囊线虫病

（一）分布与危害

禾谷胞囊线虫（*Heterodera avenae*，燕麦胞囊线虫）病是一种危害严重的全球性禾谷类植物线虫病害。该线虫可以寄生小麦、大麦、燕麦、黑麦等禾本科植物和牧草，对世界的禾本科植物尤其是小麦的生产造成了重大危害。目前，该病害已在美洲的美国、加拿大、秘鲁、利比亚，亚洲的巴基斯坦、伊拉克、中国、沙特阿拉伯、伊朗、印度、和日本，非洲的突尼斯、阿尔及利亚、南非、摩洛哥，欧洲的西班牙、英国、比利时、瑞典、俄罗斯、挪威、法国、加那利群岛、苏格兰、意大利、波兰、荷兰、丹麦、爱尔兰、瑞士、葡萄牙、希腊、前南斯拉大、保加利亚、捷克、斯洛伐克、以色列，大洋洲的澳大利亚、新西兰等 39 个小麦生产国发生危害。

禾谷胞囊线虫病对小麦生产危害严重。在美国，自 1974 年在 Oregon 首次发现，目前已蔓延美国西部 7 州。挪威在 10 年间，发生面积就增加了 70%。沙特因为此病害小麦减产 40%～92%，大麦减产 17%～77%；巴基斯坦小麦减产 15%～20%；在印度的拉贾斯坦，小麦因之损失 47.2%，大麦损失 87.2%；在俄罗斯的西伯利亚，小麦因之损失 30%～50%；摩洛哥小麦减产 40%～50%；西班牙最高时损失甚至达到 90%；在澳大利亚的维多利亚和南澳大利亚，小麦受害面积 200 万 hm^2，严重时损失 73%～89%。欧洲每年因为此病害造成 300 万英镑的经济损失，澳大利亚为 7200 万美元。

我国自 1989 年在湖北天门县首次报道以后，目前已证实该线虫在河南、河北、山东、安徽、湖北、江苏、山西、陕西、甘肃、青海、宁夏、内蒙古、北京 13 个省（自治区、直辖市）均有分布，成为我国小麦生产上的重大病害。作为我国小麦主产区，河南省自 1990 年在安阳市发现该病害以来，为害日益严重，2007 年普查结果显示，除信阳、南阳外，全省 18 个省辖市中已有 16 个市发病，发病面积为 1700 多万亩，占全省小麦种植总面积的 23.49%；重发区面积为 155.59 万亩，占发病面积的 8.76%，因该病造成的小麦产量损失为 28.8%～35.6%。

（二）症状特点

小麦禾谷胞囊线虫为害根部，从苗期开始侵染小根系部但症状不明显，到春季小麦返青拔节期地上症状开始出现。主要表现为受害小麦植株黄化矮小，分蘖少，生长稀疏，似缺肥缺水状；拔节期明显矮于健株，病苗在田间分布不均匀，在生长中后期，小麦群体常现绿中加黄，高矮相间的山丘状；在灌浆期，在小根系部会发现白色圆形胞囊；在小麦收获期白色胞囊成熟变褐色随病残体或直接遗落于土壤中。受害小麦植株地下根短，侧根多，病根在靠近侵染点的地方分叉，侧根呈二叉形，在成熟期与正常小麦相比穗少、籽粒不饱满，从而导致小麦产量严重下降（图 8-8）。

图 8-8　小麦禾谷胞囊线虫病

A、B. 小麦禾谷胞囊线虫病田间为害状；C. 苗期病健株根系比较；D. 病株根部白色雌成虫

（三）病原线虫

1. 病原线虫种类

该病的病原物为禾谷胞囊线虫，属线虫纲，垫刃线虫目，异皮线虫科，异皮线虫属。燕

麦胞囊线虫组 *avenae* group 包括 12 个有效种：蚤缀胞囊线虫 *H. arenaria*、燕麦胞囊线虫（*H. avenae*，也称禾谷胞囊线虫）、澳克兰胞囊线虫 *H. aucklandica*、双膜孔胞囊线虫 *H. bifenestra*、菲力普胞囊线虫 *H. filipjevi*、大麦胞囊线虫 *H. hordecalis*、剪股颖胞囊线虫 *H. iri*、麦类胞囊线虫 *H. latipons*、稀少胞囊线虫 *H. mani*、刺尾胞囊线虫 *H. spinicauda*、土库曼胞囊线虫 *H. turcomanica* 和早熟禾胞囊线虫 *H. pratensis*。其中，危害最严重的种为燕麦胞囊线虫、菲力普胞囊线虫和麦类胞囊线虫。禾谷胞囊线虫组内种与种之间过去主要依据线虫各个发育阶段形态的测量值加以区分，胞囊及线虫的大小、下桥的有无和长短、口针长度、尾长、透明尾长等都是其主要判定依据（表 8-4，表 8-5，图 8-9）。

表 8-4　4 种主要小麦胞囊线虫的二龄幼虫测量数据（μm）比较

种	体　长	体　宽	口针长度	尾长	透明尾长
禾谷胞囊线虫	577 (520～620)	20～24 —	27 (24～28)	68 (58～70)	41 (35～45)
菲力普胞囊线虫	551 (430～580)	23 (21～25)	27 (22～31)	51 (49～63)	35 (31～39)
麦类胞囊线虫	454 (401～478)	21 (19～22)	24 (23～25)	48 (42～54)	27 (20～31)
稀少胞囊线虫	578 (530～627)	22 (19～24)	24 (22～28)	67 (58～77)	40 (28～48)

表 8-5　4 种主要小麦胞囊线虫种类的胞囊及阴门锥结构测量数据（μm）比较

线虫种类	胞囊长	胞囊宽	膜孔长	膜孔宽	阴门裂长	泡状突	下　桥
禾谷胞囊线虫	710 (580～975)	510 (390～725)	48 (40～52)	21 (18～23)	9 (8～11)	明显	无
菲力普胞囊线虫	690 (490～830)	490 (340～620)	52 (41～64)	28 (21～33)	7 (6～8)	存在	82.17 (72～106)
麦类胞囊线虫	525 (348～645)	414 (277～510)	67 (58～76)	21 (15～27)	7 (6～9)	无	103.11 (80～125)
稀少胞囊线虫	590 (480～725)	494 (390～650)	52 (43～59)	27 (17～33)	7 (5～9)	明显	无

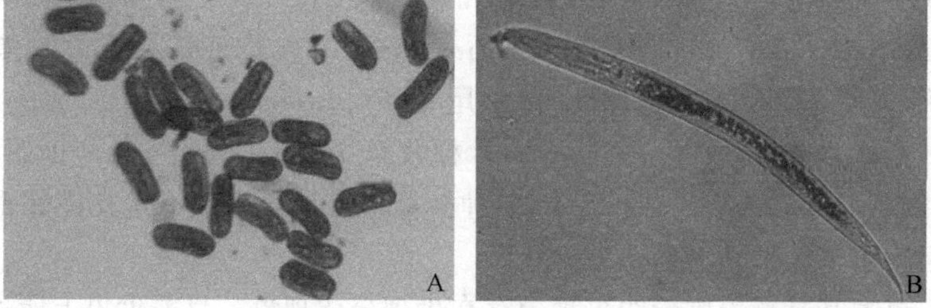

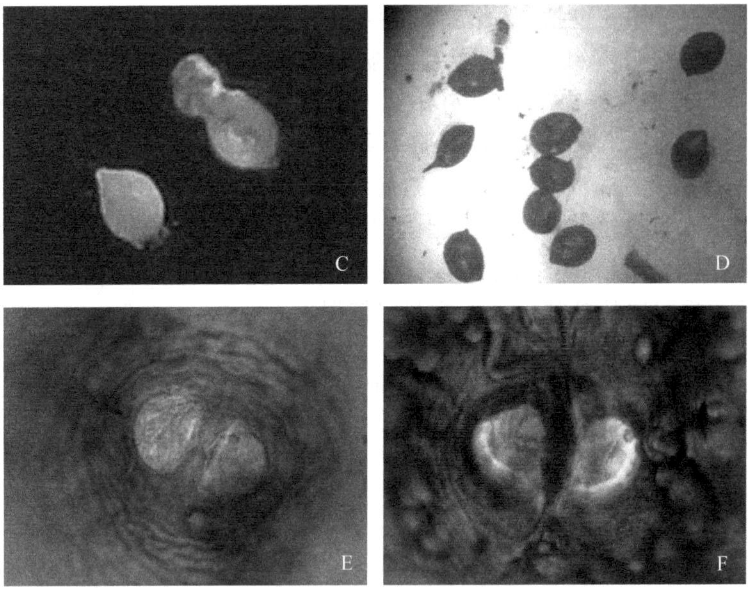

图 8-9　禾谷胞囊线虫形态图

A. 卵；B. 二龄幼虫；C. 雌成虫；D. 褐色胞囊；E. 禾谷胞囊线虫双半膜孔（无下桥）；F. 菲力普胞囊线虫双半膜孔（有下桥）（李洪连等摄）

随着生物技术的发展，各国学者逐渐将分子生物学技术应用于禾谷胞囊线虫组的鉴定上。Subbotin 用 RFLP 技术研究蚤缀胞囊线虫 *H. arenaria*、燕麦胞囊线虫 *H. avenae*、澳克兰胞囊线虫 *H. aucklandica*、菲力普胞囊线虫 *H. filipjevi*、大麦胞囊线虫 *H. hordecalis*、剪股颖胞囊线虫 *H. iri*、麦类胞囊线虫 *H. latipons*、滨海胞囊线虫 *H. litoralis* 和甜菜胞囊线虫 *H. schachtii* 9 种胞囊线虫的 rDNA 序列，通过与形态测量技术相结合，将这 9 种禾谷胞囊线虫区分开来。RFLP 分析揭示出禾谷胞囊线虫种内 ITS 多态性，燕麦胞囊线虫中存在 2 个类型的 ITS 区域（A 型和 B 型），用酶 *Bsh*R I、*Pst* I 和 *Taq* I 可清晰地将菲力普胞囊线虫群体与禾谷胞囊线虫组（*H. avenae* group）内的其他种类分开。由于禾谷胞囊线虫组内种较多，目前的分子技术尚不能明确地将其完全分开，还需要形态学鉴定作为基础。分子生物学技术和形态学鉴定技术相结合能够更完善地描述组内线虫差别。

2. 病原线虫的致病型

禾谷胞囊线虫可以寄生早熟禾科 Poaceae 和禾本科 Gramineae 植物，主要为害旱地禾本科作物，如小麦 *Triticum aestivum*，大麦 *Hordium* spp.，燕麦 *Avena* spp.，黑麦 *Lolium perenne*；此外还侵害紫羊茅 *Festuca rubra*，牛尾草 *F. pratensis*，羊茅 *F. ovina*，泽地早熟禾 *Poa palustris*，发草 *Deschampsia caespitosa*，梯牧草 *Phleum pratense*，止血马唐 *Digitania ischaenum*，旱雀麦 *Bromus tectorum* 等 40 多种杂草，但是杂草并不是其良好寄主；该线虫也能侵染玉米，但繁殖率较低。

禾谷胞囊线虫尤其是燕麦胞囊线虫种内存在生理分化现象。目前世界上所通用的致病型鉴定方法是 1982 年 S. Anderson 和 K. Anderson 所提出的，用于禾谷胞囊线虫组尤其是燕麦胞囊线虫的小种的鉴定。1982 年 S. Anderson 和 K. Anderson 修订了燕麦胞囊线虫致病型鉴别及命名方法，并命名了10个禾谷胞囊线虫的致病型，一个双膜孔胞囊线虫致病型和一个大麦胞囊线虫致病型，其致病型鉴定和命名方法为目前所通用。

目前，禾谷胞囊线虫组致病型鉴定所采用的国际标准鉴别寄主由A组和B组构成。A组包括14个材料，其中小麦3个（Loros、Capa和Iskamishk），大麦6个（Varde、Emir、Ortolan、Kvl 191、Siri和Morocco）和燕麦5个（SunⅡ、Silva、Pusa Hybrid BS1、A. sterilis I. 376和Silva）。A组内品种含有的抗病基因一般系显性单基因，对一些致病型群体表现高抗；B组内的一些品种对小麦禾谷胞囊线虫表现中度抗病，线虫的毒性和寄主的抗病性系由多基因控制的。运用A组内的鉴别寄主进行鉴别，可与世界上其他地区的致病型比较，B组内的鉴别寄主反应可辅助鉴定。

世界各地的CCN致病型存在较大差异，很多国家都存在多种致病型。在澳大利亚致病型主要为Ha13。印度的CCN分为Ha21、Ha31和Ha41三种致病型。斯堪的纳维亚半岛（瑞典、挪威、丹麦、冰岛）主要的致病型为Ha11和Ha12，另外在瑞士和挪威还存在“Knislinge”、“Ringsisen”和“Vaxtorp”三种致病型。

在我国，郑经武等利用A组11个国际标准鉴别寄主对燕麦胞囊线虫山西太古和安徽古镇两个群体进行了致病型鉴定，结果表明这两个群体属于同一致病型，不同于正式命名的13个致病型，致病谱较窄，与瑞典群体相似。河南农业大学袁虹霞等对燕麦胞囊线虫河南郑州需水群体的致病型进行了鉴定，结果表明须水群体致病型也不同于正式命名的13个致病型，与澳大利亚的优势种Ha13相似，对大多寄主有毒性，致病谱明显宽于已报道的山西太古和安徽古镇及其他中国群体，定名为Ha43（表8-6）。

表8-6　已报道的13个致病型禾谷胞囊线虫在国际鉴别寄主材料上的反应

鉴别寄主	致病型												
	1组								2组		3组		
	Ha11	Ha21	Ha31	Ha41	Ha51	Ha61	Ha71	Ha81	Ha12	Ha22	Ha13	Ha23	Ha33
大麦													
Varde（A）	S	—	—	S	—	S	S	S	S	S	S	S	S
Emir（A）	S	S	—	S	—	S	S	S	S	S	S	S	S
Ortolan（A）	R	R	R	R	R	R	R	R	S	S	S	S	S
KVL191（A）	R	R	R	—	S	S	S	R	R	R	—	—	—
Siri（A）	R	R	R	S	S	S	R	R	R	R	S	S	S
Morocco（A）	R	R	R	R	R	R	R	R	R	R	R	R	R
Marocaine（A）	R	R	—	—	R	—	—	—	R	—	R	R	—
Bajo Aragon（B）	R	—	—	R	—	R	S	R	R	R	S	S	R
Herta（B）	S	S	R	—	R	—	—	—	S	—	S	—	—
Martin403-2（B）	R	—	—	R	—	R	S	S	R	S	R	S	S
Dalmastiche（B）	R	—	—	S	—	R	S	S	S	S	S	R	—
La Estanzuela（B）	—	—	—	—	—	—	—	—	—	—	—	R	S
Harlan 43（B）	R	—	—	—	—	—	—	—	R	—	—	R	S
燕麦													
SunⅡ（A）	S	R	R	R	R	S	R	R	S	R	S	S	S
Pusa hybrid BS1（A）	R	R	—	R	R	R	R	R	R	R	S	R	S
Silva（A）	R	—	—	R	—	R	R	R	R	R	R	S	S

续表

鉴别寄主	致病型												
	1组								2组		3组		
	Ha11	Ha21	Ha31	Ha41	Ha51	Ha61	Ha71	Ha81	Ha12	Ha22	Ha13	Ha23	Ha33
A. sterilis I. 376（A）	R	R	—	R	R	R	R	R	R	R	R	R	R
IGV. H 72—646（B）	R	—	—	R	—	R	R	R	R	R	S	S	S
小麦													
Capa（A）	S	S	—	S	—	S	S	S	S	S	S	S	S
Loros（A）	R	R	—	R	—	R	R	R	R	R	R	S	S
IskamishK-2-light（A）	S	—	—	R	—	R	S	R	R	S	S	S	S
AUS 10894（B）	R	—	—	R	—	R	R	R	R	S	(R)	S	S
Psathias（B）	—	—	—	S	—	—	R	R	S	R	S	R	R

注：引自 Rivol & Cook（1993，1998）以及 Anderson & Anerson（1982）的国际鉴别寄主对 *H. avenae* 致病型的反应。（A）和（B）代表 ITC 的 A 组和 B 组鉴别寄主。

（四）发病规律

禾谷胞囊线虫为定居、内寄生类型，寄生根部，抑制根系生长。在秋季和初冬播种禾谷类作物，麦类萌芽生根时正好与本年的侵染期相遇，二龄幼虫可侵入根系、越冬，但不能继续发育，次年春季继续发育。在我国冬小麦区，4 月下旬开始出现白色胞囊。春播区，欧洲大约在 3 月中旬至 6 月中旬二龄幼虫陆续从胞囊孵化出来并侵入根系。一般一年发生一代，胞囊内的卵在土壤内可存活 1 年或数年。

禾谷胞囊线虫卵的孵化需要适宜的温度，对于禾谷胞囊线虫来说，一般的适宜温度为 10～15℃。但不同地区之间有差异。在澳大利亚禾谷胞囊线虫最适温度为 10℃，美国 Oregon 东部地区，二龄幼虫在 15℃时大量出现。温度的上下波动和高低温的转换能够刺激禾谷胞囊线虫的大量孵化。在我国，禾谷胞囊线虫定州群体必须经过一段时期的低温阶段，二龄幼虫才能自卵中孵出，且低温处理后一定幅度的温度升高可使二龄幼虫在短期内大量孵化。低温处理时间越长，胞囊内卵的孵化量越大，而高温则抑制孵化，引起滞育。过低的温度（−10℃）预处理则抑制线虫孵化，随着温度的升高，孵化出的二龄幼虫生命力减弱，25℃以上则不孵化。王明祖等对不同时间、不同条件下的禾谷胞囊线虫天门群体进行孵化试验，结果表明：在室温下，旬平均9～12℃孵出的线虫总数多；在（15±1)℃恒温下，胞囊孵出的幼虫显著高于20℃、10℃、5℃处理。室外自然条件下，6～10 月线虫的孵化不发生，晾干的胞囊在冰箱冷冻室内存放 16 个月，不影响其孵化率。在 7℃下存放 16 个月，卵则较多失去活力，病土晾干在室温下存放 16 个月（过两个夏季）的胞囊孵化量显著低于存放 4 个月（过一个夏季）。黄棕壤土浸液、小麦根汁 5 倍液有抑制胞囊孵化的作用，小麦根汁 10 倍液对胞囊孵化无显著影响，小麦根汁 20 倍液对胞囊孵化有利。

禾谷胞囊线虫以任何土壤移动方式传播，人畜、农具及风刮、雨冲携带病原土壤或病原物移动都是其有效传播途径。在澳大利亚，大风携带尘土是该线虫远距离传播的主要途径，在我国每年的暴雨冲刷可能将线虫由病区作远距离的传播，成为下一季冬作物的侵染来源。最近一些调查研究发现，收获机、播种机跨区作业亦可传播病原线虫。

1. 虫口基数

种植前胞囊密度（initial population，Pi）与作物减产的多少有非常重要的关系。在英国每克土壤增加 10 个卵，大麦就会相应的减产 75kg/hm^2，小麦减产 180kg/hm^2。在澳大利亚半干旱区域，Pi 为每克土含有 2 个卵时，小麦和大麦减产 20%，当达到 16 卵/g 时，会减产 40%。据 Gokte 和 Swarup 研究表明，Pi 从 100 卵/g 增加到 1000 卵/g，将会使侵入寄主根部的幼虫增加 4 倍，然而再将增加 10 倍，侵入幼虫量只增加 2 倍，这可能与线虫争夺取食位点有关。同时，Pi 增加时，收获后胞囊密度（final population，Pf）会随之而增加，从而加大下一季度的 Pi 值。

2. 土壤因素

禾谷胞囊线虫病在各种土壤中都有发生，但在轻质土壤中发病较重，学者认为轻质土壤通风、排水较好，为线虫的群体数量维持和近距离移动提供了较好的场所。杨卫星等比较了 5 种土壤质地组分的禾谷胞囊线虫病的发病情况，结果表明：黏土∶细沙＝1∶3 时，病情指数最重，而纯黏土最不适宜该病发生。

3. 气候条件

胞囊孵化需要适宜的温度和水分。在幼虫孵化和侵染季节，持续凉爽的天气和湿润的土壤能提高线虫的孵化率，从而加重病害的发生。而在生长最旺盛的时期，天气干燥同样会造成寄主植物更大的损失。欧洲群体普遍不能适应干燥天气，但澳大利亚和印度群体对干燥的适应性比较强。

4. 作物类别和品种

不同作物和同种作物的不同品种对禾谷胞囊线虫病的发生有较大影响。各种禾本科植物都是其有效寄主，但侵染程度和感病水平存在差异。在澳大利亚，作物对禾谷胞囊线虫的感病顺序是：冬燕麦、春小麦、冬小麦、春大麦、冬大麦和黑麦，在我国，小麦品种对禾谷胞囊线虫的抗耐病性存在很大差异。

（五）防治方法

1. 农业防治

休耕：被认为是防治禾谷胞囊线虫病的最有效方法。休耕使线虫无寄主可以寄生，从而快速降低线虫密度。在澳大利亚，休耕一年可以使每克土壤中的卵密度下降 84%，通过两年的休耕密度下降 95%。长期的实验表明，50%（轻质土壤为 80%）的耕地不种植任何作物可使线虫群体降低在经济阈值以下。在欧洲，正在按照此方法进行一个 4 年期限的轮作以控制线虫病害。

轮作：与非寄主植物轮作也可以使线虫密度降低从而达到防治目的。豆科植物、三叶草、苜蓿类植物都是良好的轮作作物。小麦或大麦连作时，禾谷胞囊线虫的危害加重，而与非寄主作物如豆科植物进行 3 年的轮作可使线虫数量大为降低，而且这样的轮作是经济有效且可行的。Fisher 和 Hancock 研究表明种植小麦后再种植两年豌豆，每克土壤的卵量由 42.7 个下降到 0.1 个。而与含有同种抗性基因的小麦轮作，卵含量第一年则上升 74%，第二年则无明显改变。在中国病区实行与水稻、棉花、油菜连作 2 年后种植小麦，或者用胡萝卜、葫芦巴，绿豆轮作 3 年以上，小麦根部无胞囊，可有效防治小麦禾谷胞囊线虫病。

调整播期：禾谷胞囊线虫的孵化需要一定的温度和湿度，而寄主的存在与否并不影响其孵化，因此播种时错开胞囊孵化的高峰期也可以一定程度上减轻该病害的危害。在澳大利亚，二龄幼虫出现的高峰期在6月中旬，在5月下旬土壤温度降到8～12℃时就播种，随温度的降低，当二龄幼虫孵化达到高峰时，小麦根系已经发育良好，抗侵染能力增强，降低了线虫的危害程度。而适当的晚播，大量的二龄幼虫会因无法找到寄主而死亡，同样可以减轻病害的危害。

镇压：河南农业大学调查研究发现，通过播后镇压，可以抑制线虫的侵染和发病程度，具有显著的增产效果。

合理施肥：通过合理施肥，增强寄主植物抗侵染能力，另外，增施氮肥可以在线虫初始密度较低时减轻危害。杨卫星等研究表明，尿素和过磷酸钙对小麦禾谷胞囊线虫病害具有一定的抑制作用，而且增产效果显著；尿素对线虫病害的抑制作用是由于尿素在土壤脲酶作用下水解产生对线虫存活不利的氨气，并通过刺激根系生长，增加根系分泌物，有利于对线虫有寄生作用的真菌数量的增加，从而抑制线虫病害的发生。

2. 抗病品种

利用抗病品种是防治该病害最经济有效的方法。小麦种内抗禾谷胞囊线虫的资源贫乏，但其野生近缘种属，如大麦、黑麦，特别是山羊草属的多个物种携有丰富的抗虫基因，是小麦禾谷胞囊线虫抗性育种的重要种质资源。迄今为止遗传育种家已将多个抗性基因或带有抗性基因的染色体或染色体小片段导入普通小麦，创造了大量特殊的遗传育种新材料。目前，已在小麦上品种 Festiguay 发现对禾谷胞囊线虫高抗的 *CreF* 基因，Aus10894 和 Loros 携带有抗性基因 *Cre*1，这些品种对 Ha13 有较高的抗性。在澳大利亚已利用这些小麦品种培育出 Molineux、Kellalac 和 Katyil 等一系列对 Ha13 表现抗病的品种。Jahier 等通过偏凸山羊草与六倍体小麦杂交，选育了一系列抗线虫的小麦。Delibes 等用偏凸山羊草与圆锥小麦杂交，通过 F_1 代连续自交获得含有 *Cre*2 基因的稳定可育品系 H293。节节麦携有禾谷胞囊线虫抗性基因 *Cre*3（CcnD1）和 *Cre*4（CcnD2）。Eastwood 等利用此抗源已选育出了一系列新的抗病品种和品系——Aus18912、Aus18913，CPI110809、CPI110810 和 Aus18914 等。

3. 生物防治

对禾谷胞囊线虫的生物防治的研究较少。厚垣轮枝菌是目前应用前景最广泛的胞囊线虫寄生性真菌之一。英国洛桑试验站 Kerry 等报道：厚垣轮枝菌 *Verticillium chalamydosporium* 和嗜线疫霉 *Nematophora gyhophila* 可以寄生禾谷胞囊线虫的雌虫和卵，可使禾谷胞囊线虫自然衰退，群体数量下降到经济阈值以下。Khan 等发现联合淡紫拟青霉和捕食性线虫菌 *Monacrosporium lysipagum* 可减少大麦上65%的禾谷胞囊线虫胞囊。

第三节　滑刃线虫病

滑刃线虫病是一类植物地上部分的重要线虫病害，常见的包括水稻干尖线虫病、草莓腋芽线虫病、菊花叶线虫病和松树萎蔫病。这类线虫抗逆性很强，特别是具有很强的抗干旱能力，在寄主植物枯死状态可以休眠保持寄生能力，遇水可以恢复活动。滑刃线虫多数可以利用真菌进行繁殖，对于多数种类线虫存在抗病品种，也可以利用内吸性杀线虫剂防治这类线虫。

一、水稻干尖线虫病

（一）分布与危害

水稻干尖线虫病（rice white tip nematode disease）最早由各田 1915 年在日本九州发现，目前已遍布世界各水稻产区。1933 年由日本传入我国，20 世纪 80 年代后，在台湾、浙江、江苏、安徽、广东、广西、海南等水稻主要产区均有发生。目前环渤海稻区发生普遍。该病给水稻生产带来严重危害，据文献报道，一般可引起产量损失 10%～35%，在人工接种条件下，籽粒产量可减少 40%～50%。

（二）症状特点

水稻干尖线虫病之所以称为“干尖”线虫病，是根据该病可引起水稻叶尖干枯而命名的。即引起叶片顶部距叶片尖端约 5cm 内褪色、变白，后变褐干枯扭曲，呈鞭子状，整个水稻生育期均受害，发病部位主要是叶和穗。幼苗受害后，一般不表现症状，在 4～5 片真叶时开始呈现症状。顶部叶片 2～4cm 部分逐渐卷皱变色，叶尖枯死，接着病部捻曲、歪扭，呈“干尖”症状，易脱落。病株在孕穗期、抽穗期至乳熟期症状表现最清楚。通常在剑叶或顶部第二、三片叶的尖端 5～8cm（有时长达 15cm）内细胞逐渐枯死，变成黄褐色、半透明、捻曲而成干尖。病健分界明显，有一条不规则弯曲的深褐色界纹，有时剑叶发生捻转或卷缩，表现抽穗不完全的情况。与健株相比，受害病株的剑叶短小、狭窄且呈浓绿色，大多数能抽穗。但穗短，小穗数目减少、特别是在顶端部分减少最明显。病穗顶端小穗无内、外颖，护颖和籽粒扭曲，秕谷增加，百粒重降低。

水稻干尖线虫病有时易与生理病或虫害引起的症状相混淆，但生理病引起的叶尖干枯，病健部无明显分界，通常不扭曲；昆虫为害后初期一般会看到虫口。此外，干尖线虫病株在幼穗分化前，在病叶病健交界处能分离到线虫，幼穗分化后，则在穗上可分离到线虫，这是确定此病的主要依据。值得注意的是，患病轻的植株一般外观无症状，有 3/4 受感染的分蘖不表现症状，不显白尖，但穗部可分离到大量线虫。

（三）病原线虫

该病由水稻干尖线虫 *Aphelenchoides besseyi* Christie，1942 引起，属滑刃线虫目，滑刃线虫科，滑刃线虫属。其病原形态特征见第三章图 3-27。

雌虫：虫体细长，放松时虫体伸直或稍向腹面弯曲；体表细微环纹不清，在虫体中部表皮环纹宽约为 0.9μm。唇区圆，无环纹，稍缢缩，唇基部比虫体宽出约虫体中部宽度的一半。唇部骨架是六基数的，轻度骨化，侧区宽约为虫体宽的 1/4，具有 4 条侧线。口针锥体部急剧变尖，约占口针全长的 45%，口针基杆在基部稍膨大，其直径为 1.75μm。中食道球卵圆形，具有明显的瓣门，位于中部稍后的位置。食道腺向背面和亚背面延伸 4～8 个虫体宽度长而覆盖肠。神经环位于中食道球后约一个虫体宽度处。排泄孔通常位于神经环前缘的位置（在新模中，排泄孔位于神经环的前方）。半月体位于排泄孔后 11～15μm 处。阴门横裂，具有稍突出的阴门唇。受精囊长卵形（当完全膨胀时，长可达宽的 8 倍），内部通常充满精子。卵巢相对较短，不伸展到食道腺处，具有 2～4 排卵母细胞。后阴子宫囊很窄，不明显，内部无精子，长为肛门处虫体宽度的 2.5～3.5 倍，但短于肛阴距的 1/3。尾锥形，长为肛门处虫体宽度的

3.5～5 倍；尾末端具各种各样的尾突，具有 3～4 个尖突。

雄虫：较常见。放松时虫体后部伸直。唇区、口针和食道腺与雌虫很相似；尾锥形，末端具有 2～4 个尖突，具三对亚腹尾乳突，第一对在肛门处，第二对位于尾中部稍后，第三对位于尾的近末端。交合刺为典型的滑刃型，无顶尖和缘突，只有一个中等程度发达的腹面缘突，单个精巢，伸展。

（四）发病规律

水稻干尖线虫病的发生主要与品种的抗病性及土壤的温湿度条件有关。

（1）品种抗病性。不同水稻品种对干尖线虫的抗性存在差异。不同品种的水稻受侵染的程度也不同，在感病品种中可造成产量损失 17%～54%，而在抗病品种中则为 0～24%。同时，干尖线虫的繁殖率在抗病品种上比在感病品种上低，线虫虫体在抗病品种上的也比较小。

（2）土壤条件。水稻干尖线虫只能由种子携带其活的虫体，而在土壤中不能越冬；线虫不侵害稻株根部。线虫侵害水稻幼苗的能力，在淹水的土壤中比在湿土中强；温室实验表明，高温下生长的植株比阴暗处的植株茎秆受害要多，但在高温下植株的籽粒中线虫量较小，这可能与线虫前期繁殖发育对温度的适应以及后期对湿度的要求有关。

（3）栽培条件。对苗床施用带虫稻壳也会促使健康种子受侵染；健康幼苗和病苗隔行移植，健苗也会受到侵染。稻壳做育苗秧田隔离物以及脱谷场附近的育秧田，健康幼苗可被侵染。

（五）防治方法

水稻干尖线虫病的防治应采取种子消毒为主并结合严格检疫的综合防治措施。

1. 搞好检疫及建立无病留种田

对水稻干尖线虫的防治主要是培育无病的水稻种子。无病区调运种子时要严格把好检疫关，防止携带线虫的水稻种子的调入。

2. 种子消毒

应用温汤或药液浸种，杀死种子内的线虫，是防治干尖线虫病的有效方法。

（1）温汤浸种：先将种子在冷水中预浸 24h，再移至 45～47℃温水中浸 5min，最后移入 52～54℃温水中浸 10min，然后取出用冷水冷却进行催芽播种。也可先将种子在冷水中预浸 18～24h,然后在 51～53℃热水中浸 15min；不经预浸的种子可用 55～61℃热水浸 10～15min，处理后的种子可直接用于播种。如果要贮藏则需在 30～35℃中干燥或晒干。

（2）盐酸液浸种：用盐酸 0.25～0.3kg 加水 50L（化学试剂盐酸用量 0.5%，工业用盐酸用量为 0.6%），浸种 72h，取出后清水冲洗，催芽播种，防病效果达 98%，溶液可连续浸种五次。

（3）药剂浸种：①杀线虫酯浸种：40%杀线虫酯（乙酸乙酯）500 倍液浸种 24h，防效达 100%（注意浓度高时对稻种发芽率有影响）。②甲基异柳磷 500 倍液，浸种 48h，防效也很好。③巴丹浸种：90%巴丹 6000 倍液，浸种 72h。

3. 栽培防治

选用抗病品种是防治水稻干尖线虫病的重要措施。病区稻壳不做育秧隔离层和育苗床面覆盖物，育苗田远离脱谷场。繁种田及时拔除病株销毁。

4. 药剂防治

用有机汞、尼古丁硫酸酯、对硫磷、内吸磷、马拉硫磷、氯化汞、溴甲烷、丰索磷、呋喃丹、涕灭威等处理种子都有很好的防治效果。呋喃丹处理土壤防效可达 70%以上。

二、草莓芽叶线虫病

（一）分布与危害

在国外，草莓芽叶线虫病广泛分布于英国、丹麦、德国、波兰、瑞士、挪威、法国、比利时、美国等地。我国分布于广东、云南、贵州、吉林、江西、台湾等省。草莓滑刃线虫除可以寄生草莓外，可寄生的植物达 250 种，主要寄主有百合科、报春花科、毛茛科和蕨类植物，引起蕨类叶斑坏死病、秋海棠枯萎病、紫罗兰矮小病。由于线虫的取食而影响开花和结果，使果实产量严重下降。

（二）症状特点

线虫在草莓发育中的芽和叶片表面取食，导致叶片皱缩，扭曲，病叶片比正常叶片小。在主脉附近出现粗糙的灰色斑块。严重时中央花冠败育，形成次生花冠并延迟开花。草莓滑刃线虫侵染引起的病害也称草莓春矮病（spring dwarf disease）。

（三）病原线虫

草莓滑刃线虫 *Aphelenchoides fragariae*（Ritzema Bos，1890）Christie，1932，俗称草莓芽叶线虫（strawberry bud and leaf nematodes）。

雌虫：虫体细长，经温和热杀死后，虫体伸直或向腹面弯曲。体长为 528～777μm，体表环纹细，侧区窄，约占体宽的 1/7，具有 2 条侧线。唇区稍高，前端平圆，基本不缩，口针细弱，长为 10.1～11.8μm，口针基部球小而明显。食道体部呈细长管状，中食道球长卵圆形，(9.8～14.0)μm×(7.3～11.0)μm，几乎充满体腔，瓣门位于中间。食道腺长叶状，从背面覆盖肠。神经环环绕在峡部，位于中食道球后一个体宽处，排泄孔位于神经环同水平或稍后。阴门横裂，阴门唇稍突起，阴道倾斜向前，阴道长为阴门处体宽的 1/2，阴门位于虫体中后部 67%～71%处。单卵巢，前伸，延伸到虫体中部稍前方。卵母细胞单行排列。受精囊长卵圆形，通常含有精子。后阴子宫囊呈长囊状，长为肛阴距的 1/2 以上，常有精子。尾长圆锥形，长为36～46μm，为肛门处虫体直径的 4.5～5.8 倍。尾末端尖细，中间有一钝的尾尖突。

雄虫：常见，经温和热杀死后，虫体常向腹面弯曲 45～90°。虫体前部与雌虫很相似。单精巢前伸，精原细胞单行排列。交合刺玫瑰刺形，长为 16.8～17.8μm，具中等发达的顶尖和喙突。尾部具 3 对尾乳突，分别位于肛门后、尾中部和近尾端处。尾圆锥形，中间有一钝的尾尖突。

（四）发病规律

草莓滑刃线虫是植物地上部分的专性寄生线虫，可以内寄生也可以外寄生，内寄生在叶部（如蕨类、秋海棠、芍药等），造成典型的叶斑症状。当寄主植物叶表面覆盖一薄层水时，线虫就可通过气孔而侵入叶片或穿过表皮而直接侵入。水膜是草莓滑刃线虫传播、侵染和引起病害流行的必要条件。线虫在叶内部的活动似乎受叶脉的限制。该种线虫在草莓上是外寄生的，存在于卷曲的芽顶芽或长匍匐茎的芽中；在展开的叶子中，可看到褐色的干燥的一小块取食斑，通常在主脉附近，但在该部位找不到线虫，由此表明，线虫的取食发生在卷曲的芽阶段。偶尔也可在组织和果实的肉质中发现线虫，在紫罗兰上，草莓滑刃线虫也是外寄生的，寄生在未展开的叶子、花芽或子房中。

该种线虫能在病株残体上存活。通过带虫果实、叶片、幼苗、苗木、带芽枝条、球茎、鳞茎和附于植物体上的土壤传播。珠兰上草莓滑刃线虫在珠兰芽内越冬，芽的带虫量极高。在南京调查，冬季顶芽带虫率达 30%，芽带虫量在 10 条以上。珠兰病叶中的线虫可以在室外越冬，越冬后的线虫于第二年春天借珠兰体表的水膜和雨水飞溅传播。

（五）防治方法

（1）检疫措施。草莓滑刃线虫通过匍匐苗和种株等种植材料传播。因此，检疫是病害防治的关键环节。也可以通过组织培养获得无线虫的繁殖材料。

（2）热水处理。对作为繁殖材料的受侵植株的地上部分进行热水处理是防治该种线虫的常用方法。近年来研究认为，对草莓长匍匐茎进行热水处理的温度是 47℃处理 15min，46℃处理 10min，然后进行冷水浸泡。

（3）化学防治。整地前采用土壤熏蒸剂处理土壤，或苗期施用涕灭威颗粒剂。

（4）农业防治。包括不断地清除受侵染的植株；在无线虫土壤中用健康的材料繁殖幼苗。

三、菊花叶线虫病

（一）分布与危害

菊花叶线虫病（chrysanthemums leaf nematode disease）是菊花上重要的病害之一，寄主范围广泛，能在观赏植物、蔬菜类、水果类和杂草等 200 多种植物上寄生为害，重要的寄主植物有菊科、茄科、罂粟科、草莓等植物。此病是一种世界性分布的病害。在我国，主要分布于江苏、江西、广东、广西、云南、贵州、河南、河北、福建等地。

（二）症状特点

菊叶芽线虫是一种植物专性寄生线虫，可侵染植物的叶、芽、生长点及茎。

在田间潮湿的环境中，来自土壤表面、枯叶和杂草的线虫从植株基部向上转移。线虫在叶肉组织取食，由于叶脉的限制，被侵染的叶片上呈现特征性的角斑或扇形斑，产生脉间坏死。病斑由亮黄色转变为褐绿色，最后变为深褐色。病叶自下而上枯死，枯死叶片下垂而不脱落。线虫在芽上取食，有时能杀死生长点，导致不能开花，或产生畸形叶。叶表面产生不规则的和粗糙的褐色斑痕。花器被侵染后变小，畸形，或不开花，表面出现褐色伤痕。芽下的茎及叶梗上也出现同样伤痕。宿根长出的插穗也能受侵染，芽变黑和死亡。

（三）病原线虫

病原线虫为里泽马博斯滑刃线虫 *Aphelenchoides ritzemabosi*（Schwartz，1911）Steiner Buhrer，1932，俗称菊花叶线虫（chrysanthemums leaf nematode）（图 8-10）。

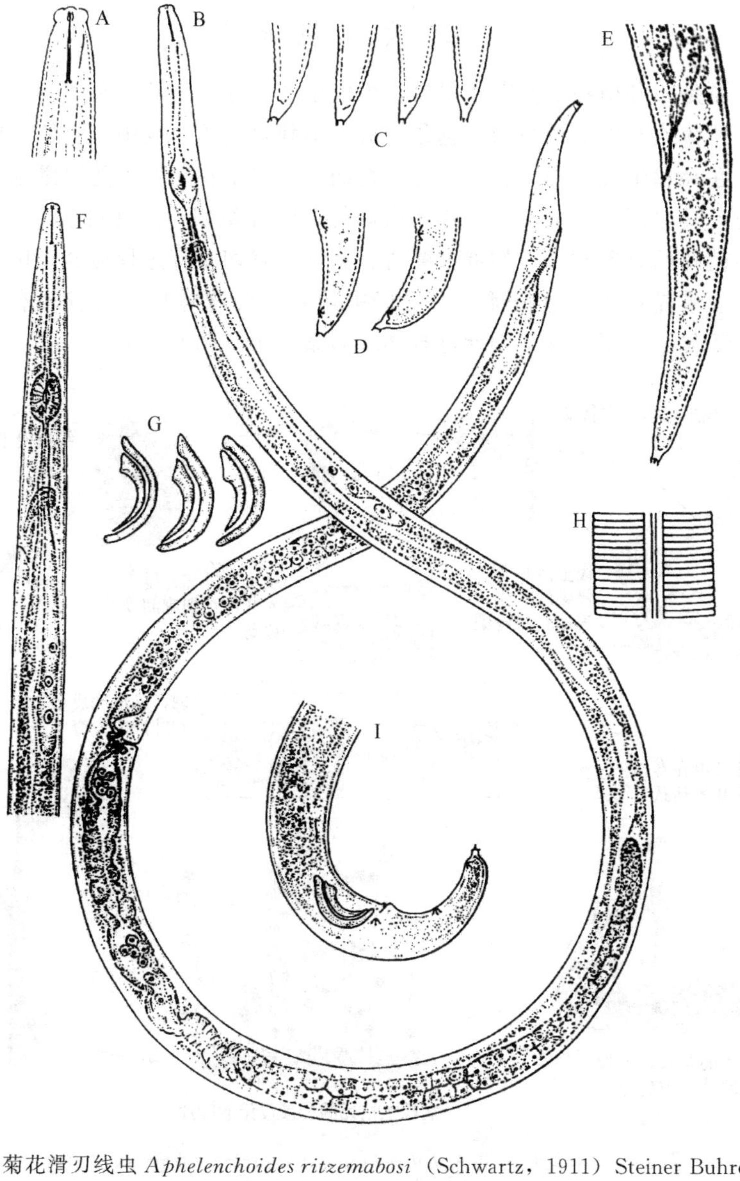

图 8-10　菊花滑刃线虫 *Aphelenchoides ritzemabosi*（Schwartz，1911）Steiner Buhrer，1932

A. 雌虫头部；B. 雌虫；C. 雌虫尾端；D. 雄虫尾端；E. 雌虫尾部；F. 雌虫前部；
G. 交合刺；H. 虫体中部表皮纹和侧区；I. 尾部

雌虫：虫体较细，长为 770～1200μm；体表环纹宽 0.9～1.0μm，明显可见；侧区宽为体宽的 1/6～1/5，具有 2 条侧线。虫体圆筒形，两端稍收缩，经温和热杀死后，虫体伸直或稍向腹面弯曲。唇区前端较平，边缘圆，不缢缩，稍扩展，无环纹。尾长圆锥形，略向腹面弯曲，从肛门后腹面稍收缩。尾末端钝圆，近腹面或中间具有一星状的尾尖突。尾较长，长为 37.5～47.5μm，为肛门处虫体直径的 3～4 倍。

雄虫：常见。虫体形态特征与雌虫相似，但比雌虫略小。温热杀死后，虫体尾部向腹面弯曲 45°～90°。尾端具有一星状的尾尖突。

（四）发病规律

菊花叶芽线虫是一种植物专性寄生线虫，可侵染叶、芽、生长点及茎的外层，以成虫在被害植株的病叶、残体或其他菊科植物上越冬，极少单独存活于土壤中。它们可以内寄生在叶肉细胞中或外寄生在芽和生长点中。春季新叶初发期，雌成虫在土壤中随灌溉水、雨水和顺寄主植物根系从下而上转移到叶片上，由气孔和伤口侵入叶片组织，并在叶表和叶肉组织内产卵。这种线虫以寄主植物的繁殖材料，如带虫菊苗、插穗、鲜切花等远程传播。田间靠雨水、灌溉水、土壤搬移和农事操作等途径传播。在受侵染的一个菊花叶片中可发现有 15 000 条线虫。据报道，每 14g 受侵染的翠菊种子中就可有 300 多条线虫（图 8-11）。

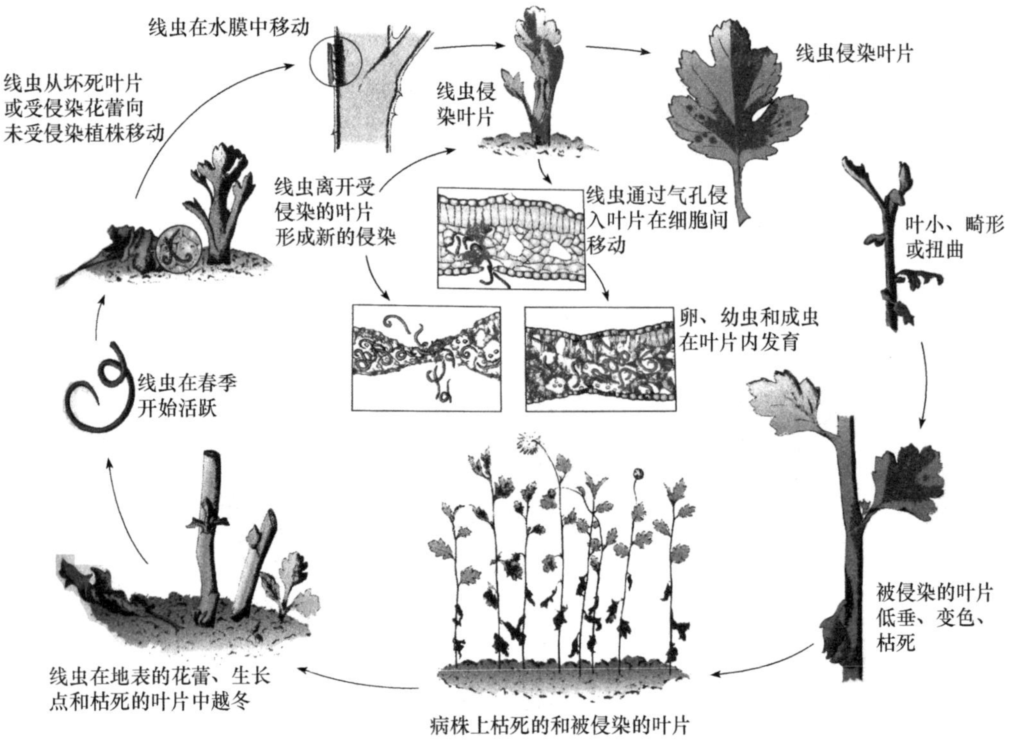

图 8-11 菊花叶线虫 *Aphelenchoides fragariae*（Agrios，2004）

翠菊的种子也可以携带线虫。冬季，线虫在干燥的植物种子中存活，具有很强的忍耐能力，但不能在土壤中生存。Christie（1959）发现，在干燥的菊花中存活 16 个月的线虫标本可以活化，而超过 19 个月后则不能活化；Steiner（1927）发现在干燥的菊花中 22 个月后还可活化；2 年或 3 年后，线虫仍可被活化。它们在冷库中（−2～−1℃）能够很好地存活；在 4℃下保存 3 年有 33%的线虫仍可被活化；在干燥条件下，有 95%的末龄幼虫和成虫可以存活，而只有 12%的早期幼虫可存活。

（五）防治方法

（1）检疫措施。菊花叶线虫可以通过带虫植株、幼苗和插条等种植材料传播。因此，加强检疫是病害防治的关键环节。

（2）热水处理。在 44.4℃下处理菊花嫩枝 30min，虽然嫩枝的生长减缓，但能够忍耐这样的热水处理；在46℃下浸泡5min的短时间处理要比在43℃下浸泡20～30min的长时间处理好些，可减少对敏感品种嫩枝的伤害。在46℃下热水处理10min，可防治丹麦秋海棠和瑞士草莓上的菊叶芽线虫和草莓滑刃线虫。将休眠母株用46℃温水处理5min，可防治该种线虫。经检疫对有带病嫌疑的菊苗插条，可以用50℃温水处理10min，或用55℃温水处理5min。

(3) 药剂防治。防治菊花嫩枝上的菊叶芽线虫的最有效的浸渍方法有：46.1℃下温水处理5min；在0.03%的对硫磷中浸20min，在1L 0.05%的碘中浸10min。用对硫磷对植株进行喷雾来防治菊叶芽线虫，用低浓度的对硫磷（0.005%）每隔一个月施用一次，共施用两次，可有效地防治菊叶芽线虫。在波兰，用0.07%的对硫磷或0.18%的甲基对硫磷处理5min，可有效地防治草莓上的菊叶芽线虫。在丹麦，分别用0.03%的对硫磷和0.05%的速灭磷喷雾3次，每隔1周喷1次，对秋海棠上的菊叶芽线虫的防治率可达99.9%。也有人建议用内吸磷和硒酸钠喷雾来防治该种线虫。每378.5L水中加入283.49g48%的治线磷乳液进行灌根，每两周灌1次，共灌2次，可有效地防治该种线虫。用丰索磷和涕灭威处理草莓的长匍匐茎，可减少线虫的侵染；每株植物上施用1.5g的涕灭威防效很好，但有残毒。

(4) 农业防治措施。种植无病苗，清洁田园；注意湿度和浇水方式；剪除无病菊花植株的顶端；使用无杂草的营养钵或花盒；避免植株过湿和相连植株间的重叠；用石油胶状物或树脂带状涂抹在茎基部，除去植株的残枝落叶。在露地中，冬季通过2～3个月无杂草的土地休闲，可使田间保持无线虫。在保护地中，可通过熏蒸和蒸气消毒来处理受侵染的土壤。

(5) 其他方法。杂草防除也是很重要的，因为有几种杂草是该种线虫的寄主，如毛茛、繁缕、牛筋草、千里光、苦苣菜和婆婆纳。有些菊花品种，如Amy Shoesmith、Orange Beauty和Orange Peach，以及一些草莓品种，如George soltwedel和Regina，相对来说是比较抗线虫的（但不是免疫）。

四、松材线虫

（一）分布与危害

松材线虫病又称松树萎蔫病，是松树的一种毁灭性流行病。主要通过松墨天牛在松树上取食和产卵进行自然传播并通过病木、加工木进行长距离传播。该病1905年在日本首次被发现，目前在日本、中国、美国、加拿大、墨西哥、韩国、尼日利亚和葡萄牙等国都存在，在日本，疫区面积占森林总面积的25%，许多松林被毁，损失十分惨重（图8-12）。在中国，松材线虫萎蔫病于1982年在南京东郊首次发现以来，病害已在江苏、安徽、山东、广东、浙江、台湾、香港、湖北、澳门等9省（特别行政区）局部地区陆续发现，且有继续扩大的趋势。据有关报道，我国松材线虫的发生面积已达8.10万公顷。因病枯死的松树已累计达到2000多万株，经济损失达数十亿人民币。该病致病力强，寄主死亡速度快；传播快，一旦发生，治理难度大。它不仅给国民经济造成巨大损失，也破坏了自然景观及生态环境，更对我国松林资源构成严重威胁。

（二）症状特点

病株外部症状的显著特点是：先是针叶失水，褪绿，继则变褐，而后整株枯死，针叶全呈红黄色。病叶在长时间内可不脱落。在适合发病的夏季，绝大多数病树从针叶开始变色至整株死亡约30天，但在气温低的地方，如日本北部和高山地区发病时间拉长，不少病树在第二年春

图 8-12　2009 年 3 月 24 日美国进口苏州货物的木质包装中发现松材线虫
（被截获的木质包装上有进行热处理的标志）

季甚至夏季死亡，人工控温可使发病推迟。此外，在不利发病条件下常可见到病树局部性枯死。

在表现外部症状以前，病树内部已经发生一系列组织学和生理生化学上的病变，如在受侵木质部内髓射线薄壁组织细胞被破坏，管胞形成受抑制，形成层活动停止和水分疏导受阻，呼吸作用加强，树脂分泌减少和停止是最先可见的内部病变，而水分疏导受阻在侵染早期就发生则属比较特殊的反应。

病死树的木质部往往有蓝变菌的存在而呈蓝灰色（图 8-13）。病害发展过程可分为 4 个阶段：

第一阶段：外观正常，树脂分泌减少，蒸腾作用下降，嫩枝上可见天牛啃食树皮的痕迹；

第二阶段：针叶开始变色，树脂分泌停止，可发现天牛产卵痕；

第三阶段：针叶全部变为黄褐色，萎蔫，可见到天牛和其他甲虫的蛀屑；

图 8-13　松树受松材线虫侵染后的木材的蓝变症状

第四阶段：针叶全部变为黄褐色至红褐色，病树整株干枯死亡。死树上一般有多种害虫栖居。

（三）病原线虫

松树萎蔫病的病原为松材线虫 *Bursaphelenchus xylophilus*（Steiner and Buhrer，1934）Nichke，1970。

成虫虫体细长，约 1mm。头部唇区高，缢缩显著，口针细长，基部略微增厚，使口针基结清晰。中食道球卵圆形，占体宽的 2/3 以上，食道腺细长叶状，覆盖于肠背面。排泄孔的开口大致和食道与肠交接处平行。半月体在排泄孔后约 2/3 体宽处。

雌虫热杀死后体态呈开阔“C”形。尾部亚圆锥形，末端钝圆，少数有微小的尾尖突（不超过 2μm）。卵巢 1 个，前伸，卵呈单行排列，阴门开口于虫体中后部约 73％处，开口处有后伸的宽的阴门前唇（阴门盖）覆盖。后子宫囊长，约为阴肛距的 2/3。

雄虫热杀死后体呈“J”形，尾端尖细，侧观呈爪状，腹部弯曲，为卵形交合伞所包裹（腹面观）。交合刺大，弓状，成对，喙突显著，交合刺远端膨大如盘状。

（四）发病规律

在自然条件下，松材线虫接触和侵入寄主必须通过昆虫介体。经证实能传播松材线虫的昆虫仅为墨天牛属 *Monochamus* 的六个种：松墨天牛 *M. alternatus*、云杉花墨天牛 *M. saltuarius*、卡来罗纳墨天牛 *M. catolinensis*、白点墨天牛 *M. scutellatus*、松墨斑墨天牛 *M. mutator* 和南美松墨天牛 *M. titillator*。在美国卡拉罗纳墨天牛为主要传播介体，而在中国松墨天牛是最有效的传播介体。松墨天牛主要分布于日本、朝鲜、老挝、越南。在中国松墨天牛分布于香港、台湾以及吉林省以南的部分地区。

松墨天牛在补充营养或产卵时，即使所污染的松材线虫得以接触松树，又为线虫提供了侵入渠道（伤口）。在日本 6 月初至 7 月底为松褐天牛的补充营养期，也是松材线虫传播和侵染松树的主要时间。在南京地区，线虫的侵入时间或许比日本稍稍提前。松材线虫的侵入部位是在伤口内裸露的木质部和皮层。

（五）防治方法

防治松树萎蔫病可从预防松材线虫对松树的侵染和消除传病介体两方面考虑。

1. 检疫措施

松材线虫可以通过松树及其板材以及木材制品的异地调运达到远距离传播。加强检疫工作，严禁将疫区内的病死木材及其制品外运和输入无病区。

2. 农业措施

林地清理，砍除和烧毁病树和垂死树，清除病株残体，这是一种较可靠的对策。特别是在轻微发病地区采用此法抑制病原的扩散是切实可行的。伐除病株后必须将病株烧毁，否则伐下的病株将成为新的侵染来源。

3. 化学防治

（1）采用杀虫剂消灭传媒松墨天牛。

（2）在天牛羽化后补充营养期间，可以喷洒0.5%杀螟松乳剂（每株2～3kg）防治天牛，保护健树树冠。

（3）防治松材线虫　在线虫侵染前数星期，用丰索磷、乙拌磷、治线磷等内吸性杀虫和杀线剂施于松树根部土壤中，对经济价值比较高的松树可以采用丰索磷注射树干，预防线虫侵入和繁殖。

第四节　茎线虫病

茎线虫 *Ditylenchus* Filipjev，1936是一类重要的植物病原线虫，主要包括起绒草茎线虫 *D. dipsaci*、马铃薯茎线虫 *D. destructor*、洋葱茎线虫 *D. allii*、食菌茎线虫 *D. myceliophagus*、水稻茎线虫 *D. angustus* 等。茎线虫的取食部位多种多样，植物的地上部分和地下部分均可寄生。目前，马铃薯茎线虫在我国部分地区发生，起绒草茎线虫和水稻茎线虫尚无报道。

甘薯茎线虫病

（一）分布与危害

我国是世界上甘薯的主产国，常年甘薯种植面积在600万hm^2左右，占世界总面积的70%左右。甘薯茎线虫病1937年由日本传入我国，是一种危险性、毁灭性的病害。目前，分布于山东、江苏、河北、河南、辽宁、甘肃、浙江、安徽、吉林、北京等薯区，其中以山东、河北两省发病最重。此病不仅在田间危害，直接影响产量，还可在储藏期引起烂窖，育苗时导致烂床。受害地块，产量一般减少20%～50%，重者则达80%以上，甚至绝收。

（二）症状特点

甘薯茎线虫病俗称糠心病、空心病、糠梆子。茎线虫主要为害甘薯块根、茎蔓及秧苗。

苗期症状：苗基部白色部分，在表皮上生有块状或条状褐色晕斑，秧苗发育不良、矮小发黄。

薯蔓症状：主要发生在地上2寸[①]左右薯蔓处，多在髓部表现症状，初为白色，后变为褐色干腐状。表皮发生龟裂，并形成黑褐色条斑。

块根症状：根据线虫侵入的途径可分为有糠心型、糠皮型和混合型三种类型。

（1）糠心型：由染病茎蔓中的线虫向下侵入薯块，病薯外表与健康甘薯差异较小，薯块内部全变成褐、白相间的干腐；

（2）糠皮型：线虫自土中直接侵入薯块，使内部组织变褐发软，呈块状褐斑或小型龟裂。

（3）混合型：生长后期发病严重时，糠心和糠皮两种症状可以同时发生。

（三）病原线虫

我国过去一直认为为害甘薯的茎线虫是起绒草茎线虫，后经我国线虫专家系统研究确认引起我国甘薯茎线虫病的主要病原为腐烂茎线虫 *D. destructor* Thorne，1945。

① 1寸=3.33cm，后同。

雌虫：温和热杀死时虫体略向腹部弯曲，角质环纹不明显，宽约 1μm，虫体的侧区有 6 条侧线，在虫体两端渐减为两条；唇区低平，常无环纹，唇区框架进化程度较高；口针 10～14μm，有明显基部球。中食道球纺锤形，食道狭部窄，神经环包围处开始膨大为棒状的食道腺体，从背部覆盖肠，但覆盖程度有差异，排泄孔在食道与肠的交界处或略靠前；半月体刚好在排泄孔前方。阴门清晰，前卵巢向前伸展有时可达食道区，卵母细胞在前部呈双行排列，近子宫处成单行。后子宫囊向肛门延伸，长度约是阴门至肛门距离的 3/4。尾锥形，略向腹面弯曲，尾长是肛门处虫体直径的 3～5 倍，末端窄圆。

雄虫：虫体前部与雌虫相似。热力杀死后虫体直或向腹面弯曲。雄虫尾部与雌虫相似或比雌虫的尾部略窄，且末端尖圆；交合伞从交合刺前部向尾部延伸，约是尾长的 3/4。交合刺向腹部弯曲，向前方伸展；引带短，简单。

（四）发病规律

甘薯茎线虫耐低温能力强，将病薯块内的线虫置于－2℃下经过一个月仍然全部存活。2℃开始活动，生长和繁殖温度为 27～28℃。完成一个生活史在 27～28℃下为 18 天，20～24℃为 20～26 天，6～10℃需 68 天。这种线虫不耐高温，43℃干热处理 1h 或 49℃热水浸 10min 可全部死亡。对干湿度有较大适应能力，病薯含水量为 12.8%时第一年死亡率为 24%，第二年死亡率为 48%，第三年死亡率为 98%。在自然条件下，线虫多生存于干湿交界的 10～15cm 土层；幼虫浸于水中仍能存活。该种线虫繁殖力强，适温条件下在寄主体内每一雌虫一生可产卵 100～200 粒。单个病薯块中线虫量可达 30 万～50 万条。

甘薯茎线虫不能忍耐过度干旱，这种线虫没有抗逆的休眠阶段。腐烂茎线虫侵染马铃薯后通常以卵在块茎组织内存活。当这些带有线虫的种植材料种植后，卵开始孵化进入新的侵染循环。线虫通过被侵染的种子和种植材料传播。甘薯茎线虫在我国以卵、幼虫和成虫在窖藏的薯块组织内越冬，也能以幼虫和成虫在土壤及粪肥中越冬，成为第二年初侵染源。病薯和带病薯苗调运将病害传播到无病区。在病区带虫的土壤、肥料、流水、农具及种薯、种苗都能传播病害。

一般以湿润、疏松、通气好、排水力强的砂质土、瘠薄土壤发病重，黏土、有机质多的地块发病轻。在土壤中线虫多集中在干湿交界处，10cm 土层内线虫占 95%。在干旱时低洼地发病高达 62%，高岗地发病仅 14%，并更加集中为害地下部分，导致薯块发病特重。

春薯或半春薯因直接用秧苗移栽，往往受苗传和土传的双重侵染，受害较重，发病比夏薯尤为严重，甘薯品种间抗性存在差异，如洛 80199、济 18262、济 8008 抗性很强，病情指数在 2%以下，青农 2 号、洛红 3 号抗性也较强。

（五）防治方法

该线虫传播途径广、为害部位多，在土中存活年限久，较难控制其为害。但由于主要传播途径是种薯和种苗的调运，造成更大范围的传播为害，因此只要加强检疫，建立无病留种地及实行高剪蔓技术，切断种苗传带及结合药剂防治就能及时有效的压低和控制危害。

1. 开展种薯种苗检疫，杜绝传播蔓延

从病区调运种薯、秧苗时，根据被害症状认真开展检查，严禁病薯、病苗调运和不经消毒就应用于生产。

2. 建立无病留种地，选留无病种薯

选择没有茎线虫病地块作留种地，从抗病良种苗圃或第一茬秧苗移栽的春薯地，剪离分杈5寸以上的侧枝作秧苗，施用无线虫粪肥以培育无病种薯，收获时还应进一步挑选健壮种薯入窖，对于没有条件，建立无病留种地的地区，也可在收获时从未发病或发病轻的地块选择无病健壮薯块作种薯，入窖后经常检查薯堆表层，及时剪除病薯，保持窖温在10～13℃，防止高温高湿导致茎线虫病严重为害，同时也应防止发生低温冻害。

3. 培育无病壮苗

（1）选好床址：为了使病原线虫不致逐年增加，应避免使用旧苗床，最好每年更换1次育苗地点，如有困难，使用旧苗床也要彻底清理，用甲基异柳磷处理后，更换无病土育苗。

（2）温床育苗：为适时栽秧和采用高剪苗，可推广塑料薄膜酿热温床、空气对流灶和锅头炕等新型苗床。据测定，种薯上炕后，床温达28～30℃，比薄膜冷床（20～22℃）高8～10℃，因而不利病原线虫的侵染和为害，且出苗快，秧苗壮。

（3）严格选种薯：在出窖后上炕前，对种薯应严格的逐个精细挑选，然后在51～55℃热水中浸10～12min，以杀死表层线虫，在无线虫病苗床上进行高温育苗。

（4）使用无病粪肥：土杂肥病残体多，含虫量高，苗床要施用经腐熟捣细的猪、牛、驴粪等与无病土拌匀作床土，以杜绝线虫通过粪肥传入苗床。

4. 推行高剪蔓

因病原线虫一般分布在秧苗基部10～15cm处，因此无论栽种春薯和夏薯，实行高剪蔓，即离秧苗基部15cm以上开始剪苗，可使秧苗带虫量减少90%，这一措施对压低病情起着重要作用。

5. 切实搞好残体处理

注意田间卫生，清除病残体，在收获、加工、耕地、食用、入窖、出窖等各个环节，注意将病残体、病薯块，病蔓等集中晒干烧毁或高温堆沤，可有效地控制粪肥传病的概率，减少病原体数量，减轻发病。

6. 建立合理轮作制度，推广抗耐病品种

实行甘薯与小麦、谷子、玉米、高粱和棉花轮作，以及种植抗性或耐性品种均可有效减轻为害。

7. 药剂防治

（1）98%必速灭或95%棉隆粉剂，熏蒸土壤，每公顷用量4000～5000g，在栽秧前3周垅行开沟，将药剂均匀撒施于沟底，立即覆土压实栽秧前2天按施药沟松土放气，防病效果65%～85%，增产60%至2倍。

（2）25%克线磷乳剂，每1/15hm^{2}用量375g，配制成毒土，穴施，防病效果97%，增产95%。或用5%克线磷颗粒剂，每1/15hm^{2}用量75～125g，加细干土25kg拌均匀，穴施，防治效果达85%～100%。

（3）15%涕灭威颗粒剂，每1/15hm^{2}用量75～90g，与细沙土25kg拌匀，穴施，浇水后栽秧，防治效果达 80%左右。

第五节　短体线虫病和潜根线虫病

短体线虫病和潜根线虫病是重要的迁徙性内寄生线虫引起的病害。这类线虫可以在植物根系的皮层内产卵、孵化和活动取食，引起植物的根腐病。

一、短体线虫病害

（一）分布与危害

短体线虫是一类重要的植物病原线虫，有广泛地理分布。目前全世界报道的种有近 100 个（谢辉，2005），中国报道的有 20 多个种（张绍升，1999；刘维志，2004）。大多数经济重要性短体线虫主要在发生温带、亚热带地区（Whitehead，1998）。重要种主要有短尾短体线虫 *P. brachyurus*、咖啡短体线虫 *P. coffeae*、薯蓣短体线虫 *P. dioscoreae*、卢氏短体线虫 *P. loosi*、穿刺短体线虫 *P. penetrans*、落选短体线虫 *P. neglectus*、斯克里布纳短体线虫 *P. scribneri*、索恩短体线虫 *P. thornei*、伤残短体线虫 *P. vulnus*、玉米短体线虫 *P. zeae*。

短体线虫的寄主范围很广，可侵害粮、油、糖、棉、果、蔬、花、草、林等许多重要的农作物，造成重大经济损失。重要寄主有咖啡、茶、香蕉、柑橘、苹果、桃、梨、草莓、葡萄、马铃薯、山药、菠萝、甘薯、小麦、玉米、小米、高粱、花生、大豆、甘蔗、棉花、苎麻、烟草、番茄、菠菜、甜菜、大蒜、苜蓿、三叶草等。

（二）症状特点

1. 地下部症状

短体线虫是一类根部迁徙型内寄生植物病原线虫，主要在根部皮层取食，并在根部产卵（图 8-14），引起根系不发达，根部组织腐烂坏死。短体线虫在侵入根部之前，通常生活在植

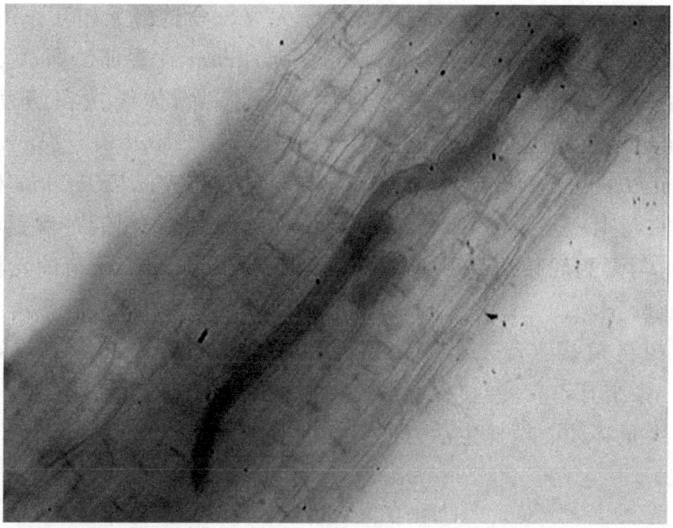

图 8-14　穿刺短体线虫根内取食，产卵于根内

物的根部或根围土壤中，二龄幼虫开始危害植株，在侵入位点处的伤痕最初为黄色，后变褐至黑。根部伤痕一般会扩大联合，最终可围绕根部。被取食细胞及线虫在根部迁移取食造成的孔腔处坏死，根部变褐腐烂，最终导致根系坏死。短体线虫侵染植株根系除了造成根腐外，不同植株症状可能有差异。例如葡萄受害后，根系不发达，根上有许多褐色至黑色伤痕，细根少，有时根产生膨大和组织增生，形成丛状根；草莓受侵染根，变为黑色和形成铁丝状根；在一些寄主如核桃上，线虫可在比较大的根内大量繁殖，并形成大的坏死根结（张绍升，1999）。

短体线虫也可为害植株地下部其他组织，如荚果、块茎等。例如短尾短体线虫可侵染花生的根、果针、荚果，受害表面出现黑色伤痕，相邻的伤痕能相互愈合而形成广泛的变色和皮层组织坏死。薯蓣短体线虫为我国报道的新种，引起薯蓣红斑病（yams red spot disease）、薯蓣干腐病（yams dry rot disease），受侵染的地下块茎形成红褐色、近圆形或不规则形稍凹陷的病斑。受害严重时病斑密集互相连片，形成大片暗褐色斑块，表面有龟裂纹，病组织呈褐色干腐状（杨宝君和赵来顺，1992；黄文华等，1994）。穿刺短体线虫与斯克里布纳短体线虫可引起马铃薯块茎出现疮痂，疱状或瘤状突出（韦伯斯特，1988）。

2. 地上部症状

受害植株在田间往往呈块状分布，地上部通常表现分株少，植株矮小、细弱，叶片变黄、干旱时叶片易凋萎，产量降低，严重时全株枯死。例如，咖啡短体线虫侵染柑橘引起柑橘暴衰病（citrus slump disease），病树叶片稀少，叶片小、僵硬和黄化；果少而小，产量低。重病树的树冠出现较多枯枝，最后整株果树枯死（张绍升，1999）；卢氏短体线虫侵染茶树造成植株地上部生长矮化，叶片细小而发黄，衰退明显，易死亡。

3. 复合侵染

短体线虫取食根部后，造成伤口，还可导致其他真菌和细菌的复合侵染，导致复合病害，造成更严重的经济损失。最典型病害的是马铃薯早死病（potato early dying disease），该病是由大丽轮枝菌 *Verticillium dahliae* 引起的，但在穿刺短体线虫与病原菌二者共同侵染下，穿刺短体线虫能导致病害严重度极大增加，并导致抗病或耐病品种抗性下降或丧失。此外有报道短体线虫与镰刀菌 *Fusarium* spp. 在苜蓿、豌豆、大豆、马铃薯上相互作用引起的复合病害；短尾短体线虫与青枯假单胞杆菌 *Pseudomonas solanacearum* 在番茄、烟草黑胫病菌 *Phytophthora nicotianae* var. *parasitica* 等引起的复合症等；穿刺短体线虫在豌豆上与根腐丝囊霉 *Aphanomyces euteiches*、在燕麦和球茎植物上与根柱孢菌 *Cylindrocarpon radicicola*、在苜蓿上与绿色木霉 *Trichoderma viride*、在棉花上与黄萎轮枝菌 *V. alba-atrum* 相互作用引发复合病害；咖啡根腐线虫与褐座坚壳菌 *Rosellinia necatrix* 复合侵染引起苎麻糠心状朽腐；落选根腐线虫 *P. neglectus* 与萎蔫轮枝菌 *V. dahliae* 联合能大大增加胡椒薄荷的轮枝菌萎蔫病的发病率和严重度（Whitehead，1998；张绍升，1999）。

根腐线虫是果树再植病（replant disease）和短命病（short life disease）的重要病原物（杨兴洪等，1994；张绍升，1999）。根腐线虫果树根系的伤害，诱引了土壤中次生病原物的侵入，从而导致根系大量坏死、植株生活力低下、抗逆能力差。

（三）病原线虫

短体线虫病害由短体线虫属 *Pratylenchus* Filipjev，1936 寄生引起。该属英文名称为 root-lesion nematode，中文名又称根腐线虫属，草地线虫属。

雌虫：线虫小型，蠕虫状形，长度小于 1mm（图 8-15A）；头部低平，头架骨化明显，口针粗短，基部球发达；中食道球发达，后食道腺叶覆盖于肠腹面（图 8-15B）。雌虫阴门位于体后为体长 70%～80%处，单卵巢前伸，有后子宫囊；尾呈圆柱形或锥形，尾长为肛部体宽 2～3 倍，尾端宽圆、窄圆或钝（图 8-15C）。

雄虫：尾部较短、锥形，交合伞包至尾末端（图 8-15D）。

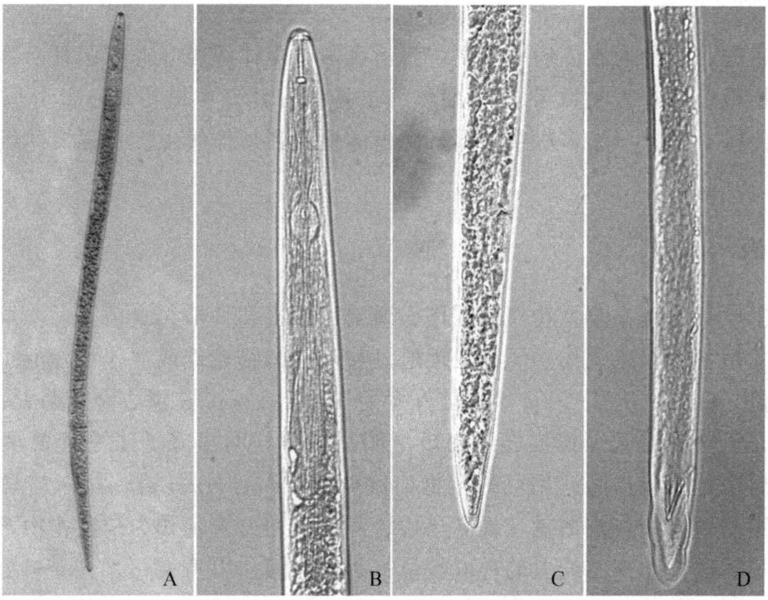

图 8-15　穿刺根腐线虫形态图

A. 雌虫整体观；B. 雌虫头部及食道；C. 雌虫尾部，示阴门；D. 雄虫尾部（示交合伞）

（四）发病规律

以幼虫、成虫和卵在寄主根内部或根围土壤中越冬，第二年春天当温度、湿度适合时，开始活动。各龄幼虫和成虫都可以进入根内或逸出根外。一般情况下，线虫从根毛区的后部穿过表皮细胞入侵根内，它们在细胞间和细胞内游走，取食皮层细胞。短体线虫生长发育的温度是 22～28℃，根内的线虫在 51℃下 8min、53℃下 3min 或 55℃下 1min 就可被杀死。

影响发病的环境因素：①气候条件：病原线虫的群体动态因地理和种类不同而有差异，实际是气候条件的影响。胡桃短体线虫在江苏桃园里中线虫群体密度在 5～6 月和 10～11 月各出现 1 次高峰，1 月最低，10 月最高，根内的群体动态变化与土壤中的规律相似。同样是胡桃短体线虫在美国加利福尼亚州和佐治亚州桃园里，在 4～5 月，每克根内线虫数高达 3500 条以上。穿刺短体线虫在美国新泽西州是 6 月群体密度最大，9 月开始下降，1 月最低。同时在自然条件下，线虫群体量有个逐步繁殖扩大的过程。②土壤条件：线虫群体数量的消长与土壤类型和土壤湿度也有密切关系。干旱时线虫的总数会下降，而且向下迁移，因为土壤深处水分较多，砂性土壤，保水性能好，疏松的土壤中病原线虫数量多，线虫活动、生长、发育最适的温度为土壤含水量为 40%～60%，轻质土壤能保持这种湿度的时间比黏重土保持的时间长得多，因此线虫在黏重土壤内少。③栽培制度：寄主连作病害重，2 年以上非寄主植物的轮作会显著降低虫体密度。

（五）短体线虫病害的防治

对于短体线虫病的防治，依不同作物种类、发生面积、栽培状况采取不同防治措施。一般要采用综合防治措施才能发挥较好效果。

1. 加强检疫措施

短体线虫属的许多种为重要病原线虫。目前我国将短体线虫（非中国种）列为《中华人民共和国进境植物检疫性有害生物名录》。短体线虫易随着其寄主植物地下部分以及所黏附的土壤进行远距离传播，我国口岸多次从不同寄主根部检获到短体线虫。加强短体线虫严格检疫措施及快速鉴定十分必要。

2. 栽培防治

防治措施主要有非寄主作物轮作或混作、增施有机质和种植无虫苗。

（1）非寄主植物轮作或混作。研究发现通过与一些植物轮作或混作可降低短体线虫的种群数量，提高产量。在田间先用1～2年栽培万寿菊 *Tagetes* spp.、黑心金光菊 *Rudbeckia hirta*，再种植马铃薯，土壤中穿刺短体根腐线虫数量明显减少，明显降低了马铃薯早死病发病严重度，提高马铃薯产量明显提高；用豆科植物如珍珠粟 *Pennisetum glaucum* 与马铃薯轮作，显著降低了田间穿刺短体线虫的数量，提高马铃薯产量；用万寿菊作为前茬作物，也可显著降低茶树根部卢斯短体线虫和根结线虫的种群数量；茶树间间作万寿菊可增产茶叶数量7%；在香蕉丛中混种万寿菊、苜蓿、菽麻、芫荽等作物能减少咖啡短体线虫和穿孔线虫对香蕉根的侵染（张绍升，1999）。

（2）增施有机质。在植株根部添加某些有机质可降低植株根部的线虫种群数量，如在遭短尾短体线虫侵染的玉米施用可可壳粉，在茶园施用茶叶渣、椰子废料和适当增施氮肥（特别是尿素）能抑制短体线虫发生；研究发现田间采用鸡粪或鸡粪堆肥，以及种植轮作作物高粱-苏丹草杂交种可有效降低穿刺矮体线虫数量；研究表明采用猪粪肥水能降低马铃薯根部穿刺短体线虫数量。

（3）选用无病繁殖材料。在选择苗圃时，要注意选用无病原短体线虫的土壤，或土壤经过杀线虫剂处理。选用苗木时要进行检测，防止病原线虫带入新区。受侵染的繁殖材料可用杀线剂处理或热处理。如防治薯蓣红斑病可将薯蓣块茎用45℃温水线浸45min或50℃温水浸40min（张绍升，1999）。

此外还可以清洁卫生措施，包括清除寄主杂草，销毁被侵染植物残体，翻晒土壤等措施来减少初侵染来源。加强水肥管理提高作物的抗病力。在半干旱热带地区，采用透光塑料膜来覆盖土壤，通过日晒作用也可减少短体线虫等线虫种群数量。

3. 利用抗病或耐病品种

使用抗病或耐病品种是一项具有高效、经济和无公害的防治措施。对于重要病原短体线虫，大多数作物可利用的抗性品种较少。在国外，利用已有的抗性资源育种和筛选新的抗性资源是现阶段最主要的工作。例如 Sheedy 和 Thompson（2009）从274个小麦种质材料中发现有 34 个种质材料对索恩短体线虫具有抗性。我国学者研究苎麻品种对咖啡根腐线虫有显著的抗性差异，青脚麻、青大叶为高抗种质；青壳子、白脚麻为抗病种质；稀节巴、湘苎二号、牛耳青为中抗种质。

4. 化学防治

许多熏蒸性和非熏蒸杀线虫剂可用于防治根腐线虫病。在大多数情况下这些杀线虫剂都能有效地降低线虫群体水平和提高作物产量。但传统许多化学杀线虫剂，如涕灭威、克百威、苯线磷、硫环磷等多属剧毒、高毒、高残留的有机磷和氨基甲酸酯类农药，对环境污染严重，对人、畜也不安全，在我国及欧盟、美国、日本等许多国家和地区已被陆续禁用。此外杀线剂价格昂贵，并不适于大面积使用。目前在我国可使用的主要有噻唑磷、硫线磷、熏蒸剂棉隆等，杀线虫剂的选用要根据具体情况，在允许的范围内按操作规程进行。

5. 生物防治

由于根腐线虫的种类大部分生活时间和产卵都在寄主组织内，受到保护而免遭天敌的侵害，对于根腐线虫潜在的生物防治因子了解较少，目前主要是在于生防因子资源调查研究为主。在盆栽试验中接种链霉菌 *Streptomyces* 株系可降低苜蓿根系穿刺短体线虫的数量；Riga 等（2008）在室内及温室试验中发现一种真菌 Muscodor albus 对穿刺短体线虫等多种重要线虫具有良好的防治效果；Timper 和 Brodie（1994）发现线虫病原真菌被毛孢 *Hirsutella rhossiliensis* 能显著降低侵入马铃薯根系的穿刺根腐线虫数量。此外有报道捕食线虫真菌指状节丛孢菌 *Arthrobotrys dactyloides*、寡孢节丛孢菌 *A. oligospora*、椭圆孢单顶孢菌 *Monacrosporium ellipsosporum* 和柱单顶孢菌 *M. cionopagum* 能捕捉和杀死大部分加在真菌培养基上的穿刺短体线虫，椭圆单顶孢菌在砂及土壤中同样有效地减少穿刺短体线虫的数量（张绍升，1999）。成飞雪等（2008）于污水中分离一种光合细菌嗜酸柏拉红菌 *Rhodoblastus acidophilus* 对苎麻根腐线虫（咖啡短体线虫与穿刺短体线虫）病有很好的防治效果，且具明显增产作用。芽孢杆菌 *Bacillus* spp. 是一类重要的线虫寄生菌物。有报道穿刺芽孢杆菌 *B. peneprans*、索恩芽孢杆菌 *B. thornei*、苏云金芽孢杆菌 *B. thuringiensis* 能侵染短体线虫，降低线虫种群（张绍升，1999；Zuckerman et al，1993）。余子全等（2007）发现苏云金芽孢杆菌伴胞晶体蛋白可对斯克里布纳短体线虫、北方根结线虫等多种具有较强的毒杀作用。

二、潜根线虫病害

（一）分布与危害

潜根线虫属目前全世界已记载 36 个有效种（谢辉，2005），所有种类都栖生于沼泽地或淡水生境，有 3 个种从海生植物上发现，这种情况在垫刃目线虫中是极其罕见的（刘维志，2000）。潜根线虫大多分布在温带地区，如美国南部，中国和日本等地，仅有 6 个种分布在北温带，约有 2/3 种可寄生水稻，遍布世界水稻产区，有一些种对水稻的为害很大（段玉玺等，1996；谢辉，2005）。

潜根线虫属线虫具有比较广泛的寄主范围，据报道可以在 11 个科 51 种植物和杂草上寄生，最重要的寄主为水稻，也从芋、莲、甘蔗、棉花、番茄、玉米、小麦等作物根部发现，野生寄主以禾本科和莎草科最重要（Whitehead，1998；张绍升，1999）。迄今为止所报道由潜根线虫引起的具有经济重要性病害仅见于水稻潜根线虫病、芋球茎腐烂病（张绍升，1999，刘维志，2000）。

交叉潜根线虫 *H. diversa* 是 1954 在夏威夷衰退的莲株的根茎病痕和根围泥土中首次发现，并在 1968 年命名的（Sher，1968）。多样潜根线虫在国内重点产莲区分布广泛，寄生严重，认为与白莲上的一种重要毁灭性病害“腐败病”有关，可能是其造成的伤口有利于其他病原侵入，导致“复合侵染关系”，但这方面没有确凿证据。

潜根线虫侵染能减少水稻产量主要通过大量接种实验得到证实。在印度尼西亚和印度的盆栽水稻接种水稻潜根线虫种，产量下降了 56%实验表明接种细尖潜根线虫，产量下降 78%；接种水稻潜根线虫、刺尾潜根线虫，低墙潜根线虫均可造成水稻生长矮小黄化、根系发育受阻等症状，高接种量情况下都可造成产量严重损失。接种实验表明水稻潜根线虫明显降低水稻产量，水稻产量与分蘖盛末期稻根中的虫口密度呈显著负相关；有效分蘖数达到显著差异时对应的分蘖盛末期稻根中的虫口密度为每克根有 15 头潜根线虫，可以作为生产上的防治指标之一。张绍升等（1998）通过接种实验表明较低种群数量接种情况下，可导致产量下降，早稻在返青期施稻田撒施呋喃丹 3%颗粒剂，用药量 $45kg/hm^2$，增产 23.6%。

（二）症状特点

水稻潜根线虫为迁移型内寄生线虫，由根尖后的根表皮侵入，可以在通气组织中自由移动（图 8-16A）。被侵染的水稻根表皮细胞和皮层细胞被破坏，被侵染的皮层细胞壁加厚，皮层组织由于细胞壁溶解形成空腔。侵染后的水稻根表皮细胞和皮层细胞被破坏，被侵染根变黄褐色和腐烂。由于线虫在稻田中土壤几乎是全田分布的，被害植株均匀分布，因此在无对照情况下，田间地上部无特异症状（张绍升，1999；刘维志，2000）。水稻受潜根线虫严重侵染后表现为生长迟缓、植株矮小黄化、分蘖减少、抽穗和开花推迟（Whitehead，1998；刘维志，2000）（图 8-16B）。在盆栽条件下通过接种观察水稻潜根线虫病的病程，发现接种潜根线虫的水稻植株比无线虫的水稻植株生长前期表现为分蘖数、株高和发根量都有所增加；孕穗期后才出现早衰现象，叶色变淡，枯黄，长势衰弱，花期延迟；对水稻产量构成因素的影响最主要是减少有效穗和千粒重，引起减产；产量损失程度在相同侵染水平的条件下常规稻的产量损失高于杂交稻。

（三）病原线虫

潜根线虫属 *Hirschmanniella* Luc & Goodey，1964 线虫，英文名称为 rice root nematode。水稻潜根线虫病主要种为水稻潜根线虫 *H. oryzae*，在早期资料中趋向把危害水稻的各种潜根线虫，都当作 *H. oryzae*。除 *H. oryzae* 外，还有许多种类可侵染水稻。在我国水稻潜根线虫种类有 16 种，分布于 17 个省份或自治区（张绍升，1999）。为害水稻主要种有：贝尔潜根线虫 *H. belli*、纤细潜根线虫 *H. gracilis*、伊玛姆潜根线虫 *H. imamuri*、墨西哥潜根线虫 *H. mexicana*、细尖潜根线虫 *H. mucronata*、刺尾潜根线虫 *H. spinicaudata*（张绍升，1999；Whitehead，1998）。水稻根部潜根线虫种群结构存在差异，但一般以水稻潜根线虫为优势种，田间水稻根部的潜根线虫群体一般为 2 个种或 2 种以上的混合群体（图 8-17）。

图 8-16 侵入根内的水稻潜根线虫及侵染为害症状（张绍升提供照片）

A. 根内水稻潜根线虫；B. 水稻 IR26 品种苗期接种，在黄熟期生长情况（左对照，右接水稻潜根线虫）

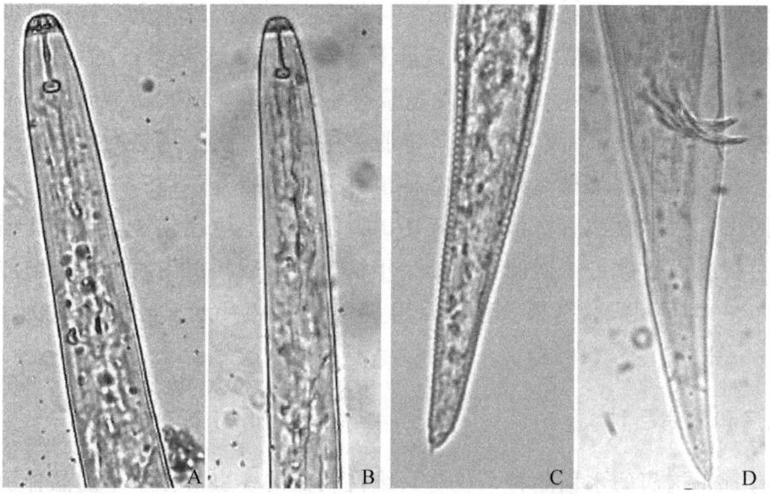

图 8-17 水稻潜根线虫 *Hirschmanniella oryzae* 形态特征（张绍升拍摄）

A. 雌虫前端；B. 雄虫前端；C. 雌虫尾端；D. 雄虫尾端

（四）发病规律

水稻潜根线虫为迁徙性内寄生线虫。侵入组织后的雌虫将卵产在寄主根内。卵产出后 4～5 天后开始孵化，生活史因各地条件不同差异很大。在印度一般 1 年仅发育 1 代，日本 2 代，爪哇 13 代。我国福建 1 年可发育 8 代。温度可以显著地影响水稻潜根线虫的存活时间。在合适的温度下至少可以存活 7 个月以上，在干湿交替的水稻田中可以存活长达 12 个月。在 40℃时可以存活 1 个月；在－3～－1℃条件下可以存活 1～2 天。通常随着海拔的提高线虫群体的密度逐渐减少。土质状况可以影响线虫的繁殖数量，按虫量由大到小的次序是乌泥田、沙质田、烂泥田、山坡田和黄泥田。

水稻潜根线虫可以通过稻苗、雨水、灌溉水和农事操作污染的泥土进行传播。我国双季稻区，在早稻和晚稻各有一次虫量高峰。

（五）水稻潜根线虫病的防治

1. 农业防治

水稻潜根线虫病的农业防治措施包括：轮作、冬翻冬种、稻草回田。

（1）作物轮作。采用水旱轮作，旱作时栽培非寄主作物，能有效降低田间潜根线虫种群（Whitehead，1998）。在福建地区，采用烟草-水稻轮作，能有效降低田间线虫群体和提高水稻产量，经大面积取样测定，收获期烟后作稻田线虫群体水平为 58～78g/根，稻谷产量为 9234.6kg/hm^2；连作稻线虫群体水平为 120～130g/根，稻谷产量为 6557.1kg/hm^2。增产率为 40.83%（张绍升等，1998）。高学彪和周慧娟（1998）采用分别蔬菜轮作、烟草轮作、冬种蔬菜措施在返青期使侵入稻根的水稻潜根线虫数量分别下降 88.1%、82.9%、82.9%，与对照相比，使水稻增产的幅度分别为 34.1%、27.5%、25.7%和 11.5%。

国外报道通过前期种植绿肥植物，如长喙田菁 *Sesbania rostrata* 和尖瓣花 *Sphenoclea zeylanica*、合萌属植物 *Aeschynomene* sp.，能增加土壤中氮素的效应，对线虫有良好的防治效果（Mohandas et al.，1980；Whitehead，1998）。

（2）冬翻冬种。稻田冬翻和选择好稻田冬种作物对于减少越冬虫源有积极意义。通过犁冬晒白在返青期使侵入稻根的水稻潜根线虫数量下降 33.9%，水稻增产的幅度 11.5%（高学彪和周慧娟，1998）。冬种作物种类与线虫发生量有密切关系，以蔬菜或油菜为冬种作物稻田，越冬的潜根线虫群体水平低，而以紫云英等绿肥为冬种作物线虫越冬的群体水平高，翌年早稻田初侵染虫量大，这也与蔬菜和油菜为起垄种植有关（张绍升，1999）。

（3）稻草回田。水稻收获后将稻草切碎还田，能改善土壤理化性质，改变稻田中线虫的群落结构，减少潜根线虫的数量。据调查连续 4 年稻草回田后稻田内腐生线虫增加 2.2 倍，潜根线虫减少 53.3%；大面积试验结果：稻草回田量为 7500kg/hm^2，稻谷产量为 10 320kg/hm^2，增产率 17.31%（张绍升等，1998）。

2. 利用抗病和耐病品种

目前还没有真正抗病的水稻品种，仅将只维持较低的线虫群体水平的品种视为抗病，印度水稻品种 TKM9 认为对水稻潜根线虫种具有抗性。殷友琴等（1984）对 38 个水稻品种的抗性进行测定，未发现免疫品种，但是不同品种水稻根部线虫量有明显差异。李茂胜等（1991）的试验观察认为，水稻品种对线虫侵染的耐病性是存在的，不同品种之间根组织中的线虫量与稻谷产量损失无相关性。杂交水稻对潜根线虫的侵染有较强的耐病性和补偿能力。谢志成（2007）测试 230 份水稻样本（包括 5 个野生稻种的 9 份材料）对潜根线虫的田间抗性，未发现对潜根线虫具免疫的水稻材料；但不同水稻品种对潜根线虫抗侵染或抗繁殖的能力不同，不同品种对潜根线虫侵染显示明显的耐病性差异。

3. 化学防治

在水稻生长期施用杀线虫剂对水稻潜根线虫都有一定防治效果。国外采用杀线虫剂进行种子包衣或幼苗蘸根法、苗床处理、移栽期田间处理，都可降低线虫种群数量，提高水稻产量（Whitehead，1998）。在不同生育期施药其防治效果差别很大，水稻潜根线虫的药剂防治适期为水稻返青期至始蘖期，其次为移栽期。晚稻可以提倡秧田期药剂防治，早稻秧田期防治效果差。采用杀线虫剂二溴氯丙烷（Nemagon）、硫磷嗪（Nemafos）、威百亩（Vapam）进行小区实验，水稻潜根线虫种群得到了很好控制，尤其前二者能使种群基本消失。

药剂防治增产效果在不同类型的稻田表现差异。在晚稻返青期选择山坡田、烂泥田和灰砂田进行药剂防治线虫试验，稻谷增产率山坡田为19.3%、烂泥田为12.9%、灰砂田为2.93%。

但由于化学杀线虫剂存在费用高及对环境污染等问题而限制其使用。目前从植物中提取天然杀线虫活性物质的研究逐渐引起人们的兴趣，国内已发现多种植物的提取物对潜根线虫具有较强的致死作用（文艳华和徐汉虹，2001），但目前都处于实验室研究阶段。

致糜潜根线虫引起的芋球茎腐烂病由于目前只在所罗门群岛，巴布亚-新几内亚报道发生，线虫主要通过染病的种植材料远距离传播，对芋球茎调运应实施检疫，防止病原线虫传入无病区。病区可选用无病球茎或球茎进行50℃温水浸泡15min后切取球茎顶部和叶基40cm作为种植材料（张绍升，1999）。

第六节　粒线虫病和矮化线虫病

粒线虫病和矮化线虫病均是垫刃总科线虫引起的病害。粒线虫病主要发生于禾本科的地上部分，对于小麦的为害较大。矮化线虫病在各种植物上均可发生，其中对旱田的禾本科作物影响较大。粒线虫病一般通过种子传播，主要采用种子化学处理或物理汰除的方式防治。引起矮化线虫病的线虫主要利用化学药剂或栽培措施进行防治。

一、小麦粒线虫病害

（一）分布与危害

此病1743年由英国的科学家J. T. Needham首先发现，是最早发现和研究的一种线虫病害，在世界各麦区都曾报道。我国1915年在南京首次发现，1964年已广泛分布于28个省市自治区麦区，1949年此病曾导致小麦损失5亿kg，被列为小麦主要病害之一。至20世纪50年代后期，除山东、浙江、陕西、四川等省有零星分布外，一般很少发生。

（二）症状特点

小麦粒线虫病俗称麦雀子、胡椒麦、马蔺子等。小麦粒线虫 *Anguina tritici* 可以为害植物的幼苗、茎叶和种子，以危害种子为主。此病从苗期到成株期都能表现症状，但感病植株苗期不一定都出现症状，而以成株期、穗期症状最为典型。

苗期症状：病苗叶片短宽、横生、硬直散乱、皱而卷缩，略带黄色。

成株期症状：进入分蘖期后症状较明显，表现为分蘖数增多，植株矮粗，叶鞘松而肥厚，叶片皱缩，卷折。叶尖常被裹在叶鞘内，有卷曲现象。抽出的新叶被卷曲的老叶阻挡，以致叶片卷曲成团。拔节抽穗后，节间肥肿，节上屈曲新叶折合捻缩，变成畸形。在叶面上偶然会产生很小的圆形突起的虫瘿或褐色斑点，继而全叶变褐枯死，破裂成褴褛状。发病严重时，病株枯死。

穗粒症状：受害病株一般多能抽穗，但不正常。典型的病穗，颖片张开、凌乱，穗较短小，颜色深绿，转黄色较晚。病穗的全部或部分籽粒变为虫瘿，虫瘿最初青绿色，以后变为紫褐色，外壁增厚、比麦粒短而圆，坚硬而不易捏碎，一般单个散生，有时 2 个、3 个甚至 4～5 个聚生成团，内部充满棉毛状的休眠线虫。

（三）病原线虫

小麦粒线虫 *Anguina tritici*（Steibuch，1799）Filipjev，1936 属于垫刃目、粒科虫科。

雌虫：体肥大，而端尖细，向腹翻面卷曲成螺旋形，不活动。体表环纹通常细小，仅在食道部分可以看到。侧区明显，侧线 4 条或更多。唇区低平，稍缢缩。口针 9～11μm 长，有小而明显的基部球；食道体部肿胀，但与中食道球连接处明显缩小，中食道球圆形。食道峡部有时在后部肿胀，与食道腺分开处缢缩十分明显，食道腺近梨形，但形状有变化，有时表现为不规则的叶状，与肠分界明显。阴门位于虫体后部 90%～94%处，阴门唇明显，卵巢 1 个，有 2 个或更多的转折，卵母细胞近似轴状排列。受精囊近梨形，后子宫囊长约为肛门处体宽的 1 倍，里面充满精子。尾圆锥形，向末端逐渐变细，末端钝或圆形。

雄虫：直或有时向背面弯曲，较雌虫活跃。精巢具 1 个或 2 个转折，精母细胞近似轴状排列。交接刺 1 对，粗壮、弓形。引带 1 个，槽状。抱片起于交接刺稍前处，包裹到尾部末端或接近末端。

（四）发病规律

雌虫与雄虫交配后，在刚形成的虫瘿内产卵，1 条雌虫约产卵 2000 粒，正常情况下完成产卵后即死去。线虫卵很快就能孵化，一龄幼虫在卵壳内渡过，不久脱皮成为二龄幼虫孵出。小麦收获时，虫瘿内的线虫全部是二龄幼虫。混在小麦种子里的虫瘿，秋季随种子播入土壤。虫瘿在土壤中吸水，内部的线虫溢出瘿粒进入土壤，营自由生活，待小麦发芽后，线虫由芽鞘间隙侵入寄主，初期在小麦苗生长点附近营外寄生生活，并随麦苗生长而上升，同时获得个体发育，取食为害，引起小麦叶片、幼茎扭曲，当花序形成时，线虫进入花器，营内寄生生活，破坏花器，并刺激周围组织，形成虫瘿，这时幼虫蜕最后一次皮，成为成虫。这时病株完全失去其经济价值。每个初形成的虫瘿有雌雄性成虫 40 多条，交配后在其中雌虫产卵总量可达 30 000 粒或者有相同数量的幼虫。在小麦的生长季节中，线虫只发生 1 代，田间不发生再侵染。

由于二龄幼虫受虫瘿的保护，因此有很强的抗逆能力，混在小麦种子内，贮存 28 年后还有活力。虫瘿内的幼虫抗干燥力很强，但在潮湿的土壤中，如果幼虫离开瘿粒后不遇寄主，最多存活几个月，12℃时只能存活 7～10 天。吸水后的虫瘿在 50℃下 30min，或 52℃下 20min，或 54℃下 10min，内部的幼虫死亡率或达 100%。但干燥的虫瘿在 54℃下 10min 后，仍有 24%的幼虫活着。幼虫耐低温，－8～－7℃，1～2 天后被冻死；－18～－15℃，5h 后仍活着。福尔马林、硫酸铜等药剂在不影响小麦种子发芽的浓度时，不能杀死虫瘿内的幼虫。

病原线虫以虫瘿的形式混在小麦种子中，落入土壤混在肥料中越夏。田间传播主要是搬动混有虫瘿的病土，流水也能传带病土中的虫瘿，远距离的传播是调运混有虫瘿的麦种。

种子间混杂虫瘿数量是病害发生轻重的主要因素。当麦种含有 0.1%～1%的虫瘿时，田间的发病率就有 2%～19%，造成 2%～14%的产量损失。种子所含虫瘿量低于 0.3%时，发病率还有6%～8%。

小麦播种期也影响病害的发生。一般讲冬麦适当早播，地温高，发芽快，缩短了麦苗受侵染的时间，减少了浸染率，病寄存器发生轻；同时早播麦生长健壮，抵抗力强，发病较轻。反之发病就重。

另外，温度中等，地势较高，土壤湿度小有利于线虫生长发育、越夏和越冬，发病比较重；洼地发病相对轻。品种之间的抗性也有显著差异。

（五）防治方法

1. 汰除虫瘿

清除混在小麦种子间的虫瘿是主要的防治方法。可以采用以下几种方法汰除虫瘿。

1）机械汰选

用小麦线虫汰选机汰除虫瘿。这种机器是利用麦粒与虫瘿形状、大小不同专门设计的，一架铁制的汰选机每小时可以处理麦种500kg，汰除率达95%～99%。可见这是一种有效、经济的方法。

2）水选

虫瘿比麦粒轻，把干燥的麦种放入清水中，虫瘿上浮，并搅拌数次，捞出上浮的杂物，即可以除掉虫瘿。使用这种方法时操作要快，以防虫瘿吸足水后下沉，影响汰除效果。用20%～30%洁净的泥水或20%食盐水（相对密度为1.15左右）选种，可能汰除大部分虫瘿和一些秕粒种子。盐水选出的种子需要用清水洗净。用26%硫酸铵水溶液也能有效汰除虫瘿，处理后立即播种。

2. 建立无病留种地

选用无病地作为留种地，一旦选定，加强管理，杜绝种子、土壤和肥料等携带线虫传入。

3. 防止种子、肥料传病

家畜食用混有虫瘿而未经过煮沸的饲料，其粪便要用高温堆积腐熟后再作肥料。从种子间汰选出来的虫瘿应该烧毁，不能随意抛弃。重病区也可以进行与非小麦属、黑麦等以外的作物轮作1年。

4. 化学药剂处理种子

用40%甲基异柳磷乳油，1000～1200倍，浸种2～4h杀虫效果可达92%～100%；甲基异柳磷也可以用作拌种，方法是：称取种子重量的0.2%甲基异柳磷药剂和5%～7%的水混好拌种，然后堆起，加覆盖物保湿闷4h。

二、矮化线虫病害

（一）分布与危害

矮化线虫在世界各地分布很广，此属已报道的种类约有近180种，该属中具有4条侧线的有效种有111种，在我国报道有18个种（刘维志，2000）。矮化线虫寄主范围广，主要包括烟草、棉花、燕麦、玉米、甘蔗、水稻、大豆和花生等重要经济作物。

（二）症状特点

矮化线虫主要在根部外寄生，但是在某些条件下，也可在根内转为内寄生（谢辉，2005）。矮化线虫主要取食于根毛细胞、表皮细胞，有时可取食皮层细胞，通常不会引起明显的地上部症状（Whitehead，1998）。受害植物根系生长受到抑制而发育不良，株梢停止生长，植株矮化。

1. 饰环矮化线虫

寄主　广泛分布于热带及亚热带地区，寄主范围广，主要寄主作物有甘蔗、水稻、燕麦、小麦、高粱、玉米、豌豆、甘薯、棉花、马铃薯、蔬菜、三叶草及草坪植物。

症状　禾谷类作物被害表现为根系生长不良，仅少数营养根，近根尖组织可能出现肿大。被严重侵染的植株生长矮小、褪绿。在高粱上当线虫群体水平达到2000～2500条/250cm^{3}土时，就能引起减产。在发生饰环矮化线虫的玉米地用杀线虫剂处理，玉米产量增加55%（张绍升，1999）。

在甘蔗上线虫取食表皮细胞和根毛，导致根系稀少，侧根变短和坏死，根毛少，定植根提早死亡。蔗茎长度和重量减少。Birchfield 和 Martin（1965）年报道马丁尼矮化线虫 *T. martini*（现归为饰环矮化线虫的同物异名种）侵染的甘蔗根异常粗大、稀疏、不整齐。草皮受害生长不良。在炎热天气，湿度大，土壤瘠薄的条件下有利线虫的发生和为害。

2. 克莱顿矮化线虫

寄主　主要寄主作物有烟草、玉米、小麦、燕麦、大豆、花生、苜蓿、甘蔗、豌豆、马铃薯、棉花，还侵染多种园林及观赏植物（张绍升，1999）。

症状　线虫在根表皮取食而造成伤痕。根系生长发育迟缓、稀少。植株矮化，叶色褪绿。该线虫为害杜鹃，导致杜鹃衰退病，杜鹃生长衰退呈缺铁症状，叶片枯黄，中下部叶片脱落，较老的植株感病。Khan 等（2008）发现克莱顿矮化线虫侵染草坪草根系，植株失色，顶梢枯死，植株矮化，瘦细，受害区域呈圆形或不规则形；Cram 和 Fraedrich（2009）报道在土壤中线虫种群密度为125条/100cm^{3}或更多时，会导致火炬松苗根系生长迟缓，植物矮化，叶片黄化。

3. 甘蓝矮化线虫

寄主　主要寄主作物有甘蓝、花椰菜、甜菜、大白菜、小茴香、豌豆、燕麦、大麦、水稻、高粱。

症状　甘蓝矮化线虫是十字花科蔬菜的重要寄生线虫，甘蓝和花椰菜是最合适的寄主。线虫繁殖的适宜温度为30℃，土壤湿度为25%～30%。缺乏寄主时线虫在潮湿的土壤中能存活240天。当线虫与立枯丝核菌联合侵染时，蔬菜出苗率大大下降（张绍升，1999）。

4. 短尾矮化线虫

寄主　主要寄主作物是甘薯、花生。

症状　在印度这种线虫侵染花生。被害植株矮化，荚果小，表面变为褐黑色。果针、荚果柄及发育中的幼荚果表面有小的褐黄色伤痕，伤痕边缘稍隆起；果柄变短；病害继续发展，最后可使荚果表面完全变色（张绍升，1999）。

5. 裸露矮化线虫

寄主　主要寄主作物有高粱、小麦、玉米、芭蕉、甘蔗、草坪植物。

症状　被害植物根系发育不良和坏死，地上部矮化。严重时根腐烂，导致减产。黎少梅等（1994）报道该线虫外寄生于甘蔗根的表皮细胞和根毛上，引起根数量减少和坏死，严重时腐烂，地上部矮化。盆栽接种试验表明，此线虫引起甘蔗产量降低 5.26%～14.74%。Smolik 和 Malek（1973）发现裸露矮化线虫导致草地早熟禾地上部与根系生长严重受阻，线虫的致病性在砂壤土中比在黏土中强，是导致草地早熟禾草坪夏季衰退的重要原因。Davis 等（1994）通过实验也表明匍匐剪股颖（creeping bentgrass）和早熟禾（*Poa annua*）受该线虫为害，其根系受到严重阻碍，根数量长度明显变短，植株长势差。

6. 嫌疑矮化线虫

寄主　重要寄主有蚕豆、豌豆、高粱、水稻、小麦、粟、棉花、芜菁、燕麦。

症状　在寄主植物上取食后导致细胞质流量减少。在油菜根毛上取食使根毛停止生长，取食处变为深褐色；为害蚕豆导致严重矮化，根系衰退；为害牧草严重降低产量。在豌豆上与茎点霉 *Phoma medicaginis* var. *pinodella* 相互作用，导致豌豆茎基部变黑和早衰。

（三）病原线虫

矮化线虫属 *Tylenchorhynchus* Cobb，1914，英文名称为 stunt nematode。重要病原种有农田矮化线虫 *T. agri*、饰环矮化线虫 *T. annulatus*、克莱顿矮化线虫 *T. claytoni*、嫌疑矮化线虫 *T. dubius*、甘蓝矮化线虫 *T. brassicae*、短尾矮化线虫 *T. brevicaudatus*、裸露矮化线虫 *T. nudus*。

该线虫为蠕虫状小型线虫，体长极少超过 1mm。加热杀死后虫体稍朝腹面弯曲（图 8-18A，B）。头部不缢缩或稍缢缩，头架弱至中等。口针纤细、长度为 15～30μm。食道发育良好，中食道球梭形；食道腺梨形或长梨形，与肠平接，通常不覆盖（图 8-18C），偶尔背侧覆盖肠。角质膜有细微环纹，侧带有 2～5 条侧线。阴门位于虫体中部，双生殖管对生。雌虫尾长为肛部体宽 2～4 倍，圆锥形或近圆柱形，尾端钝圆（图 8-18D）。雄虫尾部圆锥形，交合刺有非常发达的缘膜，交合伞至尾尖（图 8-18E）。

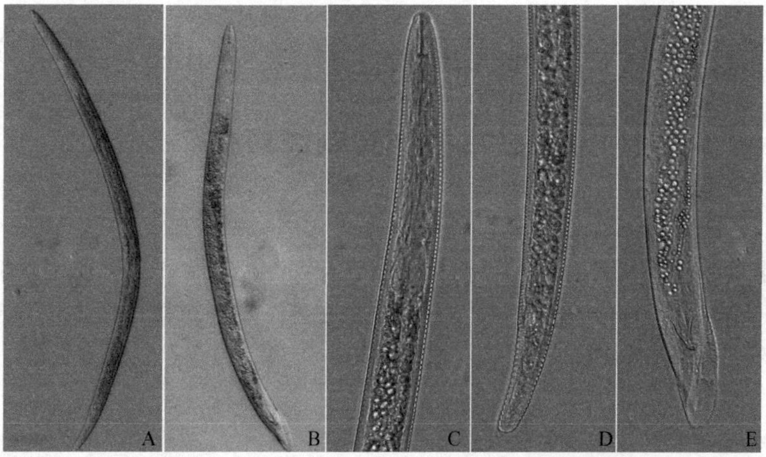

图 8-18　矮化线虫光学显微镜照片（刘国坤拍摄）

A. 雌虫；B. 雄虫；C. 雌虫前部；D. 雌虫尾部；E. 雄虫尾部

（四）发病规律

矮化线虫属于外寄生线虫，通常用口针穿刺取食寄主根系的外皮层细胞。该类线虫为好气性线虫，通常生活在距地表深5cm附近的土层中，24cm以下的土壤中很少分布。在土壤中具有很强的趋水性，20℃时运动最快。在湿润透气没有寄主的土壤中，10℃条件下可以存活32周以上，48周时线虫全部死亡。矮化线虫和其他外寄生线虫一样，具有很广的寄主范围。烟草、禾本科和木本植物是不同种类矮化线虫的合适寄主。

（五）防治方法

矮化线虫寄主范围广，通常不易通过轮作措施进行防治，也未有相关抗性品种的报道，由于这类线虫没有耐干燥性，种群数量可在干燥季节休耕后可急剧减少，同时线虫由于是外寄生，因此通过杀线虫剂处理可易取得防治效果。

1. 化学防治

矮化线虫在我国甘蔗上为优势线虫之一，对甘蔗产量构成一定影响，在甘蔗生长前期施用克线丹10%颗粒剂45kg/hm^2，线虫量减少84.9%，增产38.7%（黎少梅等，1994）。生产上应选用在相关作物上有登记的杀线虫剂。作物种植之前也可用杀线虫剂，如棉隆熏蒸土壤，在烟草、蔬菜、麦类等作物上能有效控制线虫危害。

2. 农业措施

发病轻的田块可增施有机肥、改良土壤。国处采用油粕、锯屑和植物分泌物质来防治矮化线虫。Miller等（1973）报道油豆角 *Phaseolus vulgaris* 茎、叶和烟草 *Nicotiana tabacum* 叶的水提取物对不确定矮化线虫 *T. dubius* 具有很强的致死作用。播种前用大中角瓜 *Calotropis gigantea*、白花牛角瓜 *C. procera*、铁海棠 *Euphorbia milii*、金刚纂 *E. neriifolia*、绿玉树 *E. tirucalli* 的汁液处理甘蓝或向日葵种子，能减少线虫的繁殖和促进作物生长。移栽前将甘蓝或向日葵秧苗的根用楝树 *Melia azadarach* 的叶片提取液浸泡能预防线虫对根的伤害，在一定范围内线虫的数量随着溶液浓度和浸泡时间的增加而减少。

第七节　半穿刺线虫病、针线虫病和环线虫病

一、柑橘半穿刺线虫病

（一）分布与危害

柑橘半穿刺线虫为世界性分布，目前在世界所有重要的柑橘产区都有发生报道（Verdejo-Lucas and McKenry，2004）。我国柑橘半穿刺线虫在各个重要柑橘产区发生普遍，为害严重，我国分布于广东、江苏、湖南、湖北、江西、四川、天津、山东、贵州、云南、陕西、福建。

（二）症状特点

柑橘半穿刺线虫，俗称柑橘线虫（citrus nematode）或柑橘根线虫（citrus root nematode），该线虫侵染柑橘根部，一年要经过多年种群发展，才能导致柑橘生长衰退。树势衰退

过程多为缓慢性发展，因此柑橘半穿刺线虫引起柑橘病害又被称为柑橘慢衰病（citrus slow decline disease）。柑橘半穿刺线虫严重制约柑橘生产的发展，大多数研究表明由柑橘半穿刺线虫造成的损失达10%～30%。

柑橘慢衰病主要表现在成株期。发病率低的柑橘园可见零星黄化植株分布于正常植株中，黄化病株逐年扩散。柑橘成株根系受害后主要表现为新叶黄化，后期严重多为整株黄化，病重株叶片可表现小叶，枝梢稀疏，叶易脱落，花、果易脱落，结果数量少且变小，失去经济价值（图8-19A）。叶片黄化可表现斑驳黄化或均匀黄化，柚树除黄化明显外，还易导致叶片卷曲失水症状（图8-19B）。

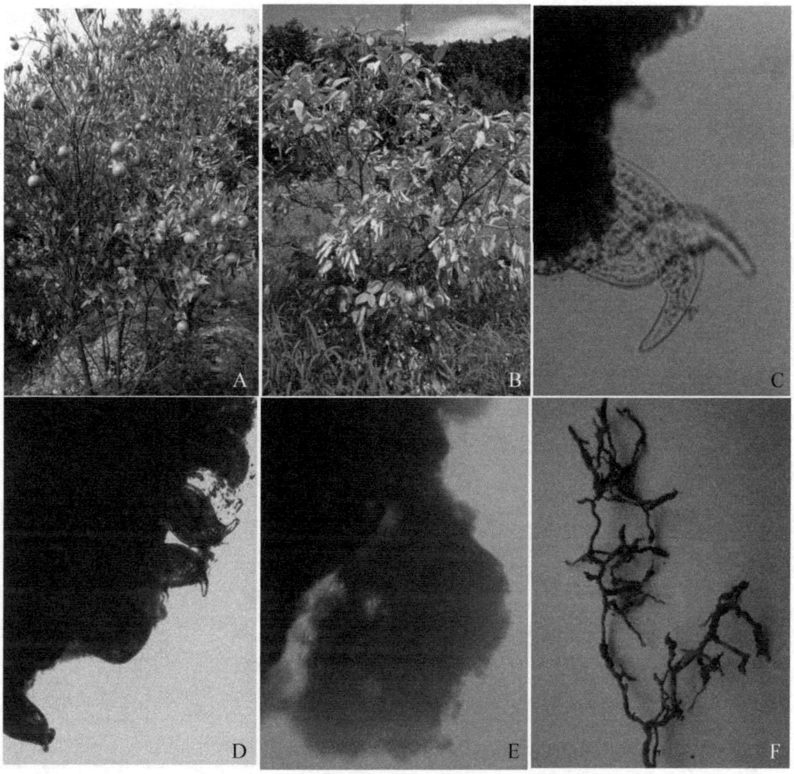

图8-19　柑橘半穿刺线虫地上根部为害状（刘国坤提供照片）

A. 受害黄化病株；B. 受害柚树表现萎蔫症状脏根；C. 未成熟雌虫；D. 大量雌虫寄生；E. 卵囊附着根部；F. 受侵染根

柑橘半穿刺线虫世代发育不整齐，在营养根上常见大量的柑橘半穿刺线虫未成熟雌虫或雌虫寄生（图8-19C，D）。侵染点周围细胞组织变为褐色，轻度为害时仅在表皮产生伤痕，无其他症状；但在受到线虫种群数量大时严重侵染的根系，侵染点周围细胞组织由浅褐色变为褐色，受害严重的根，表面粗糙不平，受严重侵染的营养根变短，且常变形稍扭曲状。后期严重根皮变黑腐烂，皮层易脱落，成熟雌虫进行孤雌生殖，将卵产于由雌虫后部排泄孔分泌的胶质混合物中，几乎将露在根外表的虫体掩盖。由于土壤中的颗粒易牢固黏附在胶质混合物上，因此导致受侵染根的表面显得较粗大（图8-19D，E），同时根部伤口容易感染其他微生物，导致复合侵染（图8-19F），造成更为严重的经济损失。受柑橘半穿刺线虫侵染后，其根系上优势菌根真菌菌丝、泡囊可能受到影响，也可能是柑橘慢衰病株根系发育受阻的原因之一。

（三）病原线虫

半穿刺线虫病的病原为半穿刺线虫属 *Tylenchulus* Cobb，1913 线虫。其中较重要的种为柑橘半穿刺线虫 *T. semipenetrans*。

雌成虫：虫体颈部呈不规则弯曲，可比体部长，口针纤细，角质膜薄，虫体后部外不规则明显膨大、角质膜厚，无环纹，阴门之后虫体变细尖并朝腹面弯曲，排泄孔和阴门位于虫体后部，排泄孔位于阴门前，无直肠和肛门（图 8-20A，B），排泄细胞发达，卵产生于胶状混合物中（图 8-20C）。

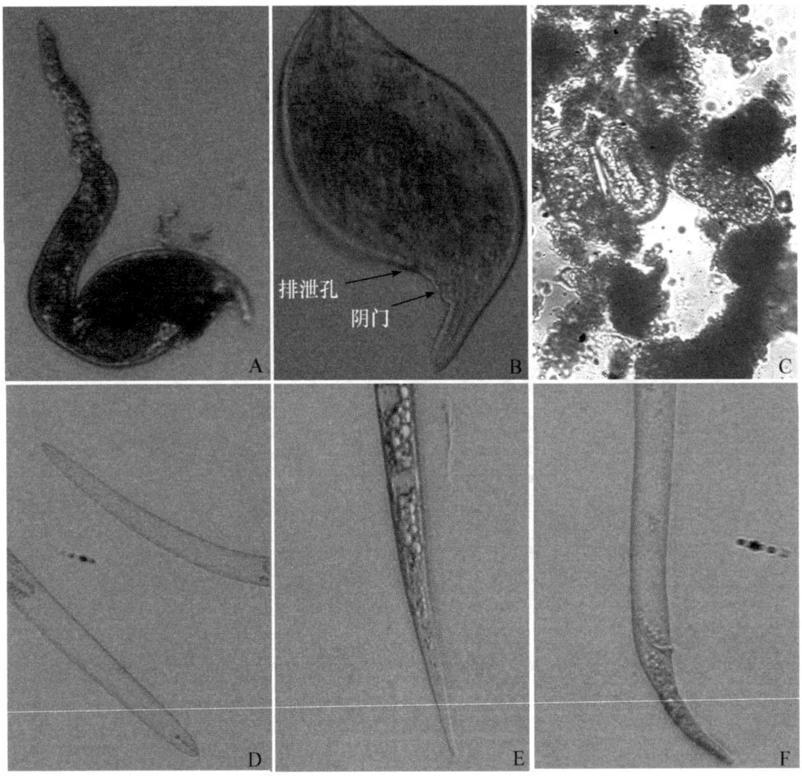

图 8-20 柑橘半穿刺线虫不同虫态的特征图（刘国坤提供照片）

A. 雌成虫整体面；B. 雌成虫体后部同，示阴门与排泄孔；C. 卵与胶质层；D. 二龄幼虫及雄虫的头部与食道；E. 二龄幼虫尾部；F. 雄虫尾部

二龄幼虫虫体细，直或略弯，弓形，食道腺与肠基本平接或略覆盖肠，排泄孔位于体中后部，无直肠和肛门，尾长圆锥形，端尖到圆（图 8-20D，E）。

雄成虫：虫体呈蠕虫形，细小，头部骨质化，口针退化，口针基部球不明显，食道退化。交合刺稍弯曲，杀死后露于体外，无交合伞。尾部长圆锥形，末端圆（图 8-20D，F）。

柑橘半穿刺线虫是一种寄生专化性比较强的线虫，其主要寄主为柑橘属及其杂种，如柠檬、葡萄柚、金橘、四季橘、柚、柑、橙、黄皮。此外为害较为严重的植物还有葡萄、柿、油橄榄。其他寄主还有枇杷、九里香、梨、草莓、荔枝、桃、龙眼、芒果、苹果、板栗（张绍升，1999；Siddiqi，1974）、日本鹿蹄草（Khan，1998），但很少有为害报道。蔡秋锦（1990）发现柑橘半穿刺线虫在福建省杉木 *Cunninghamia lanceolata* 产区分布广泛，为害严重，受侵染杉木根部。

柑橘半穿刺线虫不同种群存在不同的寄主选择，存在致病力分化，根据对柑橘 *Citrus* spp.、枳 *Poncirus trifoliata*、油橄榄 *Olea europaea* 上的侵染与繁殖能力差异，全世界柑橘半穿刺线虫目前分为 3 个生理小种，分别为柑橘小种（citrus biotype）、枳小种（poncirus biotype）、地中海小种（mediterranean biotype），柑橘小种在枳上繁殖很差，但在柑橘、枳橙、油橄榄、葡萄和柿上繁殖很好；枳小种能在大多数柑橘、枳和葡萄上繁殖，但不能在油橄榄上繁殖；地中海小种除了不能在油橄榄上繁殖外，其他与柑橘小种相似。

（四）发病规律

半穿刺线虫属于定居型半内寄生线虫。该类线虫的二龄幼虫头部钻入寄主根内皮层取食，随着龄期的增长，根外部分逐渐膨大。经发育后形成雌虫或雄虫，雌虫的腹部突出根表。雄虫不取食，离开寄主后在根表与雌虫交尾。雌虫产卵于胶质的卵囊中。在 24～26℃条件下完成生活史需要 42～56 天。适宜线虫繁殖的温度是 28～31℃。二龄幼虫在无寄主的土壤中可以存活 9 个月以上。该线虫主要通过繁殖材料和土壤进行远距离传播。

（五）防治方法

柑橘半穿刺线虫远距离传播主要是通过苗木、土壤传播，一旦传入新区，很难彻底消灭，目前对于柑橘慢衰病尚无有效的防治措施，主要采用选用无病苗圃、加强苗木检疫、采用抗性砧木、栽培措施、化学防治等措施。

1. 加强检疫，建立无病苗圃

柑橘半穿刺线虫远距离传播主要是通过苗木、土壤传播，因此加强苗木的检疫，防止线虫传入新区，是防治柑橘半穿刺线虫的重要措施。大部分国家都对柑橘半穿刺线虫采取了严格的检疫措施，以确保引进的外来实生苗或嫁接苗根系不带线虫。建立无病苗圃，选择远离柑橘园且无病原线虫的土地或用熏蒸过的土壤建造柑橘苗圃，生产无线虫的实生苗，实行苗木检疫合格证。

2. 栽培管理

通过加强栽培管理措施，改良土壤的微生态条件，促进柑橘根系生长，并达到降低线虫种群数量，这也是目前柑橘半穿刺线虫防治的重要途径。在种植柑橘前，实行一年生农作物轮作 1～3 年，或休耕 4 个月至 1 年，通过直接翻土曝晒，或物理干扰、土壤化学药剂处理，加速线虫死亡，降低柑橘半穿刺线虫种群数量。

3. 选用抗性砧木

采用抗性砧木是防治柑橘半穿刺线虫最有效、最经济的途径。柑橘半穿刺线虫不同种群存在致病力分化，因此在选择砧木时，要能确定当地的柑橘半穿刺线虫的生理小种。对柑橘半穿刺线虫具有遗传抗性的种质资源皆来自枳 *P. trifoliata* 及其杂交种。

4. 土壤添加有机质或植物源物质的应用

在土壤中施加有机添加物可对柑橘半穿刺线虫种群产生影响。在土壤中添加几丁质能降低柑橘半穿刺线虫的种群，几丁质在分解过程中产生的氨对二龄幼虫具有毒杀作用。利用适量的白芥 *Brassica hirta*、芥菜 *B. juncea* 组织作为土壤添加剂，对半穿刺线虫具有防治效果。旋覆花 *Inula viscosa* 叶片粉末添加到土壤对柑橘半穿刺线虫也具有毒杀作用。印楝 *Azadirachta indica*、牛角瓜 *Calotropis procera*、曼陀罗 *Datura alba* 的水提取物对柑橘半穿刺线虫二龄幼虫具有毒杀作用。

二、针线虫病

（一）分布与危害

针线虫广泛分布于世界各地，遍布欧亚大陆、美洲大陆和非洲、大洋洲。在环总科线虫中，针线虫的危害是比较显著的。针线虫在各种植物根部出现比例都比较大，不仅为害玉米、大豆、高粱、甜菜等大田作物，还为害蔬菜以及梨、核桃、樱桃等各类果树和其他木本植物。

（二）症状特点

许多植物有时能忍耐针线虫的侵染，一般不造成明显的症状，如葡萄对针线虫的忍耐力很强，高密度的线虫群体往往发生在生长好而产量高的地块，这种情况多数是线虫的致病力弱而植物的耐病力强。

（三）病原线虫

针属 *Paratylenchus* Micoletzky，1922

细小属 *Gracilacus* Raski，1962

雌虫：环形食道，虫体线形向腹面弯曲，常呈 C 形，纤细或略肥胖，头架轻微骨化。口针小至中等，不灵活。排泄孔位于神经环或食道基球的附近，体环细小光滑，侧区常有 2～4 条侧线。

幼虫：与雌虫相似，口针发育较差甚至缺乏或退化，即使四龄幼虫口针发育也很差。

雄虫：食道退化，口针发育较差或是缺乏，交合刺略弯，无交合伞。

（四）发病规律

针线虫为植物根系的外寄生线虫。线虫群体密度大时，可以引起根系坏死和植株矮化。四龄幼虫在无寄主的土壤中能长期存活，最长可存活 2～3 年。突出针线虫 *P. projactus* 完成一个生活史在 25～28℃下为 30～31 天，18～20℃为 36～38 天。

（五）防治方法

主要采用化学方法防治该类线虫。通常采用熏蒸剂于种植前进行土壤熏蒸处理。应用 10％噻唑磷 GR、35％威百 AS、5％丁硫克百威 GR 具有一定防效。

三、环线虫病

（一）分布与危害

该类线虫广泛分布于世界各地，在欧洲、美洲、亚洲和非洲都有记载，主要是从禾本科杂草、羊齿植物和各种树木的根围土中收集到该属线虫。韩国可侵染苗木的环线虫有小环属线虫、盘环属线虫、沟环属线虫、鞘属线虫和半轮属线虫等，其中小环属线虫检出率最高，达20%～40%，在根系所有植物线虫当中，小环属线虫群体密度最大，可寄生松树、桃树等多种树木。

在我国环线虫可寄生于花生、水稻、麻、烟草、茶、枣、龙眼、柑橘、芭蕉、菠萝、香蕉、咖啡等多种植物的根部，但关于经济损失方面还少有报道，因此很少引起人们的足够重视。

（二）症状特点

受线虫侵染梨树根上有许多坏死斑痕，并且在梨树根围有大量的小环线虫存在。环线虫与花生黄矮病有联系。小环线虫 *C. xenoplax* 是梨树早衰病的主要原因之一。环线虫强大有力的口针对寄主根系进行不断的穿刺从而造成创伤，这为其他病原微生物，如真菌、细菌等的侵染创造了条件，从而引起寄主根系复合病害的发生，根系发育不良、影响水分和其他元素的吸收与运输，致使地上部过早枯萎死亡。桃树早衰病是以轮线虫为主要因子的一种复合症，此外还有细菌 *Pseudomonas syringae*、真菌 *Cytospora*、*Armillaria* 和低温等因子，这些因子如何相互作用构成病害复合体尚不清楚。

（三）病原线虫

环属 *Criconema* Hofmanner & Menzel，1914

小环属 *Criconemella* De Grisse & Loof，1965

雌虫：虫体具有较明显环纹，线虫唇部亚中叶一般发育良好；亚中叶以不同的方式分离或连接；第一环可能被亚中叶压缩或分隔成板块状。阴门闭合或张开，前阴门唇可能被修饰。口针强大。

雄虫：头末端圆至圆锥形，一般有 4 条侧线，交合伞一般较明显。

幼虫：体环光滑至钝齿形，无成排的棘。

（四）发病规律

环线虫为外寄生线虫。某些种类的线虫可以孤雌生殖。土壤类型、温度及湿度对线虫的生长和繁殖影响较大。

（五）防治方法

农业防治：针对一年生作物则选择轮作能很好地控制外寄生线虫的种群密度增加，而对多年生的果树而言，线虫的防治必须建立在预防为主、综合防治的基础上。选择无线虫地块建园，种植不带线虫的种苗，若有抗性砧木，则可加以利用；其次应加强栽培管理措施，增施有机肥以增强树势，抵抗或忍耐线虫的侵染。

化学防治：每亩用涕灭威 15%颗粒剂 1000～1200g 或 15%颗粒剂 334～400g，掺细土5～10kg，拌匀后按垄开沟，将药沙土均匀施入沟内，播下种子后覆土。10%克线丹颗粒剂（Rugby，10%G）。花生：每亩用有效成分 1～2kg，沟施，先施药后播种，随施随种；或种植花生时进行 15～25cm 宽的混土带施。对于进入采收阶段的植物不宜使用化学药剂防治。

本章小结

植物线虫是重要的植物病原。植物线虫均为专性寄生物，只能利用其寄主进行繁殖。寄生根部引起各种植物根部产生根结的线虫称为根结线虫，其病原为根结属线虫。根结属线虫寄主范围很广，不易培育抗病品种。根结线虫在较高的温度下易于发育，主要分布在我国的中部和南部，北方地区的温室等保护地中也可发生此类线虫。根结线虫阴门和肛门之间的表皮纹称为会阴花纹，是鉴定和区分不同种类根结线虫的重要依据。虫体形态、同工酶酶谱及寄主范围也广泛用于根结线虫种类的鉴定。胞囊是某些种类的线虫的雌虫成熟后体壁褐化变硬，内部包裹卵的结构，实际上是死亡的雌成虫。可以形成胞囊的线虫被称为胞囊线虫，包括异皮线虫属和球形胞囊线虫属等多个线虫属。胞囊内部有大量未发育完成的卵，与真菌的孢子囊不同，孢子囊内包被的是孢子。很多线虫的雌虫交尾以后（孤雌生殖的除外）形成的受精卵随胶状的黏液排出体外，黏液在体外失水固化形成无色或浅黄色胶状的卵块，通常称为卵囊。包裹卵的胶状物质遇水可软化，便于内部的卵的孵化，根结线虫、胞囊线虫和半穿刺线虫都可以形成卵囊。胞囊线虫形成的胞囊脱离寄主根系散落在土壤中，土壤中的微生物活跃的条件下，胞囊就容易被寄生或破坏，通常胞囊线虫在世界冷凉的地区分布。胞囊线虫和根结线虫是最重要的两类线虫。滑刃线虫、茎线虫、根腐线虫、穿孔线虫、潜根线虫和粒线虫也都是内寄生线虫或迁徙性内寄生线虫，矮化线虫是外寄生线虫。和外寄生线虫相比，内寄生线虫的寄主范围一般比较窄，相对易于培育抗病品种。

思考题

1. 根结线虫病在分布上有何特点？这类病害如何进行防治？
2. 什么是胞囊？大豆胞囊线虫的生理小种是如何鉴定的？
3. 菊花叶线虫是如何侵染菊花的？应如何进行防治？
4. 根腐线虫病的病原线虫有什么特点？侵染规律如何？
5. 如何防治小麦粒线虫病？
6. 外寄生线虫和内寄生线虫的防治策略有何不同？
7. 如何应用抗病品种防治大豆胞囊线虫？
8. 胞囊、卵囊和孢子囊之间有何异同？

主要参考文献

蔡秋锦. 1990. 杉木半穿刺线虫病的研究：病原线虫鉴定. 福建林学院学报，10（1）：1-6

陈洪福. 1986. 苎麻主要栽培品种抗根腐线虫病鉴定简报. 作物品种资源，（3）：31-32

陈娟，张绍升，刘国坤，等. 2008. 柑桔半穿刺线虫的生态治理研究进展. 廖金铃，彭德良，段玉玺. 中国线虫学研究（第二卷）. 北京：中国农业科学技术出版社：265-269

陈立杰，陈井生，段玉玺，等. 2008. 防治大豆胞囊线虫的生防放线菌初步筛选. 植物保护，34（3）：116-119

陈立杰，陈井生，郑雅楠，等. 2009. 放线菌 Snea253 的鉴定及对大豆胞囊线虫的抑制作用. 中国生物防治，25（1）：66-69

陈立杰，段玉玺，范圣长，等．2005．大豆胞囊线虫病的生防因子研究进展．西北农林科技大学学报（自然科学版），8（33）：190-194

成飞雪，何明远，张战泓，等．2008．嗜酸柏拉红菌 PSB-01 菌株对苎麻根腐线虫病的防治效果．中国生物防治，24（4）：359-362

董立华，张志发，郝奎，等．1998．抗大豆孢囊线虫 1、3 号生理小种、早熟、高蛋白新抗源选育和鉴定．大豆科学，17（1）：91-94

段玉玺，陈立杰．2006．大豆胞囊线虫病及其防治．北京：金盾出版社

段玉玺，吴刚．2002．植物线虫病害防治．北京：中国农业科技出版社

段玉玺，靳莹莹，王胜君，等．2008．生防菌株 Snef85 的鉴定及其发酵液对不同种类线虫的毒力．植物保护学报，35（2）：132-136

段玉玺，刘维志，王岫．1996．甘蓝根寄生线虫新种—芸苔潜根线虫．沈阳农业大学学报，27（1）：35-38

冯志新．2001．植物线虫学．北京：中国农业出版社

高学彪，周慧娟．1998．几种农业措施对水稻潜根线虫病的防治作用及机理的研究．华中农业大学学报，17（4）．331-334

洪彩凤，刘国坤，张绍升，等．2007．福建省柑桔半穿刺线虫雌虫食线虫真菌的鉴定．福建林学院学报，27（3）：263～266．

洪彩凤，刘国坤，张绍升．2006．柑桔线虫病株根系及根系土壤中真菌的鉴定．中国线虫学研究（第一卷）．北京：中国农业出版社，37-41

洪彩凤，张绍升，潘东明，等．2008．柑桔半穿刺线虫侵染对菌根真菌幼套球囊霉的生长影响．廖金铃，彭德良，郑经武，等．中国线虫学研究（第二卷）．北京：中国农业科学技术出版社：178-181

胡先奇，余敏，林丽飞，等．2004．云南水稻潜根线虫种类及生态分布研究．中国农业科学，37（5）：681-686

黄文华，高学彪，吕继宏．1994．山药根腐线虫病的病原鉴定和致病性研究．华南农业大学学报，15（3）：22-27

黎少梅，冯志新，廖金铃，等．1994．裸露矮化线虫对甘蔗致病性及药剂防治实验．甘蔗糖业，(6)：9-11

李茂胜，高珠清，严叔平，等．1991．水稻潜根线虫病田间消长与产量损失研究．植物保护，17（3）：8-9

李天飞，张克勤，刘杏忠．2000．食线虫菌物分类学．北京：中国科学技术出版社

刘国坤，杨再福，叶明珍，等．2004．柑桔慢衰病诊断及其病原鉴定．福建农林大学学报．33（4）：431-433

刘国坤，张绍升，潘东明，等．2008．福建省柑桔半穿刺线虫的分布与危害．廖金铃，彭德良，段玉玺．中国线虫学研究（第二卷）．北京：中国农业科学技术出版社：93-97

刘维志．2000．植物病原线虫学．北京：中国农业出版社

刘维志．2004．植物病原线虫志．北京：中国农业出版社

刘杏忠，刘文敏，张东升．1995．定殖于大豆胞囊线虫的淡紫拟青霉生物学特性研究．中国生物防治，11（2）：70-74

刘杏忠．2004．植物寄生线虫生物防治．北京：中国科学技术出版社

王志红，刘杏忠．1999．定殖于柑桔根线虫内真菌的初步研究．中国生物防治，11（4）：187

韦伯斯特，J M．1988．经济线虫学．胡起宇译．北京：农业出版社

文艳华，徐汉虹．2001．植物抽提物对几种植物病原线虫的杀线活性筛选．华中农业大学学报，20（3）：235-238

吴慧平，杨荣铮．1995．安徽省水稻潜根线虫种类鉴定及分布研究．安徽农业大学学报，22（3）239-245

肖顺，刘国坤，张绍升，等．2008．淡紫拟青霉菌株 PL050705 的生物学物性及其对柑桔线虫卵的寄生性．中国农学通报，24：72～76

谢辉．2005．植物线虫分类学（第二版）．北京：高等教育出版社

谢志成，杨卿，陈璟，等．2007．野生稻对潜根线虫的抗性调查．福建农林大学学报（自然科学版），36

(3)：241-243
杨宝君，赵来顺. 1992. 短体属线虫一新种. 动物分类学报，17（2）：160-164
杨兴洪，王寿华，武修英. 1994. 苹果再植病及病原线虫种的研究. 植物病理学报，24（2）：165-168
殷友琴，李学文. 1984. 水稻潜根线虫病发生和防治研究. 湖南农学院学报，(03)：61-68
余子全，王乾兰，刘斌，等. 2007. 苏云金芽孢杆菌伴胞晶体蛋白对植物寄生线虫生物测定方法的建立和高毒力菌株的筛选. 农业生物技术学报，15（5）：867-871
张磊，戴瓯和，刘玉梅，等. 1997. 抗孢囊线虫病夏大豆皖豆16号的选育. 安徽农业科学，25（2）：136-137
张绍升. 1999. 植物线虫病害诊断与治理. 福州：福建科学技术出版社
张绍升，李茂胜，严叔平. 1998. 水稻潜根线虫的致病性和综合防治技术. 中国水稻科学，12（1）：31-34
张拥华，李世东，刘杏忠. 2002. 在中国发现巴氏杆菌寄生柑桔根线虫. 植物病理学报，32（3）：284
朱伟生，胡军华，蓝晓瑜，等. 1997. 柑桔种质资源对柑桔根线虫病抗性鉴定. 中国南方果树，26（4）：3-5
Agrios G N. 2004. Plant Pathology. 5th ed. Burlington USA, Oxford UK: Elsevier Academic Press
Ahmad M S, Mukhtar T, Ahmad R. 2004. Some studies on the control of citrus nematode (*Tylenchulus semipenetrans*) by leaf extracts of three plant and their effects on plant growth variables. Asian Journal of Plant Science, 3 (5): 544-548
Ameen H, Hasabo S A. 1995. Effect of intercropping Asparagus scandens with sour organe seedling in comparison with nematicidal and root exudate treatments on *Tylenchulus semipenetrans* larvae. Journal of Pest Science, 68 (6): 129-130
Azmi M I. 1988. Effect of *Tylenchorhynchus indicus* on seedling growth of siris (Albizia lebbeic) and its contro with phorate. Revue de Nematology, 11 (1): 117-118
Birchfield W, Martin W J. 1965. Pathogenicity on sugar cane and host plant studies of a species of *Tylenchorhynchus*. Phytopathology, 46: 277-280
Brzeski M W, Dolinski C M. 1998. Compendium of the genus *Tylenchorhynchus* Cobb, 1913 sensu lato (Nematoda: Belonolaimidae). Russian Journal of Nematology, 6: 189-199
Christie J R. 1959. Plant Nematodes, Their Bionomics and Control. Gainesville: Univ. of Florida Press
Cram M M, Fraedrich S W. 2009. Stunt nematode (*Tylenchorhynchus claytoni*) impact on southern pine seedlings and response to a field test of cover crops. In: Dumroese R K, Riley L E, Tech. Coords. National Proceedings: Forest and Conservation Nursery Associations-2008. Proc. RMRS. Department of Agriculture, forest service, Rocky Mountain Research Station
Davis R F, Noel G R. Wilkinson H T. 1994. Pathogenicity of *Tylenchorhynchus nudus* to creeping bentgrass and annual bluegrass. Plant Disease, 78 (2): 169-173
Duncan L W, Cohn E. 1990. Nematode parasites of citrus. Plant parasite nematodes in subtropical and tropical agriculture. London: CAB International: 321-343
Dwinell L D. 1997. The pinewood nematode: Regulation mitigation. Annul Review of Phytopathology, 35, 153-166
Eisenback J D, Hirschman H. 1980. Morphological comparison of *Meloidogyne* males by scanning electron microscopy. Journal of Nematology, 12: 23-32
Eisenback J D, Hirschmann H. 1981. Identification of *Meloidogyne* species on the basis of head shape and stylet morphology of males. Journal of Nematology, 13: 513-521
Eisenback J D, Triantaphyllou H H. 1991. Root-knot Nematodes: *Meloidogyne* species and races. *In*: Nickle W R. Manual of Agricultural Nematology. New York: Marcel Dekker: 281-286
Galeano M, Verdejo-Lucas S, Sorribas F J. 2003. New citrus selections from *Cleopatra mandarin* × *Poncirus trifoliata* with resistance to *Tylenchulus semipenetram* Cobb, Nematology, 2: 227-234
Gené J, Verdejo-Lucas S, Stchigel A M. 2005. Microbial parasites associated with *Tylenchulus semipenetrans*

in citrus orchards of Catalonia, Spain. Biocontrol Science and Technology, 15 (7): 721-731

Golden A M, Epps J M, Riggs R D. 1970. Teminologyandi dentity of infraspecific forms of the soybean cyst nematode (*Heterodera glycines*). Plant Disease Report, 54: 544-546

Handoo Z A. 2000. A key and diagnostic compendium to the species of the genus *Tylenchorhynchus* Cobb, 1913 (Nematoda: Belonolaimidae). Journal of Nematology, 32 (1): 20-34

Hannon C I. 1964. Longevity or the citrus-root nematode in Florida. Proceedings of the Soil and Crop Science Society of Florida, 25, 158-161

Hosny H K, Al-Sayed A A. 2005. Interaction of plant-parasitic nematodes with arbuscular mycorrhizal fungus, *Glomus macrcarpus*, and their effect on grape biochemistry. Nematology, 7 (6): 945-952

Inserra R N, O' Bannon J H, Keen W M. 1989. Host status of citrus and citrus relatives to *Tylenchulus graminis*. Nematology, 21 (4): 661-665

Kaplan D K. 1981. Characterization of ctrus rootstock responses to *Tylenchulus semipenetrans* Cobb. Journal of Nematology, 13 (4): 492-498

Khan Z. 1998. New host of citrus nematode, *Tylenchulus semipenetrans* Cobb, in Korea. Plant Pathology, 14 (6): 622-624

Khan Z, Jeong K H, Son S H, et al. 2008. Occurrence of stunt nematode, *Tylenchorhynchus claytoni* on turfgrass in Korea. Plant Pathology Journal, 24 (4): 474-477

Lehman P S. 2004. cost-benefits of nematode management through regulatory programs. In. Chen Z X, Chen S Y, Dickson D W. Nematology Advances and Perspective. Nematode Management and Utilization. Cambridge. MA, Tsinghua University Press and CAB International Publishing: 1133-1173

Ling P, Duncan L W, Deng Z. 2000. Inheritance of citrus nematode resistance and its linkage with molecular markers. Theor Appl. Genet. 100: 1010-1017

Mani A, Murthy I R. Rao P K. 1989. Growth of *Paecilomyces lilacinus* on natural substrates and its efficacy against citrus nematode, *Tylenchulus semipenetrans*. Joumal of Biological Control, (3): 59-61

Miller P M, Turner N C, Tomlinson H. 1973. Toxicity of Leaf and Stem Extracts to *Tylenchorhynchus dubius*. Journal of Nematology. 1973. 5 (3): 173-177

Neal J C. 1889. The root-knot disease of peach, orange, and other plants in Florida, due to the work of the Anguillula. Bulletin United States Department of Entomology Number, 20, 31

O'Bannon J H. 1979. The influence of *Glomus mosseae* on *Tylenchulus semipenetrans*-infected and uninfected citrus limon seedlings. Nematology. 11 (3): 247-250

Oka Y, Ben-Daniel B, Cohen Y. 2001. Nematicidal activity of powder and extracts of *Inula viscose*. Nematology. 3 (8): 735-742

Osman G Y, Salem F M. Ghattas A. 1988. Bio-efficacy of two bacterial insecticide strains of *Bacillus thuringiensis* as a biological control agent in comparison with a nematicide, nemacur, on certain parasitic nematode. Journal of Pest Science, 61 (2): 35-37

Osman G Y, Zaki A M, Salem F M. 1988. Biological control study on *Tylenchulus semipenetrans* (Cobb) (Nematodes) by certain soil mesofauna. Journal of Pest Science, 61 (6): 116-118

Parvatha R P, Khan R, Rao M S. 1996. Integrated management of the citrus nematode *Tylenchulus semipenetrans* using oil-cakes and *Paecilomyces lilacinus*. Afro-Asian Journal of Nematology, 2 (2): 61-63

Riga E, Lacey L A, Guerra N. 2008. *Muscodor albus* a potential biocontrol agent against plant parasitic nematodes of economically important vegetable crops in Washington State. Biological Control, 45: 380-385

Riggs R D, Schmitt D P. 1988. Complete characterization of the race scheme for *Heterodera glycines*. Journal of Nematology, 20: 392-395

Riggs R D, Schmitt D P. 2008. Complete characterization of the scheme for *Heterodera glycines*. Journal of

Nematology, 20 (3): 392-395

Riggs, R D, Wrather J A. 1992. Biology and Management of the Soybean Cyst Nematode. APS Press: St. Paul, Minnesota: 30-35

Ross J P. 1962. Physiological strains of *Heterodera glycines*. Plant Disease Report, 46: 766-769

Sheedy J G, Thompson J P. 2009. Resistance to the root-lesion nematode *Pratylenchus thornei* of Iranian landrace wheat. Australasian Plant Pathology, 38 (5) 478-489

Sher S A. 1968. Revision of genus *Hirschmanniella* Luc & Goodey (Nematode: Tylenchoidea). Nemmologica, 14: 243-275

Siddiqi M R. 1974. *Aphelenchoides ritzemabosi*. C. I. H. Descriptions of Plant-parasitic Nematodes. London: CAB International. 3: 4

Siddiqi M R. 1974. *Tylenchulus semipenetrans*, C. I. H. Descriptions of Plant-parasitic Nematodes. London: CAB International. 3: 34

Smolik J D, Malek R B. 1973. Effect of *Tylenchorhynchus nudus* on growth of kentucky bluegrass. Journal of Nematology, 5 (4): 272-274

Sorribas F J, Verdejo-Lucas S, Forner J B A, et al. 2000. Seasonality of *Tylenchulus semipentrans* Cobb and *Pasteuri* sp. in cirus orchard in Spain. Journal of Nematology, 32: 622-632

Steiner G. 1927. *Tylenchus pratensis* and various other nemas attacking plants. Journal of Agricultural Research, 35: 961-981

Stirling G R. 1991. Biological Control of Plant Parasitic Nematodes: Progress, Problems and Prospects. London: CAB International

Verdejo-Lucas S, Galeano M, Sorribas F J. 2003. Effect on resistance to *Tylenchulus semipenetrans* of hybrid citrus rootstocks subjected to continuous exposure to high population densities of the nematode. European Journal of Plant Pathology. 109: 427-433

Verdejo-Lucas S, McKenry M V. 2004. Management of the citrus nematode, *Tylenchulus semipenetrans*. Journal of Nematology, 36 (4): 424-432

Walker G E. 1997. Effects of Brassica residues and other organic amendments on abundance and sex ratio of *Tylenchulus semipenetrans* in soil. Autralian Journal of Experimental Agriculture, 37: 693-700

Walter D E, Kaplan D T. 1990. Antagonists of plant-parasitic nematodes in Florida citrus. Journal of Nematology, 22 (4): 567-573

Walter D E, Kaplan D T, Davis E L. 1993. Colonization of greenhouse nematode cultures by nematophagous mites and fungi. Journal of Nematology, 25 (4): 789-794

Whitehead A G. 1998. Plant Nematode Control. London: CAB International

Xiang X, Zheng Q F, Huang S. 2004. Development of RGC based molecular markers for citrus nematode resistance, Final Abstract Guide for Ⅻ International Plant & Animal Genome Conference, San Diego: 202

Zasada I A, Ferris H. 2004. Nematode suppression with brassicaceous amendments: application based upon glucosinolate profiles. Soil Biology & Biochemistry. 36: 1017-1024

Zasada I A, Ferris H. 2003. Sensitivity of *Meloidogyne javeanica* and *Tylenchulus semipenetrans* to isothiocyanates in laboratory assays. Phytopathology, 93: 747-750

Zuckerman B M, Dicklowa M B, Acostab N. 1993. A strain of *Bacillus thuringiensis* for the control of plant-parasitic nematodes. Biocontrol Science and Technology, 3 (1): 41-46

第九章　植物线虫学研究技术

对植物线虫的形态学、生物学、生态学和经济损失等的研究首先需要对其进行分离，即根据线虫的大小、密度和存活状态，通过过筛、离心或漂浮方法将线虫从植物组织或土壤中分离出来。基于不同的研究目的，如种类鉴定、侵染水平确定、群体密度监测、检疫等，需要不同的研究方法和技术。植物线虫学的基本研究方法和技术包括植物线虫的采集、分离、标本保存、玻片标本制作、电子显微镜制样技术以及接种和致病性测定技术等。

第一节　植物线虫的采集和分离方法

一、植物线虫标本采集

植物线虫标本采集是线虫学研究的基础。植物线虫的取样方法有多种类型，根据线虫来源可分为植物组织内线虫取样和土壤内线虫取样；根据不同的研究目的总体上分为定性取样和定量取样，包括线虫病害诊断取样、线虫分类取样、线虫病害普查取样、种群密度监测取样、产量损失评估取样、防治措施咨询取样、线虫检疫取样等。因此，在植物线虫标本采集前，应根据取样目的和线虫可能的分布情况，制订取样计划，确定取样方法，然后进行标本的采集。

（一）土壤内植物线虫的采集

大多数迁徙性植物线虫存在于根围土壤中，因此采集根围土壤是土壤内植物线虫采集的最好选择。通常很少线虫发生在上部 5cm 的表土层内，因此取样时应去除 3～5cm 的表土。取样深度一般为 15～20cm，但对于树木和其他深根的多年生植物，影响植物的线虫也可能分布在 60cm 深的土壤内。严重矮化的植株通常根系太小，不足以供养大量线虫，因此采集其旁边受影响较轻植株的根围土可能会获得较多的线虫标本。线虫在土壤中通常分布不均，多数呈补丁状分布，其发生危害区域的形状可能是环形、椭圆形或矩形，这是线虫采集时需要考虑的。采集土壤最好在土壤湿润时进行，避免在土壤很干或浸水时取样。

田间土壤内线虫的具体取样方法、样本数和样本量，取决于研究目的、作物种类和线虫的可能分布，同时还要考虑人力和物力等条件。如果以线虫分类为目的，可进行简单随机取样或对角线五点取样，在每个调查的地块，可选 5 个左右的取样点，在每个取样点挖取根围土作为 1 个小样，每个小样量 0.1～0.2kg，然后将其混合成 1 个 0.5～1.0kg 的混合样。如果以种群密度监测、防治措施咨询等为目的，需要进行系统的定量取样，取样面积以 $1hm^2$ 为宜，取样方法可选择棋盘式取样法、Z 字形取样法和系统随机取样法等，样本数不少于 20 个，样本总量不少于 2kg。一般来讲，一个样本代表的面积越大，误差越大；标本数越大，取样的精确性越高。在作物生长期间采取根围土时，最好取适量根系，以分离其中的内寄生线虫。

土壤内线虫的适宜采集时间，视不同的研究目的而异。如果以线虫分类、研究线虫的地理分布或进行线虫检疫为目的，则应在线虫群体最大、成虫最多时进行取样，通常是作物生长的中后期或夏末秋初；如果以估计杀线剂或抗病品种的防治效果为目的，通常需要从处理前到生长末期进行3～4次取样；如果以预测预报和防治措施咨询为目的，需要在前一生长季节末（秋季）和本生长季节作物种植前（春季）分2次取样。

（二）植物组织内线虫的采集

一些营内寄生的植物线虫寄生在植物地上部或根组织中，如松材线虫和椰子红环腐线虫主要寄生于寄主植物主干，水稻茎线虫、草莓滑刃线虫和菊花叶线虫主要寄生于植株叶片和芽，水稻干尖线虫可寄生于穗部籽粒颖壳内侧，小麦粒线虫主要寄生于种子，腐烂茎线虫和鳞球茎茎线虫主要寄生于鳞茎、球茎或块茎等，根结线虫、香蕉穿孔线虫、短体线虫则寄生于根组织。植物受内寄生线虫为害后，发生明显病变的部位，往往也是病原线虫存在的部位。只要采集病变的组织器官，就能得到病原线虫。

（三）线虫标本的保存

采集到的线虫土壤标本和植物组织标本要注意保湿、防止干燥，采后应立即装入聚乙烯塑料袋中，并扎紧袋口。每个样本应附上标签，详细标注寄主植物种类、采集地点、土壤类型、症状表现、采集日期等信息。土壤和根可混放，而植物地上部组织最好与土壤分开存放，以免发生腐烂。线虫标本在较高温度（超过20℃）下保存对其中的线虫有不利影响，因此需要在低温条件下保存：寒带和寒温带地区以5℃左右为宜，中温带和暖温带地区以10～16℃为宜，而热带和亚热带地区则以16～18℃为宜。尽管可以将线虫标本放在冰箱内保存，但应注意低温（5℃）对热带和亚热带土壤中一些线虫的分离回收有不利影响。

为防止土壤中线虫在贮存期间发生变化或解决植物检疫有关问题，土样采后可先用热（约80℃）的4%甲醛溶液（40%甲醛100ml＋甘油10ml＋蒸馏水890ml），带回实验室后再用离心漂浮法分离。

保存根和枝等植物组织内的线虫，可将新鲜的植物组织先用热（60～70℃）的福尔马林-冰醋酸（FA，4∶1）或5%福尔马林（2%甲醛溶液）处理。也可以将新鲜的植物组织直接放入热的乳酸酚/乳酸甘油中进行固定处理，这种方法更有利于根结线虫雌虫的分离回收。

带胞囊的土样采回实验室后，应立即薄层摊放，使土壤彻底风干后装入塑料袋中，在室温条件下贮存备用。

二、线虫的分离

分离线虫采用何种方法，主要根据标本属性、靶标线虫的种类和虫态、分离线虫的用途等而确定。为了进行线虫的分类鉴定，便于观察线虫的细微形态结构，通常需要将分离到的线虫杀死并固定，以便长期保存或制成永久玻片。

（一）植物组织中线虫的分离方法

1. 直接解剖分离法（direct dissecting extraction）

这种方法简单易行，速度快，适用于分离根结线虫 *Meloidogyne* spp.、胞囊线虫 *Heterodera* spp. 和球胞囊线虫 *Globodera* spp. 等固着性内寄生线虫，以及虫体较大的茎线虫 *Ditylenchus* spp. 和粒线虫 *Anguina* spp. 等迁徙性内寄生线虫。操作步骤是将根及其他植物组织表面清净，置盛有适量清水的培养皿内，在体视显微镜下用解剖针或解剖刀将植物组织撕破或剖开，可观察到植物组织内线虫。解剖出来的根结线虫雌虫和胞囊线虫胞囊可用毛刷或软镊子夹取，游离在水中的蠕虫态线虫则用毛发针挑取，而虫卵则可用毛细吸管吸取。在分离根组织内根结线虫的雌虫时，最好在 0.9%NaCl 溶液中进行，以避免由于清水的渗透作用使雌虫虫体爆裂。

2. 贝曼漏斗法（Baermann funnel technique）

贝曼漏斗法操作简单，适于分离植物组织中较活跃的线虫。该法的装置是将漏斗（直径 10～15cm）放在固定架上，下部颈管套接 10cm 长的橡皮管，橡皮管上安装一个止水弹簧夹。将植物材料劈截成约 1cm 长的小碎片，用双层棉纱布或尼龙纱布包好后轻放入盛满清水的漏斗中。因其趋水性和受地心引力的影响，线虫从植物组织中逸出，在水中游动，并最终沉降至漏斗颈管末端的橡皮管中。24～48h 后，打开弹簧夹用试管或离心管迅速接取 5～10ml 的水样，静置 30min 左右或离心 3min，倾去管内上清液后，倒入培养皿来检查残留水中的线虫（图 9-1）。

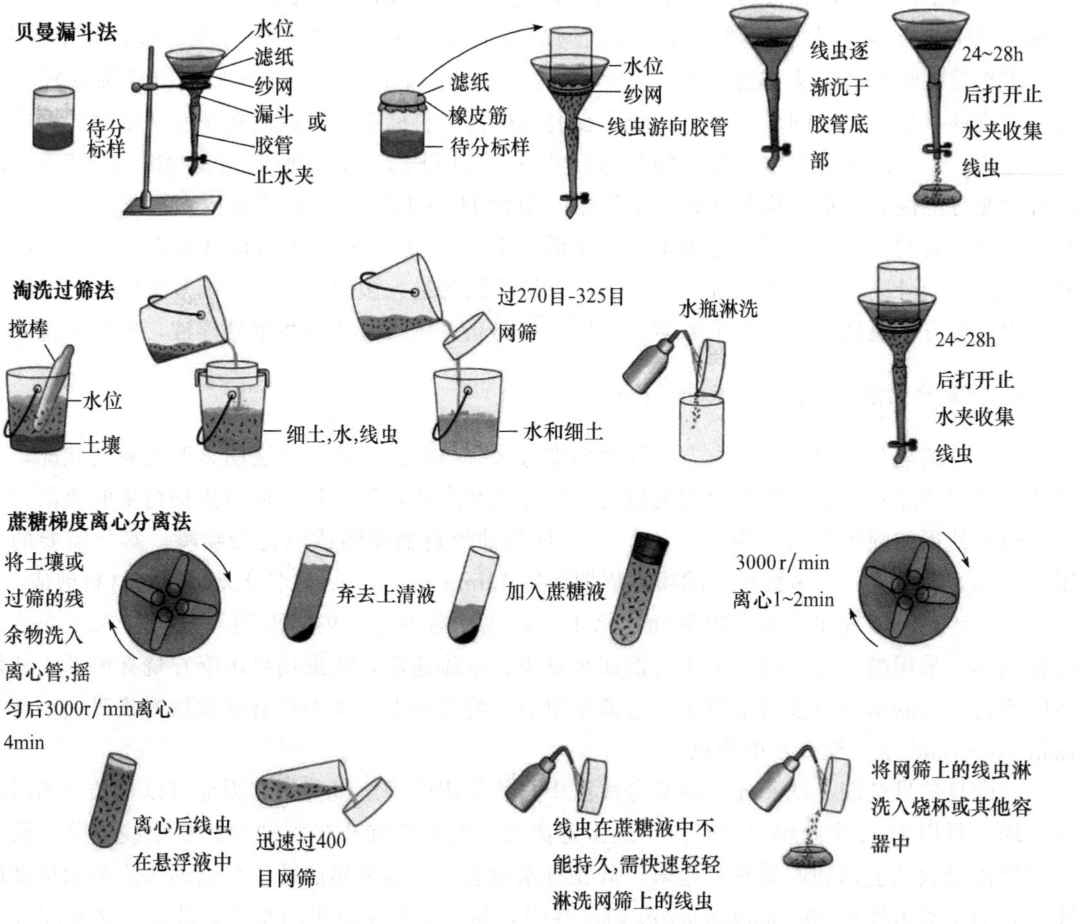

图 9-1　线虫的常用分离方法图示

3. 贝曼漏斗法的改良分离法（modifications of Baermann funnel technique）

对贝曼漏斗法加以改良，被广泛用于粒线虫、茎线虫、短体线虫、潜根结线虫、穿孔线虫、滑刃线虫等多种活跃线虫成虫和幼虫的分离。

1）改良贝曼漏斗法（modified Baermann funnel）

在漏斗内加入一个浅筛盘（筛底为10目左右的筛网），用其支撑植物材料使之半浸没在水中，避免植物组织厌氧腐败。分离线虫时在浅筛盘底部垫铺面布纸或牛奶过滤纸，将剪碎的植物材料铺放在纸上，上覆薄布或棉纸，以保持植物组织湿润和防止漂浮。将漏斗内注入适量清水后将浅筛放入漏斗，使下部部分植物浸没在水中，如果水太多，有必要吸除多余的水。24～48h后，收集橡皮管内的线虫。

2）浅盘法（shallow tray）

如果用浅盘、蒸发皿或盆碗等代替漏斗，便是浅盘分离法，又称贝曼浅盘法（Baermann tray）。这种线虫分离方法，可进一步改善植物组织内的氧气状况，降低遗留在漏斗壁上的线虫数量。浅盘分离法的主要装置通常由不锈钢浅盘和口径较小的不锈钢浅筛盘组成。用浅盘法分离线虫的步骤为：①将牛奶过滤纸或面巾纸铺在浅筛盘筛网上，将切碎的植物材料平铺其上，然后用纱布或面巾纸覆盖植物材料并淋湿，以保持湿润和防止漂浮；②将浅筛盘放入注有清水的浅盘中，筛底用几段玻璃棒或小的垫脚物支撑，使筛底与收集线虫的浅盘之间保持约2mm空隙；③如果水太少，则从两只盘之间的夹缝慢慢注水，使水面与植物材料几乎齐平；不要用水对植物材料迎头淋注，以免将残杂洗入浅盘水中；④24～48h后，将浅筛盘轻轻移走，用烧杯收集浅盘中的水，而可将浅筛盘内的植物材料标本重新浸没在新鲜清水对线虫进行再次分离；⑤为除去过多水和较大的杂物，可用40目和325目的套筛过滤，将325目筛上的残留物充分淋洗后收集在烧杯并转入试管中。用含$H_2O_2$1%～3%的清水浸润根系，可改善其氧气状况，有利于线虫分离。特别是在高温低氧下，H_2O_2通常用于鲜根（如香蕉）中迁徙性内寄生线虫的分离。浅盘法可分离植物组织中较活跃的绝大多数线虫，分离效率较高。不仅如此，用这种方法也能去除样本中更多的残渣，从而获得相当澄清的线虫悬浮液，有利于镜检。

4. 喷雾分离法（mistifier technique）

喷雾分离法是在植物材料上方连续喷洒细雾来分离线虫。这种方法明显改善氧气状况，同时还能及时清除对线虫活性有影响的植物组织汁液和降解物质，从而使线虫保持更旺盛活力。

通常使用的喷嘴水流量为4.5L/h，有时使用油燃烧器喷嘴或液化器喷嘴，雾化需要的水压约为2.8kg/cm^2。大多数系统的喷雾周期为每10min喷1min。用于分离的植物材料剪成3～4cm的小碎片，铺放在浅筛盘内的面巾纸上。将浅筛盘置漏斗内，而漏斗颈管伸入250ml的烧杯底部。采用喷雾分离时，由于每次加水量少、水流速慢，线虫均可沉降在烧杯底部，从烧杯中流出多余的水中不会携带线虫。分离结束后，将烧杯上层水用吸管或洗瓶慢慢吸去，杯底保留10～12ml水，检查水中线虫。

与改良的贝曼漏斗法相比，喷雾分离法中植物组织的降解慢得多，因此可以延长分离时间达2周。可用1～2个喷嘴对放在1个线虫分离架上的多个漏斗喷雾加湿。整个线虫分离装置可用聚乙烯膜从上部和四周密封起来，放在排水盘上。喷雾分离法适于分离回收大多数活跃的线虫，而伞滑刃线虫 *Bursaphelenchus* 游动性强，易于流失在溢出的水中，故而不适合用此法分离。

5. 离析分离法（maceration technique）

离析技术可用于从球茎、鳞茎、块根、根冠、叶片和小植株中分离活跃线虫和固着性线虫的不动虫态。将植物材料切、劈成1cm或更小的碎片，放在100ml清水中，在装有旋转刀片的电动搅拌器（如家庭用搅碎器）中搅拌离析。离析时间取决于搅拌器型号和植物材料种类，需要持续到线虫易从植物组织中出来但又不受损伤的时候。通常超动5s内达到全速，继续全整搅5s，然后关机使搅拌器在5s内静止下来。

在搅拌离析前将植物组织用0.5%NaOCl处理10s，可大大提高分离效率，特别是在从根组织中分离线虫（如根结线虫）卵时，预先用NaOCl处理显得尤其重要。离析分离法具有快速高效的特点，但离析作用可能使有毒物质从植物组织中释放出来而杀死线虫或影响其活性，因此离析后应马上将离析悬浮液过滤或过筛，去除其中水分并补充清水，可部分清除有毒物质。离析悬浮液中的植物残渣不利于线虫观察，可以用以下方法加以清除。

过滤法。将离析悬浮液倒入浅筛盘底的面巾纸上，利用改良的贝曼漏斗法，24～48h后收集线虫和镜检。

絮凝-漂浮法。适于分离植物根组织内的穿孔线虫或其他迁徙性内寄生线虫。25g根在100ml水中离析后，加入含量为12.5μg/ml的絮凝剂聚丙烯酰胺（Separan NP10）的1mol/L蔗糖250ml，混匀。静止2min后，将上清液过40目和325目套筛，从325目筛上收集线虫，镜检。

离心-漂浮法。将离析悬浮液倒入12.5目网筛，滤过液通过漏斗收集在500ml离心管内。网筛上的残渣用水喷淋仔细冲洗后方可遗弃。离心管收集液中加入5ml高岭土粉，充分搅拌均匀后，以1500g离心力离心4min。取出离心管，倒去上清液，残余物蔗糖、$ZnSO_4$或$MgSO_4$配成比重为1.18的溶液。用振荡搅拌器或用手搅拌30min后，以1500g离心力离心4min。上清液倒入325目网筛，将其中的线虫收集在烧杯中。

（二）土壤中线虫的分离方法

土壤中线虫的分离方法常常不同于植物组织中线虫的分离方法，但改良的贝曼技术是个例外。改良的贝曼技术除不适于分离土壤中一些虫体巨大的线虫（如长针线虫和剑线虫）外，可广泛用于土壤中活动线虫的分离。过筛法可用于土壤中所有类型（大的、小的、活跃、不活跃和死的）线虫的快速分离，但因其易受操作误差影响而不能很好定量。漂浮技术可用于土壤中活跃和不动线虫的分离，且效率最高、速度最快。还有其他一些土壤线虫分离方法，如淘洗法（elutriation technique）、Seinhorst双烧瓶法（Seinhorst two-flask technique）等。淘洗法是一种比较全面的线虫分离法，选择好大小适当的网筛并控制好水的流速，能够从土壤中分离胞囊和蠕虫态线虫以及从根残屑中分离根结线虫的雌虫。Seinhorst双烧瓶法可获得清洁的线虫分离物，通常用于分离像环科线虫那样不太活动的线虫。

1. 改良的贝曼分离技术（modified Baermann technique）

这种方法的特点是省工和要求设备简单。对于100ml的土样，可使用口径约为10cm的玻璃漏斗或塑料盆；而处理较大土样，使用浅盘优于使用漏斗。盛土样的土壤筛可用信篮（22cm×32cm）、文件篓等制成，在其底部铺一块粗塑料纱网，在纱网上再铺两层细纱布、面巾纸或牛奶过滤纸作为滤层。将土壤筛放在线虫收集盘中。将300ml左右细土（必要时过网目孔径8mm筛）均匀撒在土壤筛的滤层上。土壤筛底用玻璃棒支撑，使筛底与收集盘之间保持一定空隙。沿收集盘内壁注入清水，直至土层湿润为止。加水后切勿移动筛、盘，以免土粒进入收集盘。24h后大多数线虫都游出并沉在收集盘底，但卵块中孵化的根结线虫幼虫和组织碎片中的内寄生线虫则需要几天时间才能出现。经过足够时间后，将土壤筛轻轻移走，把收集盘中的线虫悬浮液倒入细烧杯，静止4h或更长时间后将上清液吸弃；或者用下部呈漏斗且有止水阀或止水夹的大玻璃圆筒来集中和收集线虫。另外，也可将线虫悬浮液过600目的网筛，将线虫淋浇到一个小容器内。

2. 过筛分离法（sieving technique）

过筛法也称为卡勃过筛法（Cobb's sieving），是美国著名线虫学家Cobb于1918年提出的。过筛法用于分离土壤中线虫，尽管比较粗糙，但因其操作简单、耗时少等特点，仍被广泛使用。过筛法的设备包括塑料桶（或盆）、直径15～20cm的系列不锈钢网筛和250ml烧杯。可能用到的网筛型号见表9-1。

表9-1 常用网筛型号（目）与筛孔直径（μm）

型号	10	14	20	25	40	60	80	100	120	170	200	230	325	400	500
孔径	2000	1400	850	710	420	250	180	150	125	90	75	63	45	38	25

注：主要参考美国标准筛标准。

分离步骤：用一组不同孔径的套筛，最上层筛孔径最大（常用20目或25目）、最下层筛孔径最小（常用325目或400目）。先将土壤放入塑料桶（或盆）内，向容器加水至4/5，充分搅拌，使土块分散，线虫便悬浮在水或泥浆中。静置约3min，泥沙下沉而线虫仍悬浮在水中。将线虫悬浮液倾入套筛，向桶中沉积泥沙中再次加入清水，静置后倾入套筛，共重复此步骤3次。最上层筛收集大杂物，60～100目筛收集胞囊或虫体大的线虫（剑线虫等），而325目或400目筛则收集虫体较小的线虫，分别洗入烧杯中。烧杯静置1～2h，然后将上清液小心倾除或吸去，底部只留20～40ml用于镜检。

对一个特定样本套筛通常由3～4个网筛组成，网筛型号的选择主要取决于希望分离线虫的大小和相应的土壤类型，通常网孔孔径不应超过拟分离线虫长度的1/10。250μm孔径筛可筛获大型线虫（如粒属、刺属、潜根属、长针属和剑属）的大多数成虫和胞囊，90μm孔径筛可筛获中等大小线虫（如滑刃属、茎属和鞘属）的成虫，63μm孔径筛可筛获许多幼虫和小型线虫（如轮属、拟毛刺属、针属和穿孔属）的成虫，45μm孔径筛可筛获根结线虫、胞囊线虫及其他大多线虫的幼虫，而25μm孔径筛则可筛获根结线虫和胞囊线虫的卵。

用细筛过筛时筛孔容易堵塞。为避免堵塞，可将套筛倾斜30°夹角，慢慢倾入线虫悬浮液，且边倾倒边轻拍筛子下侧。这样虽能在很大程度上避免筛孔堵塞，但也会降低筛获线虫的数量。

可将过筛法和贝曼漏斗法或改良贝曼漏斗法结合起来（有人称之为过筛-贝曼漏斗法或过筛-过滤法），即将过筛法收集的线虫悬浮液再铺上有面巾纸、擦镜纸或牛奶过滤纸等的贝曼漏斗，可收集到非常清洁的线虫悬浮液（图9-1）。

3. 漂浮分离法（flotation technique）

将土壤放入比线虫密度大的特定溶液中，使线虫漂浮从而分离线虫的方法称为漂浮法。这种方法可以分离土壤中各种类型的线虫，包括迟钝的（如环科线虫）、死的、蜕皮状态的、已固定的和卵。特定溶液的溶剂通常为蔗糖、$MgSO_4$或$ZnSO_4$。蔗糖最常用，有人发现糖蜜（又称赤糖糊，系由甘蔗和甜菜萃取蔗糖后的副产物）优于蔗糖。为降低溶液高渗透压对线虫的影响，分离后线虫应尽快用清水淋洗。相对密度约为 1.18 的溶液（673g 蔗糖溶于 1000ml 水）适于漂浮法分离大多数线虫，但要分离长针属和剑属等体长的线虫以及线虫的胞囊，溶液相对密度应为 1.25（1210g 蔗糖溶于 1000ml 水）。

1）离心漂浮分离法（centrifugal flotation）

土样碾细混匀后过粗筛（15～20 目），去除石块等大的杂质。将 100～250ml 土放入 800～1000ml 离心管，加水至水面距管缘 2cm，充分搅拌均匀后，以 1800g 离心力离心 4min，使线虫沉淀于管底的土粒中。取出离心管，倾出管内上清液。再加入与前次几乎等量的相对密度为 1.18 的蔗糖溶液，充分搅拌、振荡，使沉于管底的土粒重新悬浮，混合均匀后立即以 1800*g* 离心力离心 4min。离心后仅土粒沉底，而线虫则悬浮于蔗糖溶液中。将含有线虫的蔗糖溶液用 325 目或更细的网筛（如 500 目，以防弃漏虫体小的线虫）来收集线虫。

需要注意的是，如果使用蔗糖溶液，由于温度和微生物的活动会引起溶液浓度极大下降。因此，在使用预先配好的溶液之前应先测定溶液的比重。

2）过筛-离心漂浮分离法（sieving-centrifugal flotation）

这是一种改进的离心漂浮法，用于处理较大土样。先用过筛分离法分离土样中的线虫，将分离得到的线虫悬浮液加入离心管中，以 1800g 离心 4min，倾弃上清液并加入相对密度为 1.18 的蔗糖溶液，充分搅拌均匀后再以 1800g 离心 4min。将上清液过细筛（325 目或 500 目或更细）来收集线虫。通过此法可使过筛分离法获得的线虫悬浮液清洁，便于检查（图 9-1）。

此外，还有漂浮-絮凝-过筛分离法（flotation-flocculation-sieving），它使用絮凝剂（separan）而不进行离心。利用此法 1～3min 便处理 1 个土样，而且能有效分离剑线虫、毛刺类线虫和螺旋线虫，但轮线虫可能被套在絮凝物中而遗失。

4. 干土中胞囊的分离方法

过筛分离法是从土壤中分离胞囊的一种理想方法。另外，胞囊干燥后可漂浮在水中，因此可采用漂浮过筛法（floating-sieving）：先将含胞囊的土样风干，然后过孔径为 4mm 网筛。将过筛后的 100～1000ml 土样放入塑料桶中，加水 2～5L，充分搅拌混匀后静置 1～3min，使粗重物质沉底，而所有胞囊及有机杂质则漂浮于水面。将其倾入 8 目和 60 目（或 80 目；如要分离像 *Heterodera trifolii* 这样小的胞囊，则需要 150 目网筛）套筛。必要时重复此过程 2～3 次。冲洗筛上的残余物，最后在 60 目网筛上收集胞囊。另一种方法是将漂浮物倾倒在漏斗内的滤纸上，将水吸干后，检查纸上的胞囊。

其他分离土壤中胞囊的常用方法还包括淘洗法和重糖离心法。淘洗法分离胞囊也称作胞囊漂浮器分离法，由 Fenwick 首创，后由 Oostenbrink 加以改良，用此法分离的土样事先必须经过充分干燥，否则会大大降低分离效率。根据 Riggs 等（1997），过筛法分离胞囊的效果好于淘洗法。

如果分离的胞囊是用作接种物进行生测试验，需要注意的是球胞囊属线虫的胞囊内含物耐干燥，而胞囊属线虫的则对干燥比较敏感，特别是 *Heterodera schachtii* 和 *H. trifolii*。

第二节　线虫标本的保存和制片技术

在进行生物学等研究之前，分离后的线虫活标本需要保存一段时间。为了系统观察线虫的细微形态结构，通常将分离到的线虫采用适当的方法加以杀死和固定，有时需要制成永久玻片，以便长期保存和研究。

一、线虫活标本的保存

许多线虫在 5～10℃下在浅的新鲜自来水中可很好保存几天。为防止细菌污染，在 5ml 线虫悬浮液中可加入 3 滴 5%链霉素。用于活体培养或生测等试验的热带线虫可保存在室温下，并用水族泵充气。需要长期保存，线虫活标本可保存在液氮中。冻结保存对几种线虫有效。用 14%～17%甘油预处理 5 天后 *Pratylenchus thornei* 用液氮保存，存活率达 76%。解冻后的线虫仍能繁殖和侵染胡萝卜片。在室温下用 10%乙二醇预处理 2h 和在冰上用 40%乙二醇预处理 45min 后，*Meloidogyne hapla* 和 *M. chitwoodi* 在液氮中保存有类似存活率。*Heterodera avenae* 的胞囊可在－18℃下成功保存。

二、线虫的杀死和固定方法

（一）线虫的杀死方法

线虫分离后可直接检查，如果需要长期观测，就要将线虫杀死并固定，以防止其变形、死亡和腐败。

1. 线虫的杀死方法

临时加热杀死法。如果只是临时观察线虫形态结构，或杀死少量线虫，不准备长期保存标本，可将线虫挑或吸到载玻片上的水滴中，手持载玻片在酒精灯火焰上方加热 5～6s 即可杀死线虫。加热时要注意观察，当弯曲的线虫虫体突然伸直时，立即停止加热，因为加热过度会破坏虫体内部的器官结构或使表皮熟化变白，影响观察。为避免加热过度，可将线虫载玻片放在温度控制在 65～70℃的加热板上。

温和热杀死法（gentle heating）。为了杀死大量线虫，通常采用此法，因其对虫体内部器官结构影响破坏小，目前被广泛采用。将盛线虫悬浮液的试管直接放入水浴锅内 65℃的水浴液中加热 2min；或在盛线虫悬浮液的烧杯内加入沸水，使其温度为 60℃左右，3min 后放入冰箱或在室温下自然降温。

线虫热杀死后应立即加固定液进行固定。

杀死和固定一步法。将线虫集中到约 3ml 的水中；将 3 倍含量的固定液（TAF 或 FA）加热到 70～75℃，取 6ml 倒入振摇均匀的 3ml 线虫悬浮液内，在杀死线虫的同时进行固定。这种将线虫杀死和固定一步完成的方法，可使线虫的腺体和生殖腺得到很好固定，核体稍有膨胀，但更易于观察。缺点是固定后的线虫标本色法变暗，但从固定液转入甘油后可最终清亮。此外，固定液可能使线虫标本发生一些收缩和（或）变形。

与加入 FA 或 EP 相比，加入 95℃ TAF 对线虫进行杀死和固定对线虫标本的影响最小，而用 50℃的 TAF 也有相似结果。

2. 线虫的临时麻醉方法

为便于观察，可以临时将线虫麻醉，使其暂时停止活动，麻醉后的线虫经过一定时间或重新放入清水中，仍可恢复正常活动。常见的做法是在 50ml 线虫悬浮液中加入 2 滴二氯乙醚或氯仿。

（二）线虫的固定方法

5%～10%的福尔马林（2%～4%的甲醛）溶液，最好再加上2%的甘油，是一种常用的固定液，其优点是配制简单，缺点是时间长了其中甲酸可使线虫组织色泽变暗和内部形成颗粒，且甲醛可挥发出有毒气体，必须在良好排气条件下进行操作。福尔马林固定液中的甲酸可以通过加入少量粉状$CaCO_3$来中和，或者用三乙醇胺来中和（如TAF固定液）。FA 4∶1和FP 4∶1可能是最常用的固定液，可使用线虫标本长期保存。TAF是一种常用固定液，固定的线虫在几个小时内像活着的样子，但若要长期保存它不是理想的固定液，因为长时间后线虫角质层可发生某些变质。因此，需要长期保存的线虫标本可以先用TAF固定，然后再转到FA或FP固定液中。另外，TAF固定的线虫封固在甘油中可保持良好状态。常用固定液如下。

1. 福尔马林固定液

福尔马林（40%甲醛）8ml，加蒸馏水至100ml。

2. FA或FP固定液（福尔马林-冰醋酸或福尔马林-丙酸固定液）

FA或FP固定液有4∶1和4∶10两种配方，其中4∶1较常用。FA（或FP）4∶1固定液的配方是：福尔马林10ml，冰醋酸（或丙酸）1ml，加蒸馏水至100ml。4∶10的配方将冰醋酸（或丙酸）改为10ml即可。在FA或FP固定液中加2%甘油，可将线虫直接移入甘油进行缓慢脱水。

3. TAF固定液（三乙醇胺-福尔马林固定液）

福尔马林7ml，三乙醇胺2ml，加蒸馏水至100ml。

4. FAA固定液（福尔马林-冰醋酸-乙醇固定液）

由95%乙醇20ml、福尔马林6ml、冰醋酸1ml和蒸馏水40ml配成，因为含有乙醇，通常使线虫虫体发生皱缩，但是观察褶痕和环纹等特征效果更好一些。

线虫标本在固定前必须先经热杀死，直接将活线虫放入冷固定液中，虫体及内部器官会遭到破坏。固定后线虫的标本瓶应贴上标签，注明线虫种类、来源、采集地点、固定液种类和固定日期等信息。

三、植物线虫的制片技术

线虫固定后体内大多内含物，特别是生殖腺，受肠颗粒物出现的影响而变得模糊。标本用乳酚、乳酚油、乳酸甘油或甘油处理后，则变得清晰可见，而乳酚等也是理想的永久玻片线虫浮载剂。乳酚和乳酚油在过去被广泛使用，随着人们认识到苯酚对健康有害，随而改用乳酸甘油和甘油。乳酸甘油是由等量的乳酸、甘油和蒸馏水配成，如果需要染色，则还需加入0.05%酸性品红或0.05%棉蓝。然而目前看来，最好还是使用甘油。将线虫从固定液转入纯甘油之前，需要进行脱水。封固的玻片标本可能变劣，因此需要将一些线虫标本保存在小瓶中的甘油中备用。

（一）线虫的脱水

用甘油或乳酸甘油等作浮载剂，首先要将线虫脱水，并在浮载剂中充分浸透。脱水过程非常重要，必须脱水完全，以免由于渗透作用而使线虫虫体扭曲变形。

1. 甘油脱水法

经甘油脱水制成的线虫标本清晰，易长久保存。甘油脱水法可分为缓慢脱水法和快速脱水法。

1）甘油缓慢脱水法

首先按以下配方配制脱水溶液：无水甘油 2ml，96％乙醇 1ml，蒸馏水 90ml。取脱水溶液 3～4ml，加入小表面皿中。将线虫从固定液中挑出，放入皿内脱水溶液中。松松盖上盖子，将皿（或放入干燥室内）置室温下 2～3 周或直到乙醇和水分完全蒸发，线虫则浸泡在纯甘油中。也可加快脱水过程到几天时间：将皿放入设置温度为 30～40℃的恒温箱，盖好盖子以确保蒸发过程历时几天时间。蒸发太快将导致线虫皱缩和变形。有人建议在脱水溶液中加几滴三硝基苯酚，可以防止线虫口针变明消退，并能抑制霉菌生长。

也可不用乙醇进行缓慢脱水：首先取 1.5％的稀甘油溶液 3～4ml 加入小表面皿中，再将固定液中的线虫挑入稀甘油溶液，并在稀甘油溶液中加几滴三硝基苯酚。将皿放入有干燥剂（氯化钙或硅胶）的干燥器内，在 25～30℃下放置 25～30 天，水分将完全蒸发，线虫则被纯甘油渗透。

2）快速脱水法

首先按以下配方配制 2 种脱水溶液：脱水溶液Ⅰ：96％乙醇 20ml，甘油 1ml，蒸馏水 79ml；脱水溶液Ⅱ：96％乙醇 95ml，甘油 5ml。取大约 0.5ml 脱水溶液Ⅰ加入容积为 2～4ml 的塑料凹皿中。将固定的线虫挑入皿内脱水溶液中。在干燥皿内加入 96％的乙醇，加入量约为干燥器容积的 1/10。将有线虫的凹皿放在干燥器的有孔瓷板上，将盖密封。将干燥器放入恒温箱在 40℃下至少放置 12h，线虫标本将处于主要成分为乙醇、少数为甘油的溶液中。将凹皿从干燥器中取出，用微细管吸去多余乙醇，加入脱水溶液Ⅱ，放入部分盖住的培养皿内，再将培养皿放入 40℃恒温箱中，直至乙醇完全蒸发为止，这一过程至少需要 3h。处理后线虫处于纯甘油中，便可用于制片。注意线虫受乙醇处理后虫体非常软，应小心挑取。

2. 乳酚油快速脱水法

首先按下列配方配制脱水溶液：苯酚（液体）500ml，乳酸 500ml，甘油 1000ml，蒸馏水 500ml。如需轻微染色，可在上述溶液中加入酸性品红或棉蓝等染色剂，使其在脱水溶液中的含量为 0.0025％～0.01％。配制好的乳酚油应保存在棕色瓶中。脱水时，先将适量脱水溶液滴入凹玻片的凹穴中，在电热板上加热至 60～70℃，转入固定好的线虫，保持 2～3min，而后在体视显微镜下观察线虫标本是否清晰透明，若非则在 60～70℃下继续加热，直至透明为止。如果加有染色剂，则加热至虫体着色为止。加热要严格控制温度和时间，过度加热会破坏线虫内部结构。另外应注意，即使加有染色剂，一些线虫（如纽带科线虫和环科线虫）是不能着色的。这种方法脱水不完全，处理的线虫适宜制作半永久玻片保存；而且苯酚有毒，在操作中有一定危险性。

（二）线虫玻片的制作

1. 临时玻片的制作

以水浮载剂，将固定好的线虫挑入，盖上盖玻片，可在显微镜下对线虫进行快速、短暂的观测。在观测过程中注意补充水分，以免线虫失水变形。这种临时玻片一般只能观测一次，持续时间最长不过几个小时，之后需将线虫挑回原固定液中。

如果以固定液作浮载剂，并将盖玻片封固，线虫玻片标本能保持较长时间（几天至数周），可对其进行重复观测。这种临时玻片的制作过程是：向洁净的载玻片中央滴一小滴固定液（如TAF），液滴要小，最好使加盖玻片后浮载剂恰好铺满盖玻片所占空间而不外溢；将固定好的线虫挑入浮载剂，在其中央底部将线虫小心排匀；选取与线虫虫体直径相似的支撑物（如细的不锈钢丝、玻璃丝等，3 根），均匀置于浮载剂边缘；盖上盖玻片，在体视显微镜下用细滤纸条吸去外溢的多余浮载剂。用石蜡凡士林封片剂（8 份石蜡与 3 份凡士林在 65℃下混匀制成）封片。即使使用好的封片剂，在固定液中的线虫标本通常在几天后开始变干或发生不良变化。

线虫分离固定后，最好先制成临时玻片对线虫进行观测，因为一些线虫的重要形态特征在刚刚杀死和固定的线虫上最易看清。

2. 永久玻片的制作

线虫玻片标本若要长期保存，需要将完全脱水的线虫转入纯甘油，制成永久玻片。永久玻片的制作过程如下：

（1）转入线虫。在洁净干燥的载玻片中央，滴一小滴纯甘油（在烘箱中在 40℃下加热 4h）。将粗细相似完全脱水的线虫挑入甘油，用挑针将其均匀摆放在甘油中央的底部，使之与载玻片接触而不上浮。在线虫周围放置 3 根盖玻片支撑物（如与线虫粗细相似的细玻璃丝、不锈钢丝等）。

（2）制作蜡圈。将一干净的打孔器（直径 15mm，具防热柄）在酒精灯火焰上加热，趁热迅速插到固定石蜡盘中蘸取少量石蜡，将熔化的石蜡尽快粘在载玻片中央甘油乳载剂的外圈。也有人用 3 个甘油滴大小的石蜡块来代替蜡圈。

（3）加盖玻片。取一洁净盖玻片，在 65℃加热板上加热数分钟，用小镊子镊取后轻轻盖于甘油滴上，注意避免气泡和线虫的移动。加盖玻片前甘油滴的半球形保持得越好，越不易产生气泡。

（4）加热压严盖玻片。载玻片移至加热板上，在 65℃下加热数秒钟。石蜡一熔化，便用挑针或细玻璃棒轻压盖玻片，使之与蜡圈紧密结合。盖玻片固定得不宜太厚，以免影响油镜观察。

（5）封片。将载玻片移至实验台上冷却，再用封片剂封片，以防止变干和石蜡被油镜油溶解。优良的封片剂包括中性树胶（Permount）、阿拉伯树胶和 Glyceel（Zut）封片剂，也可以使用指甲油。封片应封 2 次：用小软刷将足够封片剂刷到盖玻片边缘和相邻载玻片部位，待封片剂完全干燥后，再加封一次。最后用体视显微镜检查封固是否完善。

也可用薄铝片（12～13 号，厚度为 0.3mm）代替载玻片，来制作永久玻片。铝片大小为 80mm×33mm，中央有一直径为 22mm 的圆孔，两侧卷边 3.5mm，使其实际宽度为 26mm。将 25mm×25mm 的方形盖玻片插在铝片中央圆孔处，两侧封固在铝片上，上面加浮载剂和线虫，然后再加盖直径为20mm的圆形盖玻片，封固。铝片玻片的优点是可以从正反面观察线虫特征，而且玻片可以叠放，易于携带。

3. 根结线虫会阴花纹玻片制作

（1）将解剖出的根结线虫雌虫夹出，放在透明塑料培养皿内的一滴45%乳酸中。

（2）以锋利解剖刀先将雌虫颈部切去或用细尖针刺破颈基部，轻压虫体将内含物从切口挤出，再从虫体后部约1/3处将虫体后部切下。

（3）用特制的竹针尖端的纤丝、硬毛针或塑料细条锉（由塑料条削磨而成，前端较细，不光滑，具有一定坚韧性）将虫体后部表质层内侧的内含物、粘边物轻轻剔除，直到看清会阴的轮廓为止。在剔除清理内含物时，操作一定要轻，避免弄破会阴部角质层。

（4）将会阴角质层挑至一滴纯甘油中，以会阴区为中心，将其四周角质层切下，最好切成方形。用硬毛针进一步清理内侧，使其不粘连任何内含物。

（5）最后将会阴花纹成品转移至载玻片上的一小滴纯甘油中，使其外侧朝上，内侧朝下，并用毛发针轻压使之平展，避免上浮。

（6）用同样的方法制作20个会阴花纹后，盖上盖玻片，并用封片剂封固。在加盖盖玻片前，最好放置盖玻片支撑物。

4. 胞囊线虫阴门锥的制作

（1）干胞囊在水中浸泡24h。

（2）将湿胞囊移至透明的塑料平皿或有机玻璃玻片上的水滴中，在体视显微镜下用锋利的解剖刀切下胞囊后部的阴门椎部分。

（3）用细镊子将之固定，用竹针、硬毛针或塑料细条锉清除阴门锥内含物。小心操作，避免损坏与阴门相连的结构。

（4）用解剖刀修整阴门锥边缘，使其不超过膜孔面积的5～10倍。

（5）对壁厚或深色的种类，需要将阴门锥放在过氧化氢中漂白几分钟，避免漂白过度。

（6）漂白的阴门锥在蒸馏水中洗净，依次转入70%、95%、100%乙醇液滴内脱水；脱水后移入丁香油中透明。

（7）透明后，用加拿大树胶将其封固。盖盖玻片前，应加相当于阴门锥厚度的玻璃丝或玻璃碎片来支撑盖玻片，以免压坏阴门锥。

阴门锥经过70%乙醇脱水后，可直接用Euparal胶固，或以甘油作浮载剂，用封片剂封片。

四、线虫的染色技术

线虫鉴定主要依靠其形态特征，但由于线虫虫体透明，一些内部结构较难观察清楚，因此有时需要对线虫染色，增强反差，以更好地观察线虫内部结构。同时，通过染色可以将植物组织和线虫染成不同颜色，可以清楚观察植物组织内线虫的种类、虫态、数量和侵染部位。

（一）分离后线虫的染色

1. 线虫的活体染色

神经环、角质层及头部结构等，用活体线虫染色观察效果更佳，常用苏木精染色法和硝酸银染色法。

1）苏木精染色法

线虫先用苏木精染色，再用0.1%的地衣红（藻红）溶液复染。

苏木精染色剂的配方有两种：

Mayer配方：苏木精结晶1g，硫酸铝钾50g，碘酸钠0.2g，柠檬酸1g，蒸馏水1000ml。

Ehrlich配方：苏木精结晶1g，硫酸铝钾50g，冰醋酸5ml，甘油50ml，无水乙醇50ml，蒸馏水50ml。

线虫生殖器可以用甘油乙醇混合液（60%～70%乙醇85ml，加甘油15ml）中加几滴尼罗蓝（耐尔蓝）染色。

2）硝酸银染色法

原理是通过渗透压的变化使硝酸银分散至线虫组织内成为胶态银。硝酸银染色的步骤为：分别配制10% $NaNO_3$ 和0.5% $AgNO_3$ 溶液；将活线虫挑入盛有适量10% $NaNO_3$ 溶液的染色皿中，室温下处理15min；再将线虫挑入盛有0.5% $AgNO_3$ 溶液的染色皿内染色15min；用蒸馏水反复漂洗已染色的线虫；制片观察。

2. 固定线虫的染色

固定后线虫的染色方法较多，常用的有多色蓝染色法和醋酸地衣红与丙酸地衣红染色法。

1）多色蓝染色法

经多色蓝染色后，线虫的肠呈绿色，生殖器官与卵原细胞或精原细胞呈蓝紫色，细胞核为浅红色，染色体为蓝紫色，其他器官如神经环、神经细胞等呈深蓝或深紫色。性器官及阴门周围的特征也能清晰地显示。多色蓝的染色原理：固定后的线虫虫体各器官的氢离子浓度和生理状态存在差异，从而被染成不同色泽。

多色蓝染色液的配制方法如下：

（1）在250ml的烧瓶中加入1g碳酸钾晶体与100ml的1%亚甲基蓝溶液；

（2）用记号笔在烧瓶壁上标记此时液面的位置；

（3）向烧瓶中加入20ml 95%的乙醇；

（4）将烧瓶置水浴锅内煮沸，直至液面位置低于原标记位置；

（5）待染液冷却后用滤纸过滤；

（6）收集滤液，用棕色瓶保存，密闭3周即可使用。

用多色蓝染色时，先挑取已固定的线虫若干条至盛有3ml蒸馏水的染色皿中，加入3～5滴多色蓝液。将染色皿置55～60℃水浴上加热。3～5min后，挑取少量线虫检查。若虫体已染成暗紫色即可，否则延长染色时间。将染色完毕的线虫挑至滴有甘油-多色蓝混合液（16份纯甘油加1份多色蓝染液）的载玻片上，加盖玻片，仔细观察各内部结构。

2）乙酸（或丙酸）地衣红染色法

1%乙酸（或丙酸）地衣红的配制：称取2.2g地衣红，加入100ml冰醋酸（或冰丙酸）中，用酒精灯微加热至沸腾，并持续加热20min。冷却后用滤纸过滤。滤液用棕色瓶密闭保存。该染液一般需要定期过滤。

乙酸（或丙酸）地衣红染色的操作步骤如下：

（1）配制Carnoy液，配方为：冰醋酸（或冰丙酸）10ml，无水乙醇60ml，氯仿30ml；

（2）将线虫杀死；

（3）用 Carnoy 液固定线虫 10～20min；

（4）在染色皿中加入适量的 1% 乙酸（或丙酸）地衣红染液，将经 Carnoy 液固定的线虫挑至染液内染色 1h；

（5）将已染色的线虫挑至滴有 45% 冰醋酸（或冰丙酸）溶液的洁净载玻片上，制成临时玻片镜检。

（二）植物组织内线虫的染色

理想的染色技术应该仅使植物组织中的线虫着色，而植物组织不着色或很浅着色。常用的染色方法有次氯酸钠-酸性品红染色法、乳酚油（乳酸甘油）-酸性品红染色法、乳酚油（乳酸甘油）-棉蓝染色法等。

1. 次氯酸钠-酸性品红染色法（NaClO-acid fuchin colouration）

该方法首先将植物组织用次氯酸钠处理，使其不会着色过重，从而缩短了染色时间；而且不使用有毒的苯酚，安全性好。本方法特别适用于棉花、大豆、小麦、番茄等植物根内的线虫染色，处理不同植物的根，次氯酸钠的处理强度和时间应通过试验予以调整。操作步骤如下：

（1）配制 5.25% 次氯酸钠液和酸性品红染液。酸性品红染液的配制方法有两种，染液Ⅰ：将 3.5g 酸性品红溶于 250ml 乙酸，待溶解后，用蒸馏水定溶至 1000ml；染液Ⅱ：酸性品红 0.1g，乳酸 875ml，甘油 63ml，蒸馏水 62ml。

（2）洗净病根组织，若根组织过大，可切成若干块，将其放在 200ml 烧杯中。

（3）在烧杯中加入 50ml 蒸馏水，并加入适量的 5.25% 次氯酸钠液，用玻璃棒不断搅拌烧杯内的根组织，漂白约 4min。次氯酸钠液的加入量和漂白时间取决于植物种类和根组织的幼嫩程度。例如，番茄根漂净得快，而咖啡根相当难漂净。一般而言，幼根易漂净，可加入 10ml 次氯酸钠液；中等程度的根可加入 20ml 次氯酸钠；而老根难漂净，可加入 30ml 次氯酸钠液。

（4）充分漂洗后，将根组织放在 150 目网筛上进行彻底冲洗，除去全部次氯酸钠后，转入蒸馏水中浸泡 15min。如果次氯酸钠除不干净，将影响酸性品红的染色效果。

（5）将根组织移至另一个盛有 30～50ml 蒸馏水的烧杯中，加入 1ml 染液Ⅰ；或者将根组织移至一个空烧杯中，加入染液Ⅱ使之浸没根组织。

（6）用微波炉或加热板将有根组织的染液煮沸 30s。

（7）冷却后，将根组织置网筛上用自来水冲洗，除去多余染液。

（8）如果自来水冲洗不足以褪色，则将根组织放入滴有几滴乳酸的甘油和蒸馏水等量混合液中，进行褪色。此过程需要几个小时到 2～3 天，取决于植物的种类。也可将根组织放在 20～30ml 酸性甘油液（在纯甘油中滴 2～3 滴 5mol/L HCl）中煮沸，使之褪色。

（9）褪色完毕，取出根组织置体视显微镜下镜检。

2. 乳酚油-棉蓝（或酸性品红）染色法

该方法在线虫染色上曾经最为常用，但由于苯酚对人体有毒，逐渐被其他方法代替。此外方法还有其他局限性：脂肪着色后不易褪色，故而不能用于高脂肪类植物组织（如大多数多年生植物的根组织）的染色；一般染色后褪色需要几天时间，而且无规律可循，若要加快褪色，可以将染色的根组织浸于乳酚油中高压（15Pa）处理 10min。

按乳酚油快速脱水法中的配方，配制含 0.05%～0.1%棉蓝（或酸性品红）的乳酚油染液。将洗净的植物组织放入沸腾的染液中，继续煮沸 3min（较硬组织可适当延长时间）。冷却后取出植物组织，用水洗去多余染液，放入乳酚油中使植物组织褪色。约 2 天后取出，置解剖镜下观察，可见植物组织内的线虫被染成蓝色（棉蓝染色）或红色（酸性品红染色），而植物组织基本不着色。也可将洗净的植物组织先放入无染料的乳酸油中煮沸 2min，冷却后再置于冷的乳酸油-棉蓝（或酸性品红）染液中染色。

可用乳酸甘油来代替乳酚油，以消除苯酚对操作者的危害风险。

除以上方法外，植物组织中线虫的染色还有 Flemming 染色法、McBryde 染色法、猩红 R 染色法等。而根组织内的根结线虫雌虫，可用焰红-B（Phloxine B，0.15g/L 水）染色 15～20min，取出淋洗后放在培养皿水中检查，可见卵块的胶质包被被染成红色。

第三节 植物线虫的电子显微镜制样技术

利用电子显微镜能观察到在光学显微镜下无法观察到的细微形态结构，因此在植物线虫鉴定和分类等研究中的应用越来越广泛。利用扫描电子显微镜（SEM）能直接观察线虫样本的表面立体结构，特别适合于唇区、角质层环纹、侧线、侧器孔、侧尾腺孔、阴门、会阴花纹及解剖出的口针和交合刺的细微结构的形态观察。透射电子显微镜（TEM）则常用来检查线虫的内部结构（如神经环、各种腺体）、植物病毒在介体线虫体内的分布情况以及植物线虫病害病变等超微结构。

用电子显微镜观察样本必须在真空条件下进行，含水、柔软的线虫样本在电镜观察以前，需要经过一系列的处理制样过程。

一、线虫扫描电子显微镜样品的制备

（一）常规制样方法

1. 线虫的杀死和固定

线虫的杀死采用温和热杀死法。热处理 3min 后移入冰箱，存放 2h 再固定。如此处理，多数线虫来不及挣扎便死亡，虫体不变形，内部结构不受损伤。

用一根直径为 1cm 的玻璃管切成高 1cm 的玻璃圈，圈的一端用孔径为 5μm 的细筛网包住，制成玻璃网筛，用其作为线虫载体。将玻璃网筛放在小培养皿的浅水层中，将杀死后新鲜的线虫标本挑入其中，待固定。

正确的固定是制备 SEM 线虫样品的最重要环节。用以 SEM 研究的线虫样品必须经过固定处理，目的是将活线虫各部位的形态尽可能地保存下来，使组织中半流动内含物凝固而不互溶，最大限度减少干燥过程中液体表面张力所造成的线虫样品表面损坏或变形，以及提高样品表面耐电子轰击能力。一般采用下述方法固定。

（1）前固定：将装有线虫的玻璃网筛取出并漏干水，立即放入用 0.05mol/L 磷酸缓冲液（pH=6.8）配制的 3%戊二醛中，于室温下固定 1.5h（4℃下 24～48h）。

（2）浸洗：前固定完毕，将玻璃网筛移至另一干净小玻皿中，用以上磷酸缓冲液浸洗 1h，期间更换缓冲液 4～6 次。浸洗必须充分，以彻底清除戊二醛，因为戊二醛与锇酸混合后会形成还原锇而沉淀。

(3) 后固定：浸洗完成后将玻璃网筛移至由以上缓冲液配制的 2%锇酸中，于室温下浸泡固定 2h (4℃下 4～8h)。

(4) 浸洗：后固定完毕，取出玻璃网筛用相同的缓冲液浸洗 45min，期间更换 3 次缓冲液。经过上述固定的线虫，可以直接用于脱水干燥。

2. 脱水

将上述固定洗好的线虫样顺序用 10%、15%、20%、25%、30%、35%、40%、45%、50%、65%、75%、85%、95%和 100%的乙醇（或丙酮）作脱水剂脱水，每一浓度溶液中处理 5min，并用 100%脱水剂换洗 3 次，使脱水剂完全取代线虫样本中的游离水。最后将盛线虫的玻璃网筛留在纯乙醇（或丙酮）中。也可将乙醇进一步置换为乙酸异戊酯，即用系列乙醇-乙酸异戊酯混合液（混合液中醋酸异戊酯的浓度依次为 30%、50%、70%、90%），每次混合液处理 15min，最后在用 100%乙酸异戊酯中洗换 3 次。

3. 干燥

对样本进行干燥是为了使其能承受电子束的撞击。干燥的方法有多种，在线虫制样中常采用临界点干燥法和环氧树脂包埋法。

1) 临界点干燥法

所谓临界点是指一定温度、压力下气相和液相浓度相同，此时相的界面消失，表面张力零。在该临界点上使样本干燥不会引起线虫表面损伤或变形。可用液态二氧化碳、液态氮或氟利昂作为临界点干燥的工作液，常用易得到且便宜的液态二氧化碳作为工作液。临界点干燥的操作步骤如下：

(1) 将盛有脱水线虫标本的玻璃网筛，放入经过预冷到 5～10℃的临界点干燥器的高压干燥室内，密闭盖子，防止漏气。

(2) 徐徐充入工作液，稳定几分钟，目的是让工作液置换线虫标本中的乙醇或乙酸异戊酯。

(3) 再打开进气阀门，稍打开出口阀，保持 3～5min，把含有乙醇或乙酸异戊酯的工作液排出，并检查工作液的加入量。重复 (2) 和 (3) 两步 2～3 次。

(4) 关闭进气阀和进液阀，加温升压，并在室温状态稳定几分钟。

(5) 继续升压，在临界点以上（如温度为 40℃、压力为 90～100kg/cm^2）情况下保持几分钟。

(6) 在以上恒温情况下，打开流量计阀门缓慢放气，放气速度控制在每分钟 0.5L 以下（以流量计指标）。

(7) 压力降至 50kg/cm^2 以下时可加速放气，直至压力为零，随后把温度降至室温。

(8) 打开盖子，取出线虫标本后粘样。

2) 环氧树脂包埋法

用环氧树脂置换线虫体内的液体，并通过聚合使线虫保持自然形状与原貌。使用该方法制备的线虫不易变形，同时不需要特殊的仪器设备。

(1) 将装有固定脱水线虫的玻璃网筛移至器皿内 100%丙酮液中，逐滴加入环氧树脂至其含量达 50%为止，继续处理 2～5h。

(2) 转入 100%树脂内，在干燥器内，5℃下保持 2 天。

(3) 将玻璃网筛取出，在70℃下聚合3～5h。

(4) 冷却后用环氧丙烷或丙酮一滴滴清洗，随时在显微镜下观察，直至线虫表面变为无光泽为止（本步骤至为关键，操作不当会影响制样质量）。

(5) 将线虫样本移至样品台粘样。

4. 粘样

简易的粘样可以用导电胶或双面胶带，将干燥或树脂渗透后的线虫样本粘在样品台上，供观察的一面朝向，并调整好观察部位。有条件的实验室是用银粉胶来粘贴样本，银粉胶的导电性能良好，但价格比较昂贵。

5. 镀膜

样品台上的样本和样品台表面，都需要喷镀金属膜。镀膜的主要作用是增强样本的导电性，提高样本的图像质量。将样品台放入真空镀膜器中，喷镀一层约30nm的金或钯等重金属薄膜。镀膜后，将样品台装在电镜的观察室内，即可进行观察。

（二）组织导电技术

组织导电技术（TCT），又称导电染色法，是一种化学制样技术。该技术用还原剂将一些导电性物质引入线虫样本中，改善样本的导电性，并提高二次电子发射率，而无需对之镀膜。这里介绍CLPG和MPA二种组织导电染色技术。

1. CLPG组织导电技术（棉蓝乳酚油导电染色法）

CLPG导电液的配方是：苯酚20ml，乳酸20ml，甘油40ml，棉蓝10g，蒸馏水20ml。

取CLPG导电液2～3滴，放凹玻片或者小表面皿内，60℃电热板或酒精灯上隔着石棉网加热。将经过TAF固定液或4%福尔马林液固定24h或更长时间的线虫移到热的导电液中，直至线虫完全染成蓝色为止。将线虫转移至样品台上粘样，观察。

2. MPA组织导电技术（多色蓝导电染色法）

MPA导电液即多色蓝染色液，配制方法见上节“线虫的染色技术”。

需要配制两种脱水剂：脱水剂Ⅰ：95%乙醇20ml，甘油1ml，棉蓝5mg，蒸馏水79ml；脱水剂Ⅱ：95%乙醇95ml，甘油5ml，棉蓝5mg。

将MPA导电液5～8滴加入盛有5ml蒸馏水的表面皿内，然后将固定好的线虫样本挑入，60℃下加热至线虫完全被染成深紫色为止。将染色后的线虫移入小皿内的脱水剂Ⅰ中，将小皿放进盛有一半95%乙醇的干燥器内，密闭，置30～40℃恒温箱内处理至少12h。取出小皿，换成脱水剂Ⅱ，在不密闭的培养皿中，40℃恒温箱中处理2～3h，线虫脱水后保持于纯甘油棉蓝中。经过染色和脱水的线虫标本可以直接用导电胶粘样于样品台上，在10kV下进行SEM观察。

二、透射电子显微镜制样技术

线虫细胞内部超微结构需要在透射电镜下观察。样品制备大致过程如下：

(1) 将线虫挑入玻璃网筛，置小皿中，然后加入1.5%或3%的戊二醛；每隔10min加

2～3 滴戊二醛，共加 9 次；去除所有的溶液，加入新鲜的戊二醛，固定 17h。

（2）冷水冲洗 4 次，清除戊二醛。

（3）用 2％的锇酸（用磷酸缓冲液配制，含 4.9％蔗糖）固定 1h。

（4）用缓冲液冲洗 3 次。

（5）依次用 35％、50％、70％和 95％的乙醇脱水各 15min。

（6）移入 100％乙醇，30min。

（7）将线虫在氧化丙烯中过 2 次，每次 30min。

（8）用 Epon-Araldite 混合物包埋。此以上步骤均在 4℃下进行。

（9）超薄切片。

（10）用 100 目铜网粘起切片，乙酸铀染色 20min，再用柠檬酸铅染色 10min。

（11）TEM 观察。

第四节　植物线虫接种和抗病性鉴定技术

植物线虫接种技术是研究线虫的关键技术之一。通过接种证明线虫的致病性，从而进一步研究线虫的生活史、寄生性、寄主范围、生理小种以及进行抗原筛选、产量损失评价和杀线剂药剂测定等，以便设计经济有效的综合防治措施。植物线虫的接种，需要大量卵和侵染态的幼虫、成虫等接种物，这就涉及植物线虫的培养问题。

一、植物线虫的培养

植物线虫一般都是专性寄生物，很难在人工培养基上培养，只能在相应的寄主植物上生长。因此，大量种植相应的寄主植物，让线虫在其上大量繁殖，是目前获得线虫接种体最常用的方法。

同时，人们也可以利用新鲜的植物愈伤组织、离体根、某些植物器官等来培养植物线虫；而兼食真菌的植物线虫（如一些滑刃属线虫和松材线虫）也可以用某些真菌菌丝来培养。在利用培养基或组培植物组织对线虫进行培养时，对线虫表面消毒是极为重要的一个步骤。

（一）线虫表面消毒

对线虫进行人工培养时，线虫要经过表面消毒才能用于接种。消毒所用药剂和方法因线虫种类不同而异（表 9-2）。

表 9-2　植物线虫常用消毒剂种类和消毒时间

消毒剂名称及使用浓度	消毒时间	线虫种类
0.1％硫酸链霉素溶液	15min	短体线虫、穿孔线虫
0.1％硫酸链霉素＋0.002％放线菌酮		松材线虫
0.1％细菌净（十六烷基三甲基溴化铵）	5min	根结线虫卵
0.5％乙酸氯己定（双氯苯双胍己烷的二乙酸盐）	15min	根结线虫卵
20％过氧化氢	8h	胞囊线虫卵
0.1％孔雀绿	15min	滑刃线虫、茎线虫、短体线虫
0.2％～0.5％氯化乙氧基乙基苯	10min	菊花叶线虫、穿刺短体线虫、甜菜胞囊线虫等的幼虫
0.1％升汞	2～3min	菊花叶线虫、香蕉穿孔线虫

线虫消毒时，先将线虫集中于指形管中，加入消毒液，加塞后振荡 1min。达到处理时间和线虫沉降到管底后，用细吸管小心吸去上层药液，加入灭菌水洗涤 2～3 次。

（二）线虫的培养

不同种类的线虫食性、适应力有一定差异，培养方法也不同。

1. 食真菌线虫的培养

可以用真菌培养的线虫包括真滑刃属 *Aphelechus*、滑刃属 *Aphelenchoides*、伞滑刃属 *Bursaphelenchus* 内的许多种类和茎属 *Ditylenchus* 中的个别种类。用于培养线虫的真菌有多种，而灰葡萄孢 *Botrytis cinerea* 在培养线虫中用得最广泛，因为这种真菌生长快、易培养、不产生色素，且继代培养容易。

先将真菌接种在马铃薯葡萄糖琼脂培养基或玉米粉琼脂培养基上，于 24～28℃条件下培养；培养基表面长满菌丝后，接种经过消毒的线虫，在相同条件下继续培养，经 20～30 天后可获得大量线虫。线虫在这些培养基上每个月转皿一次，即通过无菌操作将少量培养的线虫转移至新鲜菌丝的培养皿中继代繁殖。

2. 植物组织上线虫的培养

许多植物线虫可以在植物组织上培养，植物组织用得最多的是愈伤组织和离体根。例如，胡萝卜愈伤组织可以培养穿孔线虫和短体线虫，紫花苜蓿愈伤组织可以培养茎线虫、短体线虫、滑刃线虫和矮化线虫，番茄离体根可以培养根结线虫、短体线虫和胞囊线虫，而烟草愈伤组织是菊花叶线虫的最好培养物。

1）胡萝卜愈伤组织培养

采用无菌操作。取新鲜、健康的胡萝卜，清洗干净，避免损伤表皮。切取中部一段长约 50mm，放入烧杯中，用 0.1%升汞全部浸没，表面消毒 30min 后，倒去升汞溶液，用无菌水冲洗 3 次，用灭菌的解剖刀将两端厚约 10mm 的部分切除，将中段切成 5mm 厚的薄片，在无菌条件下置 10g/L 琼脂粉培养基（或 White 改良培养基）上培养，放在 25℃下培养 10 天左右即可产生愈伤组织，培养 20 天左右便可长出可以足够愈伤组织来接种培养线虫。将经过硫酸链霉素等消毒的线虫接种到愈伤组织上，在 25℃下黑暗培养 45～60 天。

陈淳和谢辉等（2006）介绍的胡萝卜消毒方法是：将 95%乙醇喷于洗净的胡萝卜表面，置酒精灯火焰上烧，重复 3 次，直到表皮变黑、变干，用灭菌刀削去胡萝卜表皮，然后将去皮的胡萝卜切成薄片。

2）番茄离体根培养

采用无菌操作。在无菌培养皿内对番茄种子进行消毒（用 1%的溴水溶液浸种 5min，用无菌水冲洗 5 次；或者先用 80%乙醇浸种 1min，吸去乙醇后加入 1.6%次氯酸钠溶液浸种 10min，用无菌水清洗 3 次）。将消毒的种子（6～10 粒）转移到培养皿内无菌滤纸上，加无菌水，在 25℃下黑暗培养 5 天左右。当幼根长至 30～40mm 时，用灭菌的解剖刀切取带根尖长约 10mm 根段，移入组培瓶内的生根培养基上，使其与培养基充分接触，同时避免损伤根尖。在 25℃条件下培养，当根尖有一定生长并发出侧根时接种消毒的线虫或卵。

二、植物线虫的接种技术

线虫与寄主植物的相互关系等研究中需要进行必要的接种工作，而接种能否成功与寄主植物的感病性、病原线虫的数量和致病性、发病的环境条件极为密切。线虫接种按接种体形态可分为幼虫、卵、卵块或胞囊、虫瘿残体和病土接种；按接种部位则可分为根系（土壤）接种和茎叶接种。不同的线虫-植物组合，接种方法可能存在较大差异。下面仅介绍几种重要植物线虫的接种技术。

● 线虫接种物的制备

根结线虫 *Meloidogyne* spp. 和胞囊线虫 *Heterodera* spp. 较易获得大量的线虫个体，而滑刃线虫 *Aphelenchoides* spp.、茎线虫 *Ditylenchus* spp.、根腐线虫 *Pratylenchus* spp. 等线虫需要进行活体培养，繁殖大量线虫个体才能满足接种需要。

（一）根结线虫卵悬浮液制备

1. 材料与设备

有根结的番茄根系，组织破碎器，60 目、200 目、500 目网筛，立体解剖镜，线虫计数皿，吸管，量筒，烧杯，剪刀等。

2. 操作步骤

（1）取番茄根系洗去根表土，切成 1cm 长根段，并与适量水一起放入电动搅拌器的容器中，搅拌 20～30s。

（2）搅拌器中根碎片同溶液一并倒入 200 目和 500 目网筛组筛中，用自来水冲洗 200 目网筛根碎片，以便尽可能收回线虫卵。

（3）500 目网筛内的线虫卵收集于 250ml 烧杯内，定容至 100ml。

（4）用吸管取 0.5ml 卵悬浮液移入盛有 4.5ml 自来水的小烧杯内，充分摇匀。

（5）立即取 0.5ml 稀释的卵悬浮液于计数皿上，用少许自来水滴入主数皿内，使卵随机落在计数皿底。

（6）在立体解剖镜下计 1/4 计数皿底上的卵数。

（7）从（4）步开始重复一次，两次记录卵数平均数乘以 80，便得到原悬浮液每毫升所含卵数目。

制备根结线虫卵悬浮液的另一种方法是 Barker 等介绍的 NaOCl 法。

1. 材料与设备

有根结的番茄根系，5.52％NaOCl 溶液，200 目、500 目网筛，立体解剖镜，线虫计数皿，吸管，量筒，烧杯，剪刀。

2. 操作步骤

（1）洗净根表土，切成 2～4cm 长根段放入 1000ml 烧瓶中。

（2）加入 200ml 5.25％ NaOCl 溶液于烧瓶，加盖，搅动 3min。

（3）立即把根碎片同溶液倒入 200 目和 500 目网筛组，用自来水充分洗下 200 目网筛上的卵。用自来水缓慢洗 500 目网筛内的卵 5 分钟，并集中于一处。

（4）500 目网筛内卵收集于 250ml 烧杯内，定容至 100ml。

（5）定量方法同上。

说明：用 NaOCl 溶液处理时间尽可能短一些，按上述方法只能获得 20%可侵染的线虫卵或幼虫。

（二）胞囊线虫的卵悬浮液制备

本方法适用于从胞囊线虫 *Heterodera* spp. 的胞囊中提取卵，用 5.25%NaOCl 溶液处理时间延长至 8～10min。

1. 材料与设备

含胞囊土样或根系，35 目、60 目、200 目、500 目网筛，立体解剖镜，组织磨碎器，滤纸，漏斗，烧杯，吸管，软毛刷。

2. 操作步骤

（1）利用淘洗过筛法分离胞囊

（2）分离的胞囊收集于 250ml 烧杯。

（3）把胞囊悬浮液倒入有一张滤纸的漏斗过滤。

（4）取滤纸置于几层吸水纸上，待水分吸干后，用软毛刷小心收集胞囊放入组织破碎器中。

（5）用组织破碎器芯轻轻搅动 1～2 次后用吸管加入 5～10ml 自来水，把胞囊碎皮及卵洗入 250ml 烧杯内。

（6）将破碎胞囊悬浮液倒入 200 目和 500 目网筛组，用自来水轻轻洗下 200 目网筛上的卵。

（7）收集 500 目网筛内的卵于 250ml 烧杯内，定容至 100ml。

（8）确定卵悬浮液浓度方法同上。

说明：破碎胞囊视破碎器大小确定一次破碎胞囊的数量：扭动破碎器芯次数要根据破碎器的间隙来确定。

（三）松材线虫接种物的制备

1. 材料与设备

患松材线虫病木段，灰葡萄孢菌 *Botrytis cinerae*，贝曼漏斗，试管，滤纸，吸液管，烧杯，广口瓶，量筒，分析天平，培养箱，吊篮式离心机，立体解剖镜，超净工作台，PDA 斜面培养基，NaCl（化学纯），链霉素，青霉素-G，制霉菌素，无菌水。

2. 操作步骤

（1）在 PDA 斜面上移入灰葡萄孢菌 25℃下培养 3 天。

（2）患病木段去净树皮，顺维管束方向劈成 0.5cm 直径的木条，浸泡在水中，常温 24h 后用贝曼漏斗法分离线虫。

（3）消毒液的制备：①用无菌水配制 0.9%NaCl 溶液 200ml。②分别加入链霉素和新植霉菌素 2g 和 1g，加入 0.9%NaCl 溶液中溶解。③取 320 000 单位青霉素-G 加入上述溶液中溶解，备用。

（4）分离的松材线虫注入 50ml 吊篮式离心管中，400r/min 离心 3min。

（5）吸出上清液，加入消毒液 30ml，摇匀，放置 5min 后，在 400r/min 离心 3min，吸出上清液，该操作重复 5 次。

（6）加入无菌水 30ml，摇匀，400r/min 离心 3min，吸出上清液，该操作重复两次。

（7）用灭菌的吸液管把线虫悬浮液滴入 PDA 斜面培养基上，共移 3 个 PDA 斜面培养基，移入线虫后置于 28℃下培养。

（8）培养 15～20 天即可用肉眼观察到试管壁上有大量线虫蠕动，用无菌水将试管中的线虫冲洗入烧杯中。

（9）定容至 50ml，摇匀后取 1ml 滴入计数皿，再滴入少许无菌水后，在双筒解剖镜下计数，确定线虫浓度后供接种用。

● 线虫的接种技术

（一）根结线虫的接种技术

1. 材料与设备

番茄、辣椒种子，含南方根结线虫 *Meloidogyne incognita* 的根结或被根结线虫感染的番茄幼苗，5.25%NaCl，温室，工作台，直径 15cm 的陶盆，200 目、500 目网筛，量筒，烧杯，滤纸，剪刀，经热力消毒的壤土砂石混合土（1∶1）。

2. 操作步骤

（1）获得足够数量的线虫群体：

取 5 株被根结线虫侵染的番茄植株移植于直径 15cm 的花盆内培养 4 个月或田间获得足够数量的线虫群体。

（2）接种苗的准备：①直径 15cm 的陶盆内装满经热力消毒的砂壤土和粗砂土（1∶1 混合）。②接种前 42 天时，种植辣椒和番茄于上述陶盆，各一盆，播种量为接种用植株数的 2～3 倍，以便选一致的幼苗供接种用。③播完种子的陶盆置于 24～30℃温室工作台上，培养 42 天，2～4 真叶期进行接种。

（3）制备卵或幼虫悬浮液，每毫升含 1000 个卵或幼虫。

（4）选一致的番茄和辣椒各 5 株分别移植于用装满经热力消毒的砂壤土和粗砂土的陶盆，每盆移栽一株。

（5）每盆接种 50 000 个卵或幼虫。悬浮液贴近植株倒入 5ml 于每盆中。

（6）接种后陶盆排列在温室工作台上，温度控制在 24～30℃，浇水，使温度与大田大致相同，一周施一次可溶性复合肥。

（7）培养 35～40 天后，扣盆取根系用自来水洗掉根土，观察形成的根结。

（二）胞囊线虫的接种技术

1. 材料与设备

大豆种子（感染品种），温室，工作台，直径 9cm 的陶盆，培养皿，蛭石，玻璃棒，温度计，滤纸。

2. 操作步骤

（1）大豆种子浸泡于培养皿 4～6h，待充分吸胀之后播入经热力消毒的穿有蛭石培养皿中，当胚根长 4～5cm 时供接种用。

（2）准备胞囊线虫卵悬浮液，并定量。

（3）经热力消毒的壤土，砂土混合土装满于 9cm 的陶盆中，压实。

（4）用玻璃棒在盆中央插入 3～4cm 深小洞，选一致的大豆幼苗，每盆移栽一株，共 5 盆，同时已制备好的胞囊线虫卵悬浮液按每盆 2000～4000 个卵，用吸管注入小洞内，再用混合土复土 1～2cm 厚。

说明：Riggs 报道，最佳接种量为 4000 个卵/每株，适宜盆大小为直径 7.5～10cm。

（5）接种后陶盆排列在温室工作台上，温度控制在 24～30℃。

说明：最佳温度在 28℃。

（6）经 35 天后扣盆，确认根系上的胞囊。

（三）松材线虫的接种技术

松材线虫的接种方法有“截枝套管”法，工形法和介体昆虫松天牛 *Monochamus alternatus*. 接种法。3～6 年生苗木用“截枝套管”法接种，14～16 年生植株用工形法接种。

1. 截枝套管接种方法

1）材料与设备

苗圃或林间 3～6 年生黑松 *Pinus thunbergi*，松材线虫 *Bursaphelenchus xylophilus* 悬浮液，直径 1cm、长 6cm 的乳胶管，棉线，注射器，枝剪，脱脂棉。

2）操作步骤

（1）3～6 年生黑松苗木上任选一侧枝，用枝剪剪下枝梢，使伤口呈朝上的斜面。

（2）伤口上套一乳胶管，下端用棉线扎紧。

（3）用注射器将备好的线虫悬浮液注入乳胶管内，然后用浸有无菌水的湿棉球封住管口，每株接种量为 1000 条线虫。

（4）同时用清水接种作对照，接种后 2 周，观察症状。

2. 工形接种法

将树干或大枝的树皮，用刀划成“工”字形伤口，沿伤口处将树皮略掀开，塞入脱脂棉，用注射器向脱脂棉注入线虫悬浮液。每株接种伤口 3～5 处，每株接种量为 25 000 条线虫。注入清水做对照。两周以后观察症状。

（四）滑刃线虫的接种技术

1. 材料与设备

秋海棠 *Rieger begonia* cv. *achwabenland* Red，草莓腋芽线虫 *Aphelenchoides fragariae*，贝曼漏斗，布氏漏斗，滤纸，陶盆，剪刀，培养皿，喷壶。

2. 操作步骤

（1）准备接种苗：接种 3 周前种植 4 株秋海棠于直径 10cm 的陶盆，每盆一株，到 4 片真叶时供接种。

（2）利用贝曼漏斗技术，从活体培养组织中分离 24h。

（3）收集贝曼漏斗中线虫于有单层滤纸的布氏漏斗中过滤。

（4）取出滤纸，用剪刀切开八等分成楔形，贮存于加封培养皿，以防干燥。

（5）两株秋海棠上喷自来水后立即把楔形纸片放在叶片上，另外两株只喷自来水设对照。

（6）四盆秋海棠分别用塑料套罩住，并置于黑暗中保湿 24h。

（7）揭开塑料套，放在 21～25℃温室内，培养 6 周。

（8）接种线虫的秋海棠，从叶片叶脉开始变红，确认接种成功。

● 线虫与真菌混合接种技术

1. 材料与设备

尖孢镰刀菌 *Fusarium oxysporium* 菌种，南方根结线虫 *Meloidogyne incognita* 卵悬浮液，PDA 液体培养基，番茄品种为 L402，温室，工作台，陶盆，经热力消毒的砂、壤土混合土（1∶1），三角瓶，白金耳，滤纸，显微镜，血球计数板。

2. 操作步骤

（1）番茄 L402 种子种植于有蛭石的培养皿中，培养至 1～2 片真叶。

（2）制备南方根结线虫卵悬浮液，浓度调至每毫升含 1000 个卵。

（3）将直径 9cm 的陶盆装满经热力消毒的砂、壤土混合土（1∶1）。用一根玻璃棒在盆中内压出一个 2～3cm 深小洞。

（4）取 5ml 卵悬浮液倒入小洞，然后移栽番茄幼苗于洞中，用消毒土覆盖 1～2cm，并置于 23～27℃温室培养。

（5）接种线虫 9 天后，准备 PDA 液体培养基，分装于三角瓶，进行高压灭菌。冷却后移入尖孢镰刀菌，25℃下振荡培养。

（6）培养 5 天后过滤，从过滤纸上洗下孢子。在显微镜下，用血球计数板确定孢子浓度，并调整为 10 000 个孢子/ml 孢子悬浮液。

（7）在番茄植株周围压出三个小洞，三个小洞内倒入孢子悬浮液共 10 ml，使每株接种量达到 100 000 个孢子。继续培养，温度控制在 25～28℃。

实验进行时间表

（1）种植培养番茄苗 3～4 周。

（2）准备线虫接种物，接种及移栽番茄植株，1.5h。

（3）活化繁殖真菌 5 天，准备孢子悬浮液 2h。

（4）接种真菌 1h。

（5）用线虫接种后第 14 天接种真菌。接种真菌后 10～14 天时出现症状。

（8）症状观察

最初枯萎症状出现在偏上性或向下扭曲的叶柄。其次在较低位叶，逐渐向上蔓延到上部叶，症状出现遂使叶片出现枯萎和死亡。

说明：①这两种病原适宜较高温度，症状发育最适温度为28℃。②接种用番茄植株不得高于6～8英寸，否则延长显症时间。③两种病原接种时间间隔不得短于10天。

三、植物对线虫的抗病性鉴定技术

利用抗病品种是防治植物线虫病的最经济有效的方法。因此，评价植物对线虫的抗病性是植物线虫病害研究中的一项常规工作。植物对线虫的抗病性评价方法主要有以下两种。第一，利用线虫的繁殖数量来确定抗、感性；第二，根据寄主的症状做抗性测定。抗病性的鉴定方法既可以在温室内进行，也可以在田间进行。

抗病性的鉴定方法较适用于作物对根结线虫 *Meloidogyne* spp.、胞囊线虫 *Heterodera* spp.、肾形线虫 *Rotylenchulus* spp. 等线虫的抗性测定，繁殖的虫体或根结易观察，但工作量大。

1. 材料与设备

南方根结线虫 *Meloidogyne incognita* 4个生理小种及供试线虫种，待测定的番茄品种，3周龄感病番茄幼苗（L402），5.25%NaOCl溶液，0.25%浮酸，酸性品红（固体），可溶性复合肥，直径9cm的陶盆，标签，笔，分析天平，5ml长把勺，烧杯，石棉网，35目、200目、500目网筛。

2. 操作步骤

（1）需测定的南方根结线虫每个生理小种分别在感病番茄L402上进行繁殖。

（2）用NaOCl法提取，制备和定量根结线虫卵悬浮液，使每毫升含线虫卵1000个。

（3）按每盆接种量5000个卵，即每盆5ml卵悬浮液倒入备好的待测定幼苗周围，然后用土覆盖1～2cm厚，实验处理每4个品种接种各生理小种，重复10次。

说明：所用的土均为经热力消毒的壤土和砂土按1∶2混合而成。

（4）接种后写好标签，排列在温室工作台上，温度控制在25～27℃，每日浇一次水，每周施一次可溶性复合肥。

（5）培养6～8周后，检查并计数根系上的根结或卵块数。通常用NaOCl法计数根结线虫。其方法如下：①收集整个根系，用自来水洗根上土，把根系切成1～2cm根段。②根段置于电动搅拌器后，加入5.25% NaOCl 200ml搅拌10min，在搅拌过程中加入少许消泡剂1～2次。③用直径15cm普通网筛过滤碎片，取5ml滤液于150ml烧杯中。④再把样品倒入500目网筛内，用自来水冲洗，然后移入150ml烧杯，此时卵悬浮液为20～25ml。⑤加两滴用0.25%乳酸配制的0.35%酸性品红溶液，煮沸1min。⑥待冷却后，计数染成红色的卵数目，并折算每克根中卵数目。

（6）结果分析。

根结线虫的危害主要表现在根系畸形，形成根结，地上部分叶变色、坏死、矮化等，某一作物对根结线虫的相对抗病性是由根结指数来表示，其范围是0～100，0表示根上无根结，100表示整个根系上全部是根结。如表9-3所示各种指数的表示方法及比较。

表 9-3　几种根结指数分级比较图解

根结分级系统[a]				总根系中根结百分率/%
0~4	0~5	1~6[b]	0~10	
0	0	1	0	0
	1	2	1	10
1	2		2	20
		3		
			3	30
			4	40
2			5	50
	3	4		
			6	60
3			7	70
		5	8	80
	4			
			9	90
4				
	5	6	10	100

a. 上述几种指数可以互相换算，评价每种处理指数至少有 10 株根系；
b. 指数用于评价杀线剂效果。
资料来源：Barker et al.，1985。

大豆胞囊线虫 *Heterodera glycines* 的抗性指标一般采用两种类型。一种是 Golden (1970) 等提出的胞囊指数（cyst index，CI），CI=(供试品种每株根上平均胞囊数/感病对照每株根上平均胞囊数)×100%，当 CI>10%时为感病，反之抗病。另一种是按每株根上着生胞囊数划分为 0～4，共五个级别，0 级无胞囊（免疫）；1 级为 1～3 个胞囊（抗病）；2 级为 3.1～10 个胞囊（中抗）；3 级为 10.1～30 个胞囊（感病）；4 级为 30 个以上胞囊（高感）。

本 章 小 结

本章介绍了主要的植物线虫学研究技术，包括植物线虫的采集、分离、标本保存、玻片标本制作、电子显微镜制样技术以及接种和致病性测定技术等。对植物线虫的形态学、生物学、生态学和经济损害等的研究首先需要对其进行分离，即根据线虫的大小、密度和死活状态，通过过筛、离心或漂浮方法将线虫从植物组织或土壤中分离出来。不同的研究目的，如种类鉴定、侵染水平确定、群体密度监测、检疫等，需要不同的研究方法和技术。

这些技术主要用于植物线虫病害的常规研究。柯赫氏证病法则对于线虫病害同样适用而且非常重要，考虑到普通植物病理学课程中已经详细讲述，本章也没有介绍。植物线虫病害要从什么是线虫开始认识，因此，分离和获得线虫是第一步。特别是能从植物组织中分离到线虫，可以了解线虫与寄主植物的紧密关系。实际上，植物线虫大多数是在土壤中，活动时要有水膜存在，湿润状态线虫的密度略比水大一些，通常在水中线虫可以沉到水的底部，由于线虫虫体的密度大于泥沙，一般情况下，如线虫与泥沙同时沉降又总是下降得比泥沙慢。当寄主植物的生理状况发生改变时可以活动的线虫就会离开原来的寄生位置而游出寄主。位于植物维管束中的线虫当维管束破坏或开裂时可以游出。线虫由于通过头部侧器的化感作用来判断寄主的相对位置，因此，线虫具有明显的钻孔习性。以上植物线虫的这些特点成为研究人员分离线虫所依据的主要原理。

线虫制片的障碍在于线虫的虫体表皮很薄，内部含水比例较高，在制片中易于变形。因此，人们采用慢甘油法等特殊方法进行制片。线虫的电镜制片要求也很高。

线虫的接种和抗性鉴定其中涉及生防菌分离鉴定、分子生物学和生物化学等技术本章并没涉及，需要在其他相关的课程中掌握。

思　考　题

1. 贝曼漏斗法分离植物线虫的原理是什么？
2. 线虫制片过程中什么是慢甘油脱水法？什么是快甘油脱水法？两者有什么优缺点？
3. 植物线虫培养的难点是什么？
4. 根结线虫病害田间损失估计的难点是什么？如何使评价更能具有科学性？
5. 蔗糖梯度离心法可以分离哪类样品的线虫？分离过程中哪些因素可以影响分离线虫的数量和质量？

主要参考文献

陈淳，谢辉，蔚应俊，等. 2006. 香蕉穿孔线虫培养技术及其种群繁殖力研究. 华南农业大学学报，27（1）：61-64

段玉玺. 2002. 植物线虫病害防治. 北京：中国农业科技出版社

刘维志. 1995. 植物线虫学研究技术. 沈阳：辽宁科技出版社

刘维志. 2000. 植物病原线虫学. 北京：中国农业出版社

Agrios G N. 2004. Plant Pathology. Burlington，MA：Elsevier Academic Press

Barker K R，Carter C C，Sasser J N. 1985. An Advanced Treatise on *Meloidogyne*. Volume II：Methodology. Dept. of Plant Pathology. North Carolina State Univ. Raleigh，NC，USA

Golden A M，Epps J M，Riggs R D，et al. 1970. Terminology and identity of infraspecific forms of the soybean cyst nematode（*Heterodera glycines*）. Plant Disease Reporter，54：544-546

Southey J F. 1970. Laboratory Methods for Work with Plant and Soil Nematodes. Tech. Bull. Minist. Agric. Fish. Fd. London

Zuckerman B M，Mai W E，Harrison M B. 1985. Plant hematology laboratory manual. Agricultural Experiment Station Publication，University of Massachusetts，Amhurst，USA

附　　录

常见杀线虫剂

类别		中文通用名	英文通用名	商品名	每公顷有效成分用量/kg
熏蒸剂	卤代烃类	溴甲烷	Methyl bromide	溴灭泰、溴必清	100～500
		D-D 混剂	Vidden D	D-D 混剂	150～300
		二氯异丙醚	DCIP	Nemamort	100～500
	硫代异硫氰酸甲酯类	棉隆	Dazomet	必速灭、垄鑫	300～450
		威百亩	Metham-sodium	维巴姆、保丰收、硫威钠、线克	15～25
非熏蒸剂	有机磷类	氯唑磷	Isazofos	米乐尔	0.5～2
		丁硫环磷	Fothietan	伐线丹	1～5
		甲拌磷	Phorate	西梅脱	1～2.5
		甲基异柳磷	Isofenphos methyl	甲基异柳磷	3～4
		苯线磷	Fenamiphos	力满库、克线磷、苯胺磷	3～6
		灭线磷	Ethoprophos	益舒宝、灭克磷、丙线磷	1.6～6.6
		硫线磷	Cadusafos	克线丹	2～6
		噻唑磷	Fosthiazate	福气多	1.5～3
		三唑磷	Triazophos	三唑磷	1～3
	氨基甲酸酯类	涕灭威	Aldicarb	铁灭克	1.5～3
		克百威	Carbofuran	呋喃丹、虫螨威	1～3
		涕灭砜威	Aldoxycarb	灭线肟、涕灭氧威	0.5～11.25
		丁硫克百威	Carbosulfan	百卫、丁硫威	3～6

注：国家已禁止甲拌磷、甲基异柳磷、克百威、涕灭威、灭线磷和苯线磷在蔬菜、果树、茶树以及中草药上使用。

索　引